长沙市地方志编纂委员会

中心城市视角下的长沙历史文化

王习加　主编

湖南师范大学出版社

图书在版编目（CIP）数据

中心城市视角下的长沙历史文化 / 王习加主编. —长沙：湖南师范大学出版社，2018.12

ISBN 978 - 7 - 5648 - 3087 - 8

Ⅰ.①中… Ⅱ.①王… Ⅲ.①文化史—长沙 Ⅳ.①K296.41

中国版本图书馆 CIP 数据核字（2017）第 316351 号

中心城市视角下的长沙历史文化
ZHONGXIN CHENGSHI SHIJIAO XIA DE CHANGSHA LISHI WENHUA

王习加　主编

◇策划组稿：王坚强　刘苏华
◇责任编辑：孙雪姣
◇责任校对：蒋旭东
◇出版发行：湖南师范大学出版社
　　　　　地址/长沙市岳麓山　邮编/410081
　　　　　电话/0731 - 88873070　88873071　传真/0731 - 88872636
　　　　　网址/http：//press.hunnu.edu.cn
◇经销：湖南省新华书店
◇印刷：长沙鸿发印务实业有限公司
◇开本：710mm×1000mm　1/16
◇印张：23.75
◇字数：324 千字
◇版次：2018 年 12 月第 1 版
◇印次：2018 年 12 月第 1 次印刷
◇书号：ISBN 978 - 7 - 5648 - 3087 - 8
◇定价：98.00 元

如有印装质量问题，请与承印厂调换。

ISBN 978-7-5648-3087-8

9 787564 830878 >

序

　　长沙市地方志办和地方志学会在 2017 年继上一年出版《长沙史话》之后的又一创举，是撰写出版《中心城市视角下的长沙历史文化》一书。该书最初定名为《国家中心城市视角下的长沙历史文化》，之所以要出这样一本书，原本是为了配合 2016 年 9 月 25 日召开的中共长沙市委第十三次代表大会提出的在原有建设长沙为区域中心城市的基础上，再升格建设成为国家中心城市所做的历史论证与现实宣传。当时中共长沙市委提出的新的战略目标是："长沙要担当起国家中心城市和现代化建设的历史使命，放眼全球，长沙在世界城市发展格局中主动作为是大势所趋；审视全国，长沙强化中心城市辐射聚散功能是使命所在；立足全省，长沙提升首位城市引领示范作用是责任所系。"一年多时间过去后，已获批成为国家中心城市的，在长沙的南面有广州、北面有武汉，这一南一北的中心城市辐射聚散功能已然全覆盖了长沙，故现时长沙要在广州和武汉之间再获批成为又一个国家中心城市，似乎势有不能。不过长沙立足全省，提升其在湖南区域的"首位城市引领示范作用"，却是义不容辞的"责任所系"。因为上述的这些变化和原因，现该书已将原有的《国家中心城市视角下的长沙历史文化》改名为《中心城市视角下的长沙历史文化》，我以为是符合实际的。

长沙的区域中心城市地位是历史形成的。自古以来，长沙便有楚汉名城之称。不过，楚汉时期的名城长沙不过汉室封地、楚南重镇而已，并非就具有了区域中心这样的地位。所谓区域中心，是指其对区域周边范围的带动引领和自身辐射聚散功能的发挥，要皆体现在政治、经济、文化等各个方面。当然这各个方面并非同时出现和发生。往往是先有政治的建置，然后才有经济的发展，再有文化的兴盛等等。长沙区域中心地位的发生和对周边范围的作用和影响，正是循着这样的历史轨迹。而拥有这样的条件和地位，并非是在汉代，而应是在中唐以后。

中唐以后，长沙两次获得成为区域中心地位的历史机遇。第一次是在唐代宗广德二年（764），中央在湖南设立一个名之为湖南都团练守捉观察处置使的政治行政机构，简称湖南观察使，"湖南"之名由此始。但该机构初设的地点是在衡州而不是长沙，这也正好说明了当时的长沙区域中心地位尚不具备，并非建置的首选或唯一之选。直到过了五年，大历五年（769），湖南观察使才由衡州迁往潭州（今长沙）。这个湖南观察使的政治建置意义何在？原来这个机构设立之前，湖南一直是分属于别的行政机构管辖。唐初，湖南分属于江南道，唐中期开元二十一年（733）江南道析分为江南西道与山南东道，增置了黔中道，湖南又被分割属于这三道。具体是湘、资流域大体属江南西道；澧水流域及沅水下流属山南东道；沅水上流属于黔中道。直到设立了湖南观察使这个行政机构，湖南的西部虽仍被分割，岳阳地区也划归湖北（鄂岳沔节度使）管辖，但湘、资二水流域大体上从江右（江西别称江右）分出来了，成为一个独立的行政管辖区，这个湖南观察使所管辖的范围包括有衡、潭、邵、永、道5个州，这才意味着湖南有了一个政治、经济中心——长沙。有了这个政治、经济中心之后，才会有文化的改观。例如到了唐宣宗大中四年（850），距设立观察使机构 86 年，长沙人刘蜕中了进士，这是隋开科（605）以来，历 240 年，湖南才出的第一个进士，谓之"破天荒"。唐代湖南共出 9 个进士，全在唐后期。

第二次历史机遇是在五代时期，距设立湖南观察使这个机构又过了 130 年，长沙人马殷建立了一个独立的割据政权，称楚国，又叫马楚。这个政权从公元 897—951 年，存在了 56 年。这是湖南历史上唯一以湖南为中心建立的王朝。王都在长沙。全盛时，辖区包括潭、衡、永、道、郴、邵、岳、朗、澧、辰、溆、连、昭、宜、全、桂、梧、贺、蒙、富、严、柳、象、容共 24 州，即今湖南全境、广西大部、贵州东部和广东北部都在其中。这个政权对于长沙区域中心地位的形成，起了至关重要的作用。

由于长沙有了上面这两次历史机遇，于是中唐以后，在长沙区域中心的引领带动下，湖南范围内落后的面貌渐次得到改观，这就是经济比以前有重要发展，各地兴修和扩建了许多水利灌溉工程，多数地区的水稻已实行一年二熟制。以前的青瓷烧制工艺已发展到釉下彩烧制工艺。长沙铜官窑的釉下彩瓷器已能代表当时国内瓷器生产的最高水平。釉下彩瓷器不仅行销于国内的通都大埠，而且远销朝鲜、日本、印度和东南亚地区，甚至达于北非和南非。茶叶主要是销往北方各省，每年上交的茶税以百万计，很可能湖南茶已压倒了江淮茶和福建茶，垄断了北方市场。文化上是出现了一批地方文化人才，文风有所振起。也还出现了石鼓、岳麓两所书院，开创了湖南重教的局面。又出现几个有影响的书法家人物，如欧阳询、欧阳通父子，还有怀素。

当然，我们对于中唐以后长沙区域中心地位的估价也不宜太高。因为相对于全国特别是中原，湖南还居于落后状态。在中原人的眼里，湖南当时还是一个未完全汉化的地方。中唐人张谓撰《长沙风土碑铭》，序中有云："郡邻江湖，大抵卑湿，修短疵疠，未违天常，而云家有重腸之人，乡无颁白之老，谈者之过也。地边岭瘴，大抵炎热，寒暑晦明，未愆时序，而云秋有燃曦之日，冬无凛冽之气，传者之差也。"这样一个"风俗夷僚"、"蛮越杂处"的"卑湿"、"炎热"之地，在当时普遍为安置贬官谪吏的去处。如王昌龄被贬龙标（今黔阳），刘禹锡被贬朗州（今常德），褚遂良被贬潭州（今长沙），赵冬曦、张说被贬岳州，令狐楚被贬衡州，元结、吕温被贬道州，戎昱被贬辰州，等等。当然，也有视湖南为"清绝地"而前来漂泊游览者，如韩愈、李白和杜甫，他们也在湖南一些地方留下了活动的足迹及诗篇。

长沙区域中心地位的提升并在全国产生影响是在宋代。两宋时期，长沙的发展是靠江西带动的，江西带动湖南发展的一个重要因素是向湖南输出移民。湖南在五代以前的移民主要来自北方中原一带。五代以后便主要来自东面的江西。江西向湖南输出移民从两宋开始一直持续到明清。据统计江西向湖南输入的人口占全国各地输入总数的64.45%。江西移民进入湖南的作用一方面是增加了湖南人口的数量（宋徽宗时湖南的人口总数已达600万，如果加上属荆湖北路的岳、鼎、澧、辰、沅、靖6州及未列入"版籍"的峒蛮地区的人口，可达700万以上），另一方面便是开垦了湖南的荒土，扩大了耕地面积（宋代荆湖南北两路的户口总数约占全国的6%，而田亩却占全国的11%以上），促进了农业经济的发展。两宋时期，湖南的经济发展比以前历朝都要突出。由于耕地面积的扩大和水利工程的大规模兴修以及生产技术的进步，湖南的粮食生产获得了前所未有的发展。宋代以前，湖南粮食作物主要是稻和粟。两宋时期，湖南除推广水稻优良品种占城稻，又进行南北农作物交流，普遍种二麦（大麦与小麦），使得湖南的粮食产量年年丰盈。朝廷每年都要从湖南调运大约 65 万石的糟米供京师和北方食用。湖南的茶叶生产每年也有 113 万余斤，占全国茶叶产量的 10% 左右。

经济的发展造就了文化的繁荣和兴盛。在文化上两宋在全国有特色有影响体现在两个方面：一是出现了儒、释、道"三教合一"的理学中的重要学派——湖湘学派。其实理学也是由湖南人开创的。理学的开山鼻祖是北宋湖南营道（今道县）人周敦颐，所著《太极图说》与《通书》奠定了宋明理学的基本规模。故周敦颐"上承孔孟，下启程朱"，开创了宋以后儒学的新形态，成为继孔、孟之后的第三位圣人，其学术文化思想影响中国社会近千年之久。不过周敦颐的主要活动和归宿都不在湖南而在江西，他对于本土的影响也不大。而把他所开创的理学传到湖南并创立湖湘学派的却是南宋时从福建迁居湖南的胡安国与胡宏父子俩。二是学校教育与书院的广泛兴起。北宋时湖南州县学为数尚少，到南宋时湖南的大部分州县都建立了学宫，全境有书院 51 所，分布于近 30 个县内。闻名全国的有长沙的岳麓、城南，衡阳的石鼓，湘潭的碧泉诸书院。当时全国著名的四大书院（庐山的白鹿洞书院、衡阳的石鼓书院、应天的应天书院和长沙的岳麓书院）竟有两所在湖南。由于教育的兴盛，湖南开始出现人才蔚起的现象。据清光绪朝《湖南通志》所列举两宋时期湖南县以上官吏 390 余人，其中进士达 179 人。

宋以后到明代，长沙区域中心的地位又有提升，湖南在全国影响更为扩大。明代湖南接受移民的输入超过了以往的任何一个朝代。明代湖南的社会经济较之前代无疑有重大发展。宋代曾有"苏湖熟，天下足"之谣，指的是长江三角洲的苏州、湖州一带粮食生产发达，自给有余。而到了明代中期，谚语则称"湖广熟，天下足"，表明其时湖广已取代了苏湖，在粮食生产方面已在全国占有举足轻重的位置

（当然，在湖广省内，湖北道的粮食生产水平又比湖南道要高）。明代湖南的文化发展，书院在全国突出。明代举行的会试 82 场，湖南进士题名者计达 541 人，其中状元、榜眼、探花各 1 人。与前代相比，明代湖南的人才格局已有新的突破，用晚清湖南经学家皮锡瑞的话说是"浸浸始盛"。不过明代时湖南在行政区划上尚属于湖广省，政治、经济、文化上，湖南仍落后于湖北。

明以后到清代，长沙再次获得区域中心发展提升的历史机遇。这次机遇就是湖南单独建省。湖南在清初尚属湖广总督管辖。但到康熙三年（1664），中央便将原湖广行省一分为二，分设湖北布政使司和湖南布政使司。在设湖北巡抚的同时，将原设于沅州（今芷江）的偏沅巡抚移驻长沙。雍正二年（1724），正式将偏沅巡抚改名为湖南巡抚。新建的湖南省不同于唐代的湖南观察使、宋代的荆湖南路、元代的岭北湖南道以及明代的湖南道，而是除上述机构所领的湘中、湘东、湘南地区之外，还将明末直属于湖广行省的岳州、常德、辰州、靖州以及直属于湖广都司的永顺、保靖两军民宣慰司，即今湘北、湘西的广阔地区都一并划入，这样，今天湖南省区的范围，早在清康熙三年就已经基本确定了，略有不同的只是建省时靖州领有天柱县（即今镇远地区），在雍正四年（1726）划归了贵州。新设的湖南省区共有 7 府（长沙、衡州、永州、宝庆、岳州、常德、辰州）2 州（郴州、靖州）和两个军民宣慰使司（永顺、保靖州），共辖 6 州 57 县，又 18 个土司。与过去相比，它不再依附于湖北了，这就使它有可能形成自己的重心和规模，从而为其进一步发展创造条件。

伴随着单独建省，人口呈现突发式增长。康熙二十四年（1685）湖南的人口曾比明朝减少，只有 121 万余。但至乾隆十一年（1746），即剧增至 1354 万人，至道光二十年（1840）鸦片战前，更增长为 1989 万人。与明代的人口数相比，300 年间增长了 10 倍。人口的增长，自然要促进经济的建设与开发。大批移民的进入，实际上最大限度地开垦了湖南的荒地。据统计，康熙二十四年（1685）湖南还只有13万余顷耕地，乾隆三十一年（1766），便增至31.3万余顷。耕地面积的扩大，加上注重兴修水利，注重耕作方法的改进，推广双季稻，提高单位面积产量，又种植各种经济作物，诸如花生、红薯、玉米、桐油、茶油、棉花、苎麻、烟叶等等，使得清代湖南的农业生产发展超过了此前任何一个朝代。明中期民间流行的"湖广熟，天下足"的谚语，到了清朝乾隆年间便一改而为"湖南熟，天下足"。

湖南单独建省后也带来文化教育的兴盛和人才的成长。其一项重要举措是科举两湖乡试的"南北分闱"。以前，湖南与湖北因同属一省，科举考试的乡试是实行两湖合闱。那时，湖南的士子要赶到武昌甚至更远的江宁去应试，其间不仅要经历旅途劳顿之苦与江湖风浪之险，而且在经济上还要花费巨大的开支，非一般贫寒家庭所能承受。加之湖南本属蛮荒之地，自身经济文化落后，士子见闻狭隘，根底亦不深厚，南北合闱的结果，是湖南的名额多被湖北占去。然自康熙三年（1664），湖南成为独立的行省以后，湖南的历任巡抚多次奏请"南北分闱"，终于被清朝采纳，于是就在偏沅巡抚改称湖南巡抚的这一年，即雍正二年（1724）在长沙设立试院，是年第一次单独举行湖南乡试，按朝廷议定分配给湖南乡试的中式名额，正取49名，副榜9名，又武举25名。

教育的兴盛与南北分闱，导致了湖南人才蔚起。大约从嘉庆朝开始，湖南参加乡、会试的中式人数较之前代有明显增加。据载清朝自顺治九年开科至道光二十年（1840）凡75榜（不包括咸丰至光绪朝），湖南成进士者达441人，中举者则达数千人。其中，官至总督、尚书、大学士的达16人；官至巡抚、布政使、按察使和学政的达21人。这无论如何是以前不曾有过的现象。故清末郭嵩焘称道湖南国朝

"人文远过明代"。其实还不仅仅是湖南在清代产生了一批重量级的科举政治人才，而且在思想学术上亦有非凡的人物及其建树。这里首要提到的是衡阳人王夫之。王夫之的学问博大精深。他对中国传统文化中的经、史、百家以及释、道之学都有研究并吸取。他学究天人，其思辨之周密，可谓凌轹前人，并时无两。在他之前，湖湘子弟所推崇的乡先贤是周敦颐；在他之后，自从道光年间他的著作由新化邓显鹤为之刊布流传，于是他便取代了周敦颐，成为湖南人所崇拜的新的精神偶像。他的出现，不只是结束了过去空疏地高谈性理那种不切实际的学风，更主要的是开创了一种将理学与经世相结合的新的学风。于是，湖湘文化便因王夫之而发扬光大。

到了近现代，长沙始终都是湖南的省会城市，其区域中心地位以及对外影响又超过了前代，特别是其世所瞩目的人才群体现象。

如上便是长沙区域中心地位历史形成的大致情形。

但是我也觉得，长沙区域中心地位的历史形成也存在着一定的历史局限。这种局限突出地体现在区域的辐射与影响极不平衡。按理说，长沙作为区域中心，应当对其周边广大区域范围产生辐射和影响，引领其走向发展。但是实际上在相当长的时段里，长沙对周边区域的辐射和影响仅仅局限在湘水流域的范围，即湘中与湘南板块。而对于沅水流域和澧水流域以及资水流域，即大湘西和部分湘中地区板块，其辐射和影响则十分有限。以至于到了今天，湖南还只是长沙一市独大，GDP达到上万亿，占全省总量的三分之一，而其他各地州市，最多的GDP都还不到四千亿。此外，长沙向周边区域辐射与影响的内容也不全面。按理说区域中心对周边区域辐射与影响的内容应是包括政治、经济、文化等全方位的。可实际上却不能等量齐观。概言之，长沙对周边区域辐射与影响最大的是政治，文化次之，经济则居其后。以至于到了近代湖南还曾经一度守旧落后，资本主义的兴起与近代化起步比沿海各省晚了 30 年，可是为了国家独立、民族振兴，湖南救亡图存、叱咤风云、抛头颅、洒热血的大批卓励奋发有为的政治、军事人才却前赴后继、层出不穷、引领全国，这便是这一现象的最好注脚。

历史是现实的一面镜子，历史留下的局限和造成的遗憾今天应当引以为鉴。与其说要把长沙建成辐射与引领湖南周边省份发展的国家中心城市，还不如先将长沙建设成为辐射与引领本省区域协调发展的中心城市来得更为实际。历史造就了湖南区域协调发展的不平衡，今天的现实就应当统筹和补上这协调发展不平衡的一课，要让大湘南特别是大湘西与作为区域中心的长沙的差距缩小，这才是我们最应当积极着力去做的急务。

是为序。

周秋光

2018 年 2 月 10 日

目　录

引　言

　　长沙强化中心城市地位是深入落实全国战略布局的需要，有利于长株潭城市群的服务辐射，同时，长沙自身有良好的发展基础，有独特的文化凝聚力。在人类文明和中国历史发展中，长沙的历史文化在3个方面举足轻重：长沙汉文化的考古发现举世无双；长沙"潇湘洙泗"堪与孔孟之乡比肩；长沙是中国近代救亡图存的圣城。长沙应重点打造"一城两中心"，以彰显长沙历史文化优势特色，助推中心城市建设。一城：具有世界性影响的"汉文化城"。两中心：一是中国传统文化传承发展中心；二是中国近代救亡图存历史中心。

　　2017年，长沙市地方志办公室组织地方史志专家就"中心城市视角下的长沙历史文化"展开深入研究，并提出以历史文化优势助推长沙中心城市建设的对策和建议。

一、从国家中心城市内涵说起

　　早在2007年，原建设部上报国务院的《全国城镇体系规划（2006—2020年）》中首次提出"国家中心城市"的概念。在其名词解释中指出：国家中心城市是中国金融、贸易、管理、文化中心和交通枢纽，同时也是发展外向型经济和推动国际文化交流的对外门户，表现为全国层次的中心性和一定范围的国际性两大基本特征。现有概念的提出主要基于中心地理论、核心—边缘和增长极等区域经济基础理论。王凯等（2012）在此基础上进一步扩展，认为国家中心城市是全国城镇体系的"顶级"城市，在新时期，为了进一步参与全球化分工，推进区域相对均衡和安全发展，需要从国际化门户、创新中心、市场中心、网络中心等4个方面来综合统筹国家中心城市的布局。目前，我国将北京、天津、上海、广州、重庆、成都、武汉、郑州等列为国家中心城市。

2017年，尹稚等认为目前对于国家中心城市的内涵解读主要基于传统的中心地理论，并构建以城市经济发展水平、人口规模等为度量的指标体系进行评价。提出国家中心城市的界定，并非单纯的客观规律总结，具有强烈的政策内涵和政策意图。既要考虑城市实际运行的客观规律，也要统筹考虑未来发展态势和国家战略要求。进一步深化了国家中心城市的内涵界定：国家中心城市是居于国家战略要津、体现国家意志、肩负国家使命、引领区域发展、跻身国际竞争领域、代表国家形象的现代化大都市。具体内涵应包括：在经济、政治、社会、文化、国际交往、区域辐射等领域承担国家战略职能，具有全国性重要影响，并能代表国家参与国际合作与竞争的主要城市，是国家主要经济区域和城市群的核心。

二、长沙建设中心城市的战略定位

（一）长沙为什么要强化中心城市地位

长沙强化中心城市地位到底有没有必要？是不是可行？有人认为长沙搞迟了，国家层面已经明确支持中部地区的武汉和郑州创建国家中心城市了。其实，长沙强化中心城市地位仍然十分必要。

第一，这是新时代的使命担当。中国历史上，无论是大统一时期，还是分裂对峙时期，国家重要的中心城市始终表现出多中心发展态势。通过经济、政治文化、军事交通和人口等方面指标综合分析，我国古代中央王朝统一时期，具有跨区域影响力的城市保持在 8 ~ 12 个，分裂时期也保持在 5 ~ 10 个。而在 1927—1947 年间，也先后设立了 12 个院辖市（直辖市），作为统领各大区域发展的中心城市。新中国成立初期，依照当时交通枢纽、工业经济地位，划分了北京、上海、沈阳、广州等全国性层次的重要城市。可见我国每个阶段，都需要一些城市来承担国家功能。进入新世纪，特别是随着北上广等特大城市的"城市病"不断凸显，国家需要一批新的"中心城市"来疏解，来提升国家效率、带动区域发展、承担国家安全重任，这就是长沙的最大机遇。城市如人，只有给自己设定一个更具挑战性的标准，力争长沙在国家层面肩负更大的使命、更重的担当，才会有明确的努力方向和广阔的发展空间。

第二，这是长沙未来发展的需要。对一个城市来讲，重要的是方向。有什么样的眼界，就有什么样的目标定位，就有什么样的城市未来。当前，国家"一带一路"倡议和长江经济带、中部崛起等战略深入推进，处于"一带一部"的湖南战略地位日益上升，"一带一部"的首位城市长沙必须站在国家发展大格局上来谋划未来发展，担当更大责任，才能找准发展方向、赢得发展先机。大家要看到，长沙一直是靠内生动力发展起来的。强化中心城市地位，一方面，长沙将在国家战略布局中承担更多的功能；另一方面，长沙要争创"塔尖城市"，代表国家参与国际竞争。这将有利于长沙在对标先进中学习先进，从而实现加快发展、率先发展。同时，也有利于争取国家在战略布局时向长沙倾斜，为长沙的发展营造有利的环境。

第三，这是对各界期盼的回应。从上级要求来看，湖南省第十一次党代会提出建设富饶美丽幸福新湖南，要求长沙必须以更高的品质来发挥示范引领辐射服务作用。强化中心城市地位，实现更高水平的发展，是落实省党代会精神的题中之意。从发展动力来看，一座城市有了自加压力、主动担当的精神，才能奋发图强、突破自我。今天的长沙正处于产业大发展、城市大建设、功能大提升的时期，必须自我加压，并将压力转化为全市上下加快发展的决心、动力和行动。从群众期待来看，20多年前，长沙市提出建设现代化国际性城市的目标，对国际性城市的研究迅速引起全社会的广泛关注，各界人士纷纷参与进来，各抒己见，一个自发的全市性大研讨活动很快展开。那场轰轰烈烈的大讨论，解放了长沙人的思想，开阔了长沙人的视野，改变了长沙人的思维方式，引导长沙向世界看齐，向世界学习，为长沙的跨世纪发展完成了一次思想、智力和视野上的大准备。时至今日，人民群众对城市环境和公共服务有更高的要求，长沙强化中心城市地位对提升城市功能、宜居环境、生活品质，具有重要的引领和推动作用，既顺应了长沙人民的需求，也承载着760多万长沙人民的殷切期望。

（二）长沙强化中心城市地位的战略优势

其一，长沙强化中心城市地位是深入落实全国战略布局的需要。

一是有利于推动"一带一路"倡议深入实施。2013年，习近平总书记在湖南考察时，明确提出"湖南位于东部沿海地区和中西部地区过渡带、长江开放经济带和沿海开放经济带结合部"（一带一部）的战略定位。

长沙作为"一带一部"的首位城市，是连接我国中南地区和东中西部的关键区域；特别是渝长厦高铁是"21世纪海上丝绸之路"和"丝绸之路经济带"的重要连接通道，长沙是其中心节点。强化中心城市地位，有利于长沙在国家"一带一路"倡议布局中发挥更大作用。

二是有利于支撑长江经济带强势崛起。长沙与武汉、郑州 3 个城市分别是沪昆、沿江、陇海三大横轴与京广纵轴的枢纽节点，拥有各自的腹地范围，在带动中西部地区发展方面的作用大体相当。2010—2015 年沪昆发展轴沿线省份增速高达 12%，与沪蓉发展轴 12.3% 的增速不相上下。沪昆高铁的全线建成通车后，沪昆发展轴成为集高速铁路、普通铁路、高速公路为一体的综合运输通道，运输体系等级相比较沪蓉发展轴更高。目前，沪蓉发展轴核心城市众多，上海、武汉、重庆、成都在相关政策文件中定位为国家中心城市。

沪昆发展轴虽然发展形势较好，但核心城市数量远远不及沪蓉发展轴，尤其是除上海以外尚无其他城市明确为国家中心城市。因此，为进一步提升沪昆发展轴的势能，有必要强化长沙中心城市地位，带动沪昆发展轴沿线地区的发展，更好地支撑长江经济带的建设。

三是有利于带动长江中游城市群加速发展。京津冀、长三角、珠三角、成渝以及长江中游城市群等五大城市群在全国形成"钻石型"城市群空间布局。国家级城市群大多由 2 ～ 3 个中心城市支撑带动：如京津冀城市群的北京、天津，长三角城市群的上海、南京、杭州，珠三角城市群的广州、深圳以及成渝城市群的成都、重庆。除长江中游城市群外，其他城市群均有 2 ～ 3 个中心城市支撑带动。

五大城市群中，长江中游城市群总面积位居第一，经济总量、人口规模位居第二；仅武汉一个城市，难以辐射带动长江中游城市群的发展。而长沙在人口、经济、产业、交通等方面均具有较好的基础，支持长沙与武汉联合创建"双子座"中心城市，将会与上海、重庆、成都形成"铜头、铁尾、金刚腰"协同效应，让长江经济带这条巨龙真正舞起来、活起来。需要指出的是，长沙与武汉、郑州两个国家中心城市功能定位并不矛盾。中部地区相比沿海地区发展空间更为广阔，相比西部地区经济发展基础、环境承载能力更优，"中部强则全国强"。在中部地区布局 3 个中心城市，将以京广线为主轴，进一步促进我国华北、华中、中南地区加快崛起，深入推动国家区域总体发展战略实施。带动长江经济带建设，需要长沙和武汉协同发力。而郑州建设国家中心城市，主要是引领中原城市群发展、促进中部地区崛起，与长沙功能定位并无重复。

其二，长沙强化中心城市地位有利于长株潭城市群的服务辐射。

根据大数据和经济模型分析，长株潭是全国最具城市群形态的、同城化最紧密的，也是世界上绿化程度最高的城市群之一。长株潭同城化发展在多个方面具有明显优势：

从资本流通看，长沙对周边城市的带动作用明显。从 2015 年数据来看，长沙对本省其他城市投资输出占比高达 28%，其中对湘潭的投资输出高达 145 亿元。

从投资关系来看，株洲和湘潭对长沙作为中心城市有明显的支撑作用。株洲和湘潭两市总计资本流入长沙高达 72 亿元，占长沙资本流入比重达到 38%，对长沙经济支撑作用较强。

从城市引力看，长沙对株洲、湘潭的引力指数分别高达 467、621。长沙、株洲、湘潭三市之间呈现非常紧密的经济地理联系。

从经济距离看，通过对费用、时间、劳动力三要素的货币价值换算，株洲、湘潭与长沙之间的经济距离，两者指数仅为 27 和 23。

从城市场强看，城市场强主要用于描述一定区域范围内某一点受周围城市辐射作用的强弱。依据该模型测算，株洲、湘潭受到长沙的城市场强辐射分别高达 2.2 和 1.6。

从同城化基础看，历史上多数时期长株潭三地同属于大长沙，文化同源，往来紧密。自长株潭经济一体化发展战略于 1997 年正式提出以来，三市以政策层面的同城化为引领，逐步实现了交通基础设施建设、城市建设管理、产业经济发展等多方面的融合发展。三市高速公路通车里程达到 1365 公里，长株潭城际铁路开通运营，公共通行时间缩短至 30 分钟，医疗保险、异地公积金、海关通关、通信联系等实现一体化，长株潭居民生产生活基本实现"同城化"。时空距离逐步缩短，经济和社会联系日趋紧密。

从发展量级看，《长沙城市总体规划》、《长株潭城市群区域规划》明确，到 2020 年，长沙都市区人口规模超过 800 万、长株潭城市群核心都市区总人口超过 1600 万。2016 年，长株潭三市 GDP 总量共达 13681.86 亿元，长株潭各市分别为 9323.7 亿元、2512.51 亿元、1845.65 亿元；三市人口总数达 1446.92 万，长株潭各市分别为 764.5 万、400.05 万（2015 年数据）、282.37 万（2015 年数据）。一个容纳千万人口的大都市区，完全具备成为重要的中心城市的实力。因此，长沙强化中心城市地位，对长株潭城市群将会是重要的支撑力量，有利于加快长株潭城市群的同城化发展，进一步放大极核效应，带动湖南发展，加快中部崛起，并对城市群发展形成实践示范。

其三，长沙强化中心城市地位有良好的发展基础。

长沙的发展具有"体量大、增长快、质效优"的优势，符合新常态下的发展方向，具备中心城市所应有的特征和潜力。

一是综合经济实力强。2005—2015 年的 10 年，长沙 GDP 增长 460%，增速居 33 个重点城市首位。2016 年，长沙经济总量为 9323 亿元。目前，长沙经济总量居全国 33 个重点城市第 13 位、省会城市第 6 位，高于郑州、沈阳、厦门、西安等城市。人均 GDP 超过 12 万元人民币，稳居中部第一。民营经济占 GDP 比重达 65%、民间投资产出效率为 1.25，在中部省会城市中遥遥领先。按照"十三五"年均增长 9% 的规划目标，今年将进入"万亿俱乐部"。

二是辐射带动能力强。长沙是全国性综合交通枢纽。航运方面：

黄花机场作为全国区域性航空枢纽之一、中部地区第一个"国际三星机场"，2016 年旅客吞吐量突破 2129.67 万人次，居中部地区首位，并进入全球 100 个主要机场行列。机场周边的长沙空港物流园、长沙黄花综合保税区、国家级临空经济示范区均已获批。随着第二机场、通用机场建成，黄花机场将向中部国际枢纽机场转变。高铁方面：在未来"八纵八横"的高铁格局中，京广高铁、沪昆高铁和规划建设中的渝厦高铁、长九高铁交会于长沙，长沙将成为直通 19 个省会城市或直辖市的全国重要高铁枢纽。高铁"1 小时交通圈"辐射面积约 17万平方公里、人口约 6450 万，远超武汉、郑州。随着沪昆高铁的全线贯通，以后可以昆明为接驳点直连中越、中老等国际高铁。长沙对内可承接东南部沿海发达地区产业转移，辐射江西、贵州、广西等地，带动物流、旅游、金融等现代服务业集聚发展；对外可在"一带一路"倡议引领下，直接辐射东南亚和南亚地区，参与全球经济活动。高速方面：京港澳高速公路、沪昆高速公路、长张高速公路 3 条国家级高速公路纵横贯通，并已建成长湘、长浏、长韶娄等 7 条（段）省域高速公路。水运方面：湘江长沙综合枢纽已蓄水通航，霞凝港连接岳阳的城陵矶港，实现了长沙货物通江达海，为长沙港打造成专业化运输核心港区和全国内河主枢纽港口打下了坚实基础。

三是城市承载功能强。从生态承载看，长沙气候适宜、环境优美、自然资源丰富且地质条件稳定，市域森林覆盖率 54.8%，远高于中部其他五市，长沙拥有充足的生态承载空间。从土地承载看，长沙中心城区规划建设用地指标 629 平方千米，高于武汉（450 平方千米）、郑州（400 平方千米）的已批规划面积。从人口承载看，按照国务院批复的中心城区 629 万人的规模，长沙具有吸纳新市民、促进就近城镇化、疏散特大城市人口、带动区域发展的巨大空间和潜力。特别是房价成为吸纳人才创新创业的持续优势。

四是产业优势突出。根据《促进中部地区崛起"十三五"规划》，新时期中部地区将打造成为全国重要先进制造业中心。长沙拥有 5 个国家级产业园区，形成了新材料、工程机械、食品、电子信息、汽车及零部件、文化创意、旅游等七大千亿产业集群，节能环保、生物医药、移动互联网正迈向千亿产业集群，3D 打印、北斗导航等新兴产业加速崛起，产业结构具有"轻型"、"新型"的双重优势。2016 年 11 月，工信部批复长株潭创建"中国制造 2025"试点示范城市群，赋予长株潭探路先行、探索创新的重大使命。长沙作为长株潭"中国制造 2025"试点示范城市群的首位城市，将发挥核心引领作用，推动长沙工程机械制造业、株洲交通装备制造业、湘潭新能源装备制造业整体提升，着力打造世界级智能装备制造重要板块。

五是创新优势突出。长沙拥有全国两型社会建设综合配套改革试验区、国家自主创新示范区、湖南湘江新区（中部地区首个国家级新区）、"中国制造 2025"试点示范城市群等四大国家级战略平台。在 2016 年中国创新创业先锋城市指数、中国城市双创竞争力排行榜中均排名省会城市第 7 位、中部第 2 位。拥有国防科学技术大学等"985"、"211"高校 4 所，双一流高校 4 所；在 2016 年艾瑞深中国最佳大学城市排名中长沙位列第六。长沙有丰富的高质量医疗资源，在全国顶尖 88 所三甲医院中，长沙有 9 所，在全国列第三，仅次于北京和成都（根据滴滴智能出行就医报告），吸引大量异地就医者，服务半径溢出省外。在两院院士、科研机构、科研人员等方面，长沙在中部地区首屈一指，现有两院院士 54 人。截至 2016 年年底，长沙的国家工程（技术）研究中心共 17 家、国家重点（工程）实验室 16 个，在中部 6 个省会城市中仅次于武汉，而且与其他地市相比优势很大。发明专利授权量居全国省会城市第 7 位。城市万人有效发明专利拥有量达 24 件，居全国省会城市第 4 位、中部省会城市第 1 位。

其四，长沙强化中心城市地位有独特的文化凝聚力。

长沙是国家首批历史文化名城，传统湖湘文化、革命红色文化、现代娱乐文化交相辉映，当选为 2017 年"东亚文化之都"，获评联合国教科文组织全球"媒体艺术之都"。全市文化产业占 GDP 比重达10%，中部排名第一，国内仅次于京、沪、深、杭。各类文化产品出口 100 多个国家和地区，"文化湘军"已成为中国对外交往的一张文化名片。

三、长沙历史文化在国际国内的地位和影响

长沙，是一片古老而神奇的土地，距今 15 万～20 万年以前的旧石器时代，长沙地区即有古人类存在。约 7000 年前，长沙先民就具有了原始的审美意识和奇特的想象力。大约距今四五千年，长沙为古三苗之地，"三苗建国在长沙"（杜佑《通典·州郡十三》，周昕《名义考》），是三苗活动的中心地带。殷商时期以"青铜时代"著称于中国古代史，而长沙所出土的"四羊方尊"则是此时期的代表。宁乡炭河里遗址及周边出土的大量青铜器皿，更是令我国文物界和考古界倍感震惊。楚国建国 800 年，历史长河中创造了无比灿烂辉煌的文明成果，如独步一时的青铜铸造工艺，在全国最为发达，而又以长沙为盛。其他如巧夺天工的漆器工艺，领袖群伦的丝织刺绣工艺，精彩绝艳的辞赋，汪洋恣肆的散文，义理精深的哲学，诙诡谲怪的美术，五音繁会的音乐，柔曼多姿的舞蹈等，构成了瑰丽璀璨的楚文化，成为中华文明的一支独特流派。由楚人创造的毛笔，彻底改变了书写方式，极大地方便了古代文明的传播，并由此引来了书法艺术革新。

伟大诗人屈原自杀殉志，给世人树立了爱国忧民的丰碑；贾谊伤怀，续传爱国忧民精神，为世人提供了一面永远必须高扬的旗帜。由屈原和贾谊创造的"骚体赋"，为我国文史学提供了一份完美的艺术

遗产。屈原、贾谊逝世后，受到后人崇敬，他们的精神对后世有着巨大影响，后世的仁人志士多以屈贾自许。可以说，哪里有节操的坚贞，哪里就有屈贾的英魂。尤其是屈原，至今人们仍以"端午节"的形式来纪念他。1953 年，屈原被世界和平理事会评为世界四大名人之一，受到世界各国人们的敬仰。毛泽东亦指出："我们就是他（指屈原）生命长存的证据。"

两千年以来，长沙就是湘湖地区的政治、军事、经济、文化、教育中心，历史上名贤荟萃，人才辈出，古城遗址，名人故居，古代墓葬，庙宇古迹，会馆书院，伟人行踪时处可见目不暇接。

长沙马王堆汉墓，以世界第十大奇迹而引起世界的关注，其中辛追遗体的保存完整状况，以及连现代科技也无法复制的重仅 49 克的素纱禅衣，和世界现存最早的天文专著《五星占》、《天文气象杂占》，凡此种种，向世人展示了长沙先民所创造的不可思议的奇迹。两汉至六朝，长沙以高水平的造船技术和青瓷制造技术的发展，为我国当代的经济发展做出了杰出贡献。

唐代起长沙社会经济文化有了长足发展。诗圣杜甫的长沙苦旅期间，仍念念不忘忧国忧民，悉心于诗歌创作，为世人留下一笔弥足珍贵的文学遗产。与此同时，长沙本土人才脱颖而出，闪耀光芒。欧阳询以"翰墨之冠"享誉全国及东南亚诸国。怀素创狂草体裁，丰富了我国的书法艺术宝库。长沙铜官窑以其釉下彩瓷器发明著称于世，代表了当时全国的最高水平，产品畅销国内外，长沙也因而成为著名的陶瓷之路的起点。长沙的先民用茶叶换取北方的战马，"茶马互市"促进了与全国各地及至边疆的商贸往来，给我国北方民族带来了极大的生活便利。

坐落在长沙湘水之滨的岳麓书院是我国古代四大书院之首，千年以来，弦歌不绝。长沙也因之有了"潇湘洙泗（洙泗，为孔子讲学处），荆蛮邹鲁"（邹鲁为孔孟故乡）的美誉。岳麓书院始建于公元976 年，比意大利最早的博洛尼大学要早近 100 年，比英国牛津大学要早近 200 年，是世界上自建立起即一直延续至今的最早的高等学院。由岳麓书院培养的众多人才活跃在宋元以后尤其是近代以来的政治、军事文化领域上，创造了我国教育史上的奇迹。"惟楚有材，于斯为盛"，即是这一教育奇迹的真实写照。

长沙历史文化对我国历史文化的贡献和影响，不仅是物质层面的，更是精神层面的。长沙古属楚国，其文化为荆楚文化的一部分。一般而言，荆楚文化具有如下五方面的特质：一是"筚路蓝缕"的创业精神；二是"抚夷属夏"的开放精神；三是"一鸣惊人"的创新精神；四是"深固难徙"的爱国精神；五是"止戈为武"的和合精神。但是若详加剖析，湘楚地区的文化还有着自身的一些突出特质。湖南地理环境三面封闭，自然资源富饶，但经济水平较低，湖南原住民在此繁衍生息不难温饱，但难富足，而且长期以来，以农耕为主业，于是形成了湖南先民一定的保守性和"安土重迁"的恋乡情愫。富足难求，则转而求其功名，于是形成了不重经济重政治的痴迷及乡情痴迷。湘楚民风强悍，尚勇好斗，"气锐以刚，有道后服，无道先强"（扬雄《十二州箴》），体现了湘人血性刚毅的性格特征。屈原的卓然独立、自命不凡、清高自守、不屑俗流的人格自信，对理想的忠贞不渝，宁为玉碎的殉道精神，以及满腔忧愤的悲剧气质，都深深地感召着湖湘后人尤其是士大夫的心灵。楚人信仰原始自然宗教，深信鬼神世界的存在。死亡对于楚人而言，不过是另一种存在方式的转化，所谓"十八年后，又是一条好汉"，因而形成了湖湘先民们轻生死的观念和慷慨赴死的气概，在灵与肉的取舍中，湖湘士子每每选择灵的皈依。湘楚文化还是一种重情感、重想象、重浪漫理想的文化，对天道、宇宙问题倾注了极大热情。这一特质为我国古代文学创作以及古代几个哲学流派的形成提供了坚实基础。宋元以后形成的湖湘文化则与湘楚文化有着一脉相承的关系。它包括"湘学"及湖南乡土风情等俗文化，而"湘学"是湖南文化的核心部分。在思想学术层面上，它来源于中原儒学，从社会心理层面，则主要源于本土文化传统。这两种鲜明的文化得以重新组合，导致了一种独特的区域文化形成。湘学的学术思想总是透露出湘人那种刚劲、务实、敢为人先的实学风格和拼搏精神，而湘人的性格，又受儒家道德精神的修炼，故每每能体现出一种人格的魅力，精神的升华。它的基本精神是"淳朴重义、勇敢尚武，经世致用和自强不息"。具体表现在如下几个方面：一是强烈的政治意识；二是突出的爱国主义传统；三是博采众家的开放精神与敢为天下人先的独立创新精神。

在湖湘文化的熏陶之下，一波又一波英才人杰井喷式涌现，纷纷登上历史舞台。他们或挥毫著述，或设坛授徒；或执戈跃马，谱写出一篇篇历史性的壮丽华章：以陶澍、贺长龄、魏源为代表的地主阶级经世派人才群体，引领中国近现代启蒙思想之先；以曾国藩、左宗棠、郭嵩焘为代表的湘军人才群体，成就了晚清历史显赫的一页；以谭嗣同、唐才常、熊希龄为代表的维新派人才群体，对中国近代社会进步起了重要的带动作用；以黄兴、宋教仁、蔡锷为代表的资产阶级革命派，推翻了清王朝，创建了中华民国；以毛泽东、蔡和森、刘少奇、胡耀邦、王震等为代表的共产党人，缔造了中华人民共和国，成就了新中国不朽伟业，其历史功绩，炳耀日月。

文化是传承性的，源流嬗变，涓涓不息，文化永不磨灭。我们今天研究历史文化，溯其源，观其流，察其渊，探其幽，不仅仅是为了解释历史、还原历史，更是为了以史为鉴，继承精华，服务和改造现实，着力于为建设现代文明服务。

长沙历史文化的风貌，永远不会是明日黄花。由专家研究拟出，并经广大市民投票总结出来的"心忧天下，敢为人先"长沙精神，正是湖湘文化因子仍鲜活地存在于当代并流淌在长沙人血脉之中的真实写照。当我们回顾长沙历史文化的灿烂辉煌时，我们的目的是试着通过对它的精髓和积极内核的解读和诠释，让它得以继承和发扬光大。

人类文明交流融汇的痕迹，尽在尘封千年的历史遗珍里。越是历史的，越是现代的。历史文化保存城市记忆、展示城市风貌、决定城市品质，是中心城市文化引领的内核。在人类文明和中国历史发展中，长沙的历史文化在以下三方面举足轻重。

（一）长沙汉文化的考古发现举世无双

长沙是汉文化的重要发源地，历史上曾为汉藩王都，是大汉帝国开国七大诸侯国之一。公元前221年，秦统一天下，置长沙郡。公元前202年，刘邦建立西汉王朝，封开国功臣吴芮为长沙王，建立著名的长沙国。"汉长沙国"分为吴氏和刘氏两个时期，其中吴氏长沙国5代5王，刘氏长沙国8代9王，前后存续共约220年，几乎与西汉王朝相始终。长沙因此以"楚汉名城"显扬于世，系区域性的政治、文化及经济中心。

长沙汉文化的考古发现在全国首屈一指。如马王堆汉墓是震惊世界的考古发现，系统展示了汉代在经济、天文、历史、哲学、艺术、医学等方面所取得的辉煌成就，是中国古代文明的历史见证，也是世界文明的宝库。汉长沙国王陵遗址是我国现在数量最多、规模最大、保存最为完整的汉代诸侯国陵园，分布于湘江西岸岳麓区天马山到望城区风蓬岭一带，迄今为止共发现长沙国王（后）陵墓26座、城址1处，被列入国家发改委、财政部、文物局共同确定的代表中华文明的150处大遗址保护名录之一。

长沙马王堆汉墓发掘的汉帛书被誉为"重现人间的珍宝"，经多年修复、整理和考究，现在判明帛书共有50余种，计12万余字，内容涉及政治、经济、文学、医学、哲学、历史、天文、军事等诸多领域，大部分是失传一两千年的古籍，为中国文献学、版本学、校勘学等相关学科研究提供了十分丰富的实物资料。

长沙出土的三国东吴简牍总数达 10 余万片，被誉为中国第五次文史资料大发现。

长沙还有天心阁古城墙、贾谊故居等具有鲜明汉文化特色的历史文化遗存。

从全国范围内来看，汉代虽建都于西安（古称长安），但西安有1100 多年建都史，历史上有周、秦、汉、隋、唐等在内的 13 个朝代在此建都，以秦兵马俑为代表的秦文化和以大明宫为代表的唐文化更能体现西安的历史文化底蕴，其汉文化在某种程度上已成"隐文化"。相比这下，长沙汉文化由于众多考古发现而成为在全国影响巨大、受世人瞩目的"显文化"。

（二）长沙"潇湘洙泗"堪与孔孟之乡比肩

长沙被誉为"潇湘洙泗"，是堪与孔孟之乡比肩、传承儒家学脉的地方，历来是中国思潮变迁的大本营。屈原、贾谊、杜甫等文化巨匠都曾"一为迁客去长沙"。

以岳麓书院为文化据点，长沙早在宋明时期就成为全国各种学术交流和文化交融的重要场所，是湖湘文化中心，又是程朱理学和陆王心学的重要发祥地。《宋元学案》记载："孔孟而后，汉儒止只有传经之学，性道微言之绝久矣。元公崛起，二程嗣之，又复诸大儒辈出，圣学大昌。"这段案语，指出宋儒的"心性义理"之学，由周敦颐（元公）首先阐发，打破孔孟而后道统中断的千年幽暗。由于"元公崛起"，二程（程颢、程颐）等嗣而辈出，方出现"圣学大昌"的局面。周敦颐、二程之后，胡安国、胡宏父子创立湖湘学派，胡宏弟子张栻主持岳麓书院开坛讲学，朱熹两次从福建到长沙"朱张会讲"，在中国思想史、教育史上产生了深远影响。

明代王阳明把长沙作为治学宝地，倡导"致良知"、"知行合一"，其心学思潮在全国盛行。清代王夫之集心学和理学大成，对理学包括湘学作了继承，发展船山学说。

长沙对近代以来的中国哲学社会科学贡献很大，中国共产党指导理论中最重要的两句话——"实事求是"、"与时俱进"，都是岳麓书院率先挖掘与阐释的，堪称中国杰出的哲学社会科学殿堂。自古以来，中国传统文化思潮发生的重大变革，都可以在长沙找到思想根源或推动的力量。

（三）长沙是中国近代救亡图存的圣城

一部中国近代史，就是一部仁人志士救亡图存的历史。翻开中国近代史，几乎半部由湖湘人写就，而长沙是湖湘仁人志士活动的中心或最初舞台。在中国近代数次大变革中，长沙人民心忧天下，敢为人先，力挽狂澜，发挥了中流砥柱的作用。

1840 年鸦片战争后，从岳麓书院走出来的魏源等经世先贤思想突围，用世界眼光编撰《海国图志》，发出"师夷长技以制夷"的时代呐喊。1853 年，曾国藩、左宗棠等洋务先驱以长沙为基地，创立湘军，创办洋务，推动中国图强求富进程，在近代中国形成"无湘不成军"和"中兴将相十九湖湘"之说。19 世纪末，谭嗣同等主张维新变法，长沙兴起办工厂、兴矿务、引轮船、设电报、新军事、开邮政、建学堂的高潮，赢得"天下新政望湖南"的美誉。

20 世纪初，黄兴等辛亥元勋创立华兴会，共组同盟会，推翻帝制，创建民国，长沙成为辛亥革命的首应之地。1919 年"五四"运动爆发后，中国进入新民主主义革命时期，毛泽东、刘少奇等共和国缔造者胸怀天下，积极探索中国革命的新道路。从新民学会到建党先声，从长沙会战到"雪百年耻辱，复万里河山"的受降地，从工农运动、秋收起义到和平解放，长沙在波澜壮阔的中国近代革命史上影响极大。

四、长沙历史文化名城保护发展的对策建议

综上所述，长沙应重点打造"一城两中心"，以彰显长沙历史文化优势特色，助推中心城市创建。一城：具有世界性影响的"汉文化城"。两中心：一是中国传统文化传承发展中心；二是中国近代救亡图存历史中心。

（一）打造具有世界性影响的"汉文化城"

建议将"汉文化"列为长沙的历史文化核心主题，大手笔打造长沙"汉文化城"，打响"汉文化看长沙"品牌，形成"清文化看北京，明文化看南京，秦文化看西安，汉文化看长沙"的整体态势。

其一，建好汉长沙国王陵国家考古遗址公园。

汉长沙国王陵遗址承载着千年古城的城市记忆，是深埋于长沙地下的一颗"明珠"，极大丰富了长沙作为历史文化名城的文化内涵。对于汉长沙国时期的历史遗珍，我们要格外倚重，在传统保护建设的基础上，可借鉴国内外先进经验，设立"汉长沙国王陵保护特区"，特区具备基层一级政府和遗产本体保护单位的双重属性，以汉王陵形态相对集中的谷山片区为依托，在南起岳麓区北津城遗址、东山王陵，北到望城区玫瑰园，东濒湘江，西到金星大道的区域内高品质做好规划设计工作，并与马王堆片区相呼应，形成"一盘棋"的整体思路，充分体现区域价值、历史品位和高端特色，加快推进汉王陵国家考古遗址公园建设。

其二，构建汉文化研究国际学术平台。

激活马王堆。马王堆汉墓这一震惊世界的考古发现是长沙汉文化的典型代表，曾使长沙享有国际盛誉，但由于没有在原址进行本体保护与展示，导致展示效果大打折扣。湖南省博物馆是主要依靠马王堆

出土文物形成的文化品牌，现进一步发展受限，而马王堆汉墓原址同样受世人关注，应整合马王堆汉墓及其出土文物和省博物馆的人力资源优势，认真审视马王堆汉墓原址的历史价值和发展问题，可在原址上建成马王堆汉墓专题展示馆，并与汉长沙国王陵遗址公园遥相呼应，做大"汉长沙"品牌。

构筑显学。考古研究是一项非常严谨复杂的工作，不能有丝毫马虎，否则，容易导致珍贵遗产失去其应有的学术价值。马王堆汉墓中曾经出土了一盒新鲜藕片，那盒藕片在地底历经 2000 多年依然鲜美如初，但出土后遇到空气，转眼便化作了水，成为考古史上的遗憾。汉长沙王陵"12·29"特大盗墓案，虽然追回了汉长沙王印玺，但使部分王陵受损，盗洞打开使王陵里文物生存状态发生急剧变化，许多珍贵文物可能正在加速腐蚀，抢救性研究与发掘迫在眉睫，有必要把汉长沙国及王陵研究构筑成为一门显学，确定为重大学术课题，并深入研究汉帛书、帛画，如《五十二病方》等失传古籍，构建"汉长沙"学术平台。

其三，打捆申报"汉长沙国"世界文化遗产。

聚焦一个"汉"字，强化历史感知度，把汉长沙国王陵遗址公园与"马王堆"、贾谊故居、定王台、天心阁、简牍博物馆等系列汉文化资源打捆整合，申报世界文化遗产。从中心城市的视角出发，拓宽国际视野，以保护为基础，发展为支撑，正确处理保护、传承和提升的关系，高标准搞好科学规划和项目实施，按"展示区—旅游线—发展轴"的科学定位，邀请高规格专业人士对遗址公园做好顶层设计，整合打造"汉文化"景观群，发挥集群效应，让历史文化遗存得以凸显、效应得以放大。

（二）打造中国传统文化传承发展中心

建议以"弘扬传统文化和中华美德"为主题，突出长沙人文精神，抓住"国学传承"和"雷锋精神"两个重点，重塑"惟楚有材、于斯为盛"金字招牌，打响"国学传承看长沙"品牌，形成"国学源头看曲阜，国学传承看长沙"的整体态势。

根据《关于实施中华优秀传统文化传承发展工程的意见》中提出的"规划建设一批国家文化公园"的指示精神，结合长沙实际，可着力打造"长沙国学园"和"长沙美德园"。

其一，长沙国学园。

建议在岳麓山下建立一个享誉国内外的"长沙国学园"。通过政府引导、专业支撑、公众参与、市场运作的方式，向世人展示长沙深厚的传统文化基因，描绘一幅穿越千年时空的历史文化画卷，打造一个特色鲜明的国学圣殿。

国学教育。整合以岳麓书院为中心的国学培训师资力量和场所，通过教师进修、学生研修、国学讲坛等形式传承国学。目前，位于麓山南路一带的书画室和艺术培训机构"湘军"突起，已成为一道独特的国学教育景观。该区域书画室和艺术培训机构达300多家，开设艺术类高考全部的专业课程，从业老师上千人，年培训学生超过10万人次，已成为全国传统文化艺术教育培训的一个品牌基地。

国学体验。融入汉风楚韵概念，诠释意、乐、食等传统元素，注入故事性和"老字号"资源，如书画、古乐、竹简、汉帛、湘绣、湘剧、红瓷、花炮、菊花石雕、弹词、剪纸以及长沙民间庙会中的民俗民风、传统节日风俗等，再融合湘菜、传统小吃、中医养身等体验，还可融入VR体验，运用光、声、电以及时光隧道、3D画展等现代技术，让文化观光者身临其境，在国学中享受休闲，在轻松中传承国学。

国学交流。举办一系列以国学为主题的国际国内双向文化交流活动。建立艺术展厅和拍卖交易行，开展艺术品展览交易，发展文化艺术产业。成立国学社、国艺团、国学评比机构等，推广少儿学习国学经典，让少年儿童从小参与琴、棋、书、画、诵读、戏曲、武术、民间艺术等国学培养，发现国学苗子，评选"国学宝贝"等。

国学度假。依托山水洲城特色，打造一个集商务会议、国学交流、休闲娱乐、养生养性为主的复合型、多功能旅游度假区，开创国学度假的新时尚。国学最崇尚"百善孝为先"，先做到"孝"，再学会"文"，才有"教"。中国五千年传统文化，第一句教书育人的话就是《弟子规》：首孝悌，次谨信。节假日朋友家人开展国学度假，更能体现度假的品位和价值。

其二，长沙美德园。

建议以雷锋纪念馆为基础，建设一个具有国际影响的"长沙美德园"。长沙是雷锋家乡，"雷锋家乡学雷锋"的意义远远高于其他任何一座城市。雷锋精神是一种国际性、大众化的核心价值观，无中外之隔、种族之分、古今之别，"人人为我、我为人人"、"把爱传下去"，是人类共同的语言。

构建"雷锋精神大本营"。大手笔建设一座国际性、大众化的雷锋精神大型主题雕塑公园，以大型雕塑群等直观艺术手法，在园内设置雷锋以及全世界"雷锋号"单位和"雷锋式"楷模浮雕群，围绕认知、体验、践行等重点环节，策划国际性高峰论坛、理论研讨、经验交流等活动，让中国雷锋走向世界，请世界"雷锋"来到中国。致力于用雷锋精神引领社会风尚，把社会公德、职业道德、家庭美德、个人品德与学雷锋时代化、常态化、国际化结合起来，使雷锋精神潜移默化地深入人心，让全世界人民在"看"中感受、在"唱"中激昂、在"学"中养成、在"行"中陶冶。

设立国际性的"雷锋奖"。建议借鉴"诺贝尔奖"的做法，设立一个以"助人为乐、无私奉献"为主旨的国际性大奖——"雷锋奖"。由中国政府或民间组织设立一个"雷锋精神奖励基金"，该基金可接受全世界热心机构、人士的捐助。参照"诺贝尔奖"的评选方法，"雷锋奖"面向全世界评奖，每年 3 月 5 日在长沙美德园颁奖，邀请各国获奖嘉宾莅临长沙主会场受奖。颁奖仪式面向全球现场直播，将"雷锋故里"打造成为世界美德的扛鼎之作。

创办公益性的"雷锋银行"。发扬雷锋的互帮互助精神，在长沙美德园内创办一家公益性的"雷锋银行"，并以"雷锋银行"为依托，推出经常性的捐赠救助平台——"雷锋救助中心"，为全世界需要帮助的人们提供救助援助。"雷锋银行"存入的不是有价的金钱，而是无价的美德；"雷锋救助中心"提供的既是物质的救助，更是精神的财富。

（三）打造中国近代救亡图存历史中心

建议以"近代救亡图存"为主题，抓住近代长沙历史名人和历史事件，做好"近代百年"长沙篇的大文章，打响"近代百年看长沙"品牌，形成"五千年看西安，一千年看北京，近代百年看长沙"的整体态势。

其一，修建大型中国近代救亡图存历史展示馆。

在目前全国公布的 129 座历史文化名城中，大多数城市都有与它历史特点相符合的古代历史或近现代历史元素的展示馆，如侵华日军南京大屠杀遇难同胞纪念馆、上海开发开放展览馆等。从长沙实际情况来看，"文夕大火"将长沙地面历史文化遗存损失殆尽，70% 的近代历史文化遗迹被毁，长沙比其他历史文化名城更需要历史文化场馆的展示，以弥补地面遗存不足的缺陷。除应加快建设多功能、综合性的长沙方志馆等外，还应修建一座大型中国近代救亡图存历史展示馆。展示馆突出"救亡图存"这一近代历史主题，通过经世致用、洋务中兴、维新改良、辛亥首应、建党先声、秋收起义、长沙会战、和平解放等时间节点，串起长沙近代救亡图存的历史项链。

其二，编辑出版"百年长沙与救亡图存"历史文化丛书。

编辑出版"百年长沙与救亡图存"历史文化丛书，可以史为鉴，展现史情，铭记历史，不忘初心，教育后辈，继续前行。通过对近代百年长沙历史的感知，培养爱国主义情感和危机意识。面向全市开展百年长沙历史普及工程，让人们了解和热爱长沙历史文化，学习革命志士的宝贵精神，以书籍、绘本、纪录片、图片展等多种形式，制作"百年长沙与救亡图存"系列专题，邀请名人后裔口述长沙历史，共话近代百年长沙。

其三，开辟长沙"红色革命径"。

借鉴香港"中山径"的成功经验，开辟长沙"红色革命径"。香港"中山径"原名孙中山史迹径，于1996年由香港中西区议会设立，以纪念孙中山先生诞辰130周年，后配合于2006年落成的孙中山纪念馆而进行修葺，形成串联15个游览点的"之"字形历史文化游步道。从长沙的红色旅游路线来看，存在景区分散、规模偏小、景点路线整理不够清晰等问题，尚未形成独具特色的红色旅游路线。对此，可树立"近代缩影、百年长沙"的品牌形象，以"红色革命"为重点，选择历史底蕴浓厚、文化遗产资源密集区，将红色革命节点巧妙地串联起来，规划出一条以"烈士公园—清水塘—第一师范青年毛泽东纪念馆—新民学会旧址"以及"刘少奇故居—雷锋纪念馆—杨开慧故居—胡耀邦故居"等为代表的红色精品旅游路线，配备完善的解说系统和标识系统，让红色革命游览更加生动直观。

第一章
楚汉名城　荆湘重地

第一节　楚南重镇

公元前21世纪，禹的儿子启继位，建立了我国历史上第一个奴隶制国家夏朝。在此之后，直到公元前770年，我国北方先后出现了商和西周两个奴隶制王朝。夏、商和西周，史称"三代"，是我国奴隶制时代的开端、发展和繁荣的时期。在这长达1400多年的时间里，3个奴隶制王朝都曾多次兴师南下，渡过汉水、长江，向洞庭湖南北的原始部落发动战争，但都未能在这里建立起他们的统治，包括长沙在内的湖南广大地区仍然处在原始社会的末期。

夏朝之时，长沙仍然属于古三苗国。到商、周时代，古三苗国消失了，但三苗的后裔仍然在这片土地上生息繁衍。他们被称为"扬越"，又叫"荆蛮"。因此，史称这时的长沙为"扬越之地"。生活在长沙的越人则是扬越的一支。在漫长的岁月中，古越人创造和形成了自己富有特色的越文化，以拍印为主的几何纹饰硬陶即印纹硬陶是其最有代表性的特征。近几十年来，长沙发掘的商周时代遗址如长沙杨家山、宁乡炭河里、浏阳樟树潭上层等处，都发现了具有古越文化风格的遗物：各种与中原地区制作风格迥异的石器、灰色或黑色几何纹饰的印纹硬陶残片等。

商、周时期，北方奴隶主王朝对南方"荆蛮"、"扬越"的战争更为频繁，虽然未能在这里建立起他们直接的统治，但也使"扬越之地"一度成为商周的"南服"，迫使"荆蛮"服威纳贡。来自中原的奴隶主王朝还在这里留下了他们曾使用过的种种器物。近50年来，长沙地区出土和发现了大量商周时代的青铜器，其数量之多，制作之精美，不仅为湖南全省之冠，而且在全国也是少见的。其中，如宁乡县出土的兽面纹提梁卣、兽面纹分裆鼎，浏阳出土的兽面纹提梁卣，长沙县出土的甬钟、鸮卣，望城县出土的兽面纹瓿，等等，其器形、纹饰、铭文与中原地区出土的商周青铜器相似，有的甚至完全一样。卣、鼎、甬、瓶是古代王室和贵族祭祀的礼乐器。商周人迷信鬼神，注重礼制，好祭祀天地、山川、鬼神、祖先和战争中阵亡的将士，即使征伐在外也依时举行。每逢祭典，这些以青铜制作的鼎、甬、瓶便满盛佳肴，尊、卣斝上美酒，钟鼓齐鸣，烟火缭绕，甚是庄严肃穆。这一部分青铜器，很可能就是商周王朝的军队和贵族随带而来的。

商周王朝中原文化的不断传入，促进了长沙的开发。当时，长沙古越人仍然居住在茅草覆盖的半地穴式房屋，过着氏族制公社的生活，还是以石器作为主要的工具，进行刀耕火种式的生产。商代中期，中原的青铜铸造技术传入长沙，长沙越人开始使用和制造青铜工具铜斧，到西周后期又有了铜制的镈和锸。镈，即大锄，是一种重要的松土工具。锸，即锸，用于松土和起土。青铜斧、镈和锸，在宁乡、浏阳和邻近长沙的湘潭、茶陵、岳阳都曾有出土。这些先进的生产工具的出现，表明此时长沙地区已从原始的锄耕农业阶段发展到耜耕农业阶段。湘浏河谷丘原上的肥沃土地正在被一片片地开发出来。

在中原文化的影响下，商周时代的长沙，也进入了青铜时代。处于原始状态中的长沙越人，学会了青铜铸造技术，不仅能制造青铜工具，而且还制造出了形制考究、纹饰精美的青铜容器、乐器。半个多世纪以来，长沙出土的大批商周青铜器，大多具有很高的工艺水平，富有鲜明的地方色彩和浓郁的越族风格，充分显示了长沙商周先民的聪明才智和创造能力。1938 年宁乡出土的著名的四羊方尊，造型奇特、形象逼真、纹饰精细，是商周青铜器中罕见的珍品。1959 年以来，宁乡和长沙县出土的十几件铜铙，均以怪兽、虎、象、牛等为主纹装饰，一般重 70 ~ 80 公斤，最重的达 221.5 公斤，为目前我国最大的商代铜铙。考古学界认为，这些青铜器形体高大厚重、纹饰优雅且多以动物造型，与中原青铜器的庄严凝重和图案化倾向相比，更显得形象生动、秀丽精巧。"扬越之地"长沙，在我国青铜时代也写下了辉煌灿烂的一页。

从公元前 770 年周平王东迁洛邑到公元前 221 年秦统一六国，是我国历史上的春秋战国时期，也是我国奴隶社会崩溃和封建制度确立的时代。新旧交替，风云激荡，长沙地区的历史也随之发生令人瞩目的变化。春秋晚期，楚国的势力进入长沙，把长沙纳入它的统治之下。从此，楚人代替了越人，成为长沙居民的主体，"扬越之地"长沙，成了楚国南部的军事重镇。这片长期以来处于原始状态中的土地也从此跨过奴隶制时代，直接进入了封建社会。

楚，又称荆楚，传说是祝融氏的后裔发展起来的部族。西周初年，周成王以楚始祖鬻熊曾有功于周，封其曾孙熊绎于江汉之地，始建楚国。熊绎率领楚人"筚路蓝缕"，艰苦创业。到熊渠时，即"甚得江汉间民和，乃兴兵伐庸、杨粤，至于鄂"，逐渐富强起来。春秋初期，楚国势力迅速壮大，进而北伐中原，东征江淮，版图不断扩大。

这时，楚国的视野又扫向江汉以南，开始了对湖南的扩张。春秋初，楚国的势力分东、西两路南侵。西路从都城郢（今湖北江陵）一带越过长江，进入洞庭湖西部的澧水流域和沅水下游地区；东部自鄂地出发，沿洞庭湖东岸和湘江下游南进。到春秋中期，楚国在湖南的扩张获得了极大的成功。在西路，征服了"百濮"的反抗，兵锋所指，已达湘西的崇山峻岭之中，后来又在此设立黔中郡作为它在湘西北的统治中心，随后转而东向，进入资水流域，推进到今益阳、宁乡等地。在东路，则已进入洞庭湖以南的河港水网地带，并将它在江北、中原地区所灭掉的罗子国和糜子国的遗民迁到今汨罗、岳阳一带，建立起了重要的军事据点。楚国南下之师几乎是锐不可当，其前锋已从东、西两个方向逼近了长沙。大约在春秋晚期，楚国的势力进入长沙地区，把这里纳入它的统治之下。"成王恽元年……天子赐胙，曰：'镇尔南方夷越之乱，无侵中国。'于是楚地千里。"这即是春秋时期楚国在大江重湖之南开疆辟土、胜利进军的宝贵记载。

长沙，地处湘江下游，腹地平衍，北临洞庭，为荆郢之唇齿；南界五岭，控湖湘之上游，西接黔中，东交瓯越，具有重要的战略意义。楚人入据长沙以后，在这里屯聚粮草，驻扎军队，随即又由此沿江而上，深入湘南。长沙成为楚国往南拓展的重要据点。

战国初，地处江浙的越国灭亡吴国，又起而与楚国争夺在东南地区的霸主地位，楚越对峙开始。长沙又成为楚国东南边陲的要塞。越王无疆时，齐国派使者前往劝他西征楚国，说"复雠、庞、长沙，楚之粟也；竟泽陵，楚之材也；越窥兵通无假之关，此四邑者不上贡事于郢矣"。这里的"庞"，即今衡阳，处长沙之南；"无假关"在今岳阳与湘阴之间，为长沙之北，两地至汉代时仍属长沙。可见长沙其时不仅是楚国的粮仓，而且在军事上也极为重要，是楚越之争的要地。

战国中期，楚悼王任用吴起变法。楚国国力更为强盛，对南方展开了大规模的军事行动，"席卷沅湘"，"南并蛮越，遂有洞庭、苍梧"，把湖南全境都纳入了楚的政治版图。至楚怀王时，发展为一个"地方五千里，带甲百万，车千乘，骑万匹，粟支十年"的泱泱大国。长沙则成为楚国南部的军事重镇，从洞庭到南岭包括湘北、湘中、湘南广阔地域的政治军事中心。这时，楚国已在长沙建立了城邑，在城外依山临水之处修筑了戍城、戍所，并有文臣武将驻节于此，以守卫重镇长沙。1951—1957 年，考古工作者先后在长沙五里牌、仰天湖、子弹库、浏城桥等处发掘了一批大中型战国时期楚墓。其葬具分别为二棺二椁或二棺一椁，随葬礼器中的列鼎是 5 件一套。据"周礼"，这都是属于大夫一级的规格，可知这些墓的主人都是职位仅次于卿的大夫级官员。其中浏城桥 1 号墓并随葬有兵器 93 件，表明这位身为大夫的墓主人又是一位统兵作战的将军。据地方志记载，楚怀王时的上官大夫靳尚曾封于宁乡，传说今宁乡之靳江就是因此而得名。他死后即葬在今宁乡麻山乡罗田村，墓旁有田名"上官丘"，靳江在墓前流过，至今墓址尚在。

作为军事大国楚国，素有兵器锋利"惨如蜂虿"之称，连强秦的国君也为之心惧，叹曰"吾闻楚之铁剑利"。骁勇善战的楚人也为我们在地下保留了大量更直观、更生动的证物。近 50 年来，长沙地区发掘清理楚墓 3000 多座，出土了大量楚文物，其中最引人注目的即是用于攻伐征战的兵器。其数量之多，令人惊讶，仅剑一类，就有铜剑 500 多柄、铁剑和钢剑 31 柄。有的墓葬，戈、剑、矛成套出现，甚至同一墓葬竟出土有完整的 2 套。种类也十分齐全，有剑、戈、矛、戟、铤、镞、弩、盾、弓、矢等，包括了步战、车战、近战、远射、攻击、防卫所需的各种兵器，也包括了当时中国最先进的军事武器。杨家山春秋晚期墓出土的一柄钢剑，长 38.4 厘米、宽 2~6 厘米，系以中碳钢制成并经反复锻打和高温退火，是我国发现的最早一把钢剑。浏城桥 1 号墓出土的长达 3.1 米的木柄铜戟、2.8 米的藤柄铜矛等长兵器，坚锐轻便，颇为少见。扫把塘楚墓出土的弩机，全长 51.8 厘米，各种构件保存完好，系利用杠杆原理制成，具有强大的杀伤力，是我国发现的最早的一把全弩。

楚人的进入，使长沙的社会面貌发生了巨大的变化。经过数百年的战争，长沙古越人消失了，楚人成为长沙居民的主体；朴实淳厚的古越文化也为色彩斑斓的楚文化所替代。楚人的南来，亦传入了中原和江汉地区先进的生产工具和生产经验，使长沙地区进入了铁器时代，促进了长沙的开发。这时的楚国已完成了从奴隶社会到封建社会的转化，其社会制度也随着它的武力征伐移植到新开辟的疆土，长沙从而也结束了自商周以来又延续了 1000 多年的原始状态，而直接跨入了封建社会。

到楚怀王时，楚国由于政治腐败，外交失策，国势日弱，各诸侯国特别是强大的秦国乘机对楚国发起了接二连三的战争。前 278 年，秦国大将白起攻陷楚都郢，楚被迫迁都于陈（今河南淮阳）。国都沦亡，山河破碎，使楚国朝野上下为之震惊，为之哀恸。这时，伟大的爱国诗人屈原流放湖南，正在长沙，闻此噩耗，悲愤不已，感到楚国的前途已经绝望，"颜色憔悴，形容枯槁"，写下著名的诗篇《渔父》、《怀沙》，"浩浩沅湘，分流泪兮"，表示"宁赴湘流，葬于江鱼之腹中"，遂于这年的五月初五日，自投汨罗江而死。屈原悲愤殉国，极大地震动了湖湘人民，长沙楚民无不悲痛奔号。屈原强烈的爱国精神和他大量不朽的诗篇，从此在湖湘间流传下来，成为激励人们为救国救民而艰难求索、自强不息的伟大精神力量。

在屈原自沉汨江之时，秦楚战争还在猛烈地进行。前 277 年，秦国分两路进军，大举击楚：一路以蜀守张若带领，自四川顺江而下，攻占巫郡；一路由白起统率，从郢城南下，占领黔中郡。随后，两路挥戈东进，直逼湘江流域。据《韩非子·初见秦》载："秦与荆人战，大破荆，袭郢，取洞庭五湖江南。"这里的"江南"，即指长江、洞庭湖以南至南岭的广大地区。楚国的江南重镇长沙，很可能也在这次战争中被秦军夺取了。

然而，秦军却突然中止了进攻。前276年，楚顷襄王收集东部兵力10余万，乘机反攻，"复西取秦所拔我江旁十五邑以为郡，距秦"，收复了大片失地。"江旁"即指"江南"，其"十五邑"自当也包括长沙在内。从此，长沙又成为楚国西南边陲重镇，大批楚国的贵族、官员流亡而来，与本地军民一道，在这里坚持了长达半个多世纪的抗秦斗争。

前230年，雄才大略的秦王嬴政"奋六世之余烈"，开始了统一六国的战争，短短几年即灭亡中原韩、魏等国，接着举兵伐楚。楚王惊惧之余，答应"献青阳以西"的土地，以阻缓秦军凌厉的进攻。但长沙军民没有停止抵抗，并一度发兵北上，袭击秦国的南郡。于是，秦国最后灭楚的战争在江东展开。前224年，秦王以老将王翦统带60万大军攻打楚国，杀楚将项燕，大败楚军。次年，攻拔楚都，俘虏楚王负刍。前222年，王翦统兵南下，打败楚军在江南的余部。至此，以长沙为政治军事中心的江南之地被秦国征服，建国800多年、一度中分天下、统一中国南部的楚国宣告灭亡。

第二节　汉藩王都

秦朝灭亡以后，又经过4年的楚汉战争，汉高祖五年（公元前202年），汉王刘邦最后打败西楚霸王项羽，正式登基称帝，建立了西汉王朝。

刘邦称帝之后，封开国功臣吴芮为长沙王，以原秦代长沙郡建立长沙国，将湘县改名临湘县，作为国都。从此，湖南历史上出现了第一个诸侯王国，长沙第一次成为王国都城。"楚南雄镇"发展为汉藩王都，长沙开始以"楚汉名城"显扬于世。

与西汉王朝的命运相始终，长沙国自前202年始封至公元7年废除，存在了200多年，又先后分为吴氏长沙国和刘氏长沙国两个时期。

吴氏长沙国的第一代王吴芮，是济阴鄄城（今山东濮县）人。秦朝时任番阳县（今江西波阳）令，因在任深得民心，被尊称为"番君"。秦末，陈胜、吴广在大泽乡揭竿而起，点燃了反秦的烈火，英布率领一支义军来到番阳。英布原为秦朝"刑徒"，因面部被"黥"，故人们又叫他黥布。在骊山修秦始皇陵墓时，他常与"刑徒"中的"徒长豪杰"联系，后带了一批"刑徒"逃亡，活动于鄱阳湖一带。身为秦朝县令的吴芮见英布率众而来，即率子侄及部将梅鋗宣告起义，并把自己的女儿也嫁给了英布。吴芮举义后，闽粤王无诸和粤东海王摇闻风而起，也带领越人前来归附，参加反秦战争。后英布、梅鋗都率兵北上，分别随项羽、刘邦转战中原，进夺关中，为推翻秦朝残暴统治立下了赫赫战功。秦亡后，吴芮被项羽封为衡山王，以邾（今湖北黄冈）为都。项羽败亡，吴芮毅然归汉，并与韩信、英布等人上表称臣，拥戴刘邦，成为西汉开国的元勋。因此刘邦一登上帝位，就颁布诏书，嘉奖吴芮，"从百粤之兵，以佐诸侯，诛暴秦，有大功"，并封其为长沙王，长沙国自此建立。

汉初长沙国的疆域，据刘邦的诏书所说："以长沙、豫章、象郡、桂林、南海立番君芮为长沙王。"但这时，豫章郡早已封给了吴芮的女婿、淮南王英布，而象、桂林、南海3郡还被南越王赵佗所割据，并没有归顺汉朝。长沙国封疆实际上也就是秦朝长沙郡的范围，北濒汉水，南亘九嶷。1971 年在今长沙市东郊发掘的马王堆西汉墓，举世闻名，正是吴氏长沙国初期所葬。其第 3 号墓出土了一幅《长沙国南部地形图》。这幅地图绘制的范围大致为：西起今广西全州、灌阳一线，东至今湖南新田、广东连县一带，南达今广东珠江口外的南海，北抵新田、全州一线；其主区为深水（今潇水）流域和都庞岭、南岭山区，与史籍所载长沙国南部疆域的边界几乎一致。

作为汉藩王都，临湘古城雄峙于长沙国的中心地带，城垣高耸，宫室巍峨，为历代长沙王的驻跸之所和长沙国的政治军事中心。据《水经注》载，临湘城，系吴芮始封长沙时所筑，史称"临湘故城"。有考古学者认为，临湘故城即在今长沙市区的湘江以东、建湘路以西、五一路以南、樊西巷以北的范围内，方广数里，确有王城的气派。城内有王室宫殿、丞相府邸、百官衙门。吴芮的宫殿，即后来所称的"吴王殿"，也是后来刘氏长沙诸王的居所，就在今市区八角亭以东、蔡锷路以西一带。1996 年 8 月，考古工作者在长沙市区中心五一广场平和堂基建工地，从一口汉代古井中，出土了汉代卷云纹瓦当和刻有"安乐"、"未央"字样的瓦当。显然，这都是长沙国宫殿的遗物。今天心区太平街的贾谊祠，即是贾谊当年任长沙王太傅时的邸宅。为了保卫王都的安全，城外水陆要冲还修建了驻扎军队的戍所。湘江两岸由南而北即有南津城、橘洲戍、北津城等，至今仍有遗迹可寻。

长沙王是长沙国的最高统治者，其王位世代相袭。吴氏长沙国自吴芮始封，到前 156 年其五世孙吴著死，因无子被撤除，共传 5 代，历时 46 年。王国的官吏制度与西汉朝廷相同，设有丞相（汉高祖初曾称柱国），由朝廷直接委任，名为辅佐诸王，实际上是派来掌握王国实权以控制地方的。著名的马王堆汉墓 2 号墓的墓主利苍，即是第三代王吴回和第四代王吴右的丞相。西汉杰出的政论家和文学家贾谊,曾为第五代王吴著的太傅。丞相以下还设有御史大夫、尉及各县的县令(长)等官职,均由诸侯王任免。

西汉长沙国"长沙王印"

汉初长沙国的辖县,据《汉书·地理志》等史籍记载和《长沙国南部地形图》,已设有 22 县,包括今属湖南的临湘、罗、益阳、连道、承阳、鄜、昭陵、容陵、茶陵、湘南、攸、郴、营浦、南平、春陵、冷道等 16 县,以及今分别属于江西、广东、广西的安成、桂阳、观阳、洮阳 4 县和处于湘粤边界的龄道县,与湘鄂边界的下隽县。

西汉长沙国特别是吴氏长沙国时期,是古代长沙历史上的辉煌时代。它始终不渝地维护国家的安定统一,是西汉王朝的忠实藩屏,军事上是西汉帝国南陲的冲要之地。

吴氏长沙国处于汉初诸侯国最强盛的时代。当时,刘邦封立的 8 个异姓诸侯王国,"大者夸州兼郡,连城数十,宫室百官同制京师",而各王均为开国功臣,手握重兵,其力量足以与汉朝廷分庭抗礼。因此,还在刘邦时代,诸王"睽孤横逆"、恃强反叛的事件屡屡发生,"十年之间,反者九起"。刚刚获得统一的国家又面临分裂的危机。然而,异姓八王中,唯独吴氏长沙国"为藩守职",保境安民,始终忠于汉中央政权,维护国家统一,没有参与其他异姓诸侯王的谋反活动。特别是在英布反叛的事件中，长沙国忠贞不贰、大义灭亲，更表现出可贵的品格。

前196年，淮南王英布野心勃勃，举兵反汉，烧起了叛乱之火。同年，他率领叛军北渡淮河，挥师西进，直向关中。在这危急关头，刘邦率军亲征。次年，与叛军会战于蕲县西部，大败英布。早在英布叛乱初起之时，刘邦召臣下商量对策。有一令尹进言说，英布"故骊山之徒"，为长沙国吴芮女婿，其起兵后必取下计，"东取吴，西取下蔡，归重于越，身归长沙"，陛下可"安枕而卧，汉无事矣"。果然，英布失败后，率百余人渡过淮河，逃往江南，到了长沙国。这时，吴芮已经去世，其子吴臣继位。吴臣深明大义，决计大义灭亲，为国除奸。于是他派人找到英布，假意与之一道逃亡越地。英布信以为真，随之逃到番阳，最后在番阳县兹乡的一处乡民田舍中被处死。至此，英布之乱彻底覆灭，汉朝又转危为安。吴氏长沙国为这场反分裂的斗争做出了重要贡献。

从前202年到前195年，刘邦通过种种手段，将臧荼、韩信、英布等7个异姓诸侯王一一消灭，保住了汉初的一统天下。为了消除分裂的祸根，刘邦曾杀白马，立盟誓："非刘氏而王者，天下共诛之！"但吴氏长沙国由于"不失正道"，"为藩守职"，却一直保留下来，"传号五世，以无嗣而绝"。其时刘邦还特地下诏："长沙王忠，其定著令"，对吴氏长沙国忠于汉室、维护统一的立场作出了高度评价。

西汉前期，汉中央政权始终面临着两大严重的政治问题，即：在内，异姓诸侯王反叛势力被剪除以后，刘邦所封立的刘氏诸侯王国日益膨胀，形成对汉朝廷的威胁；在外，北有匈奴、南有南越，还没有归附汉朝，并经常兴兵作乱，侵扰汉地，危及西汉的安全。在这一形势下，汉初长沙国由于北靠汉中央政权直辖的南郡，东邻淮南王国，南与南越交界，具有重要的战略意义。前154年，吴王刘濞发动"七国之乱",反叛汉朝。刘濞曾派使者来长沙,书告"故长沙王子",约同起兵。后来胶西王、齐王、楚王等6诸侯王都率兵响应,而长沙岿然不动。吴国大将军田禄伯向刘濞请兵:愿以"五万人,别循江、淮而上,收淮南、长沙,入武关,与大王会"。刘濞考虑到吴军以谋反为名,长沙王必然反对,没有同意田禄伯的请求。因而"七国之乱"祸及全国,而长沙国相对安定,使汉室无南顾之忧,得以一意用兵中原,将叛乱迅速平定。

西汉前期,长沙国又是汉中央政权镇绥与防御南越赵氏势力的军事重镇和前沿阵地。秦末汉初,今属两广地区的南越被原南海尉赵佗所割据。刘邦初定天下,就开始大规模征讨西粤(今广西一带),征西大将军乃屠狗出身、封为舞阳侯的樊哙。樊哙大军南下途中曾驻扎在长沙的南湖(今南湖路一带),明代的长沙地图上还明确标示了樊哙扎寨的地点,后来老百姓就把南湖旁樊哙驻过兵的一座山取名为"搴旗山"。只因南越地势险峻,一时未能攻克。刘邦便授权吴芮虚领桂林、南海、象三郡,因此导致长沙国与南越的关系长期陷入紧张状态。后刘邦特派"名有口辩"的陆贾出使南越,封赵佗为南越王。

吕后时,有朝廷官员奏请禁止向南越出口铁器和雌性牲畜。赵佗大为恼火,认为这一定是长沙王的主意,便恃其"东西南北数千万里,带甲百余万",悍然自称"南越武帝","发兵攻长沙边,败数县"。一时"长沙苦之,南郡尤甚"。吕后便派隆虑侯周灶、博阳侯陈濞率军南征。但由于时值暑月,中原士卒不服南方水土,多被瘴疫所染,一年之久汉军还没能逾过五岭。吕后死后,汉朝罢兵,周、陈两将军奉命率军屯于长沙。

文帝时,对南越采取抚绥政策。赵佗取消帝号,仍称南越王,保持割据状态。这一时期,为防御南越,汉中央政权一直派有大军驻扎于长沙国南境。马王堆汉墓3号墓出土的一幅《驻军图》,为我们提供了当时汉朝军队驻守长沙国南境的情况。这幅《驻军图》长98厘米、宽78厘米，所绘主区位于九嶷山与南岭之间，方圆约500里，绘有山脉、河流、城邑、乡里、道路等。根据这幅图，可知当时在这一范围内，汉军派有"周都尉"、"徐都尉"、"司马得军"和"桂阳军"等4支部队，设有军事要塞3处、营垒9处，前沿山脊设有烽火台。整个防区中央绘一座三角形城堡，有城垣、箭楼和战楼等，很可能就是长沙国驻军指挥部的所在地。

汉武帝时，西汉进入鼎盛时期。前113年，南越发生内乱，并杀害汉朝使节。于是，汉武帝令"粤人及江淮以南楼船十万师往讨之"。次年，伏波将军路博德等4将军率军分别从桂阳、零陵、豫章、群柯进击南越。这时，已是刘氏长沙国时期，定王刘发之子刘庸即第二代长沙王位。西汉王师大举南下，长沙国是其主要的军事基地。前111年，各军先后入粤，平定了南越之乱。随即，汉武帝废除南越国，改立为9郡。至此，长沙国与南越之间长达近一个世纪的军事对峙宣告结束。

汉文帝后元七年（前157），吴氏长沙国除。文帝也于同年去世。次年，文帝之子景帝继位，又建立长沙国，仍以临湘为都。前155年，其庶子刘发被封为长沙王。

刘发的母亲唐姬，原来是汉景帝程姬的侍女。一次，景帝召幸程姬，程姬因"有所避，不愿进"，"而饰侍者唐儿使夜进"。当时，景帝因酒醉不知，直到唐儿怀孕，才发觉所幸并非程姬，便将其所生之子取名为"发"。景帝即位后，分封皇子，刘发因其母出身低微而无宠，被封到离京师较远的长沙。

据传说，刘发离别长安，来到长沙后，十分思念自己的母亲，曾"运来长安之土，筑台于临湘城内，以登临遥望"。后来，这座望台因刘发谥号定王而被称为定王台，遗址即今长沙市图书馆址。2000多年来，刘发的慈孝思亲之情一直深深地感染着人们，成为千古流传的佳话。

刘发建国，正值西汉王朝大力削弱诸侯王国势力之时，原来疆域广袤的长沙国已经分出南部之地另立桂阳郡和零陵郡。刘氏国的封地只有临湘、罗、下隽、益阳、连道、湘南、安城、丞阳、茶陵、攸、昭陵等13县，远不及往日之大了。正如《汉书·诸侯王表》所说："虽有旧名，皆无南北边矣。"因此，刘发心中颇为不快。据东汉学者应劭的《汉书集解》，传说景帝后元二年（前142），刘氏诸王到长安朝见，景帝命他们"更前称寿歌舞"，而长沙王刘发仅摆了摆衣袖，抬了抬手。旁人都笑他舞姿笨拙迟钝，景帝见了，也感奇怪，便问其由。刘发对曰："臣国小地狭，不足回旋。"原来，他是借此机会发发牢骚。

刘氏长沙国不仅版图大大缩小，而且权力也被大大削弱，地位一落千丈。前145年，汉景帝鉴于诸侯王权位太重，将成尾大不掉之势，下诏改变王国旧制，规定"诸侯王不得复治国，天子为置吏，改丞相为相"。从此，诸侯王不能干预自己封国的政务，封国官员上至相、下至县令统由皇帝任免。诏令还减少了封国的官员人数，改变一些官员的名称。诸侯国的地位、规模、仪制都大大降低，诸侯王的行政权、官吏任免权也都被一一收回。此时的长沙国也同其他诸侯王国一样，实际上就是汉朝廷直辖的一个郡，而长沙王"唯得衣食租税，不与政事"了。

西汉孺子婴初始元年（公元8年），外戚王莽废除汉朝自立为帝，建立"新"朝，刘氏所封诸侯王国、侯国也被全部废除。次年（新莽始建国元年），末代长沙王刘舜被废，长沙国改名"填蛮郡"，国都临湘改名"抚睦县"。至此，刘氏长沙国从刘发始封到刘舜被废，共传7代8王，历时164年，随着西汉王朝的灭亡而终结。

第三节　马楚国都

　　王莽建立的新朝，仅仅维持了十几年。公元 25 年，刘氏后裔刘秀起兵，重建汉朝，史称东汉。东汉末年，爆发黄巾大起义，随之进入三国时代。263 年，刘氏蜀国被曹魏灭亡。两年后，曹魏政权又为权臣司马炎所代，定都长安，建立晋朝，史称西晋。咸宁五年（279），西晋分兵 6 路，发起灭吴战争。次年，晋镇南大将军杜预率军攻克荆州，传檄荆南各郡，"于是沅湘以南，接于交、广州郡皆望风送印绶"。从此，长沙归晋，孙吴在长沙 60 多年的统治结束。

　　西晋至南朝的 300 年中，地方行政仍实行州、郡、县三级制。晋初，长沙郡隶属荆州，以临湘为治所，下辖临湘、浏阳、巴陵（280 年分罗县置，今岳阳、临湘市地）、罗、吴昌、醴陵、建宁、攸、下隽、蒲圻等 10 县。299 年，晋惠帝分巴陵、下隽、蒲圻等县设立建昌郡，长沙郡辖地又一度减少。永嘉元年（307），晋怀帝司马炽分荆州的长沙、建昌、湘东、衡阳、邵陵、营阳、桂阳、零陵等 8 郡，另立湘州，也以临湘（今长沙）为治所。湘州的设立，是古代长沙乃至湖南政治军事上的一件大事。它北有洞庭重湖，与天下重镇荆州隔江相望，扼控长江上游；南倚五岭，关系交、广两州的安全，地位十分重要。长沙从此又恢复了在这一广阔地区的政治军事中心的地位。此后，由于全国政治军事形势的不断变化，湘州的建置曾几度废弃，但在大多时期内依然存在，并在全国政治军事事务中发挥着举足轻重的作用。

　　西晋时期，晋武帝太康年间曾有过一段短暂的繁荣，但自晋惠帝时开始，整个社会就陷入到长期的战乱、灾害和饥荒之中。广大的北方和中原地区，赤地千里，走投无路的流民被迫举行反抗。西晋灭亡后，晋皇室和北方士族纷纷南渡。317 年，司马睿在建康（原建业，今南京市）再建晋朝，史称东晋。此后朝廷政变迭起，先后出现了宋、齐、梁、陈四个小朝廷。

581 年，北周外戚杨坚废周称帝，建立隋朝。隋开皇八年（588）冬，隋朝以 52 万大军分八路大举南下，展开灭陈战争。次年渡过长江，攻克建康，俘陈后主，陈朝灭亡。至此，自西晋灭亡以来持续了 270 多年的南北分裂局面宣告结束。

隋统一中国后，对南朝的政治体制实行改革。地方行政改州、郡、县三级制为州、县二级制，废除郡一级。隋文帝时，以长沙有昭潭，乃改湘州为潭州，设立潭州总管府。长沙郡废除，所辖的临湘县改为长沙县，并废浏阳、醴陵 2 县并入；建宁县亦被废除，并入衡州（原湘东郡）的湘潭县。炀帝时，又进一步改制，"废诸州总管府"，裁并州县，又改州为郡。于是，潭州又改为长沙郡，辖长沙、衡山、益阳、邵阳 4 县，以长沙县为郡治。长沙县辖地包括今长沙、望城、浏阳、醴陵 4 县（市、区）地。衡山县为原衡阳郡所辖，后湘乡、湘西 2 县并入，包括今湘潭市及湘潭、衡山、湘乡、双峰、涟源、宁乡等县（市）地。益阳县亦为原衡阳郡辖，后废新康县并入，包括今益阳市及益阳、桃江、新化、安化、宁乡、涟源等县地。邵阳县为原邵陵郡所辖，后废扶夷、都梁 2 县并入，包括今邵阳市及邵阳、邵东、新邵、新化、武冈、洞口、隆回、新宁、城步、涟源等县地。

湘州改制是古代长沙建置史上的一个重要变化，从此，辖境广阔的湘州不复存在。但由于长沙地理位置重要，以及历史的原因，长沙作为地方一级行政区划的中心，其地位与作用却是巩固和加强了。自三国时代以来，长沙郡的行政范围基本上都局限于湘江以东的地带，隋朝的长沙郡则大大地跨越过湘江，达于整个湘中地区，从而基本上奠定了从此直到清代长沙建置的规模。

隋朝的统一，使长沙又归于全国统一的中央政权的管辖之下，与全国其他地区的往来与联系不断加强，获得了一个广阔和相对安定的空间。长沙古代历史又进入了一个新的发展时期。但隋炀帝继位以后，横征暴敛，穷兵黩武，把其父开创的基业破毁得干干净净。大业七年（611），广大农民终于揭竿而起，掀起反隋大起义。隋朝在湖湘地区的统治也陷入一片混乱之中。大业十三年十月（617 年 11 月），巴陵郡校尉董景珍等一批隋朝将领推荐罗县令萧铣为主，起兵反隋。618 年 3 月，萧铣在巴陵称帝，后迁都江陵，建立萧梁割据政权。

这年 4 月，李渊在长安称帝，建立唐朝。随后，李渊、李世民父子率李唐大军逐鹿中原，展开了统一中国的战争。武德四年十月（621 年 10 月），唐朝以李孝恭为荆湘道总管、李靖为行军总管，开始灭梁。唐高祖将"三军之任，一以委靖"。李靖，本名药师，雍州三原人。他"少有文武材略"，后为李世民所赏拔，转战巴蜀，屡立大功。这年初，他向唐朝廷陈"伐梁十策"，后来即率唐军灭萧梁、定湖湘、安抚岭南，长沙归于唐朝。

唐代的地方行政仍沿袭隋朝的州（郡）、县两级制。621 年唐收抚长沙后，即将长沙郡改为潭州，仍以长沙县为治所，并调整原辖各县，将邵阳县划出，另立南梁州；从长沙、益阳、衡山 3 县分别划置醴陵、新康（624 年又归入益阳）、湘乡 3 县，共辖 6 县。唐中宗景龙二年（708），又分长沙县复置浏阳县，并将县治从居仁镇（今官渡镇）迁至今浏阳市所在地。唐玄宗天宝八年（749），将衡山县改名湘潭县。至此，潭州仍辖 6 县，即长沙、浏阳、醴陵、益阳、湘乡、湘潭，直至唐末。

贞观十年（636），唐太宗李世民为加强对地方行政的监督和管理，依山河形势分全国为 10 道，派遣大臣为黜陟大使，分巡各道。潭州时属江南道。开元二十一年（733），唐玄宗又增为 15 道，每道设采访使一员，以掌纠察州县之职。潭州属江南西道。

唐代的长沙，仍然保持了作为长江以南西部地区军事重镇的地位。按唐初制度，"天下未定，凡边要之州皆置总管府，以统数州之兵"。因此，621 年湖湘初定之时，唐朝即在长沙设立潭州总管府，辖潭、衡、永、郴、连、南梁、南营、南云 8 州军事，对岭南的统一起了重要作用。624 年，唐统一大业基本完成，总管府改为都督府，辖潭、衡、永、郴、连、邵、道 7 州。潭州都督府是唐代前期湖湘地区的最高军事机关，其长官为都督，又往往兼任潭州刺史之职，实行军政合一的体制。636 年，唐太宗曾任其第三子蜀王李愔为潭州都督。唐高宗永徽六年（655），太宗旧臣、宰相褚遂良因力谏高宗立武则天昭仪为后，被贬为潭州都督，时达 3 年。

唐朝是我国历史上一个繁荣强大的朝代。从唐初太宗统治时期开始，君臣上下励精图治，任用贤能，形成了一个讲求吏治、崇尚廉洁的风气，从而出现了历史上少有的"贞观之治"和"开元盛世"。在这一时期任职长沙的官员们也不乏贤良之吏，他们立身俭约、勤于治事，关心民瘼，注重生产，为长沙社会的安定和发展起了重要作用。

唐代前期的 100 多年，是长沙历史发展的一个十分重要的阶段。唐以前的长沙虽然也曾有过足以为傲的楚汉时代，但从社会发展的整体而言，却落后于北方的中原地区。经过三国、两晋和南朝长达 400 年的经营开发，到唐前期，长沙的社会发展又进入一个辉煌时代。在这一阶段，长沙经济繁荣，城市扩展，人口稠密，文化灿烂。唐代宗大历年间，诗人杜甫客游长沙，曾有感长沙的秀丽山河与繁华市景，写下了不少诗章。其《清明》一诗即吟道，"著处繁华矜是日，长沙千人万人出。渡头翠柳艳明眉，争道朱蹄骄齿膝"，正是盛世长沙一日的写照。

唐代的繁荣到唐玄宗时达到了顶峰，但各种腐朽与衰乱的因素也逐渐滋长起来，终于酿成了震惊全国的"安史之乱"。唐王朝从此由盛而衰，进入了它的中期。

唐肃宗乾元元年（758），唐朝为加强对地方的控制和抵拒安史叛军，将原有各道的采访使改为观察使，后来，又"分天下为四十余道，大者十余州，小者二三州，各因其山川区域为制"。观察使除掌领考察辖区内各州县官吏的政绩以外，还掌管民政、财政，兼及军事，成为地方的最高行政长官。从此，道成为凌驾于州县之上的一级行政机构，唐初以来的地方行政州县两级制一变而为道、州、县三级制。

唐代宗广德二年（764），唐朝在衡州设置湖南都团练守捉观察处置使，简称湖南观察使，辖衡、潭、邵、永、道 5 州。从此，今长沙等地又从原江南西道分离出来，单独成为地方一级行政区划——湖南道。"湖南"一词开始作为地方行政区划的名称在历史上出现。大历三年（768），湖南观察使徙治潭州，并兼任潭州刺史，辖区也有所扩大，增加了郴、连 2 州。于是，长沙成为湖南道的治所，兼领 7 州，举足轻重，对整个湖南地区的军政事务和治乱兴衰产生重要影响，直到唐朝末年。

湖南观察使的设立及其迁治长沙，是唐朝为稳住湖南局势所采取的重要措施，却引起了武将们的不满。大历五年（770），湖南兵马使臧玠带领一班骄兵起而造乱，肆虐长沙，杀死潭州刺史兼湖南观察使崔瓘，演出了一场"兵变"恶剧。

唐代后期，湖南的骄兵悍将势力再度兴起，使湖南政局动荡不安。唐宣宗大中十二年五月（858 年 7 月），湖南都将石载顺借口湖南观察使韩琮"待将士不以礼"，率军哗变。唐僖宗乾符五年三月

（878 年 4 月），长沙再次发生兵变，都将高杰又将观察使崔瑾驱逐。湖南道的政治中心和军事重镇潭州几乎成了赳赳武夫的天下。

乾符元年底（875 年初），王仙芝领导几千人在长垣（今河南长垣）举行反唐起义。878 年，王仙芝在黄梅（今湖北黄梅）兵败被杀，黄巢成为起义军统帅，率军渡过长江，长驱作战，先后进入江西、浙西、福建，攻入岭南。879 年 5 月，黄巢大军攻克岭南重镇广州，控制了岭南大部分地区。

乾符六年十月（879 年 11 月），黄巢大军从岭南分乘数千只竹木大筏，乘湘江暴涨，顺流而下，连克永州、衡州。11 月 8 日，直抵潭州城下。此时，潭州城内早已慌作一团。李系虽为名将之后，但"有口才而无勇略"，龟缩在城内不敢出战。当天，黄巢大军发起猛攻，占领州城，全歼守敌，李系狼狈逃往朗州。

经过黄巢农民大起义的沉重打击，唐王朝统治已经土崩瓦解，而各地藩镇势力却在镇压农民起义的过程中日益强大。唐天祐三年（907），黄巢起义军叛徒、唐宣武军节度使朱全忠（原名朱温）废唐自立，建立梁朝，史称"后梁"。从此，我国中原地区相继出现了后梁、后唐、后晋、后汉、后周 5 个朝代；南方与河东地区（今山西）则分别产生出 10 个割据政权，我国历史进入了"五代十国"时期。在这一时期，湖湘地区出现了一个由马殷建立的楚国，原唐朝湖南道治所的长沙即为其都城。从此，长沙进入了一个引人注目的马楚时代。

湖南自 879 年黄巢大军北去之后，各地武装势力纷纷崛起，杀逐官吏，据地自封，相互征战，陷入极大的混乱之中，而长沙则成为各军事集团激烈争夺进而割据称雄的最重要目标。唐中和元年（881），江西牙将闵勖戍湖南期满，带领戍卒返回江西。路过潭州时，闵勖领兵哗变，将湖南观察使李裕驱逐，占领州城。野心勃勃的闵勖遂以

"安护州邑"名义自称留后，并上书朝廷，要求在湖南设置节度使。883 年，唐王朝被迫改湖南道为钦化军，让闵勖当上了节度使。湖南由观察使升为节度使，标志着唐王朝在湖南的统治名存实亡。

唐光启二年（886），割据衡州的周岳首先发难，潭州顿时内乱，闵勖被杀，周岳轻易夺得潭州。唐朝又依周岳之请改钦化军为武安军，以周岳为节度使。唐景福二年（893），原闵勖旧部、邵州刺史邓处纳邀集割据朗州的雷满起兵讨周，击杀周岳，占领潭州。次年，唐朝廷又是照例颁发一份诏书，宣布邓处纳为武安军节度使。十余年中长沙兵乱频仍，四易其主，不得安宁。然而，也就在这一时刻，却有另一支军阀势力来到长沙，改变了湖南群雄并起纷争角逐的局面。

唐乾宁元年（894），原江淮军阀孙儒部将刘建锋、马殷率领 10 万之众，从江西进入湖南醴陵。大军压境，邓处纳急调邵州指挥使蒋勋及邓继崇率步骑 3 千赶赴而来，驻守于距潭州城东 40 余里的龙回关。刘建锋、马殷兵至关前，其势凛凛，蒋勋不敢拒战，遂"以牛酒犒师"，投降刘军。随后，马殷带领先锋部队，打着邓部旗帜，着其铠甲，直奔潭州东门。守门的士卒"以为关兵戍还"，连忙打开城门，马殷所部大摇大摆地进入了州城。这时，邓处纳正在府邸宴饮作乐，即被擒处死。刘建锋于是入主潭州，并于次年由唐朝授以武安军节度使，马殷则被授以内外马步都指挥使。

刘建锋占有潭州后，志得意满，"嗜酒不事事，常与部曲等狎饮欢呼"。军卒陈瞻之妻颇有姿色，刘将之奸污。陈瞻愤怒至极，乃以铁挝杀死建锋。一时，潭州无主，诸将领便推举正在邵州领兵作战的马殷。

马殷，字霸图，许州鄢陵（今河南鄢陵县）人。"少为木工"，唐末应募从军，先后隶江淮军阀秦宗权、孙儒部下，曾参与镇压黄巢起义和江淮藩镇之乱，素以骁勇著称。894 年，他随刘建锋攻入湖南。

据史籍记载，马殷被迎回潭州，其部将即以大轿将他抬到节度使署大厅，听其升堂发令。不久，唐朝廷即授之以潭州刺史、判湖南军府事。光化元年（898），又升其为武安军节度使。马殷从此爬上湖南最高统治者的宝座。

其时，"湖南管内七州"，衡、永、道、郴、连5州均为地方武装势力割据，马殷所领实际只有潭、邵2州。于是，他调兵遣将，分征四境，不到2年，就取得除湘西、湘北以外的湖南大部分地区。随后又挥兵南下，打败岭南割据者刘士政，夺占桂州及其管内5州，势力日益强盛。907年，后梁代唐。其时，马殷所辖之地，北有高季兴的荆南国，东有杨行密建立的吴国。马殷采纳谋士高郁"尊王仗顺"之策，向梁进贡称臣，表示恭顺，以闭境自保。朱温遂拜之为侍中兼中书令，并封其为楚王。

马殷封王以后，更加紧对外扩张，先后击败荆南、吴越之兵，夺取澧、朗、辰、溆、岳等各州，统一湖南地区；又再次越过五岭，打败另一个岭南割据者刘隐，取得容州管内6州。天平四年（910），后梁依马殷之请，加封其为天策上将军。于是，马殷援引唐朝诸王建立行台的典制，在潭州城内建天策府，置左右相，"有文苑学士之号、知诏令之名，总制二十余州，自署官吏，征赋不供"，已初具立国的雏形。923年，后唐代梁。马殷又遣其子入觐，称臣纳贡。天成二年（927），后唐正式册封马殷为楚国王。马殷乃仿效天子体制，改潭州为长沙府，作为国都，并在长沙城内修宫殿，置百官，建立了一个名副其实的独立王国，成为五代时期10个封建割据国家之一，史称"马楚"。

马楚全盛时，辖地极为广阔，共22州，下设武安、武平、静江3节度使，包括了今湖南全境和广西大部、贵州东部、广东北部的部分地区。

马殷建立的楚国，在湖南历史上产生了重要的影响。通过十几年的战争，马殷消灭湖南境内各地的割据势力，实现了湖湘的统一。马楚统治时期，政治上采取"上奉天子、下抚士民"、内靖乱军、外御强藩等政策，使人民获得一个相对安定的环境；经济上，采取兴修水利、奖励农桑、发展茶业、提倡纺织、通商中原等措施，使社会经济得到较快的发展。

930年，马殷去世，诸子相继而立。马氏诸子多为无能之辈，时称"酒囊饭袋"，而且穷奢极欲，残暴贪横。马楚政权由此日趋衰落。马希范在位时，纵情声色，奢侈无度，在长沙城北营建会春园、嘉宴堂、紫微山、碧浪湖以避暑，于城南建碧湘宫、九龙殿，极尽豪华。库力不支，又大肆搜刮，常赋之外，强令额外征收，大县贡米 2000 斛，中县 1000 斛，小县 700 斛，无米则输布帛，以致民怨沸腾。

马希范治湘 15 年，也颇有几事值得肯定。天福五年（940），马楚用兵溪州，与以彭士愁为首的湘西少数民族作战。战争结束后，马希范与彭士愁会盟订约，铸铜柱立于溪州永顺野鸡墩以志其事。今柱存永顺县王村镇，即著名的溪州铜柱。又置天策府十八学士，于会春园划地创设开福寺，对湖湘文化和佛教的发展起了一定作用，开福寺遂成为长沙佛教一大丛林。

947年，马希范死，马希广、马希萼、马希崇等马氏兄弟各谋继位，史称"五马争槽"。950年，马希萼率军攻陷长沙，杀死马希广，自立为楚王。次年，马希崇又推倒马希萼。骨肉相残，混战不已。当时长沙城内多夹道植槐，马希广在位时却全部挖去改植柳树，又城内居民每夜争织草鞋为业，声闻内外。有童谣唱道："湖南有长街，栽柳不栽槐。百姓任奔窜，槌芒织草鞋。"以讽刺马氏兄弟相残，有失孔怀，以致战乱迭起，百姓逃亡。951 年，南唐国乘马楚内乱，派大将边镐率军进入湖南，占领长沙，将"边"字号南唐大旗插上了长沙城头。马希萼、马希崇兄弟分别请降。岭南的南汉国也乘机出兵，一举夺取了马楚在岭南的 11 州和岭北的郴州。

据史载，马楚灭亡前夕，长沙曾流传有"鞭（边）打马，马急走"的童谣。马楚灭国后，边镐奉命将马氏家族及其将佐 1000 余人迁往南唐都城金陵。这 1000 余人在长沙湘江岸边登舟之日，行者悲恸欲绝，"送者皆号泣，响振川谷"。显赫一时、"雄于列国"的马楚统治终于在一片悲泣声中宣告结束。

边镐灭楚，打破了马氏的一统天下，于是，湖南各派军阀势力再度崛起，各霸一方，相互混战，三湘四水又陷入无休无止的战乱之中。

宋太祖赵匡胤建立赵家王朝以后，正筹划统一天下的大计，决定乘此良机，出兵湖南。建隆三年十二月（963 年 1 月），他先派中使赵璲等前往潭州、朗州两地，宣布圣旨。十几天后，宋太祖即以名将山南东道节度使慕容延钊为湖南道行营都部署、枢密副使李处耘为都监督，发动 10 州兵力集结襄阳，又令荆南发水兵 3000 人直赴潭州，与宋军马步配合。割据湖南 8 年的周氏政权宣告灭亡，沅湘之间持续了十几年的战乱也到此结束。

其时，长沙东邻南唐割据的江西，南越五岭为南汉控制的两广。宋朝占领长沙后，即以石曦为潭州兵马钤辖，东击江西；又以大将潘美为潭州防御使，溯湘江而上，攻打湘南，征讨湘汉。军事重镇长沙在宋朝统一南方的战争中发挥了十分重要的作用。

宋朝平定湖南，随即在此派置官吏，驻扎军队，建立强有力的统治。长沙从此结束分裂割据的状态，而归于宋朝统一的版图之内。

早在宋军南下之前，宋太祖为防止唐末五代以来藩镇割据、武夫专横局面的再现，曾采取一系列措施，削减地方将领兵权，规定州郡长官必须由文臣担任，且须"以京、朝官权知"，大大加强了中央对地方的控制。从此，州县行政长官不再称太守、刺史和县令、县长，而改称"知×州（县）事"，简称知州（县）。963 年宋军占领潭州，宋太祖即任命户部侍郎吕余庆权知潭州，并规定潭、朗两州"直隶京师，长吏得自行奏事"。

当时，宋王朝还在忙于南征北讨、统一天下的战争，湖南的地方行政体制仍沿袭唐代的道、州、县三级制，但对长沙的行政区划作了重要的调整。乾德三年（965），废除马楚末年所设的龙喜县，另将长沙县东的常丰场升为县（973 年又并入长沙县）；将原属岳州的湘阴县划属潭州。太平兴国二年（977），分长沙 6 乡置宁乡县，以原唐代新康县的玉潭镇为治所。经过这番调整，长沙又得以北控重湖，西置屏障，形势更为完整。

979 年，宋太宗平定北汉，最后结束五代十国分裂割据的局面，开始重新设置全国的行政区划。至道三年（997），宋真宗正式改道为路，划全国为 15 路。各路分别设转运使掌财政、提点刑狱使掌司法、安抚使掌军事，以代表朝廷实行对地方州县政权的监管。原湖南道从此改为荆湖南路，下辖潭、衡、郴、永、邵、道、全（今广西全州）7 州和武冈军、桂阳监，共 39 县，简称湖南，以潭州为治所。真宗（998—1022）时，荆湖南路的转运使司、提点刑狱使司和安抚使司相继设立，三大衙门都设于潭州城内，其安抚使并由潭州知州兼任。于是，长沙又成为湖南 9 州军、监的政治军事中心，重新发挥其在湘中、湘东、湘南广大地区的重要作用。

宋代潭州的辖地比唐五代时更为广阔。自宋太祖、太宗二朝将潭州政区初作调整之后，真宗至哲宗各朝又作了进一步的更动。淳化四年（993），原属衡州的衡山县划予潭州。熙宁六年（1073），大臣章惇巡察湖南、开梅山，分湘乡、邵阳、益阳、宁乡 4 县地设安化县。元符元年（1098），分长沙县 5 乡、湘潭县 2 乡置善化县，县治即附于潭州城内。至宋末，潭州共辖长沙、善化、宁乡、浏阳、湘阴、益阳、湘潭、醴陵、湘乡、安化、攸、衡山等 12 县，是荆湖南路各州中人口最多、地域最广的一州。

军事上，宋代长沙号称"湘、岭要剧"，一直是重兵驻扎之所，不仅有厢军、乡兵等地方军队，而且有宋朝的正规军队禁军分防戍守。湘湖初平，宋太祖即以大将石曦为潭州兵马钤辖，率领禁军镇守潭州。

为了巩固自己的统治，北宋王朝同时也比较注意在湖南特别是在长沙推行安定社会、与民休息的政策。963 年春宋军开进潭州，宋太祖即下诏：减潭州、朗州死罪囚一等，释放流刑以下囚犯，配役人放回，并免交 3 年赋税。6 月，又诏免潭州各县的"无名配敛"。12 月，下令遣散潭州、邵州乡兵数千人归农。一些地方官员也颇能奉行中央政策，勤于政事，廉洁有为，使长沙社会经济文化的发展又进入一个新的阶段。

北宋末年，国内民族矛盾日益激化。东北女真族建立的金政权不断挥兵南下，于靖康二年（1127）攻陷开封，灭亡北宋，并扶植起一个傀儡政权"大楚"，册立宋臣张邦昌为帝。同年，赵构再建宋朝，后迁都临安（今杭州），史称南宋。

两宋之交，国家危难，然而也是民风士气极为高涨之时，长沙一度为天下注目、大快人心之处。1126 年 8 月，北宋奸臣"六贼"之首蔡京流放广东，行至潭州而死。次年，南宋朝廷惩处叛国之臣，伪"楚皇帝"张邦昌被贬至潭州"安置"，后于 11 月下诏赐死。据载，张邦昌在长沙"读诏已，徘徊退避，不忍自尽，执事共迫之，乃登平楚楼而缢"。时湖南安抚使知潭州为郭溢。

南宋初，湖南地区兵连祸结，动乱不已。同年初（建炎四年正月），金兵攻陷长沙，屠城而去。其后，"群盗大起"，烧杀掳掠，无恶不作。1130年，洞庭湖区爆发钟相、杨幺起义，湖南人民纷纷响应，潭州的宁乡、益阳、湘阴、安化等县也成为义军占领区。短短2年，长沙城垣残破，十室九空，湖南安抚使兼知潭州向子諲乃率所属移驻攸县。绍兴元年正月（1131年2月），南宋王朝曾改荆湖南、北路为荆湖东、西路，分别以鄂州、鼎州（今常德市）为治所，潭州属东路。然时隔仅一年，又恢复旧制，仍以潭州为南路治所。

作为湖湘军事重镇，长沙在南宋时的地位更为重要。南宋初，宰相李纲提议在全国沿河、沿淮、沿江重地设置帅府，提统重兵，潭州为沿江六大帅府之一。因此，有宰相李纲、张浚，大将韩世忠、王燮、岳飞等先后来到长沙。1132年，李纲任湖广宣抚使兼知潭州，平定湖南兵匪之患。次年10月，宋朝廷以禁军疲沓不堪战事，划分诸统兵大将辖区。潭州先为王燮辖区，后又代之以名将岳飞，长沙又成了声震中外的岳家军的驻防地。在镇压杨幺起义的战争中，李纲、张浚、岳飞先后以统帅身份坐镇长沙，指挥潭、鼎、岳、辰、澧等州和湖北的各路军队，采取军事进攻和分化诱降相结合的策略，先后招降黄佐、周伦、杨钦等义军将领，瓦解义军20余万人。为防义军攻击，潭州更是严密布防，外有重兵分屯桥口、湘阴、益阳，内有数千水军巡守江面。南宋中后期，长沙时局相对稳定，又先后有重臣名将刘锜、张孝祥、辛弃疾、周必大、真德秀、魏了翁、向士璧、汪立信、文天祥、李芾等任职长沙，支撑南宋王朝湖南大局。辛弃疾创飞虎军，张孝祥、真德秀为政廉洁，文天祥治狱清平，都为长沙留下了一段佳话。

第四节　湖南省会

南宋末年，建立于蒙古大草原的蒙古族政权日益强大，并发动对宋战争。元至元十三年（1276），阿里海牙占领潭州，随即"分遣官属招徕未附者"。宋荆湖南路衡、永、全、道、桂阳、宝庆、武冈各州军监守臣见首府陷落，大势已去，"皆率其民来迎"，湖南迅即平定。次年，元王朝为用兵岭南和稳定湖南局面，将荆湖行省治所迁来潭州，作为军政中枢。当年，宋广南西路平定，荆湖行省辖地又扩大到广西地区，改为湖广行省。"湖、岭要剧"潭州，在元朝平定湖湘、征服岭南的战争中起到举足轻重的作用，因此元朝所建立的湖广行省当时又称为"潭州行省"、"湖南行省"。

1279 年，南宋灭亡，元朝的统一战争终告结束，确立了对全国的统治。宋代的荆湖南路治所长沙，又先后作为元朝湖广行省、湖南道、潭州路和天临路的治所，出现在大元帝国广阔的版图上。

在统一全国的过程中，元王朝逐渐建立它从中央到地方的庞大统治机构。在中央设中书省以统管全国政务，并划全国为 10 个大行政区，行中书省（简称行省）作为地方最高行政机构，掌领各地军政大事。今长沙地区即属于湖广行省。湖广行省辖境辽远，包括了宋代的荆湖南北 2 路和广南西路，为今湖南、湖北、广西、贵州 4 省之地。

在行省之下，元朝先后将宋代的路改为道、州升为路，部分的县则改升为州，与县平级（直隶州在外），实行省、道、路、州（县）四级地方行政制。1276 年，元军平定湖南，即将原有各州一律改为路，设置总管府。1278 年，改荆湖南路为湖南道，设宣慰使司，下辖潭州、衡州、永州、郴州、道州、全州、宝庆、武冈八路和茶陵、常宁二直隶州。当时，由于湖广行省尚设治于长沙，又因退入湘中、湘南山林溪峒的宋朝军民仍在进行抵抗，元王朝乃将湖南道治所设于衡州，以利就近弹压。1281 年，湖广行省治所移鄂州，湖南道即迁治长沙，直到元朝末年。潭州路的行政辖区也与宋朝一样，下有长沙、善化、宁乡、安化、衡山 5 县和浏阳、醴陵、湘潭、湘乡、攸、湘阴、益阳 7 州，共 12 州县，治所设于长沙。

元代的长沙，其先称潭州路，天历二年（1329）改为天临路。潭州改天临，原本不关大局，但却是元朝的文宗皇帝图帖睦尔亲自下诏所改，包含了他在潭州一段辛凉愁苦的生活，也曲折地映现出元后期皇族内讧、宫廷剧变的一幕。图帖睦尔为元武宗次子，1320 年夏，因权臣倾轧被放逐到遥远荒凉的海南岛。1323 年，泰定帝即位，乃召图帖睦尔于海南之琼州（今海口）。图帖睦尔有幸被召，遂涉风涛，越五岭北上。不料行至潭州，又有旨命他暂停不进，于是在长沙滞居数月，郁郁而不得志。回到京师，又先后被送往建康、江陵。泰定五年（1328），泰定帝死，权臣燕铁木儿发动政变，饱经流离之苦的图帖睦尔因此而登上帝位，是为元文宗。文宗即位后，似乎为洗刷他 10 年来屡被放逐的耻辱，下诏将他徙居之地全换上吉祥的名号。于是，建康改集庆、江陵改中兴、琼州改乾宁、潭州则改为天临。天临即天子临幸，元代的长沙一度获得了莫大的殊荣。

作为元朝湖南道的中枢之地，长沙仍然是首当其要的军事重镇。元代的军事机构颇具规模层级，中央设枢密院，总揽全国军务；地方设行枢密院，统率各地各镇戍军；各道设都元帅府，以宣慰使兼领军旅；路设万户府，其下为千户所，军事长官分别为万户和千户。当时的长沙即是湖南最高军事机构的所在地，是所辖各路州万户府的指挥中心。

元朝镇戍湖南的军队，主要为汉军和南军，但首府长沙则有其精锐之师蒙古军驻守。

元成宗以后，元朝的统治进入衰落时期，由于以蒙古贵族为主的统治集团的迅速腐化及其对广大人民的残酷剥削和压迫，国内民族矛盾和阶级矛盾迅速激化。到顺帝（1333—1368）时期，终于爆发了以红巾军为主体的全国农民大起义。素有反抗封建统治传统的湖湘地区也风起云涌，掀起了一场如火如荼的反元大风暴。

1352年初，徐寿辉率领红巾军在湖北大举出击，又东进江西，随后挥师南下，攻入湖南，三湘大地又成了红巾军英勇冲杀的战场。在红巾将士的迅猛攻击下，元朝守军"多疲懦不能拒"，纷纷弃城而走。短短两三个月，红巾军就占领了湘北、湘中大片地区。天临路的长沙地区，陈友才据潭州，刘贵青据益阳，欧普祥据浏阳、攸县、茶陵，遍地皆赤，几乎成了红巾军的天下。元残暴统治下的人民纷起响应，"皆短衣草屦，齿木为杷，削竹为枪，截绯帛为巾襦"。湘乡地方首领易华聚众自保，占领了湘乡。宁乡、浏阳的贫苦民众也乘机而起，打杀地主官吏，声势颇为壮观。以至于人们竟将南方红巾军的发起人彭莹玉当作浏阳人，说"浏阳有彭和尚，能为偈颂"，劝人念弥勒佛，鼓吹明王出世，号召反元。

元王朝惊悉湖南各路州大多已失，急命湖广行省发兵征剿，并从江西、广西调拨军队入湘作战。1352年夏季至冬季，湖广行省参知政事铁杰、卜颜不花和湖南元帅副使小云失海牙等分别率领元兵，先后向湘北门户岳州、湘南门户衡州和湘中重镇宝庆等地疯狂反扑。红巾军英勇抵抗，旋退旋进，与元军展开激烈争夺。至年底，天临路与岳、衡等州又被元兵攻破。

至正十五年（1355）春夏之交，"天完"红巾军再度兴起，由大将倪文俊统率再次入湘。倪文俊为天完丞相，作战勇猛，别号"倪蛮

子"。他率红巾军由北而南、自东向西，在湘北、湘西、湘中、湘南
各地发起猛攻，击毙元军的元帅甄崇福、万户阿都赤和威顺王之子歹
帖木儿等，再一次占领岳州、衡州。据《续资治通鉴·元纪》记载：
至元十九年九月十五日（1359 年 10 月 7 日），元顺帝曾"以湖南北、
浙东西四道廉访司之地皆陷，诏任其所优之地置司"。廉访司为道一
级的监察机构，设于宣慰司所在之地。由此可知，湖南道廉访司所在
的天临路治潭州此时又告"陷落"，再一次回到红巾军手中。元朝在
湖南的统治已经土崩瓦解。

　　然而，也是这几年，"天完"政权内部却发生了一系列变故。
1356 年，倪文俊势力日大，竟想乘胜降元，谋求湖广行省平章的官
职。次年秋，他谋害徐寿辉事败，被部将陈友谅杀死。陈友谅原是湖
北一个渔家子弟，参加红巾军后，屡立战功，升至元帅之职。除掉倪
文俊，他便掌握了"天完"军政大权，于是野心毕露，先是大杀天完
旧将，又于 1360 年杀害徐寿辉，自立为帝，改国号汉。随后，他四
处扩张，据有了湖北、湖南、江西和长江下游的大片地区，成为南方
红巾军中拓地最广、实力最强的一支力量。其时，陈友谅盘踞江西，
湖南则封其兄陈友才为"二王"，命其驻守潭州，并派左丞王忠信为
之辅佐。

　　这时，朱元璋领导的红巾军也日益强大起来，并与江南群雄展开
了争夺天下的战争。1363 年，朱元璋在鄱阳湖与陈友谅举行决战，友
谅大败，中箭身亡，其子陈理退走武昌。朱元璋又率军亲征，紧追穷
寇，迅即将武昌团团包围。陈友才在长沙闻知友谅兵败、武昌被围，
遣王忠信领兵北上援救。不料，王忠信战败而降。朱元璋授其参政之
职，命他仍回守潭州，以稳定湖南。至正二十四年正月（1364 年 2
月），朱元璋在集庆称吴王，其后又亲临武昌。此时武昌被困已有半
年，城内粮尽，城外援绝，陈理只得出降，陈氏政权灭亡。随后，朱

元璋乃设立湖广行中书省，以杨璟为参政，继续经略湖湘。

其时，湖南仍为陈氏旧部及元朝残余势力所盘踞，局势十分混乱。踞守潭州的陈友才获悉王忠信已降并带兵回湘，气急败坏，遂领军拒之于益阳。"忠信巽词开喻"，晓以利害，友才迫不得已，表示归降。10 月，朱元璋又以左相国徐达统率大军入湘，会同杨璟征讨湖南。朱元璋特地告谕徐达："今武昌既平，湖南列郡相继款附，然其间多陈氏部曲，观望自疑；亦有山寨遗孽，凭恃险阻，聚众殃民。今命尔案行其地，抚缉招徕，俾各安生业，或有恃险为盗者，即以兵除之，勿贻民患。"不久，徐达率唐胜宗等将领来到潭州，重兵威逼，陈友才出城降附。随后，天临路所辖各州县守将黄宁以浏阳、李祥以宁乡、王崇德以攸县、谭悦道以茶陵、刘玉以湘潭、吴仁宗以湘阴、贺兴隆以安化，"咸来归附"。湘乡易华"集少壮踞黄牛峰十余年"，经徐达遣人招抚，也率众而归。徐达兵不血刃，抚定长沙全境。

据史籍记载，在剪灭陈友谅和平定湖湘的过程中，朱元璋曾亲自"帅王师至（长）沙"，并"赋有诗"《征陈至潇湘》一首，抒发他指挥金戈铁马统一天下的豪迈气概。其诗云：

马渡沙头苜蓿香，片云片雨过潇湘。东风吹醒英雄梦，不是咸阳是洛阳。

平定湖湘之后，朱元璋又通过几年的战争，终于削平东南群雄，统一长江以南地区。1368 年初，朱元璋在应天府（今南京）正式称帝，改年号为洪武，建立明朝。朱元璋即明太祖。

明朝初期，是古代长沙政治体制日臻完备与成熟的时期。

1368 年，朱元璋登基建国，对元朝的地方行政体制实行改革，将元代的省、道、路、州（县）四级制改为省、府（直隶州）、县（州）三级制。洪武九年（1376），又废除行中书省，分全国为 13 承宣布政使司（后习惯上仍称行省或省），设布政使司掌管民政和财政，按察使司掌刑法，都指挥使司掌军事。三者合称"三司"，互不统属，分别归中央有关部门管辖。其时，湖广行省即改为湖广布政使司，仍以武昌为治所，辖今湖北、湖南两省之地。

随着这一系列的改革，长沙的行政区划与行政体制也相应发生了变化。在行政体制上，湖湘平定之初，原湖南宣慰司即行废除。洪武二年（1369），将象征元帝国统治的天临路改名为潭州府，洪武五年（1372），又改为长沙府，直属湖广行省。在此之前，浏阳、湘潭、湘乡、湘阴、益阳、醴陵、攸等7州则已降改为县。其行政区划，原属于长沙的衡山县划属衡州，而原直隶湖南宣慰司的茶陵州降为县划归长沙。至此，明代长沙地区的府、县（州）行政体系最终确立，共辖长沙、善化、浏阳、宁乡、湘阴、湘潭、湘乡、益阳、醴陵、安化11县和茶陵州。从此，长沙的行政区划固定下来，一直延续到清朝末年，长达5个世纪之久。

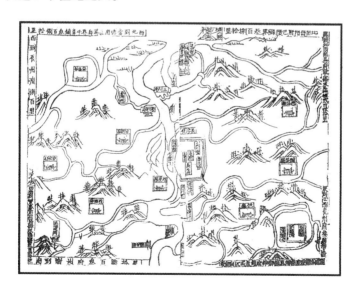

明嘉靖长沙府总图

　　明代长沙府仍以长沙城为治所，与长沙、善化 2 县同城而治。知府衙门设于正南门城内，旧址即今长郡中学。长沙知县衙门曾设于北门城外，后迁入西城朝宗门内，即今开福区潮宗街一带。善化知县衙门原在南门城外，后迁入城内，即今天心区县正街一带。浏阳县治所曾于元初迁回居仁镇，"无城守"，明初又迁至今浏阳市所在地。嘉靖（1522—1566）年间，知县周宗武"筑土墙，沿河砌石"为城。宁乡县治仍在玉潭镇，"旧无城"，只是依大路"建立四门，围以木栅"。这 4 县的治所，从此固定下来，直至清末都没有变动。

　　知府为长沙府的行政长官，统管 1 府 12 州县政务，包括吏治、文教、民政、财政和刑法，在上直接听命于湖广布、按两司。其主要属官有同知、通判、推官、经历、照磨、检校等，以分掌各项有关事务。

　　军事上，朱元璋参酌元制，实行卫所制度，"自京师达于郡县，皆立卫所"。长沙自古以来即为军政要地，故明初就设立了长沙卫，以镇守府城；又因茶陵州地当冲要，也设卫以为屏蔽。按明代的卫所制，卫统兵 5600 人，置卫指挥使；下设 5 个千户所，每千户所有兵 1120 人，指挥官称千户。长沙卫和茶陵卫都直接隶属设在武昌的湖广都指挥使司。

　　为加强府城的安全，明代的长沙还于各水陆要道设置了专管治安的巡检司，派驻士兵，以"缉捕盗贼，盘诘奸伪"。当时的长沙，北有乔口（长沙西北）、营田（湘阴县西北）；南有暮云市（善化县南）、下摄司（湘潭县南）、渌口（醴陵县西北）；东有梅子园（浏阳县西南）、渠城界（浏阳县东南）；西南有武障市（湘乡县西南）；东南有凤岭（攸县东南）等 9 处巡检司，星罗棋布，构成了一个严密的网络。

　　与元代一样，明朝的行省辖区广阔，但由于省之下直辖府（州），故各类行政事务比元代繁巨十倍。如湖广行省，下辖 28 个直属行政府、州、司（宣慰司，设于少数民族地区），就连行省长官每年一次的巡察都难以实现。于是明王朝就在行省之下划分若干"道"，以布政使和按察使的佐官分司，督理税务，监察府县，整饬军事，分别称为分守道、分巡道和兵备道。其时，长沙府属下湖南道和上江防道。下湖南道辖长沙、宝庆二府，分守道驻宝庆。上江防道为军事区划，辖武昌、沔阳、岳州、常德、长沙，兵备道驻岳州。明中后期，长沙的地位又显得重要起来。弘治（1488—1505）年间，分守道移到长沙。嘉靖初，又"敕巡道兼兵备驻长沙"以"敉宁疆土，屏翰湖南"。明崇祯年间修撰的《长沙府志》，其卷首所刊的《长沙府图》就清楚地标示出了守道、巡道（兼兵备道）两大衙门的位置。长沙府城又成为了湖广行省三大派出机构的治所。

明朝前期，特别是朱元璋统治的时期，十分重视对官吏的选任和监督，惩治贪官污吏更是不惜重典，当时的长沙也展示出了这一难得的历史现象。不少在明代前期任职长沙的官员，颇能遵守纲纪，廉洁自爱，勤于政事，有所作为，在长沙的这一方热土上留下了足堪称道的治行政绩。

明代的长沙，还是明王朝的一个藩封重地。从朱元璋初定天下到明王朝灭亡之时，明太祖及其后几代帝王曾把他们的儿子分封长沙，在这里建立了"捍卫王室"的藩屏。

早在1500多年以前，长沙就有过封王建藩的时代，著名的西汉长沙国即曾饮誉一时，绵延了 200 余年。此后，历代王朝又多封过长沙王，如西晋长沙厉王司马乂，南朝时，宋长沙景王刘道怜、齐长沙威王萧晃、梁长沙宣武王萧懿、陈长沙王陈叔坚，唐朝长沙王李恪、党仁项、罗宏信等，但都仅食长沙租税，受封而不就国。甚至北朝时的北魏、北齐、北周等几个中原小朝廷也曾封有长沙王，则连长沙租税也不享有，仅仅遥取长沙之嘉名而已。因此，自西汉长沙国废之后的 1000 多年，历代的长沙王都只是虚封，早已不具有分封制的意义了。

朱元璋建国以后，鉴于宋元不建藩屏、王室孤立的教训，便参照汉晋南朝之制，大封子弟，分藩就国，企图永保其朱明帝国的统治。按明代的分封制，皇子封为亲王，授以金册金宝，岁禄万石；其封地建王府、设官吏，其宫室、冠服、车旗的规格仅下于皇帝一等，公侯大臣都要俯首拜谒，地位极为尊贵。诸王在封地，没有治民之责，但有统兵之权。各王府都设有护卫，其兵士少者 3 千，多者近 2 万人；而且当地驻军调动，还必须有亲王令旨。于是，分封到各地的藩王成了代表皇帝监控地方军权的人物，而每一个王国则成了一个军事中心。

作为一个有过封王建国历史的名城和湖湘军政要地，长沙从明初开始就成了朱明帝胄的藩封之地，曾先后封有藩王 4 人，即明太祖朱元璋子潭王朱梓和谷王朱橞、仁宗朱高炽子襄宪王朱瞻墭、英宗朱祁镇子吉简王朱见浚，其中吉王传续 7 代，共有 10 王，就藩长沙计 195 年。在这近 200 年里，藩居长沙的皇子皇孙们挟天子之威仪，体尊位重，与道、府、县官共处一城，使长沙罩上了一种神秘的光圈，染上了浓重的藩王政治的色彩。

潭王朱梓为朱元璋第八子，洪武三年（1370）封，1385 年就藩长沙。当时，明王朝已给他建造了一座王府，设置拥有 3 千兵士的长沙护卫。该王府建于长沙城正中原元朝湖南元帅府旧址，占地广阔，城垣高耸，外有城门，内有王殿官署，颇有藩王的气派。

据《明史·诸王列传》载，朱梓"英敏好学"，善做文章。在长沙时，他常召集王府儒臣饮酒赋诗，亲自评品其高下，又传说他"有恩于民"，常骑一匹白马出入城郊。其时，朱元璋大兴党狱，法网森严。洪武二十三年（1390），谭王妃於氏的父兄因坐"胡惟庸案"被杀，朱梓惶恐不安，在其皇父召他进宫之时，与於氏一道自焚而死。第一代长沙藩王温文儒雅，竟自毁于党禁之下，引起了人们无限的同情，明初名臣夏原吉、明后期著名诗人袁宗道都曾写下诗篇，为之哀咏。

潭王以后，孤峙于长沙城内的藩王府邸冷落凄凉，度过了 12 个春秋。1402 年 11 月，又有谷王朱橞封到长沙，成了王府的主人。

朱橞为朱元璋第十九子，洪武年间就藩宣府（今河北宣化），因宣府为古上谷地，故称谷王。1402 年，他以打开南京金川城门、投靠燕王朱棣有功，被徙封长沙。朱橞为人奸险凶毒，在长沙时更是专横跋扈，不可一世。永乐初，原户部尚书、忠臣伯茹瑺回归衡山故里，因过长沙时未能到王府拜谒，他竟上奏朱棣，陷之以罪。茹瑺因此下狱，饮药自尽。从此，朱橞"遂益骄肆"，强夺民田，侵取公税，擅杀无辜。王府长史虞廷纲几次谏劝，他不仅不听，反而诬陷廷纲诽谤亲王，将其肢解处死。

随着权势的扩张，朱橞的野心也迅速膨胀起来，竟至谋反。为此，他到处招收亡命之徒，操习兵法战阵，制造军器战舰，又大建佛寺，"度僧千人，为咒诅"。他与长沙卫指挥使张成，王府宦官吴智、刘信密相往还，叫张成为"师尚父"，吴、刘为"国老令公"，阴谋乘元宵进京献灯之机，选壮士教之音乐，随同进入宫禁，伺隙为变。他还致书在成都的蜀王朱椿，"欲结蜀为援"。后来蜀王之子朱悦燇避罪来到长沙，朱将之藏于王府，并诡言于众："当年我开金川门放走的建文帝，现在府中，我将为之申大义。"其事很快引起了外间的注意。不久，蜀王朱椿、谷王府护卫都督佥事张兴先后上奏北京，揭发朱橞的阴谋。明成祖朱棣马上采取措施，命朱橞入朝陛见，放朱悦燇回蜀，并于永乐十五年十月初六日（1417 年 2 月 22 日），将朱橞及其二子废为庶人，其官属多处死，粉碎了这起政变阴谋。传说朱橞被废后，万念俱灰，乃避往长沙县西 70 里深山入寺为僧。其山灵谷深邃，有唐三藏大师所建宝宁禅寺，气势宏伟，朱橞便消失在这烟火钟磬之中，此山后来也因此而被称为谷山。

谷王废罢之后，长沙王府又两换门庭。先是已故仁宗第八子襄宪王朱瞻墡，于宣德四年（1429）就藩长沙，近半个世纪后又有英宗第七子吉简王朱见浚入主王府。这时，明朝诸藩早已失去往日的威权，原作为藩王亲军的长沙护卫也已经撤销。朱瞻墡在诸王中年龄"最长且贤"，"庄敬有令誉"，看来颇为谨慎，8 年后即正统元年（1436）徙藩襄阳。

吉简王朱见浚是明代长沙诸王中居国最久，也是唯一将王位传续下来的一人。成化十三年（1477），时年 20 岁的朱见浚来到长沙。就藩伊始，他就对原有王府进行了一次大规模的改建，"工役浩繁，财费巨万"，修建起一座宏大的吉王府。据记载，吉王府"广袤若干里"，有城门 4 座，南曰端礼、北曰广智、东曰体仁、西曰遵义，南门外有一座五楹石坊，其上端正中刻着 4 个赫然入目的大字："藩屏王城"。4 门都建有营房，居住甲士 1769 户以守护禁城。王城内有王殿承运殿和书院、祠庙、仓库，外有王府的长史司、仪卫司、审理所、纪善所等大大小小十数个官署，其宫阙台阁、亭榭池塘布满了长沙府城东北和北部的大片地方，以至"城内地方半属王府"。而王府之地，不仅一般百姓不能进入，就是长沙府县官员、巡捕也"不得擅侵"。藩府倚仗权势自行其政，甚至干预地方政务，"以掣有司之肘"；"奸人出没其间"，地方官也不敢问津，"莫可究诘"。吉王府一时成了长沙的城中之城、城中之国。

长沙藩王的封置，曾对稳定明王朝在长沙乃至湖湘地区的统治起了一定作用，但极大地加重了长沙人民的负担。出身于帝王之家的朱氏子弟向来锦衣玉食，养尊处优，封王后又妃嫔成群、侍从众多，还有大批的属官、卫士，衣食用度，开支浩大，都落到了地方。明初潭王就藩，岁禄万石，就是从长沙租赋中划给。吉王初封，"奏立王庄"，占田 3 万多亩，"每亩纳银四分"，到万历（1573—1619）年间更增加到 4.6 万亩。王庄田地增多，但朝廷粮赋不减，地方官只得将之分摊匀派，使长沙的粮赋大为加重。此外，王府的各种供支、劳役，也都通过府县官吏强加到百姓头上。明中后期朝廷财政拮据，而诸王支出更为浩繁，又以"长沙地土广阔、出产谷粟"，加派荆、辽、荣、楚、岷等 5 王府的禄米和襄王府柴薪，共值白银 8 万多两。如此沉重的负担，百姓不堪其命，连一些地方官员也深有怨气，曾大声呼"宗藩日盛"，"长沙之民不胜其苦矣！"

到崇祯九年（1636），第七代吉王朱慈煃即位。这时，从陕北而起的农民大起义已经席卷中原，由满族贵族建立的清朝正雄视于山海关外，朱明皇朝已经处于风雨飘摇之中。

明朝后期，政治腐败，灾荒连年。崇祯元年（1628），旱荒最为严重的陕北终于树起造反大旗，涌现出几十支农民起义军。几年后，义军主力分成两支，由李自成、张献忠率领，分别往北、往南发展。1643 年，张献忠攻占武昌，号称"大西王"，建立起大西农民政权。在大西军的猛烈攻势下，明朝宗藩犹如丧家之犬，纷纷向湖南、江西逃窜，其中大多逃到长沙，依附吉王朱慈煃。

崇祯十六年七月二日（1643 年 8 月 15 日），张献忠率领大西军 20 万人分水陆两路向湖南进军。陆路连克咸宁、蒲圻、临湘；水路亦连续攻克洪湖、嘉鱼到达岳州以北的城陵矶，并以水陆两路部队向岳州发起猛攻。岳州明军抵挡不住，明偏沅巡抚李乾德、总兵孔希贵等向长沙狼狈逃去。长沙北面门户洞开。

张献忠攻克岳州后，除分出部分兵力组成小部队深入湖南各州县活动外，大部主力则由他亲自率领，从陆路直指长沙，迅速攻下湘阴。八月二十二日（10月4日），大西军抵达长沙城下。

此时，长沙城内早已乱成一团。从荆州逃来的惠王朱常润和长沙吉王朱慈煃一夕数惊，不知如何是好。湖广巡抚王聚奎慑于大西军的威势，根本不敢作战，只顾逃命。只有巡按御史刘熙祚、长沙推官蔡道宪等准备组织抵抗。但在大西军抵达长沙之前，刘熙祚已护送吉王、惠王等逃向衡州，仅留下蔡道宪等守城。

这时，大西军的水师营已经控制长沙城北的三汊矶，并向北城发动试探性进攻。步兵则已在戴家湖、白果林一带与官军总兵孔希贵部接战，很快就将孔部围歼。

为尽量减少攻城可能造成的损失，大西军向长沙城内喊话，"军中久知蔡推官名，速降，毋自苦"。但蔡道宪不仅不降，还对城外大西军以"强弩射之"，大西军战士死伤甚多。于是，大西军决定加强攻势，并迅速将全城包围。八月二十五日（10月7日），即长沙被围的第三天，明守城总兵尹先民、何一德首先向大西军投诚，吉王府左丞黄明治"亦潜送款迎贼"，大西军胜利进入长沙。

大西军攻克长沙后，张献忠立即着手建立政权，并采取一系列措施。首先对那些坚持与起义军为敌的官僚予以坚决镇压，被俘后坚不肯降的长沙推官蔡道宪、逃往湘乡企图联系官军进行反抗的长沙举人冯一第都被处死。而对那些放下武器并愿意与义军合作的官员则继续任用。张献忠发布通告说："孤提天兵临长沙，一日之内两府三州归顺。副总兵尹先民、何一德带兵效顺，即愿前驱进取江西，孤甚嘉之。封先民、一德世袭伯，所部将领皆为总兵。"宁乡县一个叫黎光照的官吏，在大西军到达时，主动逮捕知县向大西军投降，被张献忠任命为宁乡县知县。

在长沙，张献忠还对部队进行扩编，将原来的4营扩大为9营。

"四营皆老卒，五营皆新附。"

张献忠攻克长沙，为大西军在湖南和江西的进军起了重大作用。就在这时，李自成攻下北京，张献忠乃接受谋士江兆龄的建议，决计以四川为根据地，"然后兴师平定天下"。于 1644 年春放弃长沙，进军四川。

明崇祯十七年三月（1644 年 4 月），李自成领导的大顺农民起义军攻占北京，推翻了明王朝的腐朽统治。随即，雄峙于山海关外的清朝。在前明降将吴三桂的带引下，驱兵入关，迅即占领北京，然后分兵西进、南下，至 1646 年，不仅占有了黄河以北地区，在江南与东南沿海也取得了一连串胜利。

在明朝灭亡和清军南下的过程中，南方出现了极为复杂的形势。一方面，前明在南方的残余势力先后拥戴出福王、唐王、鲁王、永明王等朱明皇族，建立起了一个个小朝廷，统称"南明"。另一方面，从北京退出的大顺农民军，在坚持着艰苦的抗清斗争。在清兵的强大攻击下，农民起义军和南明军队为了抗击共同的敌人，组成抗清统一战线，展开了波澜壮阔的联合抗清斗争。湖南即是大顺军余部联合南明永历政权共同抗清的重要基地和主要战场，而长沙地区则是这一战场的中心地带。

1645 年秋冬间，李自成部大将刘体纯、郝摇旗率数万农民军至湘阴，向南明何腾蛟部队靠拢。何腾蛟鉴于清军压境，于是与监军佥事章旷商议，派部将万大鹏持书前往"招抚"。于是，郝摇旗等"招其党袁宗第、蔺养成、王进才、牛有勇皆来归，骤增兵十余万"。不久，大顺军余部中最大的一支，李过（李锦）、高一功等奉李自成之妻高夫人，拥众 30 万，自浏阳北渡，进入湘西，与明末长沙知府、南明巡抚堵胤锡合作。这样，大顺军与南明军的抗清联合战线初步形成。除大顺军外，何腾蛟陆续招来的还有左良玉余部马进忠、张先壁、黄朝宣等。何腾蛟遂题授黄朝宣、张先璧、刘承先、李赤心、郝永忠（摇旗）、袁宗第、王进才、董英、马进忠、马士秀、曹志建、王允成、卢鼎等为总兵，开镇湖南，时称"十三镇"。其时，大批的抗清武装"雄踞湖南，乘便窥伺"，迫使清军守将飞报朝廷："我皇上若不急发大兵南下，恐两王已定之疆土，非复朝廷有之也。"

1646年春，清平南大将军勒克德浑率满蒙旗兵大举进犯湖广，大顺军联合其他抗清力量，在岳州城下与之激战十余次，以后又在藤溪大战，取得重大胜利，阻止了清军的南下。

何腾蛟为了打开抗清的新局面，决定东下，取江西、复南京，并拜表出师，与监军御史李膺品先赴湘阴，相约各镇兵在岳阳会师。章旷率原农民军20万，水陆并进，围攻岳州城。但是，张先璧逗留不前，诸营亦观望不进。只有李赤心率军自湖北荆州来会，因遭清兵的阻击而败退回营。章旷孤军奋战，也遭到失败。

1647年初，孔有德、尚可喜、耿仲明率清军进攻湖南。三月初陷岳州，中旬下湘阴，直指长沙。大敌当前，抗清阵线内部却发生分裂。协同何腾蛟守长沙的明军内讧，"相攻杀，城内焚掠一空"，清军乘乱攻入，长沙失守。何腾蛟退出长沙后，试图组织各军反击，但各镇畏缩不前，大顺军孤掌难鸣，湖南州县大部为清军攻占。

清顺治五年闰三月（1648年5月），明降将金声桓、李成栋等倒戈反清，江西、广东归附南明，清军撤出湖南。何腾蛟趁势举兵反攻，取全州，克永州，下宝庆、衡州，复常德，抗清局面为之复振。11月，何腾蛟进驻衡州，准备进攻长沙。在这重要时刻，抗清阵营内部纷争又起。其时，堵胤锡因恨马进忠不为己用，调派李过、高一功率大顺军与马进忠争夺常德。马进忠怒不可遏，"驱百姓出城，纵火不遗一椽"，后西走武冈。等到李、高大顺军开进，常德只剩下一座空城，无法防守。大顺军于是引兵东向，12月收复益阳、湘潭、湘乡、衡山等县，进而联合各路围攻长沙，但由于清军的增援，未能攻下。

马进忠洗劫常德西走，其他明军"守将皆烧营走"，使新收复的州县为之一空，湖南局面顿时混乱不可收拾。何腾蛟闻讯，于顺治六年（1649）初檄马进忠由益阳出长沙，并亲自率领手下文武官员 30 人往长沙见李赤心。时李赤心已到湘潭，何腾蛟追至湘潭，李又他去，适清军大队乘虚而入，遂陷入重围。何腾蛟镇定自若，坚贞不屈，旧部徐勇劝他投降，他不从，遂绝食 7 天，终被杀害。湖南各抗清部队于是溃散。1651 年，湖南境内的大顺军的联明抗清斗争基本结束。

经过十几年的战争，清王朝终于将大顺、大西两大农民军与南明永历政权的联合抗清阵线镇压下去，取得了对湖南全境的统治。

然而，就在湖南转向安定和发展之时，战祸又起。康熙十二年（1673），盘踞云南的吴三桂悍然发动叛乱，并迅速出兵云南进入湘西，使三湘大地又陷入战火之中。次年春，叛军自湘西突入湘北、湘中地区，连陷常德、衡州、岳州。长沙三面受敌，清偏沅巡抚卢震慌忙弃城而走，1674 年 3 月，长沙协副将黄正卿等以城降，长沙沦陷。吴三桂占领长沙后，在此设置伪官，"开征伪饷"，派驻将领，分兵四处骚扰，居民逃散，"城市一空"。

是年 7 月，康熙帝命贝勒尚善为安远靖寇大将军，与顺承王勒尔锦分道进兵湖南。1675 年初，又以安亲王岳乐从江西袁州西击湖南。长沙成为清军与吴三桂叛军激烈争夺之地。次年，清军收复醴陵、浏阳，进攻长沙。吴三桂急忙增兵防守，并亲自赶来长沙，屯驻于湘江西面岳麓山，指挥抵抗。清廷又从陕、豫 2 省调兵前来会战，与吴三桂相持于长沙，近一年之久。1677 年春，清军从北、东两路夹攻，攻克长沙，吴三桂逃往衡州。清朝恢复了在长沙的统治，为平定吴三桂叛乱铺平了道路。其后，吴三桂在衡州称帝，但已成强弩之末。清军以强大的阵容同时从湘北、湘中、湘南展开攻势，叛军节节告溃，终于在 1680 年夏季被赶出湖南，次年在云南彻底失败。

平定吴三桂叛乱，标志着清朝确立了对湖南的统治，长沙又进入了新的历史时期。

清代前中期是长沙古代历史的终结之时，也是其历史发展的一个极为重要的时期。这一时期，长沙作为湖南政治、军事、经济、文化中心的地位最终得以确立，其社会经济、文化又得到了很大的发展。

清朝初期沿袭并进一步完善了明朝的政治军事制度。在政治上仍实行省、府（州）、县（州）三级制，但也作了不少重要的改变。原来明朝为用兵作战而临时设置的总督和巡抚改为常设，并兼辖军事，布政、按察两司长官则分别主管一省的民政、财政和司法。省以下为府（直隶州、厅），府以下为县（散州、厅）。为便于统治，将省以下的分守、兵备各道改为常设，作为省的派出机构。

清初，湖南属湖广总督和湖广布政使司，总督、布政使均驻武昌。康熙三年（1664），清王朝以湖广右布政使司驻长沙，主管今湖南地区的民政和财政。同年，又将原驻节沅州的偏沅巡抚移驻长沙。至此，湖广行省正式划分为湖北、湖南两省，湖南成为一个单独的行政省。清前期著名“清官”赵申乔、潘宗洛等都任过偏沅巡抚。在他们任上“凡贪赃枉法者，从不少贷”，并在疏请两湖分闱、安抚苗民等方面有所建树。雍正元年（1723），清朝廷正式改湖广右布政使司为湖南布政使司。次年又改偏沅巡抚为湖南巡抚。

两湖分治，是湖南也是长沙政治历史上的一个重要的政治事件。自元朝实行行省制以来的 400 多年中，两湖一体属于区域广阔的湖广行省，其最高长官长驻武昌，于行使政务多有不便。两湖分治，使洞庭湖以西以南和五岭以北的广大地区，依自然地理形势成为一个有机的行政整体，从而进一步适应了湖南社会经济文化的发展和社会的治理，对后来的历史发展产生了重要的影响。

　　清代湖南行省以长沙为治所，下辖长沙、宝庆、岳州、常德、辰州、沅州、永顺、衡州、永州等9府和澧州、靖州、郴州、桂阳州等4直隶州，乾州、凤凰永绥、晃州、南洲等5直隶厅，共18个直属行政区。其省、府（州、厅）之间设有长宝、岳常澧、辰沅永靖、衡永郴桂等4道，长沙属长宝道（辖长沙、宝庆2府）。

　　两湖分治，最终确立了长沙在湖南全省的中心地位。湖南巡抚及布政、按察两使都驻节长沙，今长沙青少年宫即是湖南巡抚衙门旧址，今长沙市公安局所在地为布政使司衙门，而今长沙市黄兴南路商业步行街北口处即是按察使司衙门故地，布政使司的派出机构长宝道治所也设于长沙。千古名城长沙充分地发挥了她作为全省军政中心的重要作用。清后期光绪年间担任湖南巡抚的卞宝第曾经论说：湖南之地"演迤延属，周袤可三千余里，城邑屯戍以百计，绮交棋布，错若犬牙，而以长沙一郡为抚治，卫内则资乎衡、宝、岳、常，捍外则恃乎辰、沅、永、靖，居中控驭，远驾不劳，斯亦形势之余胜也！"精辟地阐述了长沙在湖南全省的重要地位。

晚清湖南巡抚衙门大门

清代的长沙府，其行政区划仍如明代，下辖 12 州县，治所仍在长沙城，与长沙、善化 2 县同城而治。

清代的军事制度与明代有了很大的不同。清前中期，其军队主要由八旗兵和绿营兵组成。其驻防湖南的为绿营兵，最高一级称"标"，长官为提督；标下设"镇"，长官为总兵；镇下设"协"，长官为副将；协下设"营"，长官为参将、游击、都司、守备。长沙自 1664 年偏沅巡抚移驻之后，设有抚标，下设左、中、右 3 营共 3 千营兵，后裁撤中营，有兵 1000 余人。又设有长沙协，以副将统带，有兵 100 余人。营以下于各州县要隘之处设"塘汛"，以千总、把总或外委带领绿营兵分关把守。长沙府即有塘汛 118 处、兵 404 名。

作为湖南省会和全省的首善之区，清朝统治者对长沙的军事设施与布防十分重视。顺治十一年（1654），洪承畴统兵南下，曾拆除明吉王府城砖石，加固长沙城垣，于是"城池崇屹，甲于他郡"。乾隆以后又多次修缮，"天心阁险要为一城最"，下临深池，左右设炮台 9 座，固若金汤。

明末清初，湖南历经清兵南下征服战争和平定吴三桂叛乱之役，社会经济受到严重破坏。而长沙处于湖湘首要，更为惨重。自吴三桂之乱平息到鸦片战争前的近 200 年中，由于清政府采取与民休息的政策，吏治清明，因而社会政治比较稳定，经济文化又有较大发展，呈现出"康乾盛世"的繁荣景象。

到清代中期，清王朝经过前期一百多年繁荣兴盛阶段，由于西方列强侵略，国内民变迭起，已走上由盛而衰的道路。道光三十年十二月（1851 年 1 月），广西发生洪秀全领导的太平天国农民运动，全国迅速陷入一场空前大乱。清朝廷急忙派遣军队前往镇压，并谕令各地在籍官员举办团练。

咸丰二年（1852）四月，太平军进入湖南。七月，西王萧朝贵率所部一千余人，奔袭省会长沙，并向刚赶到的清军发动突袭，毙敌九百余人，阵斩其总兵福成、副将尹培立，随即进占城外要塞。

驻守长沙的清朝当局竟浑然不知，时有侦探来报，谓太平军已至醴陵。提督鲍起豹竟认为有意"摇动人心"，要将其就地正法。及至太平军兵临城下，一陕西兵满身披血，飞奔而至，鲍起豹才慌忙下令关闭城门。其时，湖南巡抚骆秉章已被调职，新任巡抚张亮基尚在来长沙途中，守城布防皆由帮办大臣罗绕典和鲍起豹负责。

七月二十九日至八月初四日（9月12—18日），太平军开始攻城，枪炮火箭如密雨流星，声震数十里。清军无计可施，竟将城隍庙定湘王神像抬至城楼，以求庇佑。清朝廷急调各路兵马增援。至八月底，城内清军已达四五万人，其文武大员有帮办大臣一人、巡抚二人、提督四人、总兵八人，清提督向荣、副将邓绍良亦尾随太平军赶到长沙。清军防守力量极大加强，而太平军兵力单薄，难于展开。肖朝贵执旗督战，为炮击中，重伤而亡。

太平天国天王洪秀全、东王杨秀清闻知长沙受挫，于八月十日率全军奔赴长沙。八月二十八日（10月11日），分兵三路猛攻城南，战斗至为激烈。清军又加强城外布防，从天心阁至新开铺一带扎营结垒，城下则深掘壕沟。太平军数万人马屯扎城南，背水而战，三面受敌，遂分兵西渡。九月初五日（10月17日），翼王石达开率数千太平军渡过湘江，占领水陆洲，又进占河西龙回潭、岳麓山一带，并搭造浮桥，使两岸连成一体。

东岸太平军继续发起进攻，从九月中旬到十月中旬在城南魁星楼、金鸡桥一带挖掘地道十多处，轰塌城墙，大举登城。一时，全城混乱。清军拼死抵抗，迅速将缺口堵塞。刚进入巡抚张亮基幕府的左宗棠，从富商黄冕、孙鼎臣等处筹措饷银十二万两，令以石块填塞缺口，顿时稳固了城防。

到十月十九日（11 月 30 日），太平军攻打长沙已经 81 天，既不能歼灭城外之敌，也不能合围破城，于是决定撤出长沙。是日夜半，暴雨初歇，暮色苍茫，城外火光烛天，号角齐鸣。城中官绅莫不疑惧，及至天明登城瞭望，寂然无声，派人前往察看，其营垒皆空，灶灰犹热，迹其去向，则已由浮桥西去。

太平军长沙之战，是长沙近代历史上的第一起重大事件。太平军攻而未克，使长沙成为太平军进军途中唯一未被攻克的省会城市。然而，更为重要的是，这场战役之后，清在籍兵部侍郎曾国藩在长沙创建了一个在中国近代历史上产生了重大影响的政治军事集团——湘军。

曾国藩（1811—1872），湖南湘乡县荷塘都（今属双峰县）人，字伯涵，号涤生。早年入岳麓书院。道光年间，先后中举人、进士，后历任礼、兵、工、刑、吏五部侍郎。咸丰二年春任江西乡试正考官，七月行抵安徽太湖，闻知其母逝世，回籍守制。十二月，他在家奉到朝廷命其在籍帮办湖南团练的上谕，经友人郭嵩焘等相劝，遂"墨绖从戎"，与罗泽南、王鑫率领的湘乡团练一道来到长沙。随后即以湘乡团练为基础，赤地立新，改练为勇，另起一军。

湘军改八旗、绿营的世兵制为募兵制，兵士由营官招募，营官由统领挑选。所募勇丁多为同乡、亲友，专招朴实淳厚的农民；营官、统领则多为讲求忠义的书生文人，故全军上下易于团结凝聚。湘军军饷，既与团练不同，实行"饷由官给"制度；也与绿营有别，采取"就地筹饷""厚饷养兵"的原则，因而较易招募和组建。这些制度，为保持军队较强战斗力提供了精神与物质的基础。

次年夏，曾国藩移驻衡州，继续编练湘军，并创立水师。四年（1854）正月，湘军正式出师，投入与太平天国的战争。战事首先在两湖、江西展开，湘军初战失利，一败于岳州，再败于靖港，幸有湘潭大捷，得免覆灭。后再出东征，入湖北，克武汉，进谋江西。咸丰六年（1856），湘军趁太平天国天京事变之机大举反攻，再克武汉，控制江西大部。咸丰八年（1858）攻克九江。随之与太平军争夺安徽，于咸丰十一年（1861）八月攻克安庆，取得对太平天国战争的关键性胜利。

1861年，湘军三路进兵。左宗棠楚军由江西进击浙江，李鸿章率在湘军基础上新建立的淮军攻击江苏，曾国荃部与彭玉麟、杨岳斌所率水师沿江而下，攻打南京。同治二年（1863），淮军攻占苏州。次年三月，左军攻克杭州。六月，曾国荃部湘军攻克南京，取得对太平天国战争的决定性胜利。

战胜太平天国以后，湘军除作部分裁撤外，又转战华北、西南、西北各地，先后战胜捻军、贵州苗民军、云南回民军，最后于同治十二年（1873）九月打败陕甘回民军。

十九世纪七八十年代，国内战争基本结束，外国列强又连续发动对我国的侵略战争。湘军先后出师，参加各次反侵略战争。光绪元年（1875），左宗棠统率以湘军为主力的中国军队出关，奋战三千余里，收复新疆广大失地。光绪十年至十一年（1884—1885），湘军又参加抗击法国侵略的战争，在越南、中国台湾战场上英勇抗战。甲午战争中，湘军开赴辽东作战，与日本侵略军英勇作战。牛庄一战，浴血抗战，表现出极其顽强的战斗精神。

甲午牛庄之战，是湘军的最后一战，也宣告了湘军历史的终结。但湘军在反侵略战争中表现出来的爱国热情和战斗精神，已永远铭刻在中国人民反侵略斗争的丰碑上。

湘军征战全国，历时近半个世纪，将太平天国镇压下去，挽救了清王朝的统治，造成了晚清"同治中兴"的局面。一大批湘军将帅也先后进入清统治集团，成为清王朝封疆大吏。据统计，湘军中曾担任清朝总督、巡抚的湘籍人物达 27 人，其中长沙府辖各县籍者 16 人。至于任布政、按察二使的省级行政官员，提督、总兵等武职大员，则为数更多。以曾国藩、左宗棠为代表的湘军人物，在跻身国家督抚大员以后，努力从事战争善后，使地方得以安定，经济文化得到恢复和发展。他们还发起洋务运动，创办新式企业，制造轮船、枪炮、机器，开矿山、修铁路、纺纱织布等；创办新式学堂，学习西方科学技术、语言文字，翻译出版西方科学技术书籍，派遣留学生等，导致了中国资本主义的诞生，使中国开始走上近代化的道路。

湘军的成功，在全国引起极大的震动，湖南人更是产生莫大的自豪感，从而开启了近代湖南"心怀天下"、"笃重实践"和"勇于任事"的风气，代代相传，形成人才辈出的局面。在后来的戊戌变法、辛亥革命，乃至新民主主义革命中，湖南人发扬传统、砥砺而前，做出了卓越的贡献。

第五节　革命圣地

近代的长沙，更为引人注目的是民主革命的兴起。自十九世纪末以来，由于帝国主义侵略的日益加深、清政府的愈加腐败无能，使民族危机日益深重。素有爱国主义传统和改革精神的湖湘志士愤然而起，展开了一次又一次救亡图存的斗争。作为湖南省会的长沙，是这一系列斗争的中心，成为我国旧民主主义革命和新民主主义革命的重要发源地之一，因而被誉为"革命圣地"。

发生在十九世纪末的维新变法，是湖南民主革命兴起前夜的一场悲壮的救亡运动。

光绪二十年（1894），日本帝国主义发动侵略中国的甲午战争。由于清政府的腐败无能，中国在战争中惨败，并于次年被迫与日本签订丧权辱国的《马关条约》。空前严重的民族危机极大地刺激了中国人民，广大爱国知识分子纷纷上书，要求变法维新、救亡图存。光绪二十一年（1895），康有为、梁启超发动在京会试举人"公车上书"，掀起了维新变法运动。

同年，谭嗣同与好友唐才常在老师欧阳中鹄的支持下，在浏阳成立算学社，提倡学习西方科学技术。浏阳算学社的创办，揭开了湖南维新运动的序幕，湖南全省特别是省城长沙的维新事业迅速展开。

谭嗣同，字复生，号壮飞，湖南浏阳县人。少时博览群书，壮游天下，曾入新疆巡抚刘锦棠幕府。他鄙夷科举，好读王夫之著作，热心于西方自然科学。他曾著《仁学》一书，大胆批判封建专制制度，大力鼓吹变法，成为湖南维新变法运动中最为勇敢的斗士。

是年，思想开明的陈宝箴来任湖南巡抚，学政江标则在湘水校经堂倡导新学，别开生面。他们和长宝盐法道兼署按察使黄遵宪及后来的学政徐仁铸一起，组成新的省政领导体制，成为湖南维新运动的积极倡导者和支持者。号称全国维新变法的骄子梁启超也应邀来到长沙，投入到湖南的变法运动中。

在以陈宝箴为首的湖南省政当局的主持下，谭嗣同、梁启超、熊希龄、唐才常等维新志士极力推动，湖南的变法维新运动轰轰烈烈地开展起来。

在经济上，维新派大力创建近代新式企业，推动了民族资本主义在长沙的产生和发展。光绪二十二年（1896），湖南维新志士联合开明士绅，在长沙创办和丰火柴公司；随后，又开办电灯公司、矿业公司、新式印刷厂等企业。使长沙产生了最早的民族工业。

在教育上，维新派积极创办新式学堂和新式报刊。光绪二十三年

（1897）九月，在长沙成立时务学堂，以熊希龄为提调，聘梁启超为中文总教习，谭嗣同、唐才常等任教习。时务学堂以融会中西、宣传变法维新为宗旨，宣传西方政治学说，向学生灌输资产阶级民权学说，为培养维新骨干、传播西方民主思想、开拓湖南风气，都起到了十分重要的作用。湖南维新志士还在长沙创办了湖南最早的近代报刊《湘学报》和《湘报》，鼓吹变法、宣传西学和君主立宪，议论深刻，言辞激烈，成为维新变法的思想阵地。

在政治上，维新派成立新的政治学术团体，设立新的政治机构。

光绪二十四年（1898）春，在陈宝箴的支持下，熊希龄、谭嗣同等在湖南巡抚衙门内设立南学会，围绕维新变法，讨论政治、经济、外交等各方面问题，有力地推动了湖南维新变法运动的发展。

维新派还在长沙设立课吏馆、保卫局等一系列新政机构，推广新式军事教育。课吏馆是一个吏治教育的机构，以"讲求居官事理，研习吏治刑名诸书"，"造就人才、整顿法术"为宗旨，设置学校、农工、工程、刑名、缉捕、交涉 6 类学习课程。保卫局仿效西方国家警察制度，以"去民害、卫民生、检非为、索罪犯"为目的。保卫局在长沙府城中央设总局，又于城东、西、南、北与城外设分局，负责处理辖区范围内社会治安和城市管理的事务。

在军事上，维新派力图改革军制，在长沙创办武备学堂，以培养新式军官；又奏请设立制造、机弹两厂，购置机器、制造机弹，以改造军队装备。

在从光绪二十一年春至二十四年夏的几年间，湖南维新派慷慨激昂、意气风发，在政治、经济、军事、教育等各方面实行一系列改革，并将之推行全省，如扬起一股强劲新风，激荡在古城长沙和湖南全省，以致被誉为"全国最富朝气的省份"。

1898 年 6 月，谭嗣同奉命进京参与变法。9 月 21 日，慈禧太后发动政变，谭嗣同被捕。他以"各国变法，无不从流血而成，今日中国未闻有因变法而流血者……有之，请自嗣同始"之气概，正气凛然，英勇就义。在湖南，新政被废除，巡抚陈宝箴被革职。

戊戌维新运动使湖南人第一次受到近代思想解放的洗礼，并培养和造就了一大批新式人才，他们中许多杰出分子成为后来湖南社会政治变革的主导力量。

维新变法失败以后，不少湖湘志士仍抱定救亡图存的理想，又走上新的道路。光绪二十六年（1900），唐才常等在上海成立自立会，随后又成立自立军，准备发动反清武装斗争。是年夏，起义在安徽大通爆发，但因准备不足、力量单薄，很快失败，唐才常、林圭等领导人被捕，在武昌就义。

戊戌变法失败了，但历史前进的潮流却是不可阻挡的。光绪二十七年（1901），清王朝被迫实行新政，几年前所推行的改革措施又重新得以实施。在长沙，资本主义新式企业得到进一步发展，近代新式学堂如雨后春笋般产生，长沙社会的近代化进程不断加快。

光绪三十年（1904）七月，在帝国主义列强的胁迫下，长沙开辟为通商口岸。长沙的开埠，使西方列强势力全面进入长沙，但在客观上促进了长沙乃至湖南自给自足的自然经济进一步解体，适应了社会化大生产的进一步发展，推动了长沙的近代化，并使长沙成为全省的对外贸易中心和经济中心。在此之后，铁路、轮船等近代交通运输方式也开始在长沙出现。

进入二十世纪以后，由于戊戌变法和自立军起义所造就的一大批改革者和革命者，在谭嗣同、唐才常"冲决网罗"的呐喊和流血牺牲精神的激励下，迅速由维新转向革命，从事反清活动，揭开了资产阶级民主革命的序幕。

自立军起义失败后，维新志士纷纷东渡，流亡日本；又由于清王朝实行新政，国内青年知识分子大批赴日留学，革命运动由是勃然兴起。以黄兴为代表的长沙籍青年热情投身其间，组织团体，创办报刊，举行集会，为革命在长沙的兴起和发展作了思想上和组织上的准备。

黄兴（1874—1916），原名轸，字岳生，号廑午，湖南善化县人。光绪十九年（1893）就读长沙城南书院，后入湘水校经堂。再入武昌两湖书院。光绪二十六年（1900），被派赴日本考察教育。二十八年（1902），又被派赴日本留学，入东京弘文学院师范科。

光绪二十九年（1903）的拒俄运动以后，留日学生纷纷归国。同年7月，黄兴回到长沙，应胡元倓之请，任教于明德学堂。不久，陈天华、谭人凤、宋教仁等也先后来长。他们以明德学堂为基地，进行革命宣传，发展革命力量。11月4日，黄兴借30生辰宴集，邀约刘揆一、宋教仁、章士钊、周震鳞、柳聘农等十余人在长沙西区保甲局巷彭渊恂宅集会，发起成立华兴会，黄兴被推为会长，宋教仁、刘揆一为副会长。华兴会对外称华兴公司，其总机关设长沙南门外；其下有联络会党的同仇会、运动军队的黄汉会；并在湖北，上海建立联络机构。仅仅几个月的时间，华兴会的成员即迅速发展到四五百人。

华兴会是中国内地最早成立的革命团体。她以"驱除鞑虏、复兴中华"为宗旨，以武装起义，"雄据一省与各省纷起"为革命方略，对推动湖北、上海革命团体的建立，进而对同盟会的成立起了举足轻重的作用。黄兴也以此为世人瞩目，成为辛亥革命的杰出领袖之一。华兴会的成立促进了长沙革命运动的进一步发展，使长沙成为了湖南革命的中心，成为了全国革命运动的重要地区之一。

华兴会成立后，决定于光绪三十年（1904）西太后七十生辰，省城文武官员在万寿宫行礼之机，举行起义。这年春初，黄兴和刘揆一雪夜步行，在湘潭一处山洞与哥老会著名首领马福益会晤，商讨起义大计。为筹集经费，黄兴毁家纾难，出卖祖遗田产 300 石，柳聘农、彭渊恂等也变卖家产，四处借贷。华兴会印发了大量书刊，以宣传革命。其时，长沙城内革命书刊"罗列满布，触手即是"，人们"交头手指，争相阅诵"。9 月 24 日，华兴会在浏阳普迹市为马福益举行授将仪式，并赠予枪支、马匹，"仪式庄严，观者如堵"，情绪极为高昂。

然而，在起义紧张筹备之际，消息泄露。清政府下令搜捕党人，黄兴等被迫逃亡。长沙起义虽然流产，但产生了很大的影响。时人誉之为"中国内地革命之先声"，"湖南人之革命思想实藉此……播下种子，植其根基"，革命风潮"则已弥漫三湘七泽矣！"

长沙起义夭折，长沙革命运动陷入短暂的低潮。黄兴等流亡日本，部分华兴会员留在长沙坚持斗争。湘乡人禹之谟充当了这一时期的实际领导人。1905 年 5—8 月，他发动商、学两界，参加收回粤汉铁路利权和抵制美货的爱国群众运动。他以其鲜明的反帝立场和坚韧、务实的精神赢得了很高的声望，"绅、商、学各界之驻湘者，皆推崇之"，并被举为湖南商会会长和学生自治会会长。

1905 年 8 月，黄兴和孙中山在日本东京成立中国同盟会。1906 年，禹之谟受黄兴委托，在长沙成立同盟会湖南分会，以禹之谟为负责人。在禹之谟领导下，湖南分会曾在天心阁举行会议，宣传革命，"无论政界、军界、警察、工商界皆得旁听"；又组织《民报》（同盟会总部机关报）发行网，禹之谟"日持革命书报于茶楼酒肆，逢人施给，悍然不讳"。他们还派出会员在小吴门等处"开设酒店贱沽，结欢军人"。长沙又出现"民气伸张与革命暗潮四布"的形势，而 1906 年 5 月发生的公葬陈（天华）、姚（宏业）运动将斗争推向高潮。

1906 年 5 月，同盟会杰出的革命宣传家陈天华和同盟会骨干姚宏业先后在东京、上海愤国自尽。消息传来长沙，激起各界人士特别是青年学生的极大悲愤。禹之谟、宁调元乃以此为契机，首倡公葬陈、姚于岳麓山，以彰义烈。5月23日陈、姚灵柩迎抵长沙，禹之谟、陈家鼎、宁调元等即发动学界、军界，举行公葬仪式。29日，长达十余里的队伍抬着灵柩，分路从朱张渡和小西门过江，前往岳麓山。一万多名学生身着素服、手执白旗，齐唱哀歌。"观者倾城塞路"，军警也只得鹄立两旁，不敢干预。公葬陈、姚事件是同盟会领导长沙人民对清朝封建统治的一次政治大示威。毛泽东曾称之为"惊天动地可纪的一桩事"，并评论说，"湖南的民气在这个时候几为中狂发癫，激昂到了极点"。

　　其时，同盟会总部又派遣刘道一、蔡绍南回国，返湘策动革命。黄兴特为指示："今欲规取省城，宜集合会党于省城附近之萍、浏、醴各县，与运动成熟之军队联合方可举事。"1906年夏，刘、蔡等来到长沙，约集同志38人在水陆洲附近船上举行会议，决定于阴历年底发动萍浏醴起义，"占据省垣重地"。会后，刘道一留驻长沙掌握全局，蔡绍南等分赴各县组织会党。12月4日，起义爆发，龚春台、姜守旦等分率义军攻占浏阳高家头、金刚头、永和市和萍乡上栗等地。各县群众纷起响应，队伍发展到三万多人。起义坚持了一个多月，因清朝重兵镇压而失败。

　　萍浏醴起义是同盟会成立后领导的第一次大规模武装起义。它第一次在中国打出"中华民国"的旗帜，发出必破千年专制，"必建共和民国"的口号，对全国革命的发展产生了重大影响。

　　萍浏醴起义的失败，使革命力量遭到重大损失。刘道一、魏宗铨等起义领导人被捕就义，万余名义军将士遭杀害。同盟会总部派来策应起义的宁调元系狱长沙，禹之谟也于1907年1月牺牲。然而，地下烈火仍在燃烧。1907年4月，刘谦、黎尚雯等受宁调元狱中之托，在长沙重建同盟会湘支部。8月，焦达峰联络湖北革命党人孙武等在东京成立共进会，以图在长江流域再举义帜。不久，焦达峰派出黎先诚等回长，恢复革命机关。1909 年 8 月，焦达峰又与周海文、刘肯堂等在长沙太平街同福公栈设立湖南共进会总机关。共进会以长沙为中心，联络省内各地，使全省会党再次统一起来，焦达峰成为继马福益之后湖南会党的魁首，为后来发动长沙起义奠定了基础。

宣统二年（1910）四月中旬，长沙爆发"抢米"风潮。这场大风潮以长沙南门外黄贵荪一家四口投水自尽事件为导火索，发展为成千上万的手工业工人、贫民、饥民的大规模暴动。一天一夜，捣毁、焚毁湖南巡抚衙门等官署和外国领事馆、洋行、教堂共 40 多处。宁乡、浏阳两县人民也"相继而起"，焚毁教堂、官衙。其规模之大、起事之烈，震动全国，至时人惊呼，这是"整个清朝前所未见的紊乱"。长沙抢米风潮是一次群众自发的反帝反封建斗争，促进了长沙革命时机的成熟，直接为辛亥革命的长沙光复提供了群众基础，实际上成为辛亥革命的前奏和序曲。

1911 年，长沙革命形势继续高涨，又爆发以长沙为中心的湖南保路运动。早在八年前，湖南绅、商、学界即率先于湘、鄂、川三省举起收回粤汉铁路利权的旗帜。1909 年即掀起保路风潮。1911 年 5 月，清政府宣布"铁路国有"，再一次激起人民的反抗。长沙各界在教育会坪举行万人大会，要求清政府收回成命。长株铁路一万多工人举行罢工，进城示威，并倡议"商须罢市，学须停课，一般人民须抗租税"。6 月，长沙各校相继罢课。一时"舆情激昂、万众一致"，形成一个大规模的群众爱国运动。立宪派领导了这场保路运动，并在革命大风暴迅即到来、清朝封建统治行将崩溃之际，一部分立宪党人也走上反清革命道路，原来的一些保路团体和立宪团体也转而成为掩护或从事革命的机关。保路运动是辛亥革命的重要组成部分，标志着辛亥革命在长沙爆发的时机已经成熟。

在"抢米风潮"、"保路运动"二大风潮激烈冲荡湖南省城的同时，革命党人也日益加紧了活动，焦达峰、陈作新主动承担起领导责任。1910年，宋教仁、谭人凤等在上海成立中部同盟会，先后派遣刘文锦等来长，打入新军，发展组织。1911年初，同盟会总部谋划在广州大举起事，派谭人凤等回湘策动。谭人凤抵长后，在晏家塘设立机关，布置方略。3月31日，刘文锦在天心阁召开新军各标营代表72人的会议，做出加强宣传、组织，"发挥勇敢精神"、"共同赴义"的决定。天心阁会议是对新军革命力量的大动员，但因被暗探侦悉，焦达峰等只得暂离长沙，前往汉口。

不久，广州起义失败的消息传来。5月4日，焦达峰、孙武等在武昌举行紧急会议，做出中国革命以两湖为主的重大决策，确定"长沙先发难，武汉立即响应；武汉先发难，长沙也要立即响应"的协定。这就是辛亥革命中著名的两湖相互响应的"约盟誓守"。

武昌会议后，焦达峰等急返长沙。时保路风潮正炽，焦达峰立即召集陈作新等20多人密商大计，决定陈作新负运动新军重任，焦则全力主持调集会党、策动巡防营。他们还先后在寿星街培心堂、落星田定忠客栈、太平街贾太傅祠与孚嘉巷设置了秘密机关。

10月10日，武昌起义爆发。13日晚，湖北军政府代表赶到长沙，先后与陈作新和立宪派左学谦、谭延闿等会见。次日，陈作新召开各界代表会议，成立以焦、陈为首的同盟会战时统筹部，决定10月20日举行起义，后因故一再展期至23日。不料事机泄露，湖南巡抚余诚格急令新军调离长沙，并关闭城门，大捕党人。焦、陈当机立断，颁布特别命令16道，决定提前于10月22日举义。

22日清晨，在焦、陈指挥下，长沙协操坪新军正式起义，分由小吴门和湘春门入城，中午会攻巡抚衙门。余诚格等清朝官员闻变潜逃，长沙起义一举成功。巡抚衙门前坪旗杆上的龙旗，换上了象征革命的"汉"字大旗，长沙遂告光复。当晚，各界代表在省咨议局召开特别会议，推举焦达峰、陈作新为正副都督。次日，焦、陈就职，宣告中华民国湖南军政府正式成立。

起义新军占领长沙城头炮台

湖南军政府成立后，发表《讨满清檄文》，宣告湖南脱离清廷独立，并电告全省各道、府、州、县，饬令即时归顺。长沙省会光复，声威所播，各地传檄而定，至 10 月 30 日，除湘西外，全省次第光复，清王朝在湖南二百多年的封建专制统治从此寿终正寝。

军政府又作出援鄂北伐的决定，编组湘军独立第一协，由王隆中带领，北上援鄂。10 月 28 日，第一协在大西门乘轮北上；以后又陆续派出三批，总兵力达 16 个营，共八千多人。援鄂湘军在武汉前线和湖北革命军并肩作战，以热血和生命保卫了湖北革命政权。据不完全统计，在武汉保卫战阵亡的湘军将士，仅有姓名可考者即 292 人。

辛亥革命在长沙的胜利，对湖南全省的迅速光复起了决定性作用，在全国也具有重大意义。长沙起义的成功，使湖南成为全国第一个继武昌首义后光复的省份，解除湖北革命政权的后顾之忧，切断清廷与华南、西南数省的联系，促进了全国革命的继续高涨。长沙又在全国第一个出师援鄂，为保卫辛亥革命的首善之区、为全国各地的光复，赢得了宝贵的时间。

辛亥革命时期，长沙志士如群星璀璨，耀人眼目，产生与孙中山并称的辛亥革命卓越领袖黄兴，涌现杰出的革命宣传家杨毓麟、章士钊、陈天华。

长沙的革命志士，不仅肩负起湖南革命的重责，而且活跃在全国各地，为辛亥革命在全国的胜利作出了突出贡献。1907年10月，长沙人张百麟在贵阳成立贵州自治学社，于1911年11月4日策划贵州起义，宣告独立。长沙人彭寿松在福州创立福建军警同盟会，于1911年11月9日发动福州起义，光复福建。12月28日，刘先俊在新疆迪化领导起义，不幸失败，惨遭杀害。1912年3月11日，宁乡人黄钺在甘肃秦州发动起义，成立甘肃临时军政府，黄钺自任都督。

1912年以后，我国进入中华民国时期。袁世凯窃取民国大总统以后，对内独裁，对外卖国，又倒行逆施，复辟帝制。孙中山、黄兴等领导革命党先后开展二次革命和反袁护国斗争。这两次重大政治斗争中，长沙都是重要的地区。袁世凯死后，进入北洋军阀统治时期，北洋军阀多次派军南下，攻打湖南，使湖南社会遭到极为严重的破坏。

五四爱国运动的爆发，成为时代革命的转折点。

1919年春，世界各国在巴黎举行和平会议，将德国在中国青岛的权益交予日本。消息传到国内，人们心中的愤怒像火山一样喷发出来。5月4日，北京学生在天安门前集会，并举行游行示威，高呼"外争国权，内惩国贼"，"还我青岛""还我山东"。

北京学生的爱国行动很快发展成为全国性的反帝爱国运动。在湖南长沙，已成为职业革命家的毛泽东发动省会学生，开展了声援北京学生的运动。毛泽东，字润之，1893年出生，湘潭县韶山人。1911年来长沙求学，接触革命报刊，倾向孙中山领导的同盟会。武昌起义爆发，曾加入起义新军。1912年考入湖南省高等中学，1914年考入湖南第四师范（次年并入第一师范），在老师杨昌济、徐特立等影响下，他的民主政治思想开始形成。1918年4月14日，毛泽东和友人蔡和森、何叔衡等在岳麓山下蔡和森寓所成立以"革新学术，砥砺品行，改良人心风俗"为宗旨的进步团体——新民学会。"五四"运动爆发后，新民学会成为长沙人民开展反帝爱国斗争的核心与组织力量。

此时，皖系军阀张敬尧统治湖南。为遏止"五四"运动的扩展，他封锁新闻，实行戒严，严禁学生的爱国活动。5月9日，湖南报界冲破封锁，报道北京五四示威游行的情况，激起湖南人民反对日本帝国主义和北京卖国政府的怒潮。长沙各校学生走上街头，散发传单，宣传山东问题真相和全国各地的爱国运动。

其时，毛泽东任一师附小主事，遂以一师作为"反日驱张"的基地，领导发动长沙的反帝爱国运动。他通过新民学会与长沙各校爱国学生联系，成立湖南学生联合会（以下简称省学联），作为领导运动的组织形式。他曾多次到湘雅医学专科学校和明德、周南等学校，发展新民学会会员，发动学生参加运动。6月3日，省学联发动总罢课。6月5日，湘雅等校学生成立救国十人团，发起抵制日货运动。一师学生的救国十人团达数10个之多，明德学生还组织纠察队、讲演团，进行各种宣传活动。6月25日，长沙各界人民举行抵制日货示威游行。7月7日，省学联和国货维持会举行烧毁日货的游行示威大会，焚毁大批日货，运动达到高潮。

为更广泛地团结各界人民一致对外，省学联发起成立湖南各界联合会。省学联还创办《湘江评论》刊物，由毛泽东任主编。这是长沙各种刊物中思想性、战斗力最强的一种，推动了湖南反帝反封建斗争的进一步发展。

在长沙爱国热潮的影响下，湖南各县迅速掀起抵制日货的爱国运动。张敬尧气急败坏，派军队强行解散省学联，封闭《湘江评论》。

长沙的学生爱国运动转入以驱逐张敬尧出湘为中心的斗争阶段。

12月2日，张敬尧命其弟张敬汤率兵破坏长沙第二次焚烧日货游行示威大会。湖南学界和湖南人民奋起反抗。12月4日，省学联发动全省学校罢课。12月6日，又联合各界发表驱张宣言，庄严宣告："张毒一日不出湘，学生一日不返校。"随后又组织各界驱张请愿代表团，分赴北京、衡阳、上海等地开展活动。毛泽东率领赴京代表团，联络知名人士，举行示威、请愿，还主办平民通讯社，报道驱张活动情况。赴衡、赴沪代表团也分别出版《湘潮》和《天问》周刊，揭露张敬尧的罪行。

在湖南人民反日驱张之际，直、皖军阀矛盾日趋激化。1920年6月，谭延闿、赵恒惕率军进入长沙，张敬尧对湖南的统治到此结束。

以长沙为中心的反日驱张斗争，是全国反帝爱国运动的重要组成部分。这次运动，壮大了湖南人民的革命力量，锻炼和培养了一大批革命骨干分子。毛泽东、彭璜等成为这一运动的重要领导人，为随之而来的革命斗争准备了干部条件。

"五四"运动是一场新的反帝反封建的革命运动，成为中国新民主主义革命的开端。而中国共产党的创立，则是这一场伟大革命的直接产物。中国共产党的酝酿和筹建是从中国早期马克思主义者陈独秀、李大钊、毛泽东等人的活动而开始的。1920年8月，陈独秀在共产国际帮助下，首先在上海建立共产党小组，担负起发起和筹备中国共产党的任务。同年10月，李大钊建立北京共产党小组。毛泽东则受陈独秀的委托，负责湖南的建党工作。

1920年7月7日，毛泽东从上海回到长沙。他与何叔衡等发起成立文化书社，销售进步书刊，宣传马克思主义；发起组织湖南俄罗斯研究会，研究俄国十月革命和列宁建党学说。蔡和森在与毛泽东的通信中讨论建党问题，明确提出：要"明目张胆正式成立一个共产党"。

毛泽东则表示："没有一个字不赞成。"湖南马克思主义者的成长，表明建立长沙共产党小组的条件已经成熟。

1920 年 10 月，长沙共产党小组正式成立，毛泽东、何叔衡、彭璜等 6 人为发起人，其成员主要是新民学会中坚信马克思主义、愿意为实现共产主义而奋斗的先进分子。为建立党的后备军，毛泽东又开展建立社会主义青年团的活动，刘少奇、张文亮、彭平之等首先加入，至年底，长沙已有团员 20 多人。

1921 年 6 月 29 日，毛泽东、何叔衡代表湖南共产党小组，前往上海参加中国共产党第一次全国代表大会。1921 年 10 月 10 日，中国共产党湖南支部在长沙正式成立，毛泽东任书记，委员有何叔衡、易礼容等。

中共湖南支部成立后，从多方面开展工作，派遣党员赴莫斯科参加远东各国共产党及民族革命团体第一次代表大会，成立湖南自修大学，建立中国劳动组合书记部湖南分部，成立社会主义青年团长沙地方执行委员会。至 1922 年春，发展党员 30 余人。5 月，中共湖南支部改为中共湘区执行委员会（以下简称"湘区委"），仍以毛泽东任书记，机关设在长沙小吴门外清水塘，杨开慧担任机要交通联络工作。这是全党领导得力、组织严密、工作出色的地方组织之一。同年，中共长沙地方执行委员会也正式成立。

湘区委成立后，继续扩大党的组织。毛泽东先后在长沙铁路、泥木、印刷、缝纫、纺织工人中，吸收一批优秀工人入党，并在新河车站、泥木工人中建立党支部。据 1924 年 5 月统计，长沙有党员 89 人，是湘区委所辖党员人数最多的地方。湘区委还根据中共中央关于组织工人阶级，开展工人运动的部署，在 1922 年下半年先后发动粤汉铁路武长段、安源路矿、长沙泥木行业、水口山矿等罢工斗争，形成湖南第一次工人运动高潮。

中共湖南支部、湘区委员会清水塘旧址

1923 年 4 月底，毛泽东调中共中央工作，李维汉继任湘区委书记。同年 6 月，中共"三大"在广州召开，高度评价湘区委的工作。陈独秀特别指出，党的工作"只有湖南的同志可以说作得很好"。

1924 年 1 月，国民党"一大"在广州召开，国共两党正式合作，反帝反封建的国民革命运动迅速兴起。在中共帮助下，成立国民党湖南临时省党部执行委员会，1925 年 5 月建立湖南省党部。革命联合战线的形成，为湖南工农运动高潮的到来创造了条件。

1924 年上半年起，湘区委和国民党临时省党部联合开展反对帝国主义文化侵略的非基督教运动。1925 年 5 月，日、英帝国主义在青岛、上海屠杀工人、学生，制造青岛惨案和五卅惨案。国民党湖南省党部和湘区委联合成立青沪惨案湖南雪耻会和长沙青沪惨案雪耻会，发动长沙各界群众 10 多万人举行示威游行，提出解除英、日巡捕武装，没收英、日在华所办工厂等要求。6 月下旬，活动重心转向对英、日经济绝交，给侵略者以沉重打击。10 月，发展为收回帝国主义在湘权利的斗争。12 月 17 日，数千名工人、学生强行收回日商长沙大金码头。

1926 年 2 月，湖南人民的反帝爱国运动在中共湖南区委（由湘区委改称）的领导下，发展到反英讨吴（佩孚）驱赵（恒惕）斗争的新阶段。2 月，湖南人民反英讨吴行动委员会在长沙成立，后提出讨吴、与英国断绝国交、驱逐英领事出境等 12 项条件。在革命运动的推动下，赵恒惕部第四师师长唐生智发动讨赵，直指长沙。3 月 12 日，赵恒惕通电去职，逃往岳州。16 日，唐生智从衡阳赶到长沙，把持湘政近 6 年之久的赵恒惕结束了在湖南的统治。

1926 年春，广东革命政府举行北伐战争。5 月，叶挺率先遣团入湘。随后，北伐军源源入湘，于 7 月 11 日进入长沙。8 月 12 日，北伐军总司令蒋介石抵达长沙，主持召开军事会议，决定"先行肃清湖南，会师武汉"。次日，长沙工人、市民、城郊农民数万人举行欢送北伐军出征大会。蒋介石在国民党省、市党部大会上发表演说，赞扬长沙"民气之盛""革命精神之浓"，并说"湖南的农民协会组织尤为完善，将来革命成功，湖南当推第一"。

北伐战争的胜利进军，推动长沙人民反帝反封建斗争的蓬勃发展。9 月 1 日，国民会议湖南促成会在长沙成立，号召工农商学各界促成国民会议实现、推翻军阀政府、建立人民民主政权。同日，省总工会和长沙县工会成立。9 月 25 日，农工商学大联合委员会成立，长沙举行了有 230 多个团体 3 万余人的反英示威大会，再次宣布对英经济绝交。12 月 1 日，全省第一次工人代表会议在长沙举行，成立湖南工人纠察总队。1927 年春节前后，长沙人民反帝斗争向废除帝国主义在湘侵略特权方面深入发展，3 月 17 日收回被美国人的湖南邮政管理权，4 月收回长沙海关。这是"五四"以来，长沙人民反帝斗争的重大成果。

湖南农民运动也如火如荼地开展起来。1926 年 12 月 1 日，在长沙召开全省第一次农民代表大会，将农民运动推进到一个新的阶段。

1927 年 1 月 4 日，湖南审判土豪劣绅特别法庭在长沙成立，先后处决叶德辉、李佑文、俞诰庆等全省闻名的土豪劣绅。4 月中旬，湖南农民运动进入解决土地问题的新时期，长沙郊区、长沙县霞凝乡、浏阳县第三区等地的农民开始清丈土地，准备按人口分田。以长沙为中心的反帝反封建大革命日益向纵深发展。

1927 年 7 月 15 日，汪精卫控制下的武汉国民政府公开宣布"分共"，背叛革命。中国共产党从此转入地下，大革命失败。1927 年 8 月 7 日，中共中央在汉口召开紧急会议，确定了开展土地革命和武装反抗国民党反动派的总方针，决定在湘鄂粤赣四省举行秋收起义。中共中央还改组中共湖南省委，并派临时中央政治局候补委员毛泽东回湘，负责湖南秋收起义的发动和领导工作。

8 月 12 日，毛泽东回到长沙，于 18 日出席中共湖南省委在长沙北郊沈家大屋召开的会议。省委接受了毛泽东的主张，决定抛弃国民党的旗帜，以共产党的名义公开组织工农革命军，没收地主土地分给农民，废除苛捐杂税，建立工农民主政府。决定以长沙为中心，宁乡、浏阳、湘潭、醴陵、平江、岳阳、安源等地同时起义。成立以毛泽东为书记的前敌委员会和由各县负责人组成的行动委员会，作为起义的领导机构。

毛泽东以原武昌国民政府警卫团、安源工人武装和浏阳、平江、醴陵的农民自卫军为基础，组成工农革命军第一军第一师，以卢德铭为总指挥，总计兵力 8000 人。9 月初，毛泽东在安源张家湾召开军事会议，正式成立以毛泽东为书记的前敌委员会。会议决定第一团由江西修水出发，攻取长寿街，进攻平江；第二团从江西安源出发，攻取萍乡、醴陵后，向浏阳集中；第三团从江西铜鼓出发，夺取浏阳东门市，然后与第二团合攻浏阳，各路进攻得手后，以长沙城内工人为内应，内外夹攻，占领长沙。

9月9日，湘赣边界秋收起义爆发。一团占领平江县龙门厂，因敌人增兵和四团叛变，腹背受敌，战斗失利，向浏阳方向转移。二团攻打萍乡未下，转而攻克醴陵、浏阳，后因敌人调来优势兵力，起义部队陷入重围，在浏阳突围时损失严重。三团由毛泽东亲自指挥，进攻浏阳白沙镇，占领东门市，因受敌人两路包围，向浏阳上坪转移。在各路行动均遭受严重挫折的情况下，毛泽东当机立断，决定放弃原定攻取长沙的计划，会师文家市。随后，毛泽东召集前委会议，决定向江西萍乡方向退却。9月20日，在毛泽东率领下，部队离开文家市，向井冈山进军。

湘赣边秋收起义之时，长沙附近农村也开始暴动。醴陵、株洲、平江、浏阳各县农民在党组织领导下，捕杀土豪劣绅，捣毁团防局，但因起事仓促，队伍未经训练，未能形成对长沙的包围。为配合秋收起义，中共湖南省委和长沙市委准备发动长沙暴动。由于敌人闻到风声，加强戒备，大肆搜捕共产党人和革命群众，暴动力量遭受重大损失。省委只得决定停止实行。

秋收起义是中国共产党历史上第一次战略转变中的重大事件。它高举共产党的旗帜，首创工农革命军，并进军井冈山，开始创建农村革命根据地，成为马克思主义同中国革命实际相结合、探索中国革命新道路的开端。

1927年12月10日，中共长沙市委又举行了一次以工人为主力的城市武装暴动。这一天的电报韵目代码为"灰"，故称"灰日暴动"。

"马日事变"以后，长沙陷入白色恐怖，革命已处于入低潮。但中共临时中央却认为革命形势仍在高涨，要求继续进攻，组织城市武装起义。1927年10月，国民党宁汉战争爆发，程潜、白崇禧率西征军入湘。中共湖南省委于11月17日发布《暴动政纲》和《湖南省委暴动计划》，指示各地准备第二次全省武装暴动。12月1日，省委决定长沙首先暴动，以推动全省总暴动，并确定 7 至 10 日为暴动日期。

12 月 10 日，中共长沙市委书记涂正楚在北正街德湘茶社召开党和军事负责人会议，决定当晚 8 时发动起义，以炸毁南门的湖南电灯公司和北门的光华电灯公司，全城失去照明为信号。会议还布置了城乡各支部、叶魁游击队及潜伏在国民党各机关部队中党员的任务。

当晚 8 时，暴动开始。北门第一纱厂和新河一带的工人敢死队首先捣毁光华电灯公司，北门一带顿时一片漆黑。接着拿下新河警察署，击毙击伤巡警 20 余名。然后攻下新河火车站，击毙站长，还炸毁新河米捐分卡等处。暴动取得局部胜利。南城的泥木、人力车工人队伍被敌人发现，炸毁湖南电灯公司的目的没有实现，以致南北未能配合。叶魁游击队由于敌人防范严密，无法渡河入城；隐蔽在国民党军队和机关内的共产党员亦不敢轻易行动。当晚，国民党又调来一个师，进驻长沙，遂使暴动失败。敌人随即挨户进行搜查，省委书记王一飞、市委书记涂正楚等 20 多人先后被捕，英勇就义，革命群众牺牲 100 多人，省委和长沙市委遭到严重破坏。

"灰日暴动"是在临时中央"左"倾错误方针指导下发动起来，但暴动发生在湖南国民党反动派统治的省会长沙，震撼了湖南的反动统治势力，是大革命失败后中国共产党领导人民英勇反抗国民党反动统治的伟大斗争的重要组成部分。

"灰日暴动"失败后，程潜、鲁涤平相继担任湖南省主席。1928 年 2 月，何键担任省政府主席，从此总揽湘政达 9 年之久。

1930 年 5 月，中原大战爆发。党内"左"倾盲动思想又一次抬头。6 月，中央政治局通过《新的革命高潮与一省或数省的首先胜利》决议案。不久，制定以武汉为中心的全国总暴动和集中红军进攻中心城市的计划，命令各路红军攻打长沙、南昌、九江、武汉。

按照中共中央指示，彭德怀指挥红三军团横扫鄂东南 6 县，占领岳州，于 7 月 5 日重返平江。红三军团前委和湘鄂边特委决定乘虚攻打长沙，并成立湘鄂赣边工农兵军事暴动委员会。7 月 22 日，数万军民在平江天岳书院操坪举行纪念平江起义两周年暨进攻长沙誓师大会。何键急派国民党军共 4 个多旅兵力直扑平江。7 月 25 日，红军在双江口设伏，击溃来犯之敌。26 日击溃敌金井防线。27 日，红军自永安市、春华山一带直扑长沙，突破外围防线，自东屯渡过浏阳河，经马王堆、五里牌向长沙城猛扑，傍晚从韭菜园、小吴门、浏阳门等处攻入市区。晚 10 时左右，红军夺取长沙。何键带随身马弁狼狈渡河，后乘小船逃往沅江。

红军占领长沙后，捣毁国民党省政府、省法院等机关，救出数以千计的共产党员和群众，发布《告群众书》，创办《红军日报》、《苏维埃日报》。29 日下午，长沙 10 万工农群众举行盛大集会，庆祝红军入城。30 日，湖南省苏维埃政府成立，李立三任主席（王首道代理），彭德怀等为委员。随后，苏维埃政府颁布《暂行劳动法》、《暂行土地法》、《暂行婚姻法》，成立肃反总司令部，镇压叛徒和反革命分子。还召集各国驻长沙领事馆、教堂、医院、商团人员和记者开会，由何长工用法英语给他们讲演，宣传红军各项政策，阐明红军的宗旨和纪律。8 月 5 日，何键大举反攻，红军主动撤离长沙。

红三军团攻占长沙，是土地革命战争时期红军第一次也是唯一的一次攻占省城，它沉重打击了敌人，扩大了中共和红军的影响，具有重要的历史意义。

红军撤离长沙后不久，李立三"左"倾错误统治的中央要求红军再次进攻长沙。8 月 23 日，红三军团与红一军团在浏阳永和市会合，组成红一方面军，毛泽东任总政委和党的总前委书记，朱德任总司令。24 日，总前委根据中央意图，做出第二次进攻长沙的决定。随后，红军分三路向长沙推进。

何键在红军撤离长沙后，大大加强长沙防务，从南郊猴子石至北郊捞刀河一线以巨型鹿砦、密布竹钉和高大电网，修筑3道封锁线，均派重兵把守。

8月30日，红军发起攻坚，多次组织敢死队，乘夜冲入敌阵。为攻破敌人电网，曾采用古老的火牛阵战法，驱逐几百头火牛冲向敌阵。但因缺乏攻坚训练及炮火支援，进攻不能奏效。红军且战且退，诱敌脱离工事。但敌军损失两个团后，死守阵地，坚不出战。双方自9月4日起，陷入僵持状态。10月，红军再次强攻，朱德、彭德怀等亲临前线。在夜幕掩护下，红军多次冲进敌阵前沿，用手榴弹、刺刀与守敌展开激烈搏斗，予敌重大杀伤。但红军伤亡也很大，弹药给养日益缺乏。同时，何键调集大部分军队来援，武汉行营又先后派数师之众入湘，企图包围红军。形势越来越不利，毛泽东说服了党中央的代表和红一方面军的干部，主动撤出战斗，返回赣南根据地。

红军第二次攻打长沙是李立三"左"倾错误的产物，毛泽东等人在久攻不克的情况下，主动撤出战斗，安全转移部队，避免了革命力量的损失，是对李立三"左"倾错误的一种事实上的纠正。

进入30年代以后，湘省政局相对稳定，长沙经济有所增长，文教事业也获得较大发展。1933年8月，长沙市正式设立，由何元文担任第一任市长，长沙作为湖南政治中心的地位更加巩固。

1936年5月，国民政府在各省划分行政督察区，设置行政督察专员公署，作为省政府的派出机构。1937年12月，湖南全省划为9个行政督察区，以专员兼任驻在地县长。今长沙市及所辖4县属第一行政督察区，专员驻浏阳县。

1931年九一八事变发生，全国兴起抗日救亡运动。长沙人民举行示威大会，提出对日经济绝交，迫使日资10余家企业陷入停顿。1932年淞沪抗战爆发，长沙抗日救国会、商会、长沙县教育会等致电慰问十九路军。2月7日，全市罢工罢市，各界民众举行示威大会，高中学生纷纷请缨杀敌。1933年初，日军进犯华北。长沙中学生积极参加学校军训，准备奔赴前线。2月，湖南航空救国会在长沙成立，发动募款捐机活动。3月，湘雅医院20多名师生组成医疗救护队，赶赴喜峰口抗日前线，救治负伤官兵。1936年，长沙的抗日文化宣传活动蓬勃发展，先后成立了长沙民族解放先锋队、"1936"剧社、新声歌咏队、文艺作者协进会等抗日救亡文化组织。

1937年7月7日，日本侵略军炮轰卢沟桥，发动全面侵华战争。7月9日，长沙各大报纸冲破当局禁令，揭露日军侵华罪行，号召全省人民奋起抵御外侮。具有光荣革命传统和爱国思想的长沙人民，迅速掀起了抗日救亡高潮。

7月下旬以后，平、津、沪、宁各大学的学生来到长沙，大批湘籍著名文化界人士吕振羽、翦伯赞、杨东莼、李仲融、田汉、张天翼等也撤退来长。他们与长沙各界爱国进步人士一道，在中共组织的领导下，建立抗日团体，创办救亡刊物，开展救亡活动，古城长沙呈现出一派高亢激昂的景象。7月24日，长沙抗敌后援会改组扩大为湖南人民抗敌后援会，后于8月16日改称湖南人民抗敌总会。10月17日，又成立湖南文化界抗敌后援会（简称文抗会），是共产党领导下全省最大的群众抗日团体，成员曾发展到1000多人，直接领导和组织的抗日团体，仅长沙就有30多个，成为群众抗日活动的中心。

各种抗日团体纷纷建立，各种爱国进步报刊也如雨后春笋般出现。在长沙市内，受中共直接掌握或影响的报刊，继《湘流》、《前进》、《湖南妇女》之后，又有《观察日报》、《抗战日报》等30多种，大都具有强烈的战斗性和生动活泼的文风，深受群众欢迎。

共产党的组织也迅速得到恢复和发展。1937年12月，中共湖南特委在长沙建立，1938年1月成立中共湖南省工作委员会（7月改为中共湖南省委)。省工委以长沙为重点开展抗日救亡工作,促进了长沙抗日救亡运动的高涨。5 月,中共长沙市委成立,在抗日救亡运动中起了核心作用。

1937 年 11 月 20 日,国民政府改组湖南省政府,将何键调离湖南,由张治中任湖南省政府主席。张治中重视国共关系,陆续释放了监禁在湘的红军将士与共产党员。他也很重视民众力量,在全省范围内开展民众训练,并亲任湖南民众训练指导处长。

1937 年 9 月,第二次国共合作正式成立。为更好地动员群众,团结各界爱国人士,支援敌后抗日游击战争,征得国民政府同意,中共决定在西安、武汉、重庆、长沙等十几个重要城市公开设立八路军办事处或通讯联络机构。1937 年 12 月,徐特立和王凌波分别以第十八集团军高级参议、驻湘代表和上校主任的身份,到达长沙,在东长街(现蔡锷中路)徐家祠堂建立通讯处。次年 2 月迁至寿星街 2 号。

徐特立等多次应邀在临时联合大学、长沙银宫电影院、第一师范等处公开演讲,宣讲国内外形势和中国共产党的抗日主张。徐特立曾多次找张治中商谈有关抗日救亡的问题,还与赵恒惕、刘岳厚等国民党军政要人赵恒惕建立联系。

随着抗日救亡运动的高涨,湖南不少进步青年要求奔赴延安。通讯处为做好输送工作,先后以中国人民抗日军政大学、陕北公学招生委员会的名义,在湖南省立一师、长沙周南中学、含光中学等学校招收了约 600 名学生和其他进步青年,或送往延安,或送往八路军、新四军,其中许多人在斗争中锻炼成为优秀的革命骨干。

1938 年秋季以后,日寇对我华南、华中地区的进攻更为猛烈,10 月 21 日攻陷广州,25 日攻陷武汉。长沙很快成为抗战的前方,处于日军南北夹击之中,成为中外关注的焦点。10 月 24 日,国民政府军事委员会委员长蒋介石自武汉飞抵长沙。29 日,日军继续南下。然而，在这极为重要的关头，却发生了震惊中外的长沙大火事件。

这一空前惨烈的事件，是在国民党军事当局提出焦土抗战方针的大背景下发生的。

蒋介石飞抵长沙后，于 10 月 29 日召开最高军事会议，总结武汉会战以来的经过和布置长沙外围的作战，提出对长沙实行"坚壁清野"、焦土抗战的方针。11 月 7 日，他再一次在长沙召开军事会议，重申焦土抗战。根据蒋介石的指示，湖南省政府立即于 11 月 1 日做出对长沙实行疏散的决定，并成立一个"人力物力转移委员会"，以从事转移、疏散的工作。于是，在长各机关、团体、工厂、商店和市民开始撤离。到 11 月 10 日前后，长沙几乎成为一座空城，"一片凄凉冷落的景象"。

11 月 8 日，日军侵入湘北，次日进犯临湘，10 日占领城陵矶。张治中召开省军政负责人会议，传达蒋介石焦土抗战的指示。随后，酆悌在警备司令部召开省会党政军宪处长以上负责人会议，宣布实行紧急疏散和焚毁长沙的计划。

11 月 11 日夜，岳阳失陷，湖南门洞大开。12 日上午 9 点，张治中接到蒋介石电报："长沙如失陷，务将全城焚毁，望事前妥密准备，勿误。"随后，张治中召来长沙警备司令部司令酆悌、湖南省保安处长徐权，布置焚烧长沙的任务，并指定由警备司令部负责筹备，保安处协助。几个小时后，警备司令部参谋处长许权奉命写出"焚城计划"，并经徐权修改，决定由警备第二团和长沙市社训总队执行。晚上，酆悌召集警备第二团团长徐昆、省会警察局局长文重孚等，布置任务，宣布如发现北门方向出现火光，全市即放火。夜 10 时，引火汽油分发到各放火单位。12 时，纵火部队进入准备位置。大火如箭在弦上，一触即发。

11 月 13 日凌晨 2 时许，南门某处火起。狂躁的纵火部队一见火光，四下行动。顿时火柱冲天，爆炸声四起。3 时，火势更大。4 时，停电，全城陷入一片火海。是夜，周恩来、叶剑英正在长沙，下榻寿星街八路军通讯处，大火突起，被警卫员叫起而脱险。14 日，大火继续燃烧，直到 16 日尚有余火未熄。

长沙大火整整烧了五天，使往日繁华富饶的长沙变为一片废墟，全城房屋烧毁 80%，长沙人民世世代代创造与积累的财富一夜之间化为灰烬。工厂、商店、机关、学校大多被火，长沙的工商业和文化教育事业受到惨重的打击。

大火使长沙人民受到重大牺牲。其时城内 3 万余人，大火发生后，重伤官兵、衰老民众、酣睡未起者大多被葬身火海。其死亡人数至今无法统计，中央社记者 11 月 19 日报道："湘垣大火，市民未及逃出者 2000 余人。"而省政府行署估计则为 3000 余人。

大火以后，前线安稳如故，日军并没有进攻长沙，于是国内外舆论大哗。湘籍知名人士数百人上书，纷纷要求彻查大火真相，严惩祸首，救济灾民。当时，蒋介石正在韶关，指挥粤北的抗战，获悉长沙发生大火，感到事态严重，急忙赶回。11 月 16 日，蒋介石夜抵达长沙，听取第九战区司令长官陈诚和张治中的汇报，又察看了灾情。决定采取紧急措施：逮捕首事人员酆悌、徐昆、文重孚，组织军法会审；拨款 50 万元，救济被难灾民；调集重兵，加紧长沙保卫；改组地方军警机构，任命俞济时兼长株警备司令，并办理善后。

长沙大火案，经过两天的审理，以玩忽职守、殃及民众罪判处酆悌、徐昆、文重孚死刑，于 20 日实行枪决。此外，对其他有关人员也予以处分，张治中革职留任，责成善后；长沙市长席楚霖，则由省政府予以革职留任处分。

长沙大火案审结以后，善后工作全面展开。11 月 22 日，成立长沙市火灾临时救济委员会，由省财政厅长尹任先为主任，田汉、席楚霖为副主任，下设交通、救济、治安等八个组和工程队。周恩来领导的军委会政治部第三厅人员也很快赶到长沙，积极参加善后工作。救济委设立了收容所，以收容无家可归的灾民，又给灾民发放救济款。据统计，灾民登记共 12.4 万人，发放救济款共 90 余万元。

面对这场空前浩劫，长沙人民表现出极其顽强的精神，投入到火后重建之中。救济委招募民工 3571 人，加上自卫团 1200 人，掩埋尸体，清理废墟，整理街道，又逐步恢复市场和交通。11 月 19 日，出现最早的市场，至 12 月 21 日，市内"小本营业，露天商场，旅社饭馆，均颇发达，日用必需品应有尽有；并组设盐米公卖处，凭证供给；银行设有兑换所，流畅金融"。11 月 29 日开始，火车和汽车班车恢复营运。12 月初，邮政电讯开始恢复，随后邮件收寄、长途电话和电报业务也得以恢复。惨遭焚毁的长沙开始恢复生气，烈火重生。

长沙大火以后，英雄的长沙又迎来更为严峻的考验。1939—1944年，日本帝国主义为配合德、意法西斯，为实现灭亡中国的野心，先后四次发动对长沙的进攻。我第九战区将士在广大人民的支持下，奋起抵抗，在以长沙为中心的广阔战场上，与日军展开殊死搏斗，沉重地打击了日本侵略军，取得第一至第三次会战的胜利。

1939 年 9 月 1 日，德国突袭波兰，第二次世界大战正式爆发。9月中旬，日本第十一军司令官冈村宁次指挥 10 万兵力，采用"分进合击""长驱直入"战术，分别在赣北、鄂南和湘北地区向我第九战区发动大规模进攻。我军在代司令长官薛岳指挥下，实行"后退决战，争取外翼"方针，积极抵抗，是为第一次长沙会战。

9 月 14 日，日军向我赣北发起进攻，我军顽强抵抗，拉开会战的序幕，18 日，日军向我新墙河阵地发起猛烈攻击。我第 52 军第 2、第 195 师坚守阵地，英勇反击，战斗异常激烈。第 2 师胡春华营、195 师史思华营阻抗日军三天三夜，全部牺牲。23 日，日军以飞机、大炮配合，攻破新墙河防线，随后分头东进、南下，先后渡过汨罗江、捞刀河、浏阳河，其一部窜抵长沙外围。

9月底，敌军胶着于长沙城外，既没有捕捉到我军主力，又粮弹用尽，形势十分不利，被迫撤退。薛岳立即严令各部追击，中国空军也从成都机场起飞轰炸武汉日军机场。10月7日，日军退过新墙河。第一次长沙会战历时24天，我军歼敌2万余人，击毁日机70余架、击沉汽艇100余艘，取得胜利。这是第二次世界大战爆发后日军在中国发动的第一次攻势，也是抗战以来中国军队首次以武力迫使日军回到战前态势。这一胜利，粉碎了日军"以战迫降"的狂妄企图，振奋了全国人民抗战的信心。

1941年6月，德国突袭苏联，第二次世界大战进一步扩大。日本为夺取远东和太平洋地区霸权，妄图"迅速解决中国事变"。9月上旬，日军第十一军司令官阿南惟畿调集12万军队，改用"中间突破"、"两翼迂回"战术，发动对长沙更大规模的进攻。第九战区司令长官薛岳仍采用"诱敌深入"战术，在长沙及其周围地区部署约30万人的兵力，计划"于汨罗江以南、捞刀河两岸反击而歼灭之"。

9月7日，日军一部进犯岳阳大云山，我第40军立起抵抗，揭开第二次长沙会战的战幕。18日，日军向湘北全线展开猛攻。我军因对日军进攻的规模估计不足，选择决战地区不当，加之我军重要电讯被日军破译，故在会战前期处于被动，节节失利。22日，日军突破新墙河、汨罗江、捞刀河防线，于27日晚攻入长沙。

在此形势下，薛岳果断指挥各部向长沙集结，对日军实施包围。10月1日，日军被迫撤退。我军急起直追，围追堵截，予敌大量杀伤。10月8日，双方又回复到战前状态。第二次长沙会战，我军先败后胜，又一次打退日军进攻。日军目的没有达到，近卫内阁也因此下台。

1941 年 12 月 8 日，日军偷袭珍珠港，太平洋战争爆发。日军为牵制中国军队增援香港、九龙及缅甸，出动 12 万兵力，发动对长沙的第三次进攻。薛岳制订了"天炉战"计划，决定将敌人诱至炉底，在捞刀河与浏阳河之间予以包围歼灭。

12 月 23 日，日军兵分八路，猛扑新墙河防线。我军英勇抵抗，在完成阻击任务后向东南转移。次日，日军渡过新墙河，继续南下。1942 年元旦，日先头部队进至长沙南郊。守卫长沙的第十军将士拼死抵抗，岳麓山炮兵发炮猛轰，日军无法前进一步。4 日，我军形成对日军的合围态势。日军伤亡惨重，势已不支，只得撤退。我军从四面八方展开攻击。敌人溃不成军，最后靠施放毒气和空军掩护逃回原据点，日军司令部被迫从岳阳撤回武汉。

第三次长沙会战杀敌 5 万余人，中国军队大获全胜。这是太平洋战争爆发以来世界反法西斯阵营取得的第一次胜利。这一胜利，有力地支援了南太平洋英美盟军，极大地提高了中国的国际地位。英国《泰晤士报》发表评论指出："12 月 7 日以来，同盟军唯一决定性之胜利系华军之长沙大捷。"蒋介石也说："此次长沙胜利，实为七七以来最确实而得意之作。"

1944 年春，日军为打通大陆交通线，挽救败亡的命运，发动豫湘桂战役。5 月 27 日，日第十一军司令官横山勇指挥其六个师团，向湘北发起攻势。日军避开我军主力，作侧翼迂回，于 6 月上旬占领长沙外围。16 日，向城区和岳麓山阵地发起猛攻。守军顽强抵抗，但由于隔江分阵，慌忙失措，造成混乱。18 日，日军攻破岳麓山阵地，城内守军被迫突围，长沙沦陷。

日军占领长沙以后，在长沙设置据点，分驻军队，又建立伪湖南省政府、伪长沙市政府和维持会等汉奸组织，烧杀掳掠，无恶不作，犯下滔天罪行。

1945年8月15日日本宣布无条件投降以后，我国第四方面军进入长沙，接受日军投降，逮捕战犯和汉奸。国民党湖南省政府和长沙市政府也迁回长沙，恢复行使主权。

1945年9月15日，中国长衡受降区在长沙湖南大学礼堂接受日军投降

抗战胜利以后，吴奇伟、王东原先后担任湖南省政府主席。战后的长沙，治理战争创伤，安定民生，恢复生产，社会经济文化都有所恢复和发展。1947年，国民党军队向共产党领导的解放区发动大举进攻，全面内战爆发。在中共湖南省工委、长沙市工委的领导下，长沙兴起以广大学生为先锋的爱国民主运动。5月22日，湖南大学学生举行反内战游行。6月2日，又爆发长沙市反饥饿、反内战、反迫害游行，随后形成全市总罢课、罢市、罢工运动。

1948年7月，具有和平倾向的国民党元老程潜出任湖南省政府主席。此时，人民解放军已转入战略反攻，即将与国民党举行战略决战。程潜回湘后处境艰难，举棋不定。

中共湖南省工委开展争取程潜的工作，并通过省政府顾问方叔章和程潜族弟程星龄等取得进展。12 月 31 日，程潜表明脱离蒋介石政权、走和平道路的意愿，表示赞成国共和平谈判。1949 年 2 月，国民党第一兵团司令陈明仁率部开进湖南。经过地下党的努力和程潜的启发，陈明仁也很快与程潜取得默契。

在这关键时刻，国民党华中军政长官白崇禧率 40 万军队入湘。白崇禧来长后，采取高压手段，改组省政府，改编湖南军队。面对白崇禧的逼迫，程潜终于下定决心，经与中共湖南省工委代表和中共中央代表的联系后，于 1949 年 6 月正式递交《致中共中央和毛泽东主席备忘录》，表示愿意站在反蒋、反桂、反假和平的立场上，谋取湖南局部和平。7 月 4 日，毛泽东电复程潜，对他决心采取反蒋反桂及和平解决湖南问题的方针表示佩慰。程潜随即派员赴汉口与四野司令部联系，于 7 月 29 日达成湖南和平解放的原则协议。

1949 年 8 月 4 日，由程潜、陈明仁将军领衔发表《起义通电》，宣布接受中国共产党提出的国内和平协定、脱离国民党政府，加入人民民主政权。8 月 5 日，人民解放军举行入城仪式，长沙 10 万群众夹道欢迎，万人空巷，彩旗招展，欢声雷动，直到次日凌晨 3 时。

长沙的和平解放，是继北平之后又一种和平解放模式。程、陈起义，震撼了华南、西南、西北的国民党残部，对加快全国解放战争的进程起了重大作用。

长沙的和平解放，是长沙历史的一个伟大转折点。它结束了自 1840 年鸦片战争以来帝国主义、封建主义在湖南的统治，结束了 20 多年来国民党反动派在湖南的统治。长沙的历史从此揭开新的一页。

第二章
经济重镇　区域中心

长沙不仅是历史文化名城，也是商贸名城，与商贸直接相关的农业和手工业在历史上也显赫一时。商周时期长沙地区就有了较大规模的商品交换，并开始使用货币。"长沙，楚之粟也。"唐代每年都有大批税米运往京都，有"三秦之人待此而饱，三军之众待此而强"的美名，潭州集市出现了"市北肩舆每联袂，郭南抱瓮亦隐几"的盛况。长沙是海上陶瓷之路的起点之一，晚唐长沙窑首创釉下彩工艺，产品远销10多个国家。五代时长沙茶叶贸易盛极一时。宋代出现了"长沙十万户，游女似京都"的繁华市景。元代潭州的油漆颜料广告是我国现存最早的印刷广告实物。明代长沙府提出"聚四方之财，供一方之利"的战略，耗巨资开河通商，蔚为壮观，长沙成为中国四大茶市之一。到清代长沙又成为中国四大米市之首，清末成为中国五大陶都之一。公元1904年长沙正式对外开埠，从此长沙经济社会步入了近代化的历程。

第一节 早熟的商品经济

长沙商业源远流长，早在春秋战国时期的楚国便具有了商品经济的雏形。著名学者郭仁成在《楚国经济史新论》一书中说："春秋战国时代，楚国的商业是同农业、手工业同步发展的，其社会经济是一种早熟的商品经济。"汉代以后，长沙对外地的商品交换更趋频繁。

鲁宣公十二年（前597），晋师伐楚，随武子就认为楚国"商农工贾不败其业"，断定楚不可伐。早在殷商时代，楚人便与殷商有密切的商业往来，殷人最早使用海贝作为货币，楚人独用称为蚁鼻钱的铜贝。湖南省博物馆1959年刊印的《长沙楚墓》证实，蚁鼻钱、郢爰等楚国货币，在长沙楚墓中均有出土。郢爰是黄金货币，长沙五里牌5号楚墓、仰天湖2号楚墓都出土了"郢爰"泥金钣。而砝码、天平等称量器的大量出土，则从侧面反映了长沙地区黄金货币的流行。因为天平、砝码，与称量黄金货币密切相关。正是由于贸易扩大、商品经济发展，于是才有了货币的发明。据《一统志》载，"楚铸钱处"就在长沙的铜官。

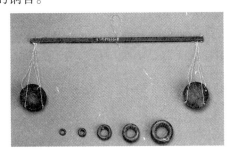

长沙楚墓出土的天平与砝码

　　楚国鼓励跟各地发展贸易，重农而不抑商。那时国家、官府垄断着工商业。从著名的《鄂君启节》可知，楚怀王的弟弟鄂君昭阳，是楚国的大司马、柱国，同时又是一个大商人。他拥有一支陆路可带 50 乘车、水路可带 150 艘船的商队。这支商队从鄂地出发，出汉水，经长沙，入耒水，南向郴（今永兴），抵洮阳（今广西全州），水陆并进，无处不往，几乎可到达南国各地，进行商业贸易。

　　"楚材晋用"这个成语出自《左传·襄公二十六年》，最初讲的是：蔡声子使晋过楚，令尹子木问他："晋大夫与楚孰贤?"他说："晋卿不如楚，其大夫则贤，皆卿材也。如杞、梓、皮革自楚往也，虽楚有材，晋实用之。"这就说明，楚国的木材和皮革已远销三晋。

　　当时，长沙城已初具规模。目前长沙地区已发掘春秋战国楚墓 3000 多座，这说明楚人已聚居长沙，而土著人口肯定更多。区内手工业发达，市井繁荣，已有较为集中的水井出现。1987—1988 年，在长沙五一广场地下商场工地，发现古井 16 口，其中战国水井 4 口。在其附近的中山商业大厦工地，也有战国水井发现，并发现一处陶器作坊遗址。水井的大批出现，与人口的聚居和商品的交易有着密切关系。《管子》曰："处商必就市井。"古代"市"与"井"紧密相连，如此集中的水井显示着长沙城市商品市场的初步形成。

　　1980 年发掘的长沙市五里牌战国木椁墓，出土漆器 15 件，其中有剑鞘、木琴、漆奁盒、羽觞、漆虎子、木俑、漆卮、木梳、篦、木器座和木架座。漆器种类之多，说明长沙人在当时已普遍使用漆器，漆器的生产已有相当规模。长沙杨家湾所出土的羽觞上有圆形、三角形或方形戳印，沙湖桥 19 号墓出土的一件羽觞底部有漆书"某里×"。在其他地点出土的漆器也发现有形状、大小、文字完全相同的戳印。据推测，当时可能已出现较大规模的自产自销的漆器私营作坊。戳印的作用是标明生产地点和经营单位，已具备商号和商标的初步功能。

秦一统天下，商业贸易更趋便达。秦在湖南开凿灵渠，沟通了长江水系与珠江水系。秦代交通的发展，促进了湖南与南越诸国的商业往来。

西汉初，长沙国货币的铸造与流通十分发达。马王堆 1 号汉墓出土泥"郢称" 300 余块、泥"半两" 40 篓，每篓约 2500 ~ 3000 枚。"郢称"属楚国的一种称量货币，在吴氏长沙国流行，是继承楚地方性铸币的结果。汉文帝时，长沙出现了最早的铁钱，1960 年发掘的砂子塘 5 号墓中出土了"铁半两"钱 33 枚。汉武帝时始铸五铢钱，1957 年《长沙沙湖桥一带西汉古墓发掘报告》载，34 座墓有 25 座出土有泥半两和泥五铢。清光绪《湖南通志·食货》载，唐代"铜山在长沙县北百里楚铸钱处。先天之际，郴衡钱才有轮郭锡铁五铢之属，皆可用之，或镕锡模钱，须臾千百"。

汉初长沙国与南越国等的商品交换十分频繁。《汉书·两粤传》载，长沙国的铁器主要输往两粤，通过关市贸易，双方长期存在着密切的商贸往来。广州市南越王墓共出土铁器 150 余件，有兵器、农具和生活器具，据考证，大多数是长沙国供应的。马王堆汉墓出土的漆器，有些木胎上烙有"成市草"、"成市饱"、"南乡口"等商号标志。"成市"就是今天的四川成都市，一部分漆器是从当时的巴蜀地区输入的。由此可见，西汉长沙地区与外地的商业往来较前代更为广泛。

到东汉，长沙商业更趋繁荣，加之交通发达，长沙已成为南接南越、北达江淮的水运中转港，与吴（今江苏苏州）、会稽（今浙江绍兴）、豫章（今江西南昌）、丹阳（今安徽当涂）并列为江南五大商业中心。

魏晋南北朝时期，从三国的东吴到东晋，直至南朝宋、齐、梁、陈，都以建康（西晋时称建业，今南京市）为首都，史称六朝。在这一时期湖南一直在六朝的势力范围之内。三国时长沙属吴，是吴国西陲重镇，贸易发展很快，形成许多集市。商人们争相租赁集市摊位，摊主需向市吏缴纳"地僦钱"。1996年长沙走马楼22号古井出土10多万枚孙吴简牍，通过清理，发现不少"临湘（长沙）谨列邑下居民收地僦钱人名为簿"的竹简，可见当时长沙集市贸易已相当规范，并颇具规模。

唐代长沙成为中国南方农副产品的重要集散地和交换中心，沿江一带形成了一些集市，城内货肆行铺林立，初步形成了一座商业城市。唐大历三年（768），流寓长沙的大诗人杜甫写下了"茅斋定王城郭门，药物楚老渔商市，市北肩舆每联袂，郭南抱瓮亦隐几"的诗句。说明唐代长沙城已有较为发达的集市。

五代时，马殷占据湖南，以长沙为都城，建立了楚国。马殷"土宇既广，乃养士息民"，在政治上采取上奉天子、下抚士民的保境息民政策，同时奉行奖励农桑、发展茶叶、倡导纺织、重视商业贸易的经济政策。清吴任臣著《十国春秋·楚武穆王世家》载："是时王关市无征，四方商旅闻风辐辏。"为了便于发展境内外商业，马殷采纳大臣高郁的建议，铸造铅、铁钱，在境内流通。为发展茶叶贸易，马楚政权采取了"令民自造茶"、"听民售茶北客"的宽松政策，让百姓自己制造茶叶"以通商旅"，而政府收取税收，每年收入"凡百万计"。

宋代城市商品经济发展很快，而湘江之畔的潭州城，位居先进城市之列，居民数量在20万以上。北宋王存《元丰九域志》曾列举宋代20万人口以上的城市6处，潭州（长沙）位列其中。北宋诗人张祁《渡湘江》诗曰："晴日花争发，丰年酒易酤。长沙十万户，游女似京都。"生动地描绘了潭州人户之繁，商业之盛。商业繁盛使商税大幅度增长。潭州是商税增长较快的城市和地区之一。《宋会要辑稿·

食货》载，北宋熙宁十年（1077），全国岁收1万贯商税的城市共计204座，而潭州在州城及各县商税为9.2万贯，比成都的8.9万贯商税还要多。排在襄州、扬州、苏州、福州、广州之前，仅次于杭州、开封、楚州，在全国居第4位。

元代实行重商政策，商税很轻，最高三十税一，最低六十取一。随着南北的大一统和农业、手工业的发展，湖南商业有相当的发展。当时湖南地区的茶叶、棉布、矿产品都大量进入市场，商业十分繁盛。潭州"李日新"商号"自具工本"煎烹的矾，十分之八作为商品投入市场。"淮商载盐而来，载米而去"的贸易有增无减，每年运销湖南的淮盐达数千万斤。长沙与全国各地的商业联系日益密切，意大利旅行家马可·波罗所著《马可·波罗游记》中记载的元代沿长江的新兴商业大城市中便有潭州。元代诗人陈孚在咏潭州的诗中有"百万人家簇绮罗，丛祠无数舞婆娑"之句，也印证元代潭州市井的繁华不逊于前代。

1985年，在湖南沅陵双桥元墓中出土了两张元代潭州油漆颜料广告实物，今藏于湖南省博物馆。广告系用黄色毛边纸制作，一尺见方，完整无缺，四周印有花边图案，右上方的文字为："潭州升平坊内，白塔街大尼寺相对住危家，自烧洗无比鲜红、紫艳上等银朱、水花二珠、雌黄，坚实匙筋。买者请将油漆试验，便见颜色与众不同。四远主顾请认门首红字高牌为记。"这是迄今为止中国发现最早的有完整广告文的印刷广告实物。

明代是湖南商业的又一大发展时期，长沙地方官员首次提出了"聚四方之财，供一方之利"的经济发展战略。据《李东阳集·杂记·浮居户》和李鼎《李长卿集》载，明代江南的"浮居户"（船户）大多从事长途贩运，"江湖东西货贵贱，朝游楚州暮吴县"，楚地出现了"日夜商贩而北"的景象，长沙则成为湖南地区最大的政治经济中心和江南的重要商埠。除米市和茶市外，明代湖南各县土特产和手工业品的贸易也很繁荣，如棉布、葛布、苎麻、土绢、蓝靛、白蜡、桐油、楠竹、麻油、茶油、纸、蜜等的产销量都很大。而长沙成为名副其实的商埠，恰如明崇祯《长沙府志》"风俗卷"所云："民物丰盈，百货鳞集，商贾并联。"长沙城市的市场网络也初见雏形，周边有溁湾市、渔湾市、赛头市、全塘市、仙人市、小埠市、暮云市、椉梨市、涝塘市、新康市等集镇，交通四通八达，长沙在明代显然已成为湖南地区最大的商品集散地和商业城市。

　　清初巴陵（今岳阳）的棉纺织业、湘潭的麻纺织业十分发达，已不是单纯的农家副业性质，而是独立的小手工业作坊了。清乾隆《岳州府志》载，大批的"吴客"（江苏一带的商人）为主的包买商以长沙等地为据点前往巴陵收买布匹，而且还将"苏花"（太仓棉）等原料和资金分贷给织布者，收购制成品。其后长沙、衡州商人也加入了这种"包买商"的行列，"布归横塘、新墙，客惟衡州、长沙人矣"。这已是商业资本控制生产的初步形态了。由于江苏及长沙商人商业收购活动的促动，有些巴陵人干脆把纺织工场开到了长沙。浏阳县训导吴敏树所著《畊湖文集·巴陵土产说》记载："长沙有巴陵小布行，以此其后二三都及冷铺三角嘴诸处产棉，而一都人工作布。绝精匀，谓之都布。二三都谓之三都布，男妇童稚皆纺绩。"

　　康熙三年（1664）置湖南省，长沙即成为省会。至乾隆年间（1736—1795），长沙已是中国南方的重要商埠，商贾云集，百货流通，竞争十分激烈，成为清代四大名镇之二的汉口镇、佛山镇之间的重要交通枢纽和商品集散地。清同治《长沙县志》记载了这期间长沙商品流通的盛况："秋冬之交，淮商载盐而来，载米而去；其贩卖皮币玉玩好，列肆盈廛，则皆江苏、山陕、豫章、粤省之客商。……北客西陕，其货毡皮之属，南客苏杭，其货绫罗古玩之属，繁华垄断，由南关内至臬署前，及上下坡子街为盛。"

第二节 开关梁，弛山泽之禁

《史记》云："汉兴，海内为一，开关梁，弛山泽之禁，是以富商大贾周流天下，交易之物莫不通。"而长沙地区的"开关梁"要早于汉代。南宋学者王应麟说："长沙，湖南之襟要，指顾伸缩，皆足有为，南出扼连韶之颈背，东顾则章贡之肘腋可挟，西下则黔川之咽喉可塞，争南服者，不得长沙，无以成席卷之势。"据历史学家考证分析，西周初期，楚人已"筚路蓝缕"，辟道长沙，联通荆襄以达周都，并向周成王姬诵献"长沙鳖"。到春秋中晚期，楚国开始强大，逐渐控制了湖北、湘中、湘西广大地区。大量的考古发现证实了这一点。据楚都郢城（今湖北江陵县西北）考古勘探资料表明：从郢向南渡长江后，有一大道自公安进入湖南，经澧县、常德至长沙。这条大道与郢北大道形成连接南北交通的主干线。从长沙浏城桥1号楚墓出土的车伞盖、车辕、铜马衔、铜车軎等车马器也证明当时长沙地区的陆上交通工具已与中原无异。

公元前221年秦统一帝国建立后，为有效控制全国，以及军事行动和物资运输的需要，特别注意修道路、置驿传、挖运河，开辟各条交通干线，沟通全国交通网络。长沙地区交通条件的改善和交通网络的形成正是从秦代开始的。据《汉书·贾山传》载："秦为驰道天下，东穷燕齐，南极吴楚。"秦始皇二十七年（前220）修建了以首都咸阳为中心的两条驰道：一条向东直通山东；一条向南直达湖南，"之（至）衡山"。贯穿湖南境内的驰道，经今之临湘、岳阳、长沙达衡阳。从衡阳往南，又分为两条主要通道：一是出桂阳入粤北，为东线；一是出零陵入广西，为西线。通过这条驰道，广西、湖南以及长沙已同秦王朝的中心咸阳紧密联系在一起了。秦王朝规定驰道宽50尺，道旁每隔3丈栽青松一株，同时规定车轨的统一宽度为6尺，以保证车辆畅通无阻。长沙浏城桥西汉墓中出土的车辆残骸，其轮距宽度正好是6尺，很可能是秦代的遗物。

除驰道之外，当时长沙的交通主要还是依靠水路，即利用洞庭湖和湘、资、沅、澧四水沟通南北。经洞庭湖和长江，可北连豫鲁，西通巴蜀，东抵苏皖。驰骑往来，舟楫上下，使秦始皇的"游幸"足迹几乎接近长沙。秦始皇二十八年（前219），秦始皇第一次南巡，于泰山"封禅"后，曾辗转入洞庭抵岳阳君山，因遇大风浪，秦始皇才未继续南行。

特别值得一提的是公元前214年灵渠的开凿。湘江水道通过灵渠与珠江水系相通连，大大拓展了湘江水运的范围。灵渠的开通，其意义远远超过原来的军事意义，因为它连接了湘江和漓江，从长沙溯湘江而上，经零陵入广西，通过灵渠再顺漓江而下，可直达南方重镇番禺（今广州）。唐代长沙窑出海的瓷器，一部分正是经过这条线路运抵番禺的。这样，灵渠不仅仅是湖南进入两广的通道，而且沟通了长江、珠江两大水系，成为中原地区与两广之间交通的重要纽带，因而具有重要的经济价值。

汉代长沙地区在"楚之粟也"的基础上，农业生产不断发展。东汉时期，湖南粮食开始有外调。据《后汉书·安帝纪》载，安帝永初七年（113），"调零陵、桂阳……租米，赈给南阳、广陵、下邳、彭城、山阳、庐江、九江饥民"。同时，长沙与各地的商业往来大为增加。《汉书·两粤传》载，长沙国的铁器大量输往两粤，长沙国还向南越国输出马、牛、羊等。马王堆汉墓出土的漆器，一部分是从当时的巴蜀地区输入的。长沙汉墓中出土了不少玻璃器和精美的石珠，考古学界"估计有一部分是从南海诸国经由广州传入的"。这时长沙已成为南接南越、北达江淮的重要水运中转港口。

粮食的输出和贸易的发展促使造船业的大发展。据科学出版社1957年出版的《长沙发掘报告》,长沙西汉晚期202号墓中,出土了一只16支桨的木船模型。该船首尾作流线型上翘,目的是减少水流阻力。船身两侧的边沿和首尾平台上,有很规则的钉眼。船尾有梢桨一支,形制上已与划桨有较大的区分,是为舵的前身。到了三国魏晋南北朝,长沙地区已能制造装载万斛粮食的大型船只。《梁书·元帝纪》载,"江湘委输,万船连轴",而"湘州七郡,大艑所出,皆受万斛"。《陈书·华皎传》也记载了湘州运输繁忙、营造战船的情况:陈文帝以湘州出产杉木舟为由,命湘州刺史华皎"营造大舰、金翅(专用于水战的大船)等二百余艘,并诸水战之具,欲以入汉及峡"。据文献和考古资料,六朝船舰上的锚、舵、帆、桅、棹、橹等主要部件俱已齐备,尤其是作为主要动力部件的帆和保持航向的舵,其制作技术达到了很高的水平。

到唐代,长沙成为我国南方农副产品的重要集散地和交换中心,沿江一带形成了一些集市,城内货肆行铺林立,初步形成了一座商业城市。封建城市经济的发展必须依托于两大前提:一是农业、手工业的发展,二是交通的改善。在交通方面,当时长沙对外的商道和交通线主要有4条:(1)沿湘江入洞庭,顺长江而下达扬州、宁波等地。(2)通中原的商道,即所谓"零桂之澧"的路线:湘江—洞庭—长沙—汉水—荆襄—中原。(3)西通巴蜀之路,多由长江而上,也可通过澧水和沅水的支流酉水,与巴蜀沟通。(4)通岭南之路:一是通过长江进入江西,从江州、赣州,过大庾岭至广州;二是通过灵渠、漓水到达两广。唐王朝多次浚修年久淤塞的灵渠,《旧唐书·地理志》载:咸通九年(868),桂州刺史孟威主持修灵渠,"以石为铧堤,虽四十里，植木为斗门至十八重"，"渠遂汹涌，虽百斛大舸，一夫可涉"。

唐代长沙驿道在汉代的基础上也有扩展。从杜甫"杜陵老翁秋缆船，扶病相识长沙驿"、"他日临江待，长沙旧驿楼"等诗中可得到印证。交通的开通，促进了长沙商业的发展。当时的长沙已参与全国漕运大循环之中，商品物资源源不断外运。《元和郡县志》载："自扬、益、湖南至交、广、闽中等州，公家运漕，私行商旅，舳舻相继。"唐中叶著名理财家刘晏担任盐铁转运使时，南至扬州，写信给宰相元载说："楚帆越容，直抵建章、长乐，此安社稷之奇业也。"

唐代长沙交通发达还可从当时造船业的兴盛得到印证。唐代长沙造船业无论在生产规模上，还是造船技术上，在前代的基础上又有了很大的发展，并闻名于全国。《资治通鉴·唐纪十五》载，贞观二十三年（649）发生"三州獠反"事件，朝廷遣茂州都督张士贵等人，发陇右峡中兵2万人镇压。但"蜀人苦造船之役"，便提议"直雇潭州人造船，上许之"，并规定潭州凡造船一艘，抵庸绢2236匹。

宋代仍旧是南方著名的米市、茶市。南宋叶适说：湖南"地之所产，米最盛，民计种食之外，余米尽为贸易"。其时，湖南境内基本上形成了以潭州为中心的交通网络，故潭州有"湖岭一都会，西南更上游"之称。北宋时，长沙与中原的联系主要是水路，如上供京都的货物均由水路运至真、扬、楚、泗州转仓，然后分调船只溯流入汴京。据《宋会要辑稿·食货》记载，南宋时，还开辟了一条经由两浙路通平江府（今苏州）的道路，"二广、湖南北纲运，如经由两浙路，亦许平江府送纳"。湘江沿线还建有码头、驿馆、递铺，把潭州与各地沟通起来，"北来因鼎粟，南至山渠（灵渠）船"。还有供农民出售柴草和饲料的草市，"通货"、"驿步"、"草市"3门由此而得名，这是潭州交通便利的写照。

随着交通的拓展和经济的发展，两浙、闽、广一带的商人涌入湖南进行贩茶、贩盐、贩米贸易的日益增多。每到产茶时节，这些客商就"聚在山间，般（搬）贩私茶"。南宋范成大《骖鸾录》记载：潭州楮州市（今株洲市），地当舟车来往之中，居民繁盛，"交易甚夥"。在溁湾市道旁的兴化寺，"门连城市，车马骈填"，也呈现出一派繁荣景象。长沙县的乔口镇，是各地商旅必经之路，潭州的土产物一货从这里源源不断输往各地，"而驯致收客旅往来之税"。

《宋朝事实类苑》记载："长沙人常自咤吾州有三绝，天下不可及。"其中一绝是"巨舰漕米，一载万石"。宋真宗天禧（1017—1021）年间全国各地制造的漕运官船共 2916 艘，其中潭州占去 280 艘。从造船技术而言，潭州能制造载米万石的巨舰，其技术水平高超可想而知。"巨舰漕米"的景象一直延续至元代。元代湖广行省每年北运的漕粮为 50 万石，与江西相等，仅次于江浙。除北运漕粮外，元朝政府还经常从湖广调粮接济他省。据《续资治通鉴·元纪十四》载，至大元年（1308）中书省就"请从湖广调米十万石，贮于扬州"。

明代长沙几次展开了"开河通商"工程，交通条件大为改善。清嘉庆《长沙县志》载，宋代长沙有成功堤，在城西草场门外，长八九里，堤内风涛无虞，"内泊贾舟"，又"有通货门，盖货所从入也。有盐仓街、太平街，工贾熙穰之所。城内落篷桥，言至此可望归帆也"。"明初攻城"，长沙城内的这些交通设施都因"消水树云梯"而荡然无存。明统一中国后，长沙府着手重建长沙城，西城有 4 门，沿湘江新辟码头 7 座，分别是驿码头、草码头、义码头、通货码头、德润码头、鱼码头、木码头，还有专业性的通货门和驿步门，以通商贸和驿递；东有 3 门，南有 1 门，以陆路连通浏阳、平江、湘阴、湘潭、醴陵诸县。

明嘉靖（1522—1566）年间，任长沙府推官的翟台主持疏浚了湘江的西湖桥段，辟成港口，停泊舟楫。商民为感激推官的功德，特将港口取名为"翟公套"。明崇祯《长沙府志》载，万历（1573—1619）年间，善化县知县唐源又倡议"开河通商"，启用长沙、善化两县"解银每年三十余两，又每年登报赎银计五百五十两"，招募民工，把南湖（今南湖路一带）通往湘江的小港疏浚为能行商船的大湖港。尽管工程未及全竣，但仍是长沙交通史上的一次壮举，到清代南湖港仍是船舶屯集的港区。在"开河通商"的同时，沿湘江以长沙城为中心，向南北两个方向延伸的各个集镇，也新辟或修浚了多个码头，如新康市就是当时重要的航运口岸。

明代长沙的陆路驿道也大为拓展，长沙府多次议决"开复宁乡、湘潭古路"，长沙驿改名为临湘驿，以长沙为中心向各方辐射逐步形成了5条干线：（1）通湖北大道，自长沙北达湖北蒲圻；（2）通广西大道，自长沙西南达广西全州；（3）通贵州大道，自长沙西达贵州玉屏；（4）通广东大道，自长沙南达广东乐昌；（5）通江西大道，自长沙东南达江西萍乡。这些驿道到清代仍是湖南的主要陆路交通干线。

交通促进了流通，商品吞吐量迅猛增长，长沙城实际已是远近闻名的大米市。明宣德（1426—1435）年间，苏州、松江一带发生灾荒，而湖南粮食却大丰收，浙江、湖北等地的大商人云集长沙，坐庄收购大米，贩运至苏、松等地，湘江河上运粮船只"数百艘一时俱集"。湖南盛产茶叶，唐五代时推行的以茶换马的贸易方式一直流传到明代。马车是古代陆路的主要交通工具，马的需求量很大。明初实行茶叶官营，除为了稳定政府财政收入外，主要是为了控制马的货源。由于湖南及长沙茶叶贩运贸易的活跃，使茶叶的官营政策受到了很大的冲击。那时湖南贩运到西北地区的黑茶多产于安化，而从长沙集中转运到陕西泾阳，再加工成砖茶销售。到明后期长沙已与广州、九江、杭州并列为全国四大茶市。

至清乾隆年间，长沙已是湖南的重要商埠，商贾云集，百货流通，竞争十分激烈，成为清代四大米市之一。清初实行海禁，全国对外贸易的正常发展受到阻碍，但湖南长沙反而受益。因为清政府仅开放广州为唯一的对外贸易港口，内地的土货出口，西方的洋货进口，都必须在广州进行。《广州府志》载，乾隆（1736—1795）年间广州"人多务贾，与时逐"，"西北走长沙、汉口，其黠者南走澳门，至东西二洋，倏忽千万里，以中国珍丽之物相贸易，获大赢利"。这样，便在广州—内地—广州之间形成一条商道，长沙则是这条商道的必经之地。因此，长沙是中西商品交流最先受益的地区之一。如《金陵物产风土志》所说，南京等地生产的绸缎，"南泛湖湘，越五岭，舟车四达，悉贸迁之所及耳"。

鸦片战争之前，湘潭是湖南省最重要的转口贸易城市，清代容闳作过这样的描述："凡外国运来货物，至广东上岸后，必先集湘潭，由湘潭再分运至内地；中国丝茶之运往外国者，必先在湘潭装箱，然后再运广东放洋。以故湘潭及广州间，商务异常繁盛。"除水运外，陆路肩货往来于南风岭者，不下十万人。相邻各县的药材、蓝靛、竹木、稻谷，也多经湘潭直销汉口，再转江浙。湘潭商务的繁忙对邻近的省城产生了直接影响。乾隆十一年（1746），湖南巡抚杨锡绂开始浚修南湖港；乾隆二十一年（1756），巡抚陈宏谋又修建草潮门以北湘江东岸泊岸 80 丈，使长潭之间的水路交通更加方便。

1840 年以后，上海、汉口相继开埠，广州商务大部分北移，湘潭转口贸易业务也逐渐转移到长沙，致使长沙钱庄增多，机器碾米业兴起，大米及苏广货流向改变，湘潭的交通中心地位遂被长沙取代。外国进口的棉纱、棉布等商品自汉口经民船运载来长，再销往各地；湖南的大米、茶叶、鞭炮等则从长沙源源不断运往汉口，转口出洋。一时间湘江河道、洞庭湖面，商船往来如梭，呈现出前所未有的繁荣景象。其时长沙是湖南最主要的茶叶转口城市，航路两岸有许多收购茶叶的口岸。长沙红茶转口的线路主要是从汉口转运，打开销往东南的通道，实行与浙盐互贸，以便从江浙沿海出口。至光绪年间，湘茶运汉口外销年达 90 万箱（每箱约 30 公斤），银 1000 多万两。

这时，传统的内河航运已不能适应商品贸易的飞速发展，近代内河航运呼之欲出。近代内河航运与传统内河航运的主要区别是采用机器发动的轮船作为航运工具，光绪二十三年（1897）在长沙成立的"鄂湘善后轮船局"，成为湖南近代河运业发端的标志。19 世纪中期以后，就已有外轮进入长沙，而湖南水运又无湍流礁石之险，故多有"醵资集股，倡议行轮"的人。首倡者便是有"洋务理论家"之称的郭嵩焘。甲午战争失败后，湖南维新派代表人物谭嗣同再次呼吁发展内河航运。在维新变法思潮鼓励下，熊希龄、蒋德钧开始筹办湖南行轮事宜，得到了湖南巡抚陈宝箴的大力支持。1897 年 8 月，鄂湘善后轮船局租用官轮，在湖南内河试航成功。光绪二十四年五月（1898 年 6 月），"百日维新"开始，鄂湘善后轮船局改名为两湖轮船局。每逢船行日期，《湘报》预先刊登广告，客货两运，盛极一时。

官督绅办的两湖轮船局开办不久，长沙民营轮船业也开始发轫。光绪二十六年（1900），安化茶商梁啸岚租赁小火轮 4 艘，开辟了长沙至株洲、长沙至靖港的短途航线，客货兼营，以客运为主，成为湖南民营轮船业的开始。1901 年又有袁斯美等人开辟了长沙至湘潭、长沙至岳阳、长沙至湘阴等航线。1903 年，长沙开埠已成定局，正在江苏泰兴县任知县的长沙府攸县人龙璋看准这一有利航运发展的时机，招集商股，在江苏购置火轮 4 艘，开回长沙港金家码头，成立了"开济轮船公司"。1904 年长沙开埠后，该公司又添置了两艘轮船，沟通了湘江与洞庭湖区的航路，还在长沙、湘潭、湘阴、岳州、汉口等港建立了码头、堆栈，开拓了货运商务，表现出湖南民族资本主义船运业的重大进展。

长沙开埠后允许外国轮船公司进入湘江航运市场。以长沙为枢纽，顺湘江而下岳阳、汉口为外江航线，主要由英国的太古、怡和公司，日本的日清公司、戴生昌轮船局和官僚资本招商局、三北、鸿安等公司的轮船行驶。以长沙为中心，至湘潭、常德、衡阳、湘阴、益阳、津市、南县等地为内河航线，则由普济、民众、长津、长益等民营航运公司船只行驶。

1906 年长沙湘江中的外商轮船和趸船

继轮运业的勃兴之后，长沙近代交通发展的重要标志是铁路和公路的问世。1904 年，省城长沙学生、商人和士绅集会蜂起，函电纷驰，掀起收回粤汉铁路利权运动的高潮。路权收回后，湘粤鄂三省商议"各筹各款，各修各路"。于是，1907 年"湖南粤汉铁路总公司"在长沙成立。公司实行"官督商办"，共集得各类股款 813 万银元，开始长株线的测量和购地工作。同年 12 月，湘路总公司设立"长善购地公所"，为长株线购地共43909亩。1908年12月，长株铁路在古城长沙北门外破土动工。1909年8月设立株昭（山）工程处，又从株洲动工兴建该路，随后再从易家湾向南北分两段同时施工。至1911年元月，历时两年多，长株铁路全线竣工通车，全长55公里，设新河、长沙东、大圫铺、易家湾、株洲五站，并与在此前已通车的株萍（乡）铁路接轨。作为近代文明的重要标志，长株铁路首次把长株潭三地紧密快捷地连到了一起。

1911年1月8日粤汉铁路长株段首次试车纪念

在修筑长沙至株洲一段后，因资金匮缺，原已计划的武昌至长沙段迟迟没有动工。湖南粤汉铁路公司虽集得各类股款831万银元，但应付长株段还入不敷出。因此，引进外资成为当时解决筑路资金的唯一办法。粤汉铁路武昌至长沙段工程，系利用英、德、法、美4国银团贷款，于1912年开始勘测，历时近7年，于1918年9月通车，全长480余公里。接着对长株段进行了全面修缮，两段于1920年对接。

武株线在湘境约长 250 公里，22 个车站，年运量约 50 万吨。铁路开始营运的初期虽然亏损较大，但对长沙经贸的发展起了很大的促进作用。从此，长沙批发商从京津、沪汉、江浙等地区采购的工业品及洋货，可由铁路运抵长沙，同时也加速了长沙地区农副产品的输出。

1936 年，粤汉铁路全线通车，长沙经广州口岸进出口的商品日益增多。生猪和粮食成为长沙外销的大宗商品。粤汉铁路全线通车当年，正值湖南粮食丰收，长沙粮食市场进入鼎盛时期，当年流向省外大米达 10.06 万吨，占全国大米流通总量 122.59 万吨的 8.2%。加上浙赣铁路、湘桂铁路的开通和外省籍客商到长沙设庄开店者日益增多，交通逐渐在长沙经济中居举足轻重的地位。

粤汉铁路的开通使长沙产生了一个新的行业——铁路运输行。它全盘代理铁路运输业务，为货主提供交运、起运、押运、接运、仓储乃至报关等全套服务。据 1934 年统计，长沙共有铁路运输行 20 家，注册资金 10.4 万元，从业人员 218 人，年营业额 72.8 万元。粤汉铁路全线通车后，运输行也进入鼎盛时期，猛增至 59 家。

1913 年春，湖南都督谭延闿为军事运输目的，设立湖南军路局，主持修建长沙至湘潭的公路，开中国按汽车通行标准修筑公路的先河。当年就在原驿道上改建成长沙至大圫铺一段，至 1921 年 11 月全线竣工通车。总计全路完成基土石 56.6 万立方米，铺砂 3.4825 万立方米，修成大小桥梁 31 座，涵洞 86 座，东岸码头 1 处，驳岸 5 处，总耗资 90 万银元。尽管这条仅 50 公里的公路从开工到竣工，四兴三辍，历时 9 年，但它毕竟是中国第一条标准汽车公路，在我国公路史上占有重要的地位。

长潭公路竣工的当年，湘鄂人士何又伊、盛康生等人创办了湖南第一家汽车运输公司——"龙骧长潭长途汽车公司"，拥有大小客车 10 辆，开湖南公路运输经营之始。1922 年，湖南省第二条公路（湘）

潭（宝）庆路又开始修建，到 1928 年全线贯通，全长 2 公里，路基宽 7.5 米，建桥梁 234 座，总投资 40 万银元。潭庆公路由长沙著名公路桥梁专家周凤九（周光召之父）负责设计和施工技术指导，路面坚实平坦，桥梁造型新颖，颇得各方赞誉。至此，从长沙起始的汽车营运线路延至宝庆。

1929 年何键主湘，成立公路局，取代了民办的汽车公司，在长沙设长宝、长宁段管理处。1930 年后，各路段的管理处逐年增加。1934 年建成的长（沙）平（江）公路，翻越箬埠岭采用"天桥"方案设计，属国内首创。同年 10 月湘赣公路通车。1935 年 8 月湘黔公路、湘桂公路通车。到 1935 年，全省公路共完成 2000 余公里。到 1937 年 1 月最后完成长达 695 公里的湘川公路。至此，省内 4 条主要公路干线全线通车，以省会长沙为中心的全省公路交通网已基本形成。

民国前期，在公路运输发展的同时，水上运输也有一定的进展。1913 年中华汽船公司在长沙成立，"曾左嗣裔"曾麟生、左绳荪分别任总经理和副总经理，有大汽轮 2 艘，定期直航上海。到 1914 年，湖南轮船公司达 17 家，资本 120 多万两银，浅水轮 26 艘，占当时全国商办轮船总数的 12%。长沙水运码头由 8 埠增至 11 埠，码头工人增至 7700 余人。到 30 年代，航线较前增多，轮船已达 160 艘。以长沙为枢纽，顺湘江而下岳阳、汉口为外江航线；以长沙为中心，至湘潭、常德、衡阳、湘阴、益阳、津市、南县等地为内河航线。

长沙的航空事业也始于这一时期。1926 年 8 月，北伐军经过长沙时，在大园洲（今新河三角洲）修建了湖南最早的机场。1931 年湖南航空处成立，大园洲机场得到扩建，到 1934 年已扩建成 202 万平方米的机场，配有较完备的空勤附属设施，一次可停放飞机 10 架，曾起降过"莱茵号"等大型飞机。以后陆续修建有浏阳唐家洲机场、宁乡历经铺机场和长沙协操坪（今湖南省人民体育场）机场。协操坪机场是湖南省最早的民用机场。

抗日战争初期，长沙成为大后方的交通枢纽。运输线路有长沙至金华的浙赣线一段、长沙至曲江的粤汉线一段，长沙为总枢纽，而金华、曲江、桂林、衡阳、湘潭等地都有长沙运输行的分支机构。但随着中日四次会战在长沙展开，日机对长沙狂轰滥炸，长沙交通业元气大伤。

抗日战争胜利后，交通运输业一度复兴。长沙至常德、长沙至江西万载、长沙至武汉的公路相继修复。粤汉铁路长岳段的浏阳河、捞刀河两铁路桥也于 1947 年 5 月修复通车。铁运输进入鼎盛时期，各运输行纷纷修复旧址，增建堆栈，派人到沿线各站设立分支机构，为战后湘米大批运粤打响了第一炮。然而，好景不长，战后长沙工商贸易和农业生产刚刚复苏，却旋即又面临通货膨胀，财政崩溃的毁灭性打击，交通运输也陷入了停顿和倒退的境地。1949 年 8 月 5 日，长沙和平解放，交通运输才逐步得到恢复和发展。

第三节　陶瓷之路和茶叶之路

中国古代丝绸之路的外贸商品不仅仅是丝绸，还包括陶瓷和茶叶等中国传统商品，因而也有陶瓷之路和茶叶之路的别称。而长沙是中国古代陶瓷之路和茶叶之路的起点之一。唐代长沙铜官窑的陶瓷产品通过海上丝绸之路大量销往东亚、东南亚、中亚、西亚和非洲等地，五代直至清代长沙、安化等地的茶叶则通过陆上丝绸之路大量销往西域、中亚和俄罗斯，清代湖南茶叶还从海上丝绸之路销往南洋，远至英国。

晚唐长沙窑是中国釉下彩陶瓷的发源地，也是中国陶瓷"丝绸之路"的起点,其陶瓷产品远销亚非各地。唐代长沙窑又称铜官窑,位于今望城区境内的铜官镇至石渚湖一带,东依连绵的山丘,西临湘江,窑址面积约 30 万平方米,1988 年公布为全国重点文物保护单位,今建为国家考古遗址公园。

根据考古发掘的地层关系和出土"元和三年"(808)罐耳范,"大中九年"(855)釉下彩绘飞鸟瓷壶等纪年铭文,可知铜官窑的烧瓷历史早于盛唐,兴于中晚唐。据 1983 年《考古年鉴》记载,铜官古窑发掘面积达 760 平方米,出土陶瓷器包括青瓷、白瓷、彩瓷和无釉素瓷四大类。器物除常见的碗、碟、盘、钵、盂、洗、壶、瓶、坛、罐、盒、炉、枕、灯、碾槽和人物、禽兽等小玩具外,还出土了形制异常的瓮坛和大小缸。新的发现有褐彩"茶碗"二字的青瓷碗,新的诗句题铭、釉下彩外国卷发女郎、"竹林七贤"、阿拉伯人和唐代胖妞人物画壶,以及目前我国年代最早的红釉装饰通体玫瑰红瓷壶和多种红色彩绘瓷器。

长沙铜官窑制釉技术的发展经历了青釉、颜色釉、釉下彩三大阶段。釉下彩阶段,大约从唐宪宗元和(806—820)年间至晚唐,并延伸到五代。釉下彩的发明,是瓷器制造技术发展进步的结果。在此之前,我国已有了化装釉工艺,在一定程度上解决了瓷器烧成中釉色不一样的偏差。但唐朝当时瓷器的格局是"南青北白",人们形成了这样一种"白瓷类银为美,青瓷似玉为佳"的审美风尚,越窑青瓷、刑窑白瓷为突出代表。随着人们审美观念的发展变化,单色釉瓷器逐渐失去活力而衰落下去,称雄一时的越窑青瓷也在不断运用金彩、扣金边、施褐彩等新工艺来美化产品。铜官窑正是受到这种变革的影响,由学习越窑青瓷而大胆创新,发明了青瓷釉下彩、白瓷釉中挂彩的新工艺,并将之与传统的装饰技艺如划花、刻花、模印、粘贴、捏塑等结合起来,形成了自己独特的艺术风格。

铜官窑以其创新、高档和精湛的艺术,赢得了世人的偏爱,产品销往全国各地乃至世界许多国家和地区。从考古发现看，许多国家和地区都出土了长沙窑产品，如朝鲜、日本、伊朗、伊拉克、印度、印尼、菲律宾、马来西亚、泰国、斯里兰卡、巴基斯坦等。在国内，铜官窑产品出土最集中的地区是"海上丝绸之路"的出海口江苏扬州和浙江宁波。1973 年宁波渔浦门出土唐代瓷器约 700 件，除越窑产品外，铜官窑瓷器最多，而且含有精美的釉下彩绘奔鹿壶、脉枕等。1975 年扬州唐城遗址发掘出铜官窑彩瓷片 598 片，约占出土的完整唐代瓷器的 70%，其中有十分精湛的蓝彩瓷执壶残片。

铜官窑是一个规模很大的陶瓷手工业民营作坊，其陶瓷器生产是一种外向型的商品生产。它以其窑址紧靠湘江，北近洞庭湖滨，水路交通十分便利的优越条件，将产品运往当时繁华的国际贸易都市扬州和对外贸易港口明州（宁波）及广州等沿海城市，再转运到全国和世界各地。国外出土的铜官窑瓷器绝大多数是从扬州、宁波等地启运的，也有逆湘江而上经灵渠到达广州的。安徽等地出土的长沙窑瓷器，也并非长沙直接运入，也是来自扬州、宁波等地。可见，扬州、宁波、广州等地是铜官窑瓷器重要的集散地和转销地。为适应外销的需要，铜官窑瓷器上的景物、文字，多表现销售地的风土人情，以适合当地人的口味。如铜官窑窑址出土有一种瓷背水壶，小口卷唇，直颈、扁平体，壶二侧向内凹陷，高约 20 厘米，一般施黄釉绿彩或全绿釉，釉色鲜艳浪漫，具有明显的中亚、西亚风格和浓郁的游牧民族的色彩。1983 年，在扬州出土了一件题有阿拉伯文字"真主最伟大"的铜官窑背水壶。还有一碗上直接以阿拉伯文作装饰，文字内容汉文译为"安拉的仆人"，"安拉"即伊斯兰教崇拜的上帝——"真主"。可见，这些产品是一种专供外销的产品。在外销的铜官窑瓷器中，以褐斑贴花瓷器最多。这种贴花图案大多具有浓厚的中亚、西亚风格，如有胡人乐舞、狮子及对鸟椰枣图案。这类瓷器主要销往中亚、西亚地区。有的瓷器则以同佛教有关的莲花作为装饰，主要销往印度和东南亚等地区。

铜官窑瓷器大量出口，不仅满足了进口国人民的生活需要，更为重要的是给该国和地区的陶瓷工艺以积极影响。伊斯兰国家长期以来广泛传播的青黄色斑瓷，在工艺上是与铜官窑釉下彩或釉中挂彩的做法相通的。日本、朝鲜的陶瓷风格受铜官窑的影响更为明显。日本福冈县多良达田遗迹曾出土一件青黄釉褐绿彩执壶，乍一看会以为是铜官窑的作品，因为该壶的造型是铜官窑生产得最多的多棱口壶，而且其青中发黄，釉中挂绿彩、褐彩的风格，颇富铜官窑产品的气质。但实际上该壶是地道的日本货，是仿照铜官窑的工艺技术，并加以改造而制成的。

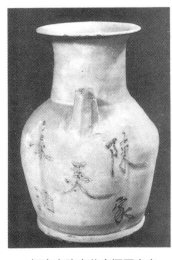

铜官窑陈家美春酒题字壶

铜官窑褐斑贴花胡旋舞蹈纹壶

长沙窑陶瓷器上有关商业、商人的题诗，也能反映出当时长沙商品经济的发展。如"人归千里去，心画一盏中，莫虚前途远，开航逐便风"，反映出商人开拓市场、千里奔走、一往无前的积极心态。另一首诗"小水通大河，山深鸟雀多，主人看客好，曲路亦相过"，则反映商人们四处贩运、寻找市场的顽强精神。在商品上直接做广告是长沙窑商的一大发明。陶瓷器上所书的文字除诗文、联句、谚语、俗语、成语外，还有不少广告宣传文字。如朝鲜出土的长沙窑瓷壶上就书写有"卞家小口天下有名"、"郑家小口天下第一"。以姓氏作商号的名称，可以说是长沙商号命名的最初形式。长沙还出土有釉下褐彩"陈家美春酒"题字壶，"陈家"即为商号，而"美春"即为商标。

　　1998 年，一艘被后人命名为"黑石号"的外国沉船在印度尼西亚海域被打捞出水。在"黑石号"被打捞出的 6.7 万件文物中，八成以上来自长沙铜官窑。这些文物中有两只碗上的刻字证实了这些瓷器的烧制时间和地点。一只绘有阿拉伯文及草叶纹的彩绘碗，外壁刻有生产日期：宝历二年（826）七月六日。另一只碗心写着"湖南道草市石渚盂子有明樊家记"14 个字。尽管它们未曾能到达终点，千年沉睡在异国海底，却成为今天人们了解和研究中国瓷器，特别是长沙铜官窑最珍贵的文物。千年之后，当淤泥洗净，青釉褐绿彩绘碗仍釉色如新，樊家盂子碗心的十四个字仍清晰可见。

"黑石号"出水的铜官窑"湖南道草市石渚盂子有明樊家记"题记碗

"黑石号"出水的铜官窑青釉褐绿彩飞鸟纹碗

短短几十年，为什么石渚窑工便把产品成功地从内陆推向了国际市场。据文物专家张兴国研究，这离不开粟特人的参与。粟特人原是生活在中亚阿姆河与锡尔河一带操古中东伊朗语的古老民族，从我国的东汉时期直至宋代，往来活跃在丝绸之路上。在长沙铜官窑地区的窑工姓氏调查中，有康、何等姓氏，不排除他们为粟特后裔的可能性。粟特人以长于经商闻名于欧亚大陆，唐代早期，就有胡商和粟特后裔在洞庭湖沿岸和长沙一带活动，他们与中原尤其是洛阳保持着紧密联系。洛阳一带为数众多、善于经商的粟特人中有一部分极可能在安史之乱期间为谋生存而与北方窑工一同南下并参与了石渚窑业的生产。有粟特人或粟特后裔的参与，石渚窑业能很快并更好地把握外销市场的需求和偏好。而长沙铜官窑的匠人们迅速顺应市场需求，瓷器中出现了许多粟特人的风格、阿拉伯文字和图案，甚至实现了订单式生产，按照客商的造型要求来生产。"黑石号"出水的一只执壶上的卧狮，就与阿斯塔纳古墓狮纹锦图案十分相似。据《中国印度见闻录》等文献记载，九世纪的大唐帝国与阿拉伯的阿拔斯帝国之间已经有非常频繁的直接商贸往来，阿拉伯商船夏季乘西南季风从尸罗夫等港口扬帆出海，来年冬季又乘东北季风从广州满载返航。张兴国分析了"黑石号"可能的航行路线："黑石号"进入广州之后，先沿海北上至扬州。此时的扬州是连接长江和大运河的中心，是南北货物最大的集散地，阿拉伯商人在这里可以集中采购到长沙铜官窑、巩县窑、邢窑、越窑等陶瓷名品，以及扬州铜镜等其他物品。长沙铜官窑的青釉褐绿彩绘碗和樊家盂子应该是在扬州登上"黑石号"的。而屯集在扬州的铜官窑瓷器是从石渚湖上船，顺湘江北上到达长江，再往东抵达扬州的。号称"天下通衢"的扬州，也是长沙铜官窑产品的集散地。"黑石号"在扬州装上长沙铜官窑的产品后，再从长江口出海，在广州停留后驶向异国，不知道因为什么原因，它闯入了勿里洞岛和邦加岛之间的一片黑色大礁岩，并在此地沉没。

铜官窑瓷器以其独特的艺术魅力赢得了国内和世界市场，成为有史以来长沙地区对外贸易的大宗出口商品，在长沙商贸史上占有十分重要的地位。长沙铜官窑的成功之处，在于它善于从国内外广泛汲取有益的艺术营养，勇于创新，以适应国内外市场的需要，并在对外输出中求得更大的发展。

中国古代丝绸之路的另一大宗商品为茶叶，故又称茶叶之路。长沙地区大规模茶叶贸易始于五代时期。五代时，为发展茶叶贸易，马楚政权采取了"令民自造茶"、"听民售茶北客"的宽松政策，让百姓自己制造茶叶"以通商旅"，而政府收取税收，每年收入"凡百万计"。同时，又利用在全国各地设置的商业货栈——回图务，组织商人收购茶叶。茶商号"八床主人"，运往各商业销售点，转卖给中原地区的商人，换回战马和丝织品，获利甚厚，"于中原卖茶之利，岁百万计"。茶税成为马楚财政收入的主要来源。"八床主人"是至今所发现历史文献中最早有文字记载的湖南商号名称，已有千余年历史。

潭州是湖南地区产茶最多的州，《宋会要辑稿·食货》载有南宋绍兴三十二年（1162）湖南各州县产茶数，总数为176万多斤，而潭州所属各县为103万斤，约占总量的60%。每到产茶时节，这些客商就"聚在山间，般（搬）贩私茶"。潭州城内的茶市也十分兴盛，各种名茶和茶具大量涌向市场。长沙茶叶研制精致，品位极高，宋代士大夫多把它作为珍品，并以此互相炫耀。宋人周密《癸辛杂识》称："长沙造茶品极精致。工值之厚，轻重等白金。士大夫家多有之，置几案间，以相夸侈。"

唐五代时推行的以茶换马的贸易方式一直流传到明代。《明史·食货志》载："湖南产茶，其值贱，商人率越境私贩。番人利私茶之贱，因不肯纳马。"那时湖南贩运到西北地区的黑茶多产于安化，而从长沙集中转运到陕西泾阳，再加工成砖茶销售。由于湘茶的私运动摇了汉（陕西汉中）茶的官营，万历年间遂有"禁湖茶"之议。但欲禁而不能，屡禁而不止，最后采取折中办法，规定以汉茶为主，湘茶为辅，湖南民营茶商从此取得了合法的地位。明李时珍《本草纲目》载："楚之茶有湖南之白露、长沙之铁色。"所谓"湖南之白露"就是指长沙县高桥镇所产绿茶，所谓"长沙之铁色"就是指长沙府安化县所产黑茶。其时高桥、安化两地有茶庄数十家，有的茶庄就冠以"白露"、"长沙铁色"之名。到明后期，长沙已与广州、九江、杭州并列为全国四大茶市。

长沙地区茶叶对外贸易应当说肇始于唐代的丝绸之路贸易，但没有确切的文字记载。现代意义上的对外贸易大概始于清康熙年间（1662—1723），以黑茶为主，运销内外蒙古，有一部分在库伦（今蒙古乌兰巴托）由俄商购进运销俄国内。清雍正五年（1727），沙俄女皇派使臣来华，协商通商，订立了《恰克图互市条约》，中俄贸易迁至恰克图进行。贸易商品大多以中国的茶叶，换取俄国的皮毛。《朔方备乘》有"山西商人所运者皆黑茶也（即青砖）……彼以皮来我以茶往"的记载。清乾隆年间（1736—1796），山西茶号三玉川、巨盛川在湖北蒲圻县（今赤壁市）羊楼洞设庄（成为今湖北赵李桥茶厂的前身）收购制造帽盒茶（即青砖茶的雏形）。羊楼洞的青砖茶与临近的湖南临湘县（今临湘市）羊楼司制造的青砖茶，因此统称"川字砖"、"洞砖"、"洞茶"。清道光年间《蒲圻县志·乡里志》引周顺倜《莼川枝词》云："茶乡生计即山农，压作方砖白纸封。别有红笺书小字，西商监制自芙蓉。"诗中"芙蓉"即位于长沙府安化与宁乡交界的芙蓉山。《清史稿·食货志·茶法》明确记载，乾隆二十八年（1763）以前，有湖南青砖茶运往恰克图和归化城（今呼和浩特市）销往俄国西伯利亚。

清代洽克图茶叶买卖城的湖南茶商

茶叶之路的另一条路线是从广州、上海等海港出海，运往需求国。嘉庆四年（1800）前后，广东商人来到湖南郴县收购烘青毛茶，每年约430吨，运回广东清远茶厂与广东乐昌白毛茶同时精制装箱，再由广州运到南洋各地销售。直到20世纪初，爪哇（印尼）各华侨茶店仍主要销售湖南郴县绿茶。清光绪年间，长沙有绿茶约120吨运至上海，由茶商再行加工与产于安徽休宁等地的屯绿拼配后售与美国洋行。

鸦片战争后，湖南开始红茶出口。道光二十年（1840）后，为适应外商需要，扩大红茶出口，外省茶商纷纷派员来湖南茶区倡导生产红茶，设庄精制。江西茶商（赣商）于清道光年间来平江、邵阳示范；广东茶商（粤商）由湘潭至安化产制；晋商、鄂商等也接踵来到安化。随后不断传入邻近各产茶县。从此，湖南省增加了一大宗出口茶类——功夫红茶，统称"湖红"。这些成箱红茶主要运往广州，供应英商洋行出口。咸丰四年（1855），英国伦敦市场已有"湖红"名称。

清末外商在长沙乡间收购茶叶

晋商精制的红茶运至汉口，将两湖红茶和武夷红茶各接50%的比例拼和，作为武夷红茶标记，陆运恰克图卖给俄商。咸丰十一年（1861），汉口开辟为对外贸易口岸，长沙距汉口较近，运输便利，红茶绝大多数运集汉口售与英、美、俄、德等国洋行，只有少数粤商仍运广州，晋商仍运往恰克图。清同治（1863—1874）年间，粤商由湖北鹤峰至湖南石门、慈利倡导产制红茶，收购毛茶运往鹤峰（以后改在渔洋关）加工，称为"宜红"。起初主要运往广州，以后也在汉口出售。1880—1886年是湖南红茶出口的最好时期，据载，每年供应出口90万箱以上（每箱平均30.24公斤），折合27670吨，占当时全国出口红茶的 27.6%，尚不包括副产品红茶末、红茶叶和粗红茶，出口量居各省首位。这 30 年间，汉口英商洋行收购 70% 以上，其余为俄国及欧美澳各国洋行收购。1887 年以后，印度、锡兰（今斯里兰卡）红茶因价廉物美，风靡全球。英国为扶植殖民地经济的发展，也从 1890 年以后大量减少"湖红"的进口，转购印、锡红茶。

　　1860 年以前上百年间长沙砖茶的出口，基本上晋商运往内外蒙古和恰克图销往俄国。1864 年，汉口俄商洋行到湖南羊楼司、湖北羊楼洞和崇阳设置 3 个砖茶厂，收购老青茶压制青砖茶，1865 年有 882 吨运到汉口，由俄国轮船装载航运天津，然后雇用骆驼陆运恰克图。晋商为了与俄商争夺中俄贸易利源，一再奏请清朝廷给予晋商与俄商同等待遇，维护茶叶俄销权益。清政府于同治七年（1868）明令归化城的厘金由每票 60 两减为 25 两；沿途关卡不准收取浮费；准许晋商领票进入俄国境内贸易（但库伦的规费银则未减免）。晋商陆续返回买卖城，运至恰克图的茶叶（有砖茶和红、绿茶、花茶）比以前增加，1871 年达 12228 吨，超过了俄商运去的数量，1872 年为 9009 吨，1873 年为 11631 吨（据汉口关册）。综计 1871—1877 年，晋商运恰克图的各种茶叶年平均 9181 吨；并派员进入俄国境内，在西伯利亚十多个较大城市和莫斯科设立分庄，销售以茶叶为主的中国货物。1901 年西伯利亚铁路全线通车后，青砖茶则由轮船运至海参崴交铁路西运，恰克图的茶叶贸易冷淡下来。

第四节　湖南熟，天下足

　　"湖南熟，天下足"是清乾隆皇帝在一份奏折上的御批，它是从"湖广熟，天下足"的谚语演变而来的。

"湖广熟，天下足"首见于明代弘治年间（1488—1505）何孟春辑录旧作成《余冬序录》一书，其中《送大参曹公之任湖藩序》一篇写道："今京笺外，郡县分隶于十二省，而湖藩辖府十四、州十七、县一百四。其地视诸省为最巨，其郡县赋税视江南、西诸郡所入差不及，而'湖广熟，天下足'之谣，天下信之，地盖有余利也。"

明末清初李釜源撰《地图综要》内卷湖广部分亦云："楚故泽国，耕稔甚饶。一岁再获，柴桑、吴越多仰给焉。谚曰'湖广熟，天下足。'"历史学家刘泱泱又从《清实录·高宗实录》中查到，乾隆二年（1737）十一月，湖南巡抚高其倬奏报湖南粮食丰收，乾隆帝览奏后十分高兴，批示说："语云：'湖南熟，天下足。'朕惟有额手称庆耳。"谚语新的内涵，意味着湖北与湖南粮食生产地位逐渐发生了变化，从乾隆时起，湖南的粮食生产水平已赶上，甚至超过了湖北。

长沙地区粮食生产的发达可追溯到战国时期。《史记·越世家》载，楚怀王时，齐国使者游说越王，称"复雠、庞、长沙，楚之粟也"。粟是南方对稻的称呼，说明这3处地方是楚国稻谷的主要产地。汉代几百年间，长沙地区在"楚之粟也"的基础上，农业生产又不断发展，逐渐成为全国重要的粮食基地之一。由于农业的发展，东汉时期，湖南粮食开始有外调。《后汉书·安帝纪》载，安帝永初七年（113），"调零陵、桂阳……租米，赈给南阳、广陵、下邳、彭城、山阳、庐江、九江饥民"。这是湖南粮食外调最早的文献记载。作为湖南主要产粮区的长沙地区，楚时已是重要粮食基地，到两汉成为粮仓应没有疑问了。

三国时，魏文帝曹丕在《与朝臣书》中曾这样说道："江表惟闻长沙名，有好米，上风炊之，五里闻香。"并把长沙米与邺城附近的"新城粳稻"比较优劣。这表明"长沙好米"在六朝之初就已流传于北方和中原地区。

　　三国时，长沙属吴国。1996 年出土的长沙走马楼吴简中有一枚"督军粮都尉简"重现了孙吴的军粮运输体系，证明长沙是当时的军粮供应地之一。吴黄龙三年至嘉禾三年（231—234），因武陵五溪蛮叛乱，孙权任太常潘濬为主帅，并派镇南将军吕岱率朱绩、吕据一并在长沙西北扎营，督军 5 万人讨伐五溪蛮夷。吴简中记载了这次战争中长沙不断进行军粮补给的情况。从三州仓到州中仓两仓库之间一次就运了 1800 斛的税米，相当于现在的 29.87 吨。

　　长沙米不仅质优，而且产量也大。从六朝开始，长沙开始有大量粮食外运。萧梁时的庾肩吾在《谢湘东王赉米启》中说："味重新城，香逾涝水，连舟入浦，似彦伯之南归；积地为山，疑马援之西至。""湘州七郡，大艑所出，皆受万斛。"可见六朝时长沙已成为全国重要的粮食生产地和供应地，也是当时军粮的主要来源之一。

　　唐中叶，湖南已成为唐王朝的主要粮食供应地，每年都有大量的粮食北运。《旧唐书·刘晏传》有这样的记载："潭、衡、桂阳，必多积谷。关辅汲汲，只缘兵粮。漕引潇湘、洞庭，万里几日，沧波挂席，西指长安，三秦之人待此而饱，六军之众待此而强。"这是隋唐时期长沙农业发达，乃至整个社会经济升平的最好写照，说明湖南潭州（长沙地区）、衡州等地的粮食供应在唐王朝中占有很大比重，对全国经济的影响举足轻重。

　　五代十国时，马氏楚国以长沙为国都。马楚政权大力发展农业，以水稻为主的粮食种植业已形成。据《九国志》，即使在比较落后的奖州（今湖南芷江），在石处温任刺史时，"常积谷数十万石，俞后累献军粮二十余万石"。马楚统治时期，注重水利建设。《宋史·食货志·农田》载："初，五代马氏于潭州东二十里，因诸山之泉，筑堤潴水，号曰龟塘，溉田万顷。"龟塘即长沙今雨花区之圭塘。马楚在长沙市今芙蓉区东湖街道（原东岸乡东湖村）建有大型常平仓，名"常丰仓"。宋初，原马楚政权在今长沙县黄兴镇鹿芝岭所置的龙喜县迁至东湖村，利用常丰仓旧址改建为县城，名"常丰县"，今遗迹尚存。

圭塘五代水利工程遗址碑

宋代长沙仍旧是南方著名的米市。当时，湖南的农业、手工业又有了新的发展，特别是粮食生产位居全国前列。宋代长沙农业的发展主要表现在：第一，粮食生产大幅度增长，包括长沙在内的湖南地区已成为全国的重要产粮基地之一。北宋时，朝廷每年从湖南地区调运大批粮食，以供应京师和北方食用。宋神宗时，每年从荆湖南路北运漕米 65 万石，北路 35 万石。张师正《倦游杂录》记载，当时湘中粮食大量外运，潭州以"巨舰漕米，一载万石"，为"天下不可及"。南宋时，湖南更是成为朝廷的主要粮食供应地。其时，荆南驻军每年用米 9.6 万石，由潭州等地"科拨"。第二，农作物品种开始改良。最值得一提的是优良稻种——占城稻的传入。所谓"占城稻"，原种植于越南，大约五代时传入福建。据元代王祯《农书》载："其米粒大且甘，为旱稻种甚佳。"宋真宗时，江淮、两浙大旱，官府派人到福建取占城稻三万斛，分给民间种莳，并雕版印刷其种法，"揭榜于民"。湖南地区种植占城稻大致也从这时开始。当得其种后，又不断加以改良，培育了"象牙占"、"蓝田占"、"百日占"等新品种，并有早熟者和别种，今统称之为粘稻，即粳稻。南宋叶适《水心文集》说：湖南"地之所产，米最盛，民计种食之外，余米尽以贸易"。

明代长沙米市比宋元时更为庞大，商品交易量和贩运距离都大大超过前朝。当时整个湘北地区已是全国重要的粮食产地。长沙米市渐与九江、芜湖、无锡米市齐名。明包汝楫《南中纪闻》中说"楚中谷米之利……散给天下几遍"，长沙城实际已是远近闻名的大米市。明张萱《西园闻见录》载，宣德（1426—1435）年间，苏州、松江一带发生灾荒，而湖南粮食却大丰收，浙江、湖广等地的大商人云集长沙，坐庄收购大米，贩运至苏、松等地，湘江河上运粮船只"数百艘一时俱集"。明顾起云《客座赘语》说，南京是人口稠密的工商城市，民米亦仰仗于湖广、江西，若"湖广、江西亦荒，米客不至，则谷价骤踊，而人情嗷嗷矣"。可见湖广稻米的丰歉已起着调剂市场米价的作用。

宋元时期，湖南的粮食生产虽有很大发展，但全国粮食产销中心仍在江浙一带，民间流传有"苏湖熟，天下足"的谚语。到明清时期江浙农村转种棉花，成为全国棉纺织业中心，江浙粮食已不能自给，需从湖广一带输入，"苏湖熟，天下足"的谚语遂演变为"湖广熟，天下足"的谚语，湖南地区的粮食产量有很大的增长。明代湖南粮食外运数量相当大，《明史·食货志三》载，宣德四年（1429），"复支运法，乃令江西、湖广、浙江民运粮二百二十万石于淮安仓"。又载，成化八年（1472），定全国运京师粮共400万石，其中湖广、江西等地"南粮"324万多石，占绝大部分。到明代后期长江下游的粮食多依靠湖广等地供应，正如明学者吴应箕在《楼山堂集·江南平物价议》中所说,安徽的徽州粮食"大半取于江西、湖广稻以足食用也"。

粮食产量的增加,为粮食生产的商品化提供了前提条件。明初由于政府采取了招抚流亡、放还奴隶、劝课农桑等有利于经济恢复的政策,全国人口迅速上升。由于人口的增长,城市就业人数(工商业者)的扩大,要求农村提供更多的与城市人口增长比例相一致的商品粮。有不少地区特别是苏州一带人口密集地区出现了"本地所产米谷,不足供食用"的局面,不得不依靠商人从外地贩运粮食来接济。据《清史稿》记载,乾隆四十年(1775)仅崇明一个县就从外地运进粮食30余万石。因而长途贩运粮食量剧增,全国各地之间形成了固定的粮食供应关系,出现了许多著名的粮食市场,长沙更是著称于全国的米市。当时浙江、江苏的粮食多仰江西、湖南、广东等地。据清嘉庆《长沙县志》记载,早在康熙(1662—1722)末年,"浙江及江南苏松等府地窄人稠,即在丰收之年,亦即仰食于湖广"。其时,湘米年输出在500万石左右,故"湖广熟,天下足"又逐渐演变成"湖南熟,天下足",为全国人民所乐道。

同时,明清时期两湖粮食的外运是中央朝廷和地方政府的一项重要任务,受到上至皇帝下至封疆大臣的高度重视。从明清《实录》中查得两朝共86年次的外运记载,涉及14个省区,计有江苏、浙江、安徽、福建、广东、广西、贵州、河南、陕西、甘肃、四川、江西及京城,也就是说内地绝大部分地区与两湖形成了粮食供销关系。其中以长江下游江苏、浙江、安徽等地区对两湖粮食的依赖性最强,在86年次中占33年次,其次是贵州占15年次,再次是两广、福建占11年次。长沙在两湖粮食供应中又占有重要地位。为了平粜和赈灾,湖南府县两级普遍设立了常平仓,并规定了定额。据嘉庆《长沙府志》记载,乾隆二十九年(1765)长沙府储谷量达62359石,定额为12000石,溢额率达419.7%,是湖南省最高的。长沙府所辖各县储谷也达

4.1 万~7.8 万石，在县级常平仓中也是最多的。

湘米的大量外销，长沙米市的兴旺，是建立在农业生产发展的基础上的。元末明初和明末清初都经历了从农田荒废到复耕中兴的过程。据《续文献通考·田赋二》载，洪武元年（1368），明政府诏令"许民垦辟为己业，免徭役三年"；洪武二十八年（1395）又诏令凡"洪武二十七年以后新垦田地，不论多寡，俱不起科"；宣宗（1426—1435）时更规定"垦荒田永不起科"。长沙府地方官吏忠实执行了这一政策。如清光绪刊《湖南通志》载，洪武中，湘潭知县王叔"政务休养，劝民耕种，不数年麻菽遍野，户口倍增"；醴陵知县黄彦正"修举废坠，综理合宜，招抚流移于列邑"；以致长沙地区农业生产恢复甚快并得到大规模发展。明嘉靖《长沙府志》载，洪武二十四年（1391）长沙全府已有官民田地、山塘共 3.209 万顷 64 亩。

明末清初又重复了元末明初的情况。从明末清初战乱到清康熙初年"三藩"叛乱，湖南土地大批抛荒。清政府自康熙开始采取封官的方法大力奖励垦荒，据《清文献通考·田赋考二》记载，当时规定："贡监生员民人垦地十二顷以上，试其文义通顺者，以县远用；不能通晓者，以百总用。……一百顷以上，文义通顺者，以知县用，不能通晓者，以守备用。"对地方官吏则实行"有田功者升，无田功者黜"的政策。康熙四年（1665），湖南长沙、衡州等属，垦田 3133 顷16676 亩，1667 年增至 3190 顷 50 亩。上升趋势一直延续到乾隆（1736—1795）年间。如康熙二十四年（1685），湖南田地共 13.8923万顷 81 亩，至乾隆三十一年（1766）增为 31.2287 万顷 98 亩，81 年间增加了一倍以上。

明清时期，长沙农村的农田水利建设和农业生产技术都有所发展。明洪武间开筑大石坝，溉田数千亩；万历间善化知县唐源修浚龟塘，袤延 20 余里，荫田数千亩；随后知县胡锋又开筑塞塘、蓉塘、车戎塘、谷塘等。成化（1465—1487）年间，宁乡县民谢宗玺等还捐资修筑大阳坝，可灌田 1 万顷。到清代长沙地区的农田水利建设又有发展，旧志多有记载，如顺治元年（1644），宁乡县双江口、泉塘等地开始筑堤建垸，先后建成同心围、徐家洲等 16 垸；康熙五十九年（1720），善化县修筑象鼻坝，可荫田 3000 余亩。又如宁乡县自乾隆以后，大力"凿井挑塘，筑坝蓄水，点滴不肯轻泄；沿河两岸横江累坝，架筒车汲灌"。耕作、施肥等农业技术也大有长进，水田、旱田各不相同。如水田施肥方法是"薅草坏烧火土，来青草拾牛猪狗粪，沤田池。栽插后，用石灰散布田中，能杀虫、肥土。又或用棉枯、桐枯、菜枯及牛骨灰者。秋获甫毕，即犁田蓄水，曰打白水，以七、八月为美，九、十月次之，有'七金、八银、九铜、十铁'之谚"，以致"稻粳无滞穗，萑苇（野草）半殁枯"。山区旱田的施肥方法则是"三伏以锄转土覆盖草于下，候雨过炎蒸腐之，以美疆土。一岁种蓣，再岁种薯、荞、粱、粟，三岁种芝麻"。从上述记载可以看出，长沙农村在清前中期，非常重视水利建设，施肥、保持土地肥力和山地轮作技术已相当先进，单位面积的粮食产量必然大大提高，高的可达"亩岁三石"。

直到民国时期，湖南仍是产粮大省，长沙成为全国四大米市之冠。长沙沿湘江东岸西湖桥、大西门、潮宗街一带形成了多处粮运专用码头。据长沙市碾米同业公会资料记载，民国初中期每年湘米输出在 300 万石左右。从长沙口岸出口的农产品中，谷米占了大头。据长沙海关统计，1905—1934 年共出口谷米 1825.5 万石，年均 58.9 万石，占全省的 84.56%。1919 年长沙曾应英、葡驻华公使请求，向港澳大批量出口大米；到 1937 年长沙出口大米价值达 900 多万元。长沙谷米主要来自滨湖的南县、华容、澧县、安乡、沅江、汉寿、湘阴等县，占 60% 以上。从 1931 年到 1934 年输入粮食 300 万石，年均 75

万石；输出粮食 100 万石，年均 25 万石，进出之差额部分几乎被长沙数十万市民消费掉。

　　长沙米市的兴旺，除了长沙特殊的地理、经济地位外，更主要是建立在湖南全省粮食生产相对发达的基础上的。1929—1947 年，全省粮食种植面积在 3500 万~5424 万亩之间波动，产量在 103 亿~217 亿斤之间起落。粮食产量虽不稳定，但总产量在全国粮食生产中占有重要地位。当时湖南粮食产量占全国总产量的 11%，居全国第三位，仅次于广东（15.23%）和四川（14.8%）。20 世纪 30 年代长沙粮食市场曾一度遭受洋面粉和洋米的冲击。外国粮食在湖南的倾销，致使 30 年代初期湘米销价跌到每石 5 元以下，而每石生产成本都在 10 元左右，造成谷贱伤农。1934 年 3 月《银行周报》指出：湘省近年丰收，却"有大宗洋米运华倾销，致湘米顿失市场。国储既富，价格低贱，不仅农村经济陷于绝境，市面金融亦大受打击"。湘米敌不过洋米，主要是国产品种陈旧，种子靠农民自选自繁，逐渐混杂退化，影响大米品质的提高。一些爱国知识分子面对帝国主义的经济侵略，决心投身农业技术改造，以达到救亡图存的目的。政府也在农业技术推广上做了一些有益的工作，如颁布一些奖励农业生产的办法，发放良种，发放农业贷款，还先后成立了湖南农事实验场、湘米改进委员会和湖南农业改进所等机构，从事水稻等农作物的新品种选育和良种推广工作，这些农业科研单位先后向省内征集 178 个稻种，向外省征集 50 个稻种，从日本、安南（今越南）、缅甸购进 17 个稻种，进行穗选和培育，鉴定出"选粘一号"、"帽子头"、"菜子粘"、"改良馅玉"等良种，并在局部地区推广，取得初步成效。

　　由于采取了上述措施，洋米贱农的局面很快被扭转。1936 年湖南粮食丰收，全省粮食总产 186 亿斤，达战前最好水平。加之粤汉铁路全线通车，长沙米市进入鼎盛时期。省府在长沙成立湘米销粤介绍处，设代办事务、介绍押款、情报 3 个组，更加促进了湘米的输出。当年长沙输往省外的大米占全国流通总量的 8.2%。1937 年湘米大量销于穗，仅 3 月一个月运粤湘米就达 4070 万斤，一时压倒洋米市场，至今传为佳话。其时经营粮食集中在沿湘江 3 片：西湖桥一带称上关，经营湘江上游各县运来的谷米；大西门一带为中关，经营湖北江汉平原运来的豆麦等杂粮；潮宗街一带为下关，经营浏阳、宁乡和滨湖各县运来的谷米。本地粮商不但大量开设粮行，而且远至两广、汉口、江浙、郑州等地开设分号，粤、沪、津及浙江、江苏、河南等地粮商也到长沙开设米厂、粮栈。长沙米市成为名副其实的自由贸易中心和价格、信息辐射中心。

抗日战争时期湖南支援前线的粮食超过 5000 万担，与四川、河南同列为全国贡献粮食最多的省份。

第五节　湘商的崛起

在清代中晚期以前，湘省的商贸中心是在湘潭，而长沙仍是一个"安土重迁，为商贾者殊少"的城市，"除装运米谷而外，鲜商贾贸于远邑者"（清光绪三年《善化县志》），商业范围局限于市民的日常生活用品及达官贵人所需奢侈品的贸易，贸易量很小，商品种类亦不多。然而近代以来，随着西方资本主义经济的进入，"五口通商"格局的形成，九江、汉口等长江流域城市被辟为商埠，原来集中于广州的贸易开始向汉口、上海等地转移，湘省的商业贸易格局也随之发生极大的改变。长沙因地处湘江下游的长浏平原，湘江、捞刀河和浏阳河穿城而过，有便利的水运交通条件，而且比湘潭更靠近汉口，从而使得湘省的转口贸易中心转移到了长沙。湘商正是从此时开始崛起，主要表现在以下三个方面。

一是商业繁荣，涌现了许多著名商号。

咸丰八年（1858）汉口开埠后，省城长沙的商业贸易日渐兴起，一时间湘江河道商船云集，呈现一派繁荣景象。外国的棉布、棉纱、颜料、煤油、食糖及煤、铁等商品大量涌入长沙，带动了湖南商业的发展。同时，大批外省客商进入长沙，从事贩运贸易，带动了许多新兴行业的产生，长沙城内商业店铺激增。有经营高档商品的金银首饰店、绸缎店；经营风味食品的饮食店、南货店；金融市场、服务行业也相继兴起。商业店铺逐渐由集中于城西河边，向城内零星扩散。如苏州帮、南京帮在大西门正街开设协泰祥、聚锦祥绸缎店，开长沙绸布业之先；江西人在坡子街开设余太华银楼，开长沙金银首饰业之端。

湖南本地人开设的店铺也不乏驰名字号。如咸丰三年（1853）长沙河西人胡自成开设于下太平街的"利生"盐号，以销售食盐、茶油为主，兼营棉花、棉纱、桐油等，着重零售，辅以批发，因经营有道，货真价实，日售银千余两。同年，宝庆（今邵阳市）人杨长贤兄弟在太平街开设"杨隆泰"钉子铺，经营各种手工锻造铁钉、木屐钉、雨鞋钉等。当时正值曾国藩在长沙训练湘军，为营造船只，需要大量铁钉，"杨隆泰"开张逢时，生意兴隆，获利颇丰。

到光绪（1875—1908）年间，长沙商品市场更趋繁荣，绸布店、苏广杂货店、玉器店、木器店、美容店、风味食品店、茶馆、酒楼、南货店和比较高档的旅馆、浴池、照相馆等与日俱增。此时的商品流通没有区域限制，百货商品除麻线、纱带、罗布巾等手工业品外，大多数从江苏、上海、广州、北京等地进货，如苏州的绣品、花边、草席、绉纱包头、妇女装饰品；上海的镜箱、文具盒、首饰盒；扬州的座钟、胭脂、香粉；杭州的扇子、丝绸；广东的牙刷、筷子、算盘、玉器、镜子；北京的绒花、山东的料器、南京的缎带等，可谓琳琅满目，美不胜收。

民国时期湖南商业行业进一步扩展，1913 年日本农商省委托员太田世外雄在其调查报告中称："长沙为湖南省商业中心，复为消费焦点，凡外国输入品，多先卸于于此。然后销散于他市镇。"据 1922 年 1 月 5 日《大公报》调查，长沙在商会注册的行业达 95 个，比晚清时期增加 13 个，其中纯商业行业 57 个，占 60%；饮食服务行业 10 个，占 10.5%，产销结合的手工行业 25 个，占 26.3%；其他如钱业、牙行业、典当业 3 个，占 3.2%。店铺达 3342 户，其中户数较多的行业有：南货土果业 181 户，苏广杂货业 136 户，酒业 186 户，鞋业 133 户，烟业 116 户，衣业 188 户，药业 133 户，米业 197 户，木业 137 户，绸布业 52 户，茶馆业 79 户，屠行业 69 户，面馆业 61 户，丝线业 71 户，油盐业 71 户，旅馆业 87 户等。这些店铺遍及全城大街小巷，商业中心由沿河各地段继续分别向城内扩展，形成南北两大商业区。南部从大西门延伸到太平街、药王街，从小西门延伸到坡子街，从西湖桥延伸到南正街、八角亭，再与药王街对接连成一大片，成为长沙百货荟萃之区。北部由中山路经北正街至湘春街，与通泰街、潮宗街纵横相接，形成长沙杂货繁盛之区。清代后期业已形成的专业商业街市，此时更趋繁华。坡子街毗邻批发商业地段，是河埠进入城中区的要道，钱庄、扇店、金银首饰店、铜器店、笔墨店、药材号在此处麇集；南正街是城区南北交通干线，南货店、刀剪店、烟店、颜料店、红纸店和茶庄等杂货商店甚多；具有现代气派的百货店、绸布店则大多数集中在八角亭、红牌楼一带。

1935 年，长沙商业、饮食服务业已发展到 312 个自然行业，14654 户，其中经营工业品和手工业品的有 157 个自然行业，7754 户，如广货店 229 户，洋货号 233 户，鞋店 490 户，纸张笔墨店 137 户，铜铁器店 452 户，绸布店 155 户等，全市共建立各种同业公会 76

个，长沙已成为当时中国重要的消费城市之一。商业各业都呈稳步上升之势。南门口、道门口、东庆街、小吴门、水风井、先锋厅、通泰街 7 处设有菜市场。文化娱乐市场也有相应发展，全市有电影院 6 家，京剧院 7 家，话剧院 3 家，花圃店 36 家，照相馆 21 家。抗日战争前夕，长沙市场进入全盛时期。这时的著名商店，餐饮业有"玉楼东"、"曲园"，绸缎店有"介昌"、"大盛"，百货店有"太平洋"、"新世界"，南货店有"九如斋"、"稻香村"，照相馆有"蓉光"、"四明"，钟表眼镜店有"寸阴金"、"亨得利"，中药号有"九芝堂"、"四怡堂"，金银首饰店有"余太华"、"李文玉"，鞋店有"美利长"、"四明"，茶叶店有"吴中和"、"詹恒大"，笔店有"彭三和"、"桂禹声"等。著名饭店的菜肴有南国酒家的粤菜，中央酒家的浙菜，又一村川菜馆的川菜，潇湘酒家的湘菜，还有徐长兴、李合盛的教门菜等。风味小吃闻名的有德园的包子，柳德芳的汤圆，双燕楼的馄饨，半雅亭的面粉，火宫殿的臭豆腐和姊妹团子等。

二是工业文明的起步。

商周时期，长沙曾有光辉灿烂的青铜文化，其青铜冶炼铸造技术显示出独特的地方风格。楚国时期，长沙地区的铁器冶铸业和琉璃制造业领先于世，中国最早的钢剑和玻璃制品都出土在长沙。马王堆汉墓和长沙窑遗址的发掘举世瞩目，显示了汉代长沙丝织业、漆器业，唐代长沙制瓷业的工艺水平都已超过中原地区。其后五代马楚的制茶业，宋代的造船业、制墨业、制镜业，明代的棉纺业、造纸业，清代的刺绣业、鞭炮制造业等都在全国有一定的影响。

但直到近代，长沙工业及其科技才有较大的发展。戊戌新政时期，长沙近代工业开始起步，规模虽不大，却是全国"开风气"的地区之一。清末在国内第一次采用西法提炼纯锑，"成色在世界著名之英京廓克逊之前"，结束了中国土法炼锑的历史。

辛亥革命前后，湖南新式工业有所发展，大多集中在长沙，工业门类主要有织造、火柴、印刷、造币、冶炼、玻璃、面粉、兵工等，工人约2.5万。工业生产在当时长沙人民的经济生活中占着极为重要的位置。

清末至民国中期，政府推出一些发展实业的措施，长沙出现了一些颇有名气和成就的工矿企业，如华昌炼锑公司、湖南省炼锌厂、湖南机械厂、湖南第一纺织厂等。

湖南省炼锌厂是我国第一座近代化的炼锌厂。湖南常宁水口山所产锌砂历来售与洋商，受人操纵。早在1921年，水口山矿务局就想利用外资，建设炼锌厂，但未能实现。1932年，省政府以锌块为军用重要原料为由，与国民政府军政部兵工署签订合同，由军政部垫款10万元，在长沙兴建炼锌厂，派长沙县金井人饶湜为总工程师兼厂长。饶湜历尽艰辛，试验成功西式的"横罐炼锌"法。他在南郊金盆岭附近租了一座破旧房作工棚，设计并修建起小型烘砂炉与蒸馏炉，制出了第一批炼罐，经过多次试验终于炼出了第一炉锌。试验成功后，即在三汊矶选定了厂址，奠基建厂。1934年7月26日正式建成投产，设备有发动机、洗矿机、磁选机，炉座有烘砂炉、蒸馏炉、反射炉、烘罐炉等。9月开炉炼锌一举成功，结束了我国1000多年来的土法炼锌历史，1935—1936每年产锌都在700吨以上，打破了国内市场洋锌一统天下的局面。

1928年创办的湖南民生工厂，1932年改名为湖南机械厂。该厂主要生产汽车零件，视市场需要，间或生产抽水机、印刷机、煤气机及浅水轮等。1936拥有金属切削机床49台，锻压设备2部，发电机1台，动力机9部，锅炉6座，共计设备137台，生产规模更加扩大，委周凤九（周光召之父）为厂长。该厂所产汽车零件除供本省需要外，还畅销安徽、江西、贵州等省。该厂所产铸钢，质量优良，湘川公路的能滩吊桥、桥墩柱链均系该厂铸钢制成。该厂曾试制 75 马力汽车引擎 40 多台，组装出"衡岳"牌 2 吨载重汽车，还制造汽划艇 20 多艘，生产汽车煤气发生炉 72 部，成为湖南省规模最大的机械工厂。

在长沙近代的工业企业中，尤以湖南第一纱厂最具代表性。辛亥革命以后，长沙有志之士掀起了一股振兴实业的热潮。1912 年，老同盟会员，湖南都督府参议吴作霖经都督谭延闿批准，向省财政司借款 60 万银元，在长沙河西银盆岭购地 256.93 亩，设置纺纱机 4 万锭，创建了经华纱厂。1932 年更名为湖南第一纺织厂，员工增至 3000 余人，年产纱 2.5 万件，棉布 2000 余匹。到 1933 年盈利 20 余万元。1938 年 9 月，日本侵略军犯湘，省政府令湖南第一纺织厂将 1 万纱锭、248 台布机、1 套 550 千瓦发电机迁往黔阳县安江镇，成为今安江纺织印染有限公司的前身。未迁走的 4 万纱锭、机器设备及厂房毁之于当年的"文夕"大火，为长沙受难工厂之最。第一纺织厂迁安江后，坚持生产，支援前线，1941 年共生产棉纱 6000 件，棉布 7 万余匹。1943 年 1 月该厂员工捐款献机 15 架，厂方捐献 2 架；12 月全体员工又捐薪 2 个月，合计 20 万元慰劳参加常德会战的将士，既表现了一纺员工的爱国主义精神，又显示了该厂的经济实力。1948 年，由湖南第一纺织厂分出去的湖南第三纺织厂，返回长沙银盆岭复厂，改名裕湘纺织厂（又名裕湘纱厂）。

三是出现了一批在全国有影响的实业家，仅列举几位如下。

晚清巨商朱昌琳

朱昌琳（1822—1912），字雨田，长沙县安沙镇棠坡人，前国务院总理朱镕基的曾伯祖父。朱昌琳为清末实业家，长沙早期民族资产阶级的代表人物，曾任阜南官钱局总办，是湖南近代工矿业和慈善事业的开创者之一，功授候补道员赠内阁学士。

　　朱昌琳本系儒生，小试落第，27 岁那年在唐荫云（曾任湖北按察使）家教书。唐家广有田地，是年初谷生芽，佃户多以芽谷送租，谷价千钱三石，求售无主。有人劝朱囤之，商之于父，父以无钱未允。唐笑曰："只要先生承受，明年卖出再付款。"朱遂将几千石芽谷囤积。次年，即咸丰元年（1851）湖南发生大水灾，农业歉收，谷价骤涨 10 倍，朱昌琳由此一夜而富。

　　朱昌琳靠经营谷米起家，在太平街开设乾益升粮栈，粮食容量为 10 余万石，自储自营，不寄客货。后又转贩盐茶，开设乾顺泰盐号，创办朱乾升钱庄，继而投资近代工矿业，遂成清末长沙首富。

　　同治三年（1864）太平天国事息，全国航路畅通，清政府恢复淮盐运销，朱昌琳开设"乾泰顺"盐号，领得盐票多时达 100 张，约占湖南全省盐票的五分之一，在湘北南县乌嘴一带辟有专用盐运码头，转销盐于洞庭湖滨各县，成为湖南盐商首富。

　　同治十三年（1874），朱昌琳开始大步涉足茶业。其时清政府征商颁领茶引，恢复贩茶于甘肃、新疆、西藏等西北地区。清代西北广大地区销售的茯砖茶，都集中于兰州后分销。兰州原有东、西二柜的商业组织，东柜由晋、陕商人经营，西柜由回民充任。同治十二年（1873），陕甘回民起义被平息后，陕甘总督左宗棠为充实税课，奏请在兰州添设南柜，准许南方各省茶商经销。朱昌琳出资领得茶引 200 多张，在长沙坡子街开设"乾益升"茶庄，成为南柜总商，又在新疆乌鲁木齐设立分庄，派员到安化采购茶叶，到陕西泾阳加工为茯砖，然后分销陕、甘、青、新、蒙各地，并部分转口俄罗斯。

　　粮食、淮盐、茶叶历来是古、近代湖南的三大商业贸易，也是政府的主要税源，朱昌琳倾力经营，呼风唤雨长达 50 余年，终成一代巨富。他将一个儒生因未考取功名而实现的治国梦做到商业中，把治国之才略用于经商兴业，实现了自己别样的人生。他总结自己的商业成功之道时说："务审时，如治国。"

光绪二十一年（1895），湖南维新运动勃起，朱昌琳成为湖南巡抚陈宝箴推行新政的经济支柱。湖南矿务总局成立之初，遇到了"无款可筹"的极大困难，"长沙各殷实钱号，亦因矿务经营伊始，成败未定，不肯借贷，故与矿务局银钱往来者，只阜南官钱局一处"。他还入股兴办了长沙第一家近代工业企业湘善记和丰公司，并成功发行钱票；又与汪诒书、杨巩等人合作，在长沙灵官渡创建了湘裕炼锑厂，开长沙炼锑业的先河。湖南近代工矿业的发轫，朱昌琳做出了巨大的贡献。

朱昌琳乐善好施，热心资助地方公益事业，对于育婴、施药、办义学、发年米、送寒衣等，都辟有专项资金，保证常年支付。朱家有田租2.5万余石，其中1万石直接用于慈善。光绪三年（1877），朱昌琳应山西巡抚曾国荃（长沙府湘乡人）、陕西巡抚谭钟麟（长沙府茶陵人）的嘱托，捐献大批粮食、布匹赈济两省灾民，功授候补道员。粮袋均用大白布缝制，粮卸后，其布又制成寒衣。他对地方大型市政建设也十分热心。光绪二十三年（1897），他倡议疏浚新河，开辟新河船埠，振兴浏阳河至湘江的航运，历时10年竣工，先后捐银13万两之巨。宣统三年（1911），年近九十的朱昌琳被举耆贤，特授内阁学士衔。

民族矿业先驱梁焕奎

梁焕奎（1868—1931），长沙府湘潭县人，举人出身，1896年陈宝箴聘他为湖南矿务局文案。光绪二十五年（1899），湖南新任巡抚俞廉三将官办的益阳板溪锑矿招商承办。梁焕奎预见锑矿业前途广阔，多方筹措资金，甚至变卖了妻子的贵重首饰，接办了锑矿，并将其改组成为久通公司，派二弟梁端甫坐驻益阳，整顿矿场，设立炼锑厂。但由于矿质较差，冶炼系用土法，加上洋商压价，专炼生锑殊不合算。梁焕奎决心采用西法提炼纯锑。他从矿务总公司拨借资金，创办实业学堂，着力培养采矿、化验、机械等人才，并先后送三弟鼎甫、四弟和甫、五弟硕甫留学英、日、美，学习矿冶。

1907 年，正在英国伦敦皇家物理大学学习的鼎甫，得知法国巴黎有一个叫赫伦士米的专家已研究出一种能将低品位锑提纯的方法，便亲往巴黎与赫氏商谈，谈成以 7 万两银购买这一"秘法"。梁氏兄弟欣喜之余却苦于巨款难筹。正当焦急之际，适逢留日学生领袖杨度回到长沙，答应设法筹措经费。杨度神通广大，竟说通了张之洞、袁世凯代向直、鲁、湘、鄂、苏 5 省筹拨银 16 万两，解决了资金问题。梁氏兄弟利用这笔资金买下了专利，购买了机器、炼炉等设备，还聘请了一名法国机械师。在此基础上，梁氏兄弟将久通公司改组为华昌炼锑公司。

1909 年春，公司正式开工生产，所出纯锑，运往欧美，售价颇高，成色可与世界著名锑矿英京廓克逊的产品媲美。在此以前，中国的炼锑业都只能用土法炼生锑。汉口加尔威公司铅锑矿场附设的粗锑炼制厂，见华昌公司可炼纯锑出口，不得不自动歇业。1908 年法国容母司会社本打算在湘设炼锑厂，也因竞争不过华昌公司而放弃计划。当时全省各地锑矿均交华昌公司代炼并集中出口，使洋商暂不能再在湖南廉价收购锑矿，华昌公司的股本亦由开办时的 30 万两增至 60 万两，成为清末湖南最有生气的商办企业。1901—1913 年湖南共出口锑品 9.16 万吨，其中纯锑 2.78 万吨，大部分出自华昌公司。1914 年第一次世界大战爆发，列强各国纷纷在湘争购锑矿产品，致使锑价大涨。1915 年华昌公司趁此千载难逢之机，扩充为股份有限公司，资本增至 96 万两，1916 年又增至 300 万两。1915 年华昌公司共炼锑15095 吨，占全国总出口量的 78%，年获利 300 余万银元。

主张用革命推翻清朝统治的民主革命思想家朱德裳在《三十年闻

见录》中这样评价梁焕奎："湖南梁辟垣，以华昌公司起家。当其盛时，一公司税入过湖南省款税额三分之一。例应得勋三位，辟垣不屑也。然碧湘街上，甲第连云；一夕樗蒲，盈千累万。梁氏宾客，几如山阴道上，应接不暇。于是华昌公司资本千万，而辟垣亦有财神之目。故南北有两财神焉。"梁辟垣即梁焕奎，当时被称为南财神；北财神则指广东梁士诒，以外债起家，坐拥北京。故民国初期有"南北两个梁财神"之说，即南有梁焕奎，北有梁士诒。梁焕奎创办的华昌公司鼎盛时期年上缴税收，超过湖南省款税总额的三分之一。湘商在近代中国的崛起，当时以南北两大民营公司闻名全国，北有湘商范旭东在天津创办的久大公司，南有湘商梁焕奎在长沙创办的华昌公司。而梁焕奎被后人誉为"湘商之魂"。

中国化学工业之父范旭东

范旭东（1883—1945），原名源让，字旭东，1883 年 10 月 25 日出生于长沙县东乡，是著名维新派人物范源濂的弟弟。他祖籍湘阴，父早逝。兄弟二人靠母亲在长沙乡下做针线活养大。母亲希望源让成才，曾送他到长沙北乡捞刀河吴镜蓉馆学八股试帖。但小源让对八股文很是反感，他语出惊人："我有主见应由我尽量发挥，我决不伪装圣贤来说假话。"1898 年，15 岁的范源让随范源廉往梁启超任总教习的湖南时务学堂求学。梁启超的变法图强思想对他影响很大。1900年他和兄一道去日本，1908 年考入京都帝国大学攻读应用化学，确立了他的终生志向——化学工业，遂改名范锐，字旭东，谓"锐意救国，以期旭日东升"也。

1911 年，范旭东胸怀"工业救国"之志回国。1914 年在天津创办久大精盐公司，为中国生产精盐之始。1918 年又成立永利制碱公司，所产红三角牌纯碱在美国博览会上获金奖。1922 年建立当时中国规模最大的化工企业——黄海化工社，接着在南京建造当时远东第一流的大型硫酸铵厂，因而被世人誉为"中国化学工业之父"。

1913 年，范旭东借助其兄在民国政府担任教育总长之便，被派到欧洲考察盐政和制盐工业，深感德、比等国人民食用的精盐，洁白卫生，有利健康。回国后，他几经筹措，在梁启超、张謇、蔡锷、李思浩、王家襄等社会名流的支持下，集资 5 万元，于 1914 年 7 月创办了久大精盐公司，以期永远为广大国民造福，不断发达昌盛。该公司由担任中国盐务署的顾问景学钤担任董事长，范旭东担任总经理。

久大精盐公司于 1915 年 12 月 7 日正式投产，所制精盐 3 万担均品质纯净，色泽洁白，以海王星牌为商标，面市后立即受到人们的喜爱。但久大的精盐冲击了旧盐商的市场，也招致了旧盐商的多方抵制。他们利用传统势力挟制长芦的盐民灶户，不准长芦的灶户卖给久大原盐，并通过盐务稽核所限制久大的生产数量和销售地区。但久大毫不退缩，通过多方努力首先在 1916 年购入灶首张文洲的 6 副盐滩，又先后与其他 19 副盐滩的业主签订了长期供给久大原盐的合同，打破了中国盐政沿袭了近千年的"引岸制"。从此，久大自有盐田 2000余亩，基本上保证了所需原盐的供应。与此同时，久大公司的赞助人梁启超，又在 1916 年利用出任财政总长兼盐务署督办之机，帮助久大争取到袁世凯的支持，打破了销售禁区，将精盐打进了长江流域的湘、鄂、皖、赣各口岸。到 1918 年，范旭东联络汉口 18 家精盐商号，组成汉口精盐公会，实行联销联营，既缓解了当时两湖地区的盐荒，又开辟了新的市场。由此，久大声名大振，不仅稳稳地站住了脚，而且为中国精盐工业的崛起立下了开创之功。

经过 10 年的努力，到 1924 年，久大精盐公司已经成为中国最大的精盐企业，年产量由最初的 3 万担增至 500 万担，资本由原来的 5万元增至 250 万元。盐厂设于塘沽，公司设于天津，分销店遍布全国南北各省。设于长沙太平街的经销部基本上占领了湖南的精盐市场。

正当范旭东的化工事业欣欣向荣之际，抗日战争爆发了。1937年7月底天津沦陷，范旭东避走香港。日本商人赶至香港，向他提出收购永利碱厂。范大义凛然："我们工厂不卖，你们若要抢，就抢走好了。"同时电告天津同仁："宁为玉碎，不为瓦全，绝不能与日本人合作，尽量设法把设备转运后方。"次年，永利碱厂和久大盐厂相继陷于敌手。

日寇接着把目光盯上南京永利硫酸铵厂。日本军方深知这个机械化程度很高的工厂，只要改几道工序便可充当军用。因此战争一起，日军即派员找范旭东商谈"合作"，企图保存全部设备，以为军用。范旭东痛斥来者说："宁肯举丧，不收奠仪。"日寇恼羞成怒，派飞机三次轰炸化肥厂。范旭东决心破釜沉舟，命令员工把凡是可以搬动的机器迅速西迁，凡是无法移动的设备统统沉入长江。敌军占领南京时，化肥厂只剩下一座空厂房。

范旭东冲破包围，毅然率领全体技术人员入川，在四川又办起久大、永利分厂，继续生产盐、碱，支援抗日战争。久大公司经理李烛尘（湖南永顺人，中华人民共和国成立后曾任第一轻工业部部长）率领一部分人员转往四川自流井，重新建立精盐工厂，到1938年9月开始出盐。

1945年，范旭东积劳成疾，病逝于重庆。11月3日，陪都召开隆重追悼大会，沈钧儒、郭沫若、章乃器等著名人士都参加了大会。毛泽东、蒋介石送了挽幛。毛泽东送的挽幛上书："工业先导，功在中华。"

鸭绒专利第一人丁鹏翥

丁鹏翥（1891—1958），号博生，湖南衡阳人。他为人刚正不阿，廉洁自持，一生热爱祖国，致力于发展实业，有独特的成就。1918年在长沙发明制造羽绒的机器，获国民政府农商部专利权。1920年创办中国首家羽绒企业——长沙华新羽绒公司，并发明横行衣胆和筛绒方法。1924 年制成三层式鸭绒被，打开国际市场。1946 年，"丁制鸭绒被褥"以质地轻柔、御寒力强、折叠体积小等优点，获国际博览会大奖。中华人民共和国成立后，任长沙市轻工业公司董事长兼湖南鸭绒厂厂长。

1918 年，湖南通货膨胀，洋货充斥市场，民族工商业普遍遭受摧残，工厂倒闭甚多，湖南经济陷于极度困难境地，广大劳动群众谋生无路。年仅 27 岁的丁鹏翥，目睹现状，忧心如焚。如何开发湖南经济资源为家乡人民造福，如何发明一种产品抵制洋货，已成为他时在念中之事。于是他四处奔走，不断探索，经朝夕凝思苦想，深入调查研究，终于发现了鸭、鹅毛等废物大有利用价值。他当时暗自思忖，那些被人弃之于地的鸭、鹅毛，到处皆是，来源充足，收购容易，价格便宜，若进行整理加工出口，使它变废为宝，难道不是一条很好的出路吗？

这年，丁鹏翥开始搜集鸭、鹅毛，与夫人共同试验，首先制成样品，与外商挂钩试探销路。初制样品时，采取手工操作，即将一堆堆鸭、鹅毛排放在工具桌上，手搓口吹，提取绒毛，排除杂质，然后用水洗净晒干，按粗细分等包装，投寄汉口有关单位。不久，得外商复信认可，并在来信中要求去除粗翅，剔净灰杂等物，绒毛才符合外贸出口商品要求。当时丁鹏翥便试以自己的肺活量，尽力吹搓散飞绒毛，竟发现绒毛轻重不同，被口吹而分远近，且有一定距离，因而想到绒乃羽中佳品，价值更高，倘能用机器代替手工操作，则使绒与羽截然分开，不仅可以提高经济效益，而且能提高生产效率。丁氏设想至此，非常兴奋，开始精心研制取代手工操作的机械。丁鹏翥一面继续采用手工提绒，一面设计羽绒机器图样，反复试验，历时数月，始获成功。1918 年 4 月正式试制出了第一部铁木结构的摆绒车，洗毛、消毒、烘烤等设备也于同年 7 月全部完成。1919 年 3 月，接到农商部复函，邀请丁鹏翥到部面洽。丁氏到京后，就将原机器改良数处，听候审批。他返回湖南不久，又接到农商部 1919 年 4 月 28 日第四九六号批示："查所制羽绒机器，经本部审查，尚属实用，应准按照《暂行工艺品奖章条例》给予专利五年，以示鼓励，填发奖励执照一份，仰即具领……"并于同年 9 月 27 日在政府公报上刊登。那时候，湖南发明机器而受专利奖赏者，丁鹏翥是第一人。当时欧美各国还没有发明提取羽绒的机器，丁氏羽绒机也是世界上第一部提取羽绒的机器，而且用这种机器所制的"丁制鸭绒被"，亦为中国所独有。

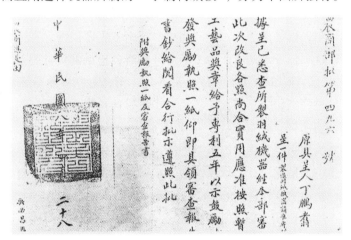

1919 年农商部颁发给丁鹏翥的羽绒机器专利证书

1920 年，为扩大羽绒产品销售业务，丁鹏翥夫妇乃于长沙堂皇里创建我国第一家羽绒企业——长沙华新羽绒公司，1921 年又扩资组成华新羽绒股份公司，丁鹏翥任董事长兼总技师。公司成立后，生意兴隆，订单络绎不绝，新产品销路日宽，利润亦较丰。当时"丁制鸭绒被"因选料严格，制作精良，轻软柔和，折叠后体积小，便于旅行携带，且御寒能力强，又能浮水，深受消费者欢迎，远销香港、日本、美国等地，曾多次参加国际展览会并获得巴拿马万国博览会"中国特产奖"，在国际市场上享有很高的声誉。

国货陈列馆创始人刘廷芳

刘廷芳（1900—2000），湖南衡阳人。1926年毕业于美国哥伦比亚大学。1929年来长沙，在湖南省建设委员会任职，相继创办湖南省银行、湖南模范劝工场和湖南国货陈列馆。1949年赴美，后入美国籍。在美国创建廷兴公司，任董事长。1980年后6次回长沙，并于1994年94岁高龄时重游国货陈列馆。

1931年"九一八"事变以后，日货排山倒海般倾入中国内地，强弱悬殊，外交困难，又不能明令排斥国民政府工商部乃令各省设立国货陈列馆，以提倡国货，挽回利权。湖南省主席何键、省建设厅长余传借以这项任务与刘所任劝工场业务相近，遂派刘负责筹备。刘廷芳当仁不让，于1930年1月成立筹备处。筹备处第一个任务是选择馆址，经过仔细研究，多方征求意见，最后选择了今中山东路贡院旧址（前清省考场）全部基地。因其前面有开阔地（今三角花园）适合建筑高大楼房，又居中山东路中段，地点适中，交通方便。筹备处随即分途进行勘测设计、预算拨款，招标承建筑风格为欧美传统带古典色彩。正面为主体陈列室楼房三层，并列16个圆形立柱；三楼顶部正中再增加四层，以方形为基础，上配八角柱体、圆柱体、圆锥体；顶上立钢管旗杆构成尖塔形，与前面16个立柱配合，颇显雄伟。在前栋三层主体楼房后，紧接建一层平房作商场。商场后为办公室、图书室、弹子房、锅炉及附属电影院、酒家、浴室、理烫店。

国货陈列馆于1932年10月1日落成，刘任馆长。国货陈列馆落成开业之时，何键女儿何玫剪彩，各方代表莅临祝贺，蔚为一时之盛。前面二、三楼陈列全国各大城市的名产国货和本省各地区特产；地层全部辟为商场，招商出租承办，一律限售国货，成为全省最大的国货商场。商场装修豪华程度为全省之冠。夏季满堂电扇，冬令温暖如春。广播音乐，当时尚属创举，不仅轰动全城，而且省内外亦不少人士前来参观学习。蒋介石偕夫人宋美龄来湘视察时曾流连于国货陈列馆，刘廷芳当向导用英语介绍时，宋美龄听到刘廷芳流利英语且夹杂纽约方言，不禁为之一惊。交谈中她认为刘是湖南不可多得的人才。后来，由于宋美龄的赏识，刘得到了国防委员会委员的头衔，又得以向国防委员会建议锑业国营，继而首任锑业管理处长。

1949 年刘廷芳因病赴美就医，后加入美籍。20 世纪 80 年代以来，刘老以 80 多岁高龄，先后多次回国，其子国荣、国正亦回国 7 次为引进外资，加强经济联系效力。刘氏父子所为，深得中央及湖南省、市有关部门高度赞赏。

第六节 长沙开埠：走向世界的新起点

光绪二十五年（1899）、三十年（1904），岳州、长沙先后开埠，湖南商品市场的发展进入了一个新的起点，并开始走向世界。大批洋商、洋货涌入湖南各城镇，对湖南市场来了个阵痛式的冲击。清政府因势利导，实施振兴商业的政策，成立商部，制定商法，设立海关，建立商会，开办商学，湖南巡抚亦大力推行，商品流通日益发展。

1899 年 11 月，湖南的北大门岳州开埠。鸦片战争以来，中国被迫开放一系列口岸，使国家主权一再受到侵犯。因此一些有识之士从维护国家主权和主动对外开放的角度提出了"自开商埠"的主张。维新运动中，维新派人士也提出了"自开商埠"的主张，而光绪皇帝也电谕各省督抚为"添设各处口岸"出谋划策。湖南巡抚最初的打算是开放湘潭。当时主持湖南维新运动的陈宝箴征求湖南在籍士绅的意见。王先谦、王闿运等士绅激烈反对开埠通商。陈宝箴明知拒绝开埠是不可能的，也不愿意因拒绝开埠而开罪总理衙门和英国人。但要开放湘潭显然无法得到湖南士绅的认可，在这种两难的情况下，他暗中向总理衙门发电，提出以岳州交换湘潭开埠的意见，并建议假英人"作为发端"。经过一年多的筹备，岳州于光绪二十五年十月十一日（1899 年 11 月 13 日）正式开辟为商埠。

岳州开埠后，对省城长沙产生了重要的影响。首先，岳州开埠后，使列强向湖南内地渗透有了一个据点和基地，同时也使列强势力进一步进入湖南有了更明确的目标。岳州开埠后，西方列强纷纷在岳州设立教堂、码头、公司等，并以此为基地向湖南内地渗透。列强当然并不以开放岳州为满足。特别是随着外国势力在湖南的渗透日益深入，湖南士民的排外情绪也在高涨。列强认识到只有促使湖南更进一步开放，才能使这种排外情绪逐渐平息下去。岳州开埠后，担任江汉关税务司的英国人马士在其报告中认为："湘江所包城市埠头甚夥，其最著名者长沙、湘潭外，尚有衡州、宝庆、平江等处。"他认为特别是长沙更值得重视，"按长沙为湖南省会，地方之繁盛，货物之销畅，不待言喻，即城外船户生意，沿江约有十余里，城内居民不下六万家"。而且，无论从岳州向湘江上游各埠，还是从湘江沿江各埠往岳州，长沙都是必经之关。特别是长沙作为湖南省省会城市和政治文化中心，对于列强控制湖南全省无疑具有非常重要的作用。经过岳州开埠后几年的运转，长沙官绅也逐渐认识到开放是大势所趋，也都希望长沙在"自开口岸"的框架内开埠。岳州作为中国最早的"自开口岸"之一，其示范作用对于长沙官绅产生了很大影响。湖南巡抚端方曾为常德、湘潭"自开口岸"上奏时说："窃维采买土货，订为专条，内港行轮，载于附约，不独门户洞辟，即堂奥腹地亦无不流通，贸易日盛月新。居交通时代，而为闭塞抵制之谋，诚非策矣。顾各国约开口岸，动多牵掣，实费磋商……诚不如自开商埠，犹足顾主权而防流弊也。"这虽然是端方在长沙开埠后的感慨，但却能够反映长沙开埠前的官绅的一般心态。

从湖南经济社会发展需要和岳州开埠的实际效果来看，长沙开埠也是大势所趋。岳州开埠后，江汉关税务司马士对其前景非常乐观。他在开关后的当年（1899）的报告中写道："查岳州为湖南一省之门户，凡进口、出口大宗货物，莫不悉由于此。兹既开作通商口岸，一则轮船运载之妥捷，再则费用公道而便宜，惟盼春水源深，风气一广，湖南之生意谅可从此畅旺而隆兴。"然而，岳州开关后的几年，华洋贸易都没有很大的改观。究其原因，主要有两个方面：一是岳州的商业贸易基础差，二是岳州距离湖南大宗商品的产地太远。马士在1899 年的报告中就已经分析，湖南"考其土产生意，拟有三端"，一个是洞庭湖至长江一带，"产米、棉、芝麻、青靛等物，市廛小而不多"；一个是沅江流域，一个是湘江流域。岳州往沅江之船只"不过洞庭，悉欲绕道进湘江口，转湘阴等处入西湖而到常德"。湘江流域"形势颇广，约居全省东方十成之六"，"而土产亦饶，除米、麻、棉花、芝麻外，如出自山中者，茶叶、煤炭、锑砂各项俱有"。而湘江流域往北至岳州，下游的重要城市就是长沙。湘潭的米、衡州的煤、平江的布都通过湘江及其支流汇聚于长沙。因此长沙开埠对于湖南经济社会的发展才有着巨大的调控和辐射作用。

岳州开埠后，因岳州商货寥寥，生意冷落，驻汉口各国领事，要求"再开长沙"，欲通过长沙把经济触角伸向湖南腹地。同时，清政府也开始进行"自开口岸"的准备和"约开口岸"的交涉。光绪二十八年（1902），清政府在上海与英国签订《中英续议通商行船条约》，第八款规定长沙"开为通商口岸，与江宁、天津各条约所开之通商口岸无异"。清政府将长沙作为"自开码头"后，湖南省洋务局即会同长沙、善化两县对长沙城四周地势进行了勘查，当时对于通商租界的候选地有三处，即三汊矶、水陆洲、北门外。经过勘察，洋务局和长善二县官员认为"三汊矶离省较远，河滩水浅，无岸避风，应请无庸置议"；水陆洲"洲浮水中，水大时全行淹漫，如在该处开设码头，加培地基土方，一切工费较巨；且船货装运入城，多一往来，风浪可虑，是否可用，尚需详酌"；而北门外一处"地势宽平，以之修筑码头，较为便利；惟地处低洼，亦需培垫；新开河尚须远引深潴，始能舶船避风"，"但加培土方，工费甚巨，事关商务久远利益，尤须详审，以重始基"。因此，洋务局和长善二县官员主张"暂缓开办"，"应俟湘省开埠有期，再为妥慎酌度办理"。但不久后，中英和中日的新商约相继签订，长沙从"自开口岸"变为"约开口岸"，湖南地方官不得不再次筹划此事。于是赵尔巽致电外务部，请外务部饬总税务司转饬岳州税务司夏立士来长沙会同湖南方面勘定界址，并厘定章程。经夏立士与湖南洋务局官员实地查勘，认为"长沙城外东门距河太远，南门人烟沓杂，且系丛葬之所，西门过于狭窄，均与商界不宜，惟北门地势平衍，西枕湘河，东傍铁路，衮长六七里，宽方二三里不等"，作为通商租界较为合适，夏立士和湖南洋务局官员"佥以北门为宜"。嗣后，日本驻汉口领事永泷久吉来长"奉本国政府训条，前来勘查地势"，经过勘查，日本人也认为舍此别无他处。

然而，英国却认为长沙北门一带系"洼下"之地，易遭水淹，"极诋租界地段不便"，并提出通商租界应该包括城池在内，应允许洋商进长沙城开行设栈等要求。于是，英国联合美国等国向清政府外务部提出交涉。清外务部致电湖南巡抚部院，饬海关就近会商英、美两国领事，迅速划定长沙口岸商埠地界。而为了与英国进行竞争，日本抓紧时间与湖南方面进行谈判。在谈判中，永泷久吉声言租界内工程、巡捕等一切管理事宜，悉由中方"自行办理"，"日领事并允即在税司所定界址之内，分段租认，不再另索专界"。1904年6月，日本与湖南长沙关监督朱延熙签订了《长沙通商口岸租地章程》。该章程规定了通商租界界址："长沙通商租界定于省城北门外，所有应需地段，南以城为界，东以定修铁路至新码头为界，北以浏渭（阳）河、西以湘江为界。"这一租界范围地势颇宽，比较岳州加增不止 10 倍。也就是说，外商可在西门外沿河一带任意租地设行。后来蔓延到整个西城区，形成规模庞大的西城洋行贸易区，但工程巡捕可由华官自办。最终整个长沙市形成了"华洋杂处"的局面。

帝国主义依据不平等条约规定的种种特权，掌握着长沙海关。海关先设于潮宗门外，1910 年"抢米风潮"后迁至风景如画的橘子洲，海关税务司由美国人夏立士担任。德、英、美、日等国在长沙开设了领事馆。英国太古洋行、怡和洋行和日本日清洋行 3 家经营的轮船公司几乎垄断了整个湖南内河航道，为在湖南发展经济打下了基础。

长沙开辟为商埠后，轮船从此自由来往于湘鄂间，洋货输入长沙，不再交纳子口半税，土货输入长沙，不再交纳厘金，于是，海关贸易蒸蒸日上。1905 年即长沙开关第二年，岳、长两关贸易总额达 640 万关平两，为光绪二十六年的 40 倍。光绪三十四年（1908）即达 1200 万关平两，较三年前更增加一倍。到民国元年（1912），达到 2830 万余两。民国二年，更超过 3100 万关平两，为光绪三十年（长沙开关）总额的 10 倍，为光绪二十六年（岳州开关之翌年）总额的 290 倍。12 年间，湖南贸易总额增速惊人。

开埠不久，日、英、德、美等国商人在长沙大西门至小西门一带开设洋行 17 家。这些洋行经营范围没有任何约束，也没有行业界限，大至开矿设厂，小至缝衣钢针，无所不有，以至于洋货充斥长沙市场。输入的商品以纺织品、五金制品、搪瓷制品、电器材料、化工产品、煤油为大宗，还有白糖、海味、药品等，均由长沙销往省内各城乡市场。1904—1911 年，长沙开埠的前 8 年，长沙海关进口洋货共

3388 万关平两；1911 年进口净值的 642 万关平两，比开埠当年增长 2.23 倍。洋货的大量倾销，逐渐排斥了土货，打击了长沙传统的手工业和新兴的工商业。

此时，长沙市场逐渐被各国分割。日本、英国垄断着纺织工业品和轻工业品，德国垄断着化工染料，英、美则垄断着煤油、香烟。专门为外商办事的买办商和承销商日增，到宣统元年（1909），长沙已有洋货号 40 余家。

洋商还以长沙为据点，大肆收购他们所急需的桐油、茶叶、猪鬃、皮毛、棕片、苎麻、湘莲、烟叶、五倍子和矿产品等。外销物资大部分是初级原料，价格低贱。长沙开埠后的进出口贸易是一种不等价的交换关系。例如，每百斤五倍子售价只能折合大米百斤左右，仅够采摘、加工、装箱的劳动工食，而回过头来，德英美等国向我输入以五倍子作原料的高价染料和高价药品。又如矿产品，由于湖南民族工矿业的衰弱，铅砂售给洋商，屡受抑勒。锑砂从前每吨价三百余金，跌至六七十金。正如当时进步思想家陈炽所说："外洋入口之货，皆工作所成；中国出口之货，皆土地所产。工拙相越，贵贱相悬，而中国之金银，山崩川竭矣。"

外国洋行的活动，对长沙市场乃至湖南省的社会经济起到了很大的分解作用，它破坏了自给自足的自然经济的基础，冲击了城市手工业和农村家庭手工业。西方国家大量工业品潮水般涌入湘省各地，长沙作为省城更是首当其冲，直接加速了长沙城乡的农业和家庭手工业等传统经济领域的分化和瓦解，传统的男耕女织的自然经济模式已日趋崩溃，湘省新兴的民族工商业亦深受打击，造成湘省大批农民和手工业者破产。以洋纱、洋布为例，从 1900 年至 1911 年，输入湘省的洋纱迭年激增，1900 年仅为 573 担，总值为 14838 关平两，到 1911 年已猛增到 52837 担，总值达到 1331446 关平两，十年内净增 89.8

倍，平均每年增加 5226.4 担；长沙关的洋纱输入量亦由 1904 年初开埠时的 3445 担，84786 关平两，猛增到 1911 年的 32696 担，825862 关平两，几乎为 1904 年的 10 倍。

自然经济的解体从客观上促进了长沙城乡商品经济的发展，给民族主义工商业的发展造成了某些条件和可能。长沙在开埠以后，逐渐成为全省农副产品、矿产品的集散转运中心和外来工业品转销口岸，发展成全国四大米市之首、长江中上游七大棉纱市场之一，灵官渡锑矿价格成了国际锑矿行情的晴雨表，长沙区域经济中心的地位得以确立。

外商以长沙为据点从湖南全省掠夺走了大量廉价的农副产品和矿砂等工业原料，但同时也促进了湖南自然经济向商品经济发展。开埠后，不少外商来长沙从事粮食贸易，或贩卖至粤、鄂、川等邻省，或转运外洋，1904 年半年中，经长沙海关出口的谷米即有 13.3 万石。此后，湖南当局曾禁运谷米出口，自民国初年解禁，出口又回升，增至每年 200 万石之巨，占全省年产的 8%。商业收购的活跃大大提高了农民种粮和其他经济作物的积极性。生锑、白铅等矿砂也是长沙开埠后的大宗出口产品，1904 年下半年即达 2 万担，价值约占同期出口总值的 50%。至 1908 年达到高峰。自开埠以来湖南对外贸易首次出现出超，出口超过进口 50 余万关平两。

随着进口的不断增长，湖南的土货出口也不断上升，其中以矿砂、谷米、茶叶、桐油、苎麻等农产品和矿产品为大宗。据海关统计，1911 年，湖南全省通过长沙、岳州两关输出输入贸易总值为 1864.77 万关平两（1000 关平两折合 1088.8 两省平银），其中长沙关为 1599.62 万关平两，占 85.8%，比 1904 年增长了 5.14 倍。谷米交易增长更快，1911 年长岳两关输出量为 188.37 万石，其中长沙为 107.93 万石，占 78%，比 1904 年增长 7.88 倍。谷米贸易的增长，带动了谷米加工业的兴旺，1908 年全城碓坊发展到 500 余家。

　　洋行在长的经营也带动了湖南矿产品、农副产品、土特产品和部分日用工业品的出口。如矿产品出口，日美等洋行就地收购出口的占到出口总额的 4/5，当地矿商自己直接出口的只占 1/5。1914—1918 年 5 年间长沙口岸出口矿产总值 3075 万关平两，是湖南矿业的黄金时代。长沙是湖南省农产品出口的最大口岸，如 1909—1933 年，从长沙海关出口的各种茶叶共 18.72 万担，占同期全省海关出口 32.13 万担的 58.3%。这一时期，湖南部分传统土特产品的出口也呈上升趋势。1922 年前后，鞭炮每年输出价值达 180 万关平两，出现了前所未有的好景况。1926—1929 年是民国年间长沙鞭炮生产的鼎盛时期。1926 年，仅从长沙海关出口的鞭炮就达 11.3 万担，价值 226 万关平两。长沙地区的土布生产虽受洋布的冲击，产量有所下降，但土布也有其洋布所不具备的优点，仍有大量出口，如 1918 年浏阳夏布出口达 485 万担，价值近百万关平两。长沙等地的土青布也深受外商青睐，据长沙、岳州两海关统计，1902—1933 年 32 年中，共输出纯棉布总值 402.86 万关平两，年均达 12.59 万关平两。

　　长沙的开埠也给湖南民族资本主义的发展带来了新的机会，使湖南民族资本主义进入了一个新的发展时期。据 1906 年《长沙日报》统计，1903—1911 年，即清末的最后 9 年，湖南共创建路、矿、厂、航企业 104 家，总投资 1707.4 万银元。比戊戌维新时期大为增长，其中绝大部分属商办性质，改变了陈宝箴当政时期以官办为主的状况。湖南一批爱国志士并没有屈服于帝国主义经济侵略的压力，就在长沙开埠当年，禹之谟将他在湖潭的"湘利黔"织布厂迁往长沙荷花池，并附设工艺传习所，生产各种棉织品和工艺品，在市场颇为畅销。湘省工业之发达，盖自此始。长沙的民族资产阶级也不甘心大批的初级原材料被外商贱价掠走。1908 年，梁焕奎、梁端甫兄弟将久通公司扩充改组为华昌炼锑公司，在长沙南门外西湖桥设立炼锑厂，开始提炼纯锑。1909 年由陈文玮、李达璋、饶祖荣 3 人发起组织的湖南电灯股份有限公司奏请"外务部转照各国政府，所有湘省电灯，概归本省绅商自办。外商不得仿设"，并获清政府允准。

这些公司的发起人成为长沙乃至湖南省最初的一批民族资本家。清末湖南资本主义生产方式的出现和资本主义经济的发展，不能不导致清末湖南社会阶级结构的这种新变化。除了上述大企业外，一些地主、绅士和商人，也投资兴办了一些中小企业，或附股于铁路公司和矿务总公司，成为它们的中、小股东，借此跻身于民族资产阶级行列。据记载，宣统二年（1910）前 10 个月，在湘路公司入股 1000 元至 5000 元的股东达 149 人，入股 500 元以上的多达数百人。随着湖南民族资产阶级的逐渐形成，管理他们内部事务，体现他们经济利益的团体也出现了。开埠前夕就设立了半官半商性质的湖南商务总局。1906 年正式成立了完全商办的商务总会。曾任淮盐公所总董的大盐商郑先靖、"急图抵制"外商创办湖南电灯公司的大商人兼产业资本家陈文玮、长沙交通业巨头龙璋分别任前四届总理（陈文玮当了二届）。可见，上层民族资产阶级利用其较高的政治、经济地位，控制了这一团体。1910 年又有湖南工业总会问世。这些机构和团体的先后出现，不仅反映了长沙开埠以后湖南民族资本主义得到了一定程度的发展，而且说明随之而兴起的民族资产阶级已经开始成为一种独立的力量，在社会上占有了一席之地。

长沙开埠以后，长沙民族工业的日用品及工艺美术品为了开拓国际市场，纷纷走出国门，参加各类国际性的博览会，赢得了声誉。如：

长沙开埠的第一年光绪三十年（1904）美国举行圣路易斯世博会，当时清政府对参展各省指令筹资办会，湖南的数额是银 4 万两（与江西、安徽、山东是同样的数额）。湖南的展品为茶叶和瓷器，获银奖一枚。

在宣统二年（1910）的南洋劝业会上，湘绣获得高度好评，言其人物"惟妙惟肖"，山水"浑笔墨于无痕，不审视不知其为绣画也"；次年又在意大利都郎博览会上获"最佳奖"。以后，湘绣绣品又陆续在日本的"大众博览会"、法国的"里昂赛会"和巴拿马"万国博览会"上展出，均受到国内外观众好评。

民国元年（1912）长沙工商业者彭次英、萧丽生等人集股白银18万两，在长沙六铺街创立了麓山玻璃公司，制品除煤油灯外，还有彩缸、花瓶、电灯罩等。1915年，其制品在美国旧金山举办的首届巴拿马太平洋万国博览会（以下简称巴拿马万国博览会）获一等奖。到1918年产品开始出口东南亚各国，据海关册载，年出口值达6万~7万关平两。

1915年，浏阳菊花石石雕艺人戴清升所雕的梅菊瓶和梅兰竹菊横屏展品，在巴拿马万国博览会上获金质奖，并被誉为"全球一"。1929年英皇二世受冕盛典庆祝大会上，中国政府赠送的菊花石工艺品，博得英国女皇和各国公使的高度赞赏。

1920年，丁鹏翥在长沙创建中国第一家羽绒企业——长沙市华新羽绒公司。"丁制鸭绒被"深受消费者的欢迎，远销中国香港、日本、英国等地，先后获工商部、农商部、上海市总商会的奖励。1923年，"丁制三层式被"参加巴拿马万国博览会，获"中国特产奖"。

1931年浏阳县张坊镇古山手工造书画用纸参加了巴拿马万国博览会。同年在南洋劝业会上，张坊古山的唐三祥、唐智祥纸商号分别获得金牌奖和银牌奖，浏阳县顺势成立了"古山造纸社"和"纸业协会"。从此，浏阳张坊镇手工纸销往全国各地，甚至远销东南亚诸国。

1933年在美国芝加哥举行的"百年纪念博览会"上，长沙锦华丽绣庄送展的一幅美国总统罗斯福的半身绣像，引起轰动，标价3000美元，美国有人愿以万元美金收购，时任湖南省主席的何键，授意以他个人名义赠送罗斯福，对方回赠奖金 6000 美元。奖金虽未到锦华丽绣庄，何键送的"誉满全球"金匾则高悬于绣庄门楼。从此，锦华丽湘绣"誉满全球"的声名在国内外广为传播。该绣品今藏美国芝加哥亚历山大博物馆。

潘岱青开设于长沙长康路的菲菲伞社所生产的"菲菲伞"，花型中西结合，绘有人物、山水、花卉、飞禽、走兽等国画图案，还印制潇湘八景、黛玉葬花、天女散花、嫦娥奔月等新花样，栩栩如生。在装饰上也别具一格，如伞柄加上油漆，并系以红绿等各种颜色的丝条，古香古色，既美观，又大方，深得顾客喜爱。并精制彩印包装盒以供作馈赠礼品之用和作出口商品的装饰。1936 年参加巴拿马万国博览会，获金质盾牌。盾牌曾悬挂在南阳街门市部，可惜毁于 1938 年"文夕大火"。

第七节　辐射大西南的长沙战时经济

1937 年至 1945 年全面抗日战争时期，长沙工商业遭受了两次大灾难：一次是 1938 年的"文夕"大火，二次是 1944 年的长沙沦陷。但这个时期长沙经济也经历了两次大繁荣：第一次是 1937 年至 1938 年"文夕"大火前的商业大发展，第二次是 1940 至 1943 年长沙轻纺工业的迅猛增长。长沙成为战时经济向大西南辐射的主要地区之一。

1937 年抗日战争全面爆发之初，长沙地处后方，沿海及沦陷地区人员、游资后撤，沪、汉、苏、浙等地部分工商户开始内迁，长沙是主要终点和中转站之一，长沙市的人口从 1934 年的 38 万骤增至 50 多万，使长沙商贸发展获得一次难得的机遇。1937 年长沙海关进出口贸易总值达 3707 万元，比历史上最好的 1936 年又增长 10%。当上海战事吃紧时，沪商急于脱货求现，长沙百货业大户"大德昌"、"大五洲"、"裕阜长"等，绸布业大户"大盛"等，乘机低价从沪杭大量进货，绕道宁波、温州、金华，再从湘赣公路内运长沙。或用沪轮海运广州，转运韶关，再自备汽车运长。不久上海、汉口相继沦陷，物价飞涨，沪汉产品奇缺，黔、川、滇、陕等省客商云集长沙采购，商贸活动盛极一时。如布面胶鞋当时充作军用品，销量很大，因此批发业务极为昌盛，"大德昌"、"大五洲"、"裕阜长"等大户，年营业额达 100 万元以上，其他中小批发号也在 50 万~80 万元之间。1938 年初，中国内衣公司开业，在八角亭兴建三层楼房，独揽内衣生意，日营业额达 2000 至 3000 元。"大盛"绸布庄的年营业额也创历史最高纪录，批发销售额达 200 多万元，门市零售额也达 120 万元。

由于人口骤增，长沙市场更趋繁荣，不仅绸布、百货、南货、湘绣、金银首饰等业顿时活跃，而且饮食服务行业更是盛况空前。餐馆分出中西两大菜系，各具特色和规模。著名的中菜馆有：经营粤菜的南国酒家、经营浙菜的中央酒家、经营川菜的又一村川菜馆，正宗湘菜馆曲园酒家，回民菜馆"李合盛"，专营素菜的"蔬香林"、"净竹林"等。西菜馆以司门口的"万利春"最为有名。饮食店除原有的面粉馆、茶馆门庭更加熙熙攘攘外，还新开有咖啡馆和饮冰室。夜市热闹非凡，沿街叫卖馄饨、烧饼、油炸豆腐、茶盐蛋、糯米饭的摊担通宵达旦，夏夜街头叫卖绿豆稀、酸梅汤的比比皆是。理发店有高、中、低档共 2700 多家，浴池有 10 余家，旅馆分有甲乙丙丁 4 个等级，多达 500 多户。

如此繁华的市井，可惜被蒋介石的"焦土抗战"政策毁于一旦。1938 年 11 月 12 日深夜震惊中外的"文夕"大火，造成长沙工商业的空前劫难，工厂被烧毁 40 多家，商业损失更为惨重。全市 190 多家碾米厂和粮栈仅存 12 家半，仓储 200 余万石大米有 190 余万石化为灰烬。绸布业损失约 300 万元，约占全行业资产的 80%。40 多家湘绣店所有绣品和画稿几乎连同店铺一同被烧毁。长沙工商业者流离失所，长沙商贸元气大伤。11 月 18 日，当时国民政府的主要报纸《中央日报》发表社论称："长沙近 30 年来，虽屡经兵燹，然以湘人活力之强，近年早复旧观，物资、人力欣欣向荣，全国都市中，充实富庶，长沙当居首要。百年缔造，可怜一炬。"随着救灾活动的推进和日寇 3 次进攻长沙的失败，长沙商贸活动逐渐恢复。到 1942 年全市商店恢复到 6000 余家，市场开始复苏，除百货业因政府禁止奢侈品入境，无多盈利外，其余绸布、颜料、染织、卷烟、南货等业盈利均在数十万元至百万不等。但战时长沙市场始终没有恢复到"文夕"大火前的水平。

1938—1940 年，湖南工厂总数仅次于四川居全国第二位。湖南省政府对沿海沿江工业内迁持积极支持态度，第九战区司令兼湖南省主席薛岳将第九战区和省粮政局结余经费 1380 万元，全部拨交省建设厅和教育厅，充作发展生产和教育的经费，并以贷款和补助等方式资助工厂内迁，1939—1942 年就补助迁湘各厂 166 万元。大批企业迁湘不仅给湖南带来了大批富有先进技术和经验的技术人才，而且带来了先进的生产方式和管理方法，促进了湖南近代工业的发展。再加上当时湖南公路网已四通八达，东联浙赣，西达川滇，粤汉、浙赣、湘桂铁路相继开通，使长沙成为西南各省的交通枢纽和大后方的物资集散中心。长沙运输行再次进入繁盛期，"永福隆"、"南通"、"同安"、"建安"、"信丰"等运输行阵营都十分强大，业务日趋繁忙。运输路线有长沙至金华的浙赣线一段、长沙至曲江的粤汉线一段，长沙为总枢纽，而金华、曲江、桂林、衡阳、湘潭等地都有长沙运输行的分支机构。战时陪都重庆商业更盛，长沙与重庆之间的运输量激增，由于公路运输在运价上不合算，于是改由长沙水运津市，转陆路至湖北三斗坪，再从长江用民生轮运渝。1939 年苏、浙、皖等省疏散来长的船主，组成苏、浙、皖轮驳事务所，参与了这种湘渝水陆联运。1940 年招商局和民生公司又合组了川湘水陆联运管理处。同年湖南省驿运管理处成立，开办战时驿运。1943 年招商局又开办了湘水与粤汉、湘桂两铁路的联运业务。

战时湖南的购买力大大超过全国其他省份。1942 年是抗日战争爆发以来购买力最低的一年，若以 1937 年全国平均购买力为 100，到 1942 年湖南为 86，四川为 82，广东为 81，陕西为 69，福建为 45，湖南仍为最高。

人口的增加，沪厂的内迁，民用需求的激增，促使长沙轻纺工业迅速发展。省建设厅在长沙设立产业工人登记处，介绍熟练工人和科技人员到各企业工作。中国工业合作协会亦在长沙设事务所，登记有生产技能的工友，在近郊组织纺纱、织布、针织、制伞、泥木、制革、化学等工业合作社，救济失业工人，致使长沙就业人数大增。首先是纺织工业的大扩展，据民国湖南省银行经济研究室编《湖南之花纱布》记载，抗日战争时期，"黔、桂、粤诸省，均有赖于湘产土布之接济，乃先后与湘省当局合组土布产销调节机构，以利购运。川、滇两省，亦赖湘产土布部分接济"。《三十一年度（1942）湖南经济素描》记载，长沙市当时有木织机 4000 架，铁织机 100 架，年产布达 1600 万码，年产值达 958 兆元（法币，下同）；针织业，有 74 家，资金 5000 万元，各种织机 3700 部，从业工人 5000 人，年产袜 110 万打，价值 350 兆元；棉纺业，城乡有纺纱车 10 万架，年产纱 8.5 万担，从业人员达 12 万人；染织工厂 176 家，资本 2 亿元，从业工人数千人，"产品价廉物美，畅销滨湖各县"。

长沙战时另外两个上规模的行业是烟草业和皮革业。战争爆发后，沿海各机器卷烟厂相继停厂，烟价上涨达 500 倍，因而各地手工卷烟风起云涌。长沙组织完善的烟厂多达 56 家，资金 3000 万元，从业工人 4000 人，每年产烟 3 万箱，产值 450 兆元。抗战初期，华北、华东的皮革工厂内迁，加上军用皮革制品的需要量激增，长沙皮革工业有所发展，制革从业人员达 500 余人，皮鞋、皮件从业人员达 1800 多人，年产皮鞋数万双。

1943 年 5 月 5 日，长沙手工产品展览会在又一村民众俱乐部隆重开幕。大会由市长王力航讲述此次筹备经过及展览意义，谓"此次展览是工商业的总检阅，没有这次的大会，根本不明瞭长沙工业的伟大"。次由重庆国民政府社会部督导吴东旭致词，经济部资源委员会技正皮名振演说。展览会展出织染、百货、皮革、竹器等 34 个行业的产品 2000 多种，购买者踊跃，贵州、重庆等外省商人也来长采购，在全国引起较大的反响。1943 年 5 月 6 日湖南《国民日报》报道说："吴东旭、皮名振二先生都是刚从军队来的。吴先生此次是负责考察各工商团体，皮先生是回到老家。他们知道今天是手工业产品展览会开幕的日期，特莅临参加。两氏均系本省人士，皮先生还是长沙人，离开家乡很久，这次回来，给予他们最深刻的印象是本省的政治和经济的突飞猛进，一日千里。吴先生说：'没有参观这个展览会以前，不知长沙经济潜伏力的伟大。就是与现在重庆的轻工业产品相比，除了产量之外，产品的质地光泽都不相上下。这种成就可以说是引人。'皮先生除了有同样感觉之外，还郑重地说：'谁能相信经过一度大火、三次会战的长沙，还有这么优秀的手工业存在呢。'"

长沙及整个湖南战时经济的繁荣，对支援前线，安定后方做出了巨大的贡献。长沙烟草业支撑的卷烟专卖税，1940—1944 年居全国第一。在整个抗日战争中，湖南支援前线的粮食超过 5000 万石，与四川、河南同列为全国贡献粮食最多的省份。薛岳在 1944 年 3 月召开的全省行政会议上也说："湖南对国家贡献居全国之冠。每年除供军棉 7 万担，军布 300 余万匹，军粮 1000 万石外，尚须接济邻省更大更多之需求。"

1943 年 5 月 5 日《国民日报》特刊

长沙战时经济虽呈现一派繁荣，但基础仍是十分脆弱的。战时长沙工厂虽为数众多，但多系民营小厂，据对长沙等 5 市县 133 家工厂统计，平均每厂只有工人 36 人，且资金少，设备简陋，手工作坊比重大。加之国民政府在抗日战争后期实行统购统销、加重捐税和通货膨胀三大政策，工商业者不堪重负。如 1944 年棉纱每包成本为 1.5 万元，官方统购价只有 1.2 万元；所得税和利得税比上年度上涨 30 倍；法币发行额比 1937 年增长 45 倍。面对如此坑民政策，到 1944 年上半年日军尚未攻陷长沙时，城内半数以上企业即已自行停业。6 月长沙沦陷，战争造成长沙商业损失达 5441.75 亿元法币；工商业者纷纷逃离家园，疏散于川、黔等地，辗转流离，长沙市场复趋衰落。

第三章
湖湘文化　独步天下

第一节　江南的青铜文明中心

青铜时代是人类社会发展的重要阶段，表明告别了野蛮社会，进入了文明社会。史书一直认为：我国青铜文化以中原为中心，萌芽于夏代，鼎盛于商周。青铜文化不过长江。楚国势力过江前，江南包括长沙在内是"蛮荒之地"。

考古发现，楚国势力是春秋晚期进入长沙地区的。也就是说，长沙地区在商代西周时期是"蛮荒之地"。果真如此吗？随着宁乡黄材及其周边大量晚商西周青铜器的出土和炭河里遗址的发现，打破了青铜文化不过长江的历史定论，标明宁乡黄材存在一个青铜文明中心。

文字记载，宁乡出土商周青铜器最早是道光十六年（1836）一汤姓人在朱石桥集镇后园挖出的三件青铜编钟；其次是道光二十四年（1844）五月十九日沩山山洪暴发冲出的一件周瓠棱壶。遗憾的是，今人已不知其踪迹。

宁乡商周青铜器开始引起世人的注意是民国二十七年（1938）

春，黄材镇月山铺（现龙泉村）农民姜景舒兄弟，在转耳仑掘获了四羊方尊。方尊后被镇上万利山货号的老板以 400 块大洋购得，再由赵毓湘、张镜祥等几个长沙古董商行的大玩家以一万块大洋的价格联合收购。赵毓湘等人正将其寻求出售时，被人告密。四羊方尊最后被长沙县政府所收缴，并上交给了当时的湖南省政府。这在当时是一条惊天的新闻。当年 8 月 27 日的长沙《力报》、《国民日报》、《观察日报》等报刊登了中央社的一则消息——《宁乡黄材发现周代古鼎》。《长沙市民报》等传媒纷纷以"赵毓湘私运古物拘案讯办，宝物充公保存"等为题报道此事。一时间沸沸扬扬，四羊方尊一下子举世皆知。四羊方尊现藏中国国家博物馆，是商朝晚期青铜礼器，被史学界称为"臻于极致的青铜典范"，位列十大传世青铜国宝之一。作为商周青铜器的代表，四羊方尊一直被选入中学历史教科书。

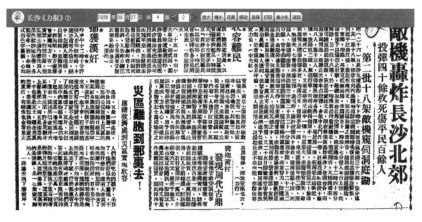

1938 年 8 月 27 日长沙《力报》刊登《宁乡黄材发现周代古鼎》

此后，在宁乡黄材及其周围一带陆续发现了一大批造型独特、纹饰精美、铸造工艺精湛的商周时期青铜器。反响较大的有如下发现：

1959 年，黄材水库建设大军在寨子山（现属黄材镇炭河里村）

取土时挖出了 1 件商代晚期兽面纹铜瓿，内贮 224 件铜斧。这是目前宁乡出土青铜器最多的一次，现所有铜器均藏湖南省博物馆。同年，黄材公社胜溪大队（现黄材镇石狮庵村）新屋湾台地上出土了商代晚期青铜人面纹方鼎。该鼎系目前所见唯一以人面作为主体装饰的青铜方鼎，现藏湖南省博物馆。同年 10 月 27 日（古历九月二十六），枫木桥公社船山大队（现灰汤镇杏村）毛栗冲生产队社员喻生桂在师古寨北坡发现 5 件商代青铜铙。其中 3 件藏湖南省博物馆，其余 2 件由中国国家博物馆和中国军事博物馆分藏。

1962 年 4 月，黄材公社粟山大队（现黄材镇炭河里村）张家坳上农民张运香在水塘湾挖土时发现了青铜兽面纹分裆鼎，内有"己□"铭文二字。"己"字反写。鼎现藏于湖南省博物馆。

1963 年 5 月 17 日，黄材公社寨子大队（现黄材镇炭河里村）农民姜伏宗在炭河里旁塅溪河口发现 1 件青铜兽面纹提梁卣，内铸"癸□"二字。同出玉珠、管等 1174 件。卣及玉器现藏于湖南省博物馆。

1970 年 2 月 20 日（古历正月十五），黄材公社寨子大队（现黄材镇炭河里村）炭河生产队组织社员在王家坟山一个小山丘上开荒时，社员姜太平挖出商代青铜器凤鸟纹"戈"卣，内贮各种玉器 330 件。卣及玉器总重 13.5 公斤。该卣入选我国于 1973 年发行的《文革期间出土文物》邮票（面额 20 分），现藏于湖南省博物馆。

1973 年 2 月，黄材公社寨子大队（现黄材镇炭河里村）三亩生产队农民邓福奎建房时，帮工邓国军、邓佑明取土作砌泥时发现 1 件商代云纹铜铙。同出有铜刮刀、玉环及各种佩饰等 70 余件。铜铙现藏于湖南省博物。

1974 年，唐市公社古香大队（现老粮仓镇江花村）戴命昂、戴石冬、戴军才、刘定明、邓春林等 5 个小孩在第四生产队陈家湾附近担子大丘田埂里发现 1 件兽面纹铜铙。铜铙现藏于湖南省博物馆。

1975 年 3 月，在五里堆公社坝塘大队（现沙田乡五里村）戴家生产队出土一件西周铜钟。铜钟现藏于长沙市简牍博物馆。

1976 年 1 月，黄材公社葛藤大队（现黄材镇石狮庵村）农民刘腊梅在木梆子山挖居民点地基时发现商代晚期兽面纹铜瓿。铜瓿现藏于长沙市简牍博物馆。与铜瓿同时出土的还有青铜戈、青铜镞、青铜矛等，均埋藏在一个不规则的坑内，惜已散失。

1977 年底，老粮仓公社毫明大队（现老粮仓镇望江村）寺山冲生产队社员在望峰大队北风滩修公路时，发现两件商代晚期铜铙。两件铜铙现藏于湖南省博物馆。

1978 年 1 月，回龙铺农民在洋泉河边取土时发现西周早期夔龙纹提梁卣。卣现藏于长沙市简牍博物馆。

1983 年 6 月下旬，月山公社龙泉大队（现黄材镇龙泉村）茶园生产队社员张建新在挖土时发现一件商代晚期象纹大铜铙，重 221.5 公斤。该铙是我国目前发现的最大铜铙，被誉为"中国铙王"。铜铙现藏于长沙市博物馆。

1993 年 6 月 7 日，老粮仓乡红敖村农民李和平和枫木桥乡枫木村农民罗均桥在老粮仓师古寨南坡发现商代晚期铜铙 10 件，其中 9 件即"乳钉云纹编铙"。铜铙现均藏长沙市简牍博物馆。同年 8 月 14 日，枫木桥乡双井村（现灰汤镇枫木桥村）村民喻象孙、张国清在老粮仓师古顶发现两件铜铙。出土后，其中一件上缴到宁乡县文物管理所，现藏于长沙市博物馆；另一件贩卖到深圳，后被公安部门追回，现藏于炭河里青铜博物馆。

1996 年 7 月 11 日，横市镇滩山村（现云山村）金塘组村民李建华、刘文彪在该组红砖厂挖掘出一件商代兽面纹提梁卣。提梁卣现藏于炭河里青铜博物馆。

2001年6月16日，黄材镇黄材村划船组中学生苏学明和小学生沈雷、曾佳期、姜健在炭河里附近的沩水河里游泳时发现了商代兽面纹大铜瓿。铜瓿现藏于炭河里青铜博物馆。

除此之外，存世青铜器中有两件虎食人卣，造型取虎与人相抱的姿态，立意非常奇特。一件藏于日本京都泉屋博物馆，一件藏于法国巴黎赛努施基博物馆。相传二十世纪二十年代出土于宁乡沩山与安化交界处。

还有一件西周初期青铜器——"𩰬父乙"窝纹罍，二十世纪三四十年代出土于毛公桥乡游草塘村（今属老粮仓镇）。发现人姜寄君于1981年将其赠送给女婿余临昌，余将铜罍寄存在益阳市泉交河镇的姐姐家。1989年3月，铜罍被小偷盗走并交给了益阳市博物馆。为了这件铜罍的归属，余临昌从1990年11月开始，与益阳市博物馆进行了长达二十多年的诉讼之路。2005年5月13日中央电视台《今日说法》栏目就讲述了这个《难断青铜罍》的案例。直到2015年7月，湖南省高院终审判决：铜罍最终归国有。"全国首例个人向国有博物馆索回出土文物占有权案"终于画上句号。

宁乡出土的青铜器主要集中在三处神秘之地：一是老粮仓与枫木桥交界的师古寨。此寨海拔仅300余米，北连望北峰，南接白石寨。自古流传民谣："大坳套小坳，金银十八窖，窖窖十八块，块块十八斤。"1959年以来，此处分三次出土了共17件商代大铜铙。二是黄材镇龙泉村的转耳仑。转耳仑山势比师古寨幽深高峻，山形颇似人耳，北低南高，南接仙台山，北望城墙大山。举世闻名的四羊方尊和"中国铙王"——象纹大铜铙均出土于此。据说1997年此地两次被盗挖，一次出土2件铜铙，另一次出土3件铜铙。两案均已破，但铙未追回。三是黄材盆地的炭河里。炭河里是塅溪与沩江汇合处的一段三角河洲地带，曾是木材集散地，颇为热闹。有顺口溜云："炭河里，扎木排，一锄挖出宝贝来。"据当地说，新中国成立前出土过"九奶钟"（实为商代铜铙）和"大铜盆"。新中国成立后在此及其附近陆续出土了商周青铜器 300 余件。

现存世的宁乡商周青铜器达近 400 件。其中四羊方尊、人面纹方鼎、虎食人卣、象纹大铜铙、兽面纹提梁卣、兽面纹大铜瓿等均体现了我国商代青铜文化高度发展水平。随着出土的增多，宁乡商周青铜器逐渐引起了专家学者的高度关注。发现其具有如下特点：

一是在形制上非常独特。如各种纹饰的大铜铙，在宁乡境内出土30 多件，其中老粮仓一次出土 5 件、一次出土 10 件。这在全国是非常罕见的发现。它们形体非常厚重，一般高 80 厘米左右，重约 80 公斤，其中月山铺出土的大铜铙，重达 221.5 公斤。如四羊方尊，造型非常奇巧，它以四只羊身组成器身，尊的肩部四角以立体羊首装饰。又如虎食人卣以一立虎为造型，口内衔一人。这些青铜器的造型，非常生动，而且也很写实，与中原地区出土的同类青铜器所表现的庄严古朴具有明显不同，更显得清新秀丽。

二是在纹饰上具有别样风格。如人面纹方鼎运用写实手法，以四个浮雕的人面作为主要器身装饰，在其他地区出土的商周青铜器中见所未见。大铜铙上的纹饰除个别饰以云纹装饰外，其他都以断面作半圆形的粗线条组成饕餮纹，这种纹饰风格在中原商周青铜器中也未见过。

三是在冶铸上显得特别精致。如四羊方尊、虎食人卣、人面纹方鼎等，在铜、锡、锌的含量比例上与中原地区青铜器有所不同。其冶铸技术非常精湛，体现了中国古代青铜器工艺的最高水平。

然而，宁乡青铜器中还有一部分带有中原文化因素，甚至有的形制和纹饰风格完全同于中原地区同类器者。如"♦父乙"窝纹罍、"癸"卣、"♦戈"卣、云纹铙等青铜器。

宁乡青铜器是何人何地铸造？原材料从何而来？冶炼遗址在哪？青铜铸造技术从何而来？宁乡青铜器中比较精美的或比较抢眼的，大多数铸造年代应该是商代末期，为什么宁乡青铜器铸造技术西周时期比商代末期出现了巨大退步？这一系列问题，构成著名的"宁乡青铜器之谜"，困扰了几代考古专家和历史学家。

"宁乡青铜器之谜"的实质就是来源和文化属性问题。关于其来源，专家学者历来有外来说和本地说两种观点。外来说认为：宁乡商周青铜器是外地流入。理由是本地没有铜矿，现在也没有发现铸铜窑址。本地说认为：宁乡商周青铜器是本地铸造。理由是宁乡部分青铜器与中原等外地具有不同纹饰风格；况且，重达221.5公斤的象纹大铜铙如果系外地铸造，在当时交通极不方便的商周时期难以运至此地。

"宁乡青铜器之谜"随着炭河里遗址的发现和发掘，取得了重大突破。炭河里遗址位于湘江下游支流——沩水上游的黄材盆地，隶属于湖南省宁乡县黄材镇炭河里村。黄材盆地地处雪峰山脉东北麓，是沩水上游一个面积近千万平方米的山间盆地，中央地势平坦，三面高山环抱。盆地略呈椭圆形，东西长、南北窄。盆地中央为冲积平原，地势平坦，海拔约115米，周围被相对高度200米以上的高山环抱。塅溪、胜溪、蒿溪等几条小河分别从北、南、西三面冲出山口在盆地西部汇入黄材河，炭河里遗址正处在黄材河、塅溪、胜溪三条小河交汇处的北岸，属河流一级阶地。1958年修建黄材水库后，在盆地周围台地、低山和河滩等处陆续出土的商周青铜器已300余件，是湖南境内出土商青周铜器最密集的地区。

炭河里遗址发现于1963年。当年5月17日涨大水后，农民姜伏宗在炭河里附近河中发现1件青铜器——兽面纹提梁卣。姜将其上交至湖南省博物馆。7月初，湖南省博物馆派考古部主任高至喜前往当地调查，发现了该遗址，同时确定遗址的年代为商周时期并认为遗址与周围出土的商周青铜器有关。

1973 年，湖南省博物馆有关人员对炭河里遗址进行小规模发掘，发掘面积不足 20 平方米，所获遗物不多，但认为遗址的年代为商末至西周早期。1994 年夏，湖南省文物考古研究所会同长沙市文物工作队、宁乡县文物管理所等单位，并聘请湖北省沙市博物馆专业人员为技术指导，对遗址进行了重新调查，为后来进行科学发掘奠定了基础。

2001 年，经国家文物局批准，湖南省文物考古研究所对遗址进行了第一次正式挖掘。此次发掘面积不大，但发现大型土台建筑遗迹，确定其为商周时期古文化遗址。2003 年冬至 2005 年春，湖南省文物考古研究所又接连对该遗址和古城外墓葬进行了两次大规模发掘，揭露面积共计 3000 平方米，出土了大量文物，取得了丰硕成果，确认该处是一处西周时期的古城址。这一重大发现，找到了宁乡商周青铜器考古学上的"主人"，被评为 2004 年"全国十大考古重大发现"之一，为揭开久负盛名的宁乡青铜器之谜提供了重要的考古依据。炭河里遗址也因此于 2006 年被公布为全国重点文物保护单位。

关于宁乡商周青铜器和炭河里古城的文化属性，当今学术界主流观点是"殷遗民南迁说"：炭河里遗址所处的黄材地理位置偏僻，虽然在日用陶器方面以本地文化传统为主，但在宫殿建筑、墓葬葬玉和仿铜陶鼎等方面却显示出深受商文化礼制的影响。出土的青铜器中有许多带有中原风格，认为它们只可能是作为一个整体在较短的时期内集中由一定规模的外来迁入者带来的。据此推测，周灭商前后，因受到强大的周王朝势力压迫，一些殷遗民被迫南逃至此。同时，炭河里考古学文化构成中明显有一些可能来自于江汉平原、鄂东南、赣西北地区的因素。据此推测，在周初周人用兵汉水，分封诸侯的大背景下，江汉地区的豪族大家跟随殷遗民也一起南逃至此，他们的人数甚至可能超过了殷遗民。殷遗民及江汉地区的土著势力与当地土著势力融合，建立了以炭河里城址为中心的政治实体。

然而，有部分学者并不认同"殷遗民南迁说"，认为是古三苗国创造了灿烂的青铜文明。

执"三苗"说的专家认为：执"殷遗民南迁说"观点的专家没有对宁乡商周地方型青铜器的来源给出令人信服的解释。有两类宁乡商周青铜器从未在中原等地发现过，即大铜铙（如云纹铙、兽面纹铙、乳丁纹铙、齿纹铙等）和现实生活中存在的动物造型类青铜器（如四羊方尊、虎食人卣、人面纹方鼎等），它们属典型的地方型青铜器。

关于大铜铙，持"殷遗民南迁说"的专家认为："湖南的大铜铙应该是（以炭河里古城为中心的）本地产品，但铸造年代主要为商末至西周时期。"就是说，它们应该是殷遗民及江汉地区的土著势力南下到宁乡后铸造的。然而有专家却认为，兽面纹铙铸造于殷墟二期；云纹铙铸造于殷墟三四期。当然专家观点不同，可理解为见仁见智。但1983年出土在宁乡黄材龙泉村距四羊方尊出土地仅250米处的象纹大铜铙，当时窖藏现场基本没有破坏，窖内填土中发现大量商代遗物，铜铙是处于商文化层中，从而可以确定该铙系在商代埋藏，其铸造年代当然在商代。

关于动物造型类青铜器，到目前为止在中原地区出土的青铜器中非常少见，而宁乡及其周边出土较多，大多数学者认为它们产于湖南，其中四羊方尊、虎食人卣、人面纹方鼎等青铜器铸造年代为商代晚期。持"殷遗民南迁说"的专家认为"本组铜器的造型特征虽在殷墟等地出土商代铜器中少见，但它们的装饰风格和铸造工艺却与殷墟铜器一致"，应该与殷遗民有关。虽"不敢肯定这类铜器到底产于何地"，但"如果年代为商代晚期，则肯定不是在湘江流域铸造"。"当然还有一种可能，即它们是商末周初殷遗民南迁湘江流域后在本地铸造的"，"将本组铜器的铸造年代断为西周早期也并无大碍"。就是说，这些精美的青铜器，要么是殷遗民南迁时带来的，要么是殷遗民南迁后在湘江流域铸造的。

推测四羊方尊、人面纹鼎、虎食人卣等青铜器可能是殷遗民南迁后在湘江流域铸造的，其年代为西周早期，实在太过勉强，尚无任何证据。那么，如果确认它们为商代铸造，就一定是殷遗民南迁带来宁乡的？宁乡商周青铜器在出土环境上存在一个特殊现象，即大多是出于窖藏，埋藏浅，且多出在山顶、山腰、河岸。专家由此分析是当时奴隶主贵族祭祀江湖山川的遗物，说明宁乡商周青铜器的主人应具有独特的祭祀文化或宗教信仰。这些青铜器，据专家考证它们的铸造年代为殷墟二期，说明这个族群当时已具有成熟的青铜铸造技术。从殷墟二期至商周之际至少上百年，如果它们是殷遗民南下带来的，那么在中原应该存在一个像宁乡一样的地方，窖藏有许多精美的商代动物造型类铜器。然而这个地方至今尚未发现，说明宁乡动物造型类青铜器应非来自中原。

发掘简报认为炭河里遗址是西周时期城址。然而宁乡出土了许多晚商地方型青铜器，尤其是象纹大铜铙确认系商代埋藏，使人不得不怀疑炭河里遗址的断代可能有误。据考古发掘，炭河里古城址外有一条壕沟，开口被西周文化层叠压，与城墙方向一致，应是修建现存城墙时取土形成的。由此分析，城外壕沟为西周文化层所压，而壕沟和城墙是同时形成的，则城墙亦为西周文化层所叠压，表明城墙年代应早于西周文化层。这种上下地层关系，证明炭河里古城的城墙建筑年代要早于西周。既然早于西周，其始建年代至少可早到商代晚期。城墙与最早的大型建筑年代应该相当。因此，城内早期大型建筑至少建于商代晚期。再者，炭河里遗址出土的陶器中有部分带有中原地区商代晚期的特征性文化因素，这些陶器是易损器物，不可能来自遥远的中原，所以除能证明炭河里古城内生活的族群受到了中原文化的影响外，也可证明它始建的时间至少早到了商代晚期。

执"三苗"说的专家得出的结论是，炭河里古城与周边出土的青铜器年代完全吻合。在以炭河里为中心的政治集团势力范围之内应该存在一个尚未发现的商周时期青铜铸造遗址。

据史籍记载，长沙之地夏属三苗。但三苗后来神秘消失。著名历史学家谭其骧先生认为商代时三苗已不存在了，他主编的《中国历史地图集》中的商图就不见三苗之踪迹。

进入商周时期，长江之南的三苗是否存在，姑且不论。距黄材不到20公里的老粮仓镇与枫木桥乡交界处有一座叫"师古寨"的山，山的西北面为老粮仓，东南面为枫木桥。1959年、1993年先后在此共发现了17件商代大铜铙。关于铙的用途，专家认为"可用于军旅，类似铜鼓，击鼓山顶，足以号召部队，指挥军阵，而且也可用祭祀宴享"。据此分析，师古寨是"师法古人"之地，也就是祭祀祖先的地方。

师古寨所祭祀的祖先应是蚩尤。一是师古寨又名羊角寨，据《路史》云，蚩尤姓"姜"，而"姜，从羊"。二是从师古寨周边有许多以枫木、枫树的地名（如枫木桥、枫树湾、枫树塘、枫树坳），不难想象当时该山及其附近生长着许多枫树。《山海经·大荒南经》载："有宋山者……有木生山上，名曰枫木。枫木，蚩尤所弃其桎梏，是为枫木。"至今，湖南、贵州等地的三苗后裔——苗族一直崇尚祭"枫神"，崇拜枫木树。

师古寨与炭河里相距如此之近，应该就是炭河里城址的主人在此祭祀祖先蚩尤。这群蚩尤后裔当为商周时期生活在黄材一带的族群，而当地夏代生活族群是三苗，所以炭河里古城的主人（土著）肯定是夏代三苗的后人。

史书记载"湖南境内苗、瑶民族最初的渊源，完全可以追溯到三苗集团"，也就是说，今天湖南境内苗、瑶民族是三苗后裔。毫无疑问，他们也是炭河里古城主人（土著）的后裔。假如三苗商周时期不再存在，创造炭河里古文明的族群一定有新的族名。然而，关于三苗的记载，仅先秦至汉代就多达数十种，却难见历史相对并不遥远的这一新民族片言只语。是古人的疏漏，还是今人的误会？后者的可能性大！

有学者研究认为：所谓"国"，应是商周时代（才出现）的概念。而许多古典文献记载"三苗"，称之以"国"。如《山海经·大荒南经》："三苗国在赤水东，其为人相随。"《通典》曰："潭州古三苗国之地，自春秋以来为黔中地。"《太平寰宇记》云："岳州，古苍梧之野，亦三苗国之地。"又云："岳州，南邻苍梧之野，古三苗国也。"《元和郡县志》云："岳州本巴丘地，古三苗国也。史记三苗之国左洞庭、右彭蠡。"这透露出一个信息：商代三苗是存在的。

《名义考》云："三苗建国在长沙，而所治则江南荆杨也。""三苗建国在长沙"说明三苗将都邑建立在长沙地区，"所治则江南荆杨也"说明三苗当时势力范围包括了长江以南的荆州、扬州地域。《名义考》成书于明代，当时的宁乡黄材属长沙府。在明代长沙府境内，目前发现的古方国遗址唯有炭河里。所以，三苗建国在长沙，其都邑应就是炭河里古城。

据《后汉书·西羌传》载："西羌之氏本出自三苗，姜姓之别也。其国近南岳。"宁乡黄材距南岳仅一百五十多公里，与"炭河里古城就是三苗国都邑"的结论也相吻合。

执"三苗"说的专家由此得出的结论是：三苗在西周时期依然存

在，并至少在晚商时期由部落联盟变成了一个国家。炭河里古城是三苗国晚商西周时期的都邑。

只要宁乡商周青铜铸造遗址不被发现，关于宁乡商周青铜器的来源和文化属性还将继续争论下去。其实不管外地说还是本地说，学术界对晚商西周时期的宁乡黄材是江南的一个青铜文明中心达成了共识。因为青铜器、文字、城址是人类文明社会的三大标志，也称为三大文明要素，而以黄材炭河里遗址为中心的 2 公里范围内出土了许多有铭文的青铜器。

第二节　文人骚客的"流放之地"和江南的文化中心

唐代以前，长沙地处偏远，地理环境闭塞卑湿，经济不甚发达。自古以来，即为失意文人谪官的流寓之地。故此，唐代以前，对长沙文化的贡献主要系流寓长沙的文人骚客所为。唐代起，长沙经济文化有了长足发展，与此同时，长沙本土人才也脱颖而出，闪耀光芒，长沙遂成为江南的文化中心。

一、屈子怀沙，以身殉志

屈原（前340—前278），我国古代伟大的文学家，出生于战国时楚国丹阳（今湖北宜昌）的一个贵族世家，居乐平里。芈（母系姓氏）姓，屈（父系姓氏）氏，名平，字原。周慎靓王元年（前320），出任鄂渚县丞。翌年，升任楚怀王左徒。得楚怀王信任，忙于楚国的内政外交工作。任内数年，主张合纵抗秦，并忙于变法改革并制定出台各种法令。五年后于周赧王元年（前314），遭上官大夫进谗言及公子子兰等贵族的嫉恨诽谤而见疏，被罢黜左徒职务，转任三闾大夫（负责楚国土族三姓子弟的教育之职）。第二年（前313），复遭罢免，被流放于汉北地区。次年（前312），恢复三闾大夫职并奉楚怀王召出使齐国，其任务为缔结齐楚新联盟。但屈原使齐毕归郢都后（楚国都城，今湖北江陵县），即被楚怀王疏远。因不能参与朝政，遂居郢都设坛教学，教习三闾子弟。周赧王十一年（前304）因反对与秦订立黄棘之盟，而于楚秦订盟后复遭放逐于汉北地区。其间，他曾多次回郢都进国策之言，均未获采纳。前299年，怀王被囚，三年后，客死他乡。前298年，顷襄王即位。前296年，屈原被免去三闾大夫之职，放逐江南荒僻地区。他从郢都出发，先到鄂渚，然后入洞庭，前295年，到达长沙。此后的十多年，他一直在湘沅地区过着流放生活，直到去世。流放，对屈原的政治生涯，是极大的不幸，但对湖南这片土地而言，却是大幸：三湖四水有幸接纳了这位不朽诗人，并以楚地特有的山川灵性，以及文化的厚重沉淀哺乳和抚慰诗人的灵魂，为诗人提供了丰富的文学素材并激发其创作灵感，促使他专注地从事文学创作活动。流放期间，他创作了大量的优秀文学作品，并以《离骚》、《九歌》、《九章》、《天问》等诗篇，成就了他在我国文学史上的不朽地位。前278年，秦将白起攻破楚国郢都，屈原获此消息，在写成绝命诗《离骚》后，于农历五月五日抱石投汨罗江自尽。屈原去世后，归葬于汨罗山顶（今汨罗市城北玉笥山东5里处）。

屈原流传下来的作品，根据汉代刘向、刘歆父子的校定及王逸的注本，有25篇。据郭沫若的考证，为23篇。其中《九歌》（此处"九"非实数，乃泛指多数）11篇，《九章》9篇。《离骚》、《天问》、《招魂》各1篇。大体说来，《离骚》、《九歌》、《天问》可作为屈原作品的三种类型的代表。

《离骚》全诗2400字，是我国古代篇幅最长的一首政治抒情叙事诗，是屈原以自己的理想、痛苦、热情乃至整个生命所熔铸而成的宏伟诗篇。它无论从篇幅结构的鸿篇巨制上，还是从内容的情感迸涌、深沉上，都是一篇后人无可企及的伟大作品。该诗奠定了屈原在我国古代文学史上"诗歌之父"的不可动摇的地位。

关于《离骚》的题解，前人有多种解释。笔者认为"离"（"離"）即"罹"。"离"为会意字，从网从隹，本义为"鸟入网中"。"罹"从网从隹从心，与"离"形近，音同义通，其义为遭受患难。但"离"可以反义解释为"逃脱罗网"，即"离开"之义，且成为"离"字的常用义，而其本义则趋于生僻。于是，用于"遭难"之义的"离"，就被"罹"字代替了。因此，"罹"或许为"离"的区别字。"骚"义为"忧伤"，"离骚"即"遭受忧伤"之义。《离骚》的创作年代，可谓千古悬案。先是汉代司马迁给出了两种说法：一是遭怀王疏远之时（《史记·屈原贾生列传》）；二是遭怀王放逐汉北之时（《史记·太史公序》："屈原放逐，著《离骚》"）。现代有学者认为系创作于屈原遭顷襄王放逐江南之时（游国恩《屈原作品介绍》："《离骚》作于顷襄王朝再放江南之时"）。近几十年来，众说纷纭，莫衷一是。（2017 年 7 月 15 日《光明日报》：周秉高《〈离骚〉写作年代新探》一文仍认为《离骚》创作于屈原遭怀王疏远之时。）目前，由于缺乏可靠史料，我们只能就文本出发，从《离骚》本身的内容及辞句的分析来推断其写作年代。怀王放逐屈原于汉北时，屈原尚是风华正茂之年。而《离骚》中"老冉冉将至兮"之诗句，恰恰表明了《离骚》创作时系屈原晚年。（《说文》："七十曰老。"）怀王客死，乃国之大耻。《离骚》前一部分反复申述与怀王的君臣关系，虽早年受其信任，但反复见疏；同时，怀王被囚之事，恰恰是因为未听从屈原的正确意见所致。顷襄王即位后，不思报仇雪恨，屈原于是反复规劝，犯了顷襄王等人之大忌，于是怒而放逐屈原。《离骚》诗文中所述，即有向顷襄王申辩自身清白和蒙冤叫屈之意。而《离骚》

后半部分中言及的九嶷、苍梧、沅、湘等地，以及"决死之心"的表述，均系屈原放逐江南后触景生情之作。而下地求"美女"过程的描述，既是屈原对理想长年不懈追求的心路历程的回顾及理想破灭后彻底绝望的悲怆，也是屈原在沅湘流域的徜徉行止体现在文学语言上的带迷幻色彩的艺术呈现。而这些内容及语句，是屈原在尚未曾有沅湘生活经历的怀王时代的时候写不出来的。关于屈原的绝命诗，一般认为是《怀沙》或《悲回风》。在屈原传世的所有作品中，言及"赴死"之意的诗句共 7 处。除《怀沙》与《悲回风》外，《离骚》中有2 处，七处的诗意大致相同。大凡经深思熟虑而怀决死之心的人，若时间充裕，多会在遗言中为自己的一生作一盖棺定论的回顾总结，并细加剖明决死心志。如太平天国时的忠王李秀成、大革命时期的共产党领袖瞿秋白的遗书，均洋洋万言以上。《离骚》乃鸿篇巨制，非一时之作，所表达的赴死之心亦很绝断，正符合此特征。而《怀沙》和《悲回风》篇幅不长，言及生死袂别时亦为触景生情，偶有感触而发，且学界对此二诗尚有"疑非屈原之作"的争议，故笔者倾向于推断《离骚》即屈原的绝命诗。

《离骚》全诗分为两部分。第一部分叙述了屈原的身世及以往的生活经历。他出身高贵，又自幼自修美德、磨砺才能，并心怀报效楚国之志。年轻时即获得践行"美政"的机遇，但不久即因谗言和诬陷，遭楚王疏远乃至放逐。面对为国效力、施行美政的理想无法实现而楚国又日益陷入"民生之多艰、路幽昧以险隘"的岌岌可危境地，令极具爱国爱民情怀的屈原陷入了深切痛苦之中："岂余身之殚殃兮，恐皇舆之败绩。""长太息以掩涕兮，哀民生之多艰。""亦余心之所善兮，虽九死犹未悔。"后一部分描写屈原对未来道路和真理的探索与追求：他向重华陈辞，不听女媭叫他明哲保身的建议，开始了"路漫漫其修远兮，吾将上下而求索"的追求理想（"美女"）的历程。

他上天叩于"天阍"，却遭受到白眼，又下地追求佚女宓妃、有娀氏女和有虞氏之二姚，以便上通天帝表达忠诚，均一一落空。于是，他去找神巫灵氛占卜，去找巫咸问策，询问自己到底该何去何从，两人却给出了互相矛盾的建议。于是，他分析了楚国当时的政情，决定离楚远行，但远行的做法又与屈原内心中的爱国爱民情怀水火不相容。所以，他在升天出行、离开楚国之际，遥望故国大地，却又停止不行："仆夫悲余马怀兮，蜷局顾而不行。"回忆起十多年来在湘沅之间流放岁月，曾多次萌生自杀殉志的念头："知死不可让，愿勿爱兮；明告君子，吾将以为类兮。"(《怀沙》)"宁溘死而流亡兮，不忍为此之常愁。""凌大波而流风兮，托彭咸之所居"(《悲回风》)（王逸《楚辞章句》："彭咸，殷大夫，谏君不听，自投水而死。"《竹枝纪年》："殷末彭咸，谏纣不用，投江而死。"）。此时此刻，面对两难抉择，在理想彻底破裂、国破家亡之际，他最终作出了投江殉志的决定："已矣哉！国无人莫我知兮，又何怀乎故都！即莫足与为美政兮，吾将从彭咸之所居！"在灵与肉的人类永恒纠缠中，屈原选择了对灵的皈依！

《离骚》汲取了我国古代神话中的积极浪漫主义精神来表现作者因现实生活中遭受的种种不幸而产生的刺激所迸发出的激情与思绪，来吟诵对理想的强烈追求及对现实黑暗的叛逆反抗。诗中运用了大量的理想境界及神话人物的交流，用文采斑斓的文字来渲染、衬托作者复杂矛盾的真实内心思想，是我国文学创作中积极浪漫主义的始祖和典范，它以极高的艺术造诣和独特风格成为我国文学史上后无来者的不朽之作。

《离骚》通过加长句式和扩大篇幅结构，丰富了诗歌这一文学体裁的表现力。诗歌的每一细节都优美动人、文采绚烂，而合起来，又是一个结构宏伟、和谐完美的艺术殿堂，给人以非常强烈的艺术感染力和艺术享受。鲁迅先生评《离骚》为:"逸响伟辞,卓绝一世。"

《九歌》是屈原在楚国民间祭祀神祇的乐歌基础之上,加工提炼而成的一组体制独特的抒情诗,它们分别是《东皇太一》、《云中君》、《湘君》、《湘夫人》、《大司命》、《少司命》、《东君》、《山鬼》、《河泊》、《国殇》和《礼魂》。王逸《楚辞章句·序》:"沅湘之间,其俗信鬼好祠。其祠,必作歌乐鼓舞以乐诸神。屈原放逐,窜伏其域,愁思怫郁。出见俗人祭祀之礼,歌舞之乐,其词鄙陋,因作《九歌》之曲。上陈事神之敬,下见己之冤结,抚之以讽谏。"

《九歌》的内容分两个层面。第一个层面是祭祀和歌颂神灵,诗中通过祭祀天神、地神,以及为国捐躯的将士英魂的描写,生动地记述了楚国先民的祭祀过程及场面。其中《国殇》将人之亡灵与天神、地祇并祭,体现了屈原对为国捐躯将士们的崇高敬意,是一首高亢激越的爱国主义、英雄主义赞歌。诗中激动人心,鼓舞斗志的壮烈场景,以及"身首离兮心不惩"、"终刚强兮不可凌"这样的惊天地、泣鬼神的诗句,体现了楚国先民的"楚虽三户,亡秦必楚"的气魄和精神。第二个层面是描写"湘君"与"湘夫人"等四对配偶神的恋情故事片断。诗中的诸神,既具有"神"的高贵仪态,更具有"凡人"的性格特征。他们既神奇高远,又平凡亲切。他们衣着配饰异常华美:"华采衣兮若英"(《云中君》)、"青云衣兮白霓裳"(《东君》)居所高雅馨香:"筑室兮水中,葺之兮荷盖"、"合百草兮实庭,建芳馨兮庑门"(《湘夫人》);但又有着凡人的真情实感和行止:"怨公子兮怅忘归"、"被薜荔兮带女萝"、"既含睇兮又宜笑"(《山鬼》)、"悲莫愁兮生别离,乐莫乐兮新相知"、"满堂兮美人,忽独与余兮目成"(《少司命》)、"时不可兮骤得,聊逍遥兮容与"(《湘夫人》)。全组诗在叙事中营造了一幅幅凄美动人的"人间"环境来烘托人物形象,将诗中的人物活灵活现地展示在读者面前,诗中对爱情的描写,达到了孔子评价《诗经·郑风·氓》的那种"乐而不淫，哀而不伤"的境界。

《天问》中的"天"指一切法象，其义近于《道德经》的"道"和《易经》中的"易"。全诗就天文、地理、历史、哲学、神话传说等方面，作了173个提问，问的都是上古传说中不可解释的怪事、大事。全诗通篇发问，但句式参差错落，行文或险峭，或平缓，或流畅，或顿滞，极富变化性。清人贺裳《骚筏》评之为"宇宙间奇文"。《天问》一诗，体现了作者对宇宙奥秘的探索热诚和科学的质疑精神，是屈原的政治见解的总结和思想学说的集萃。

在中国文学史上，屈原是以文学著于世的第一人，他标志了中国诗歌进入了一个由集体创作到个人独创的新时代，他创作了"楚辞"这种文体（也称"骚体"）。此后，以《诗经》为代表的"风"和以楚辞为代表的"骚"，成为中国古代文学的奠基之石和古典诗歌的最高标准。屈原的作品，极大地丰富了文学的表现领域，在诗人笔下，人间百态、世事万物、人类内心隐微世界，皆可奔来笔底，酣畅淋漓地予以表达。他独创的"香草美人"式比兴手法，成了后世文人争相仿效的楷模。刘勰《文心雕龙·辨骚》称它们"气往轹古，辞来切今，惊采绝艳，难与并能矣"，甚至认为诗歌的一切技法，尽在其中，人们只需取法其中之一二，即可轻松地写出佳作，而不必再效法其他人了。（"顾盼可以驱词力，咳唾可以穷文致，而不复乞灵于长卿，假宠于子渊矣"）李白赞道："屈平词赋悬日月，楚王台榭空山丘。"

屈原的影响力，更在于他的坚贞精神和高尚人格，可以说，哪里有士子之不遇，哪里有节操之坚贞，哪里就有屈原的英魂。屈原既是历代身世不顺的文人士子痛苦心灵的精神家园，也是砥砺仁人志士的坚贞节操的试金石，尤其在外族入侵时，历代英杰多以屈原精神自许。

屈原去世后，受到了人们的敬仰和崇尚。据《续齐谐记》和《隋书·地理志》载：民间端午赛龙舟习俗，即源于人们对屈原的纪念。有学者认为："端午"的"端"即"正"，"午"通"忤"，"端午"即"纠正不顺"的意思。屈原之于楚国朝廷，乃流放待罪的身份，这是对屈原的不公正，人们称五月初五纪念屈原的日子为"端午"就是要替屈原平反昭雪。此习俗后来传入朝鲜、日本、缅甸、越南、马来西亚和印度尼西亚等国。1953 年，屈原被世界和平理事会评为世界四大文化名人之一，1956 年，又被评为世界三大文化名人之一，受到世界各国人民的隆重纪念。屈原的作品于七世纪传入日本，十九世纪传入欧洲，有多种国家的语言译本。

屈原晚年的文学生涯和生命的最后历程，是在长沙一带度过的。他之所以成为一个可与日月争辉的伟大诗人，是与潇湘山水及古代湘楚文化的陶冶和启发分不开的。而湖南地区也比其他地区更深刻地感受到这位诗人的永恒影响。毛泽东曾在建国初期对外国友人谈及："屈原生活过的地方我相当熟悉，也是我的家乡啊。所以我们对屈原，对他的遭遇和悲剧特别有感受。我们就生活在他流放过的那片大地上，我们是这位天才诗人的后代，我们对他的感悟特别深切。""屈原不仅是古代天才的歌手，而且是一名伟大的爱国者，无私无畏、勇敢高尚……我们就是他生命长存的见证。"

二、贾生谪长沙·辞赋留青史

秦汉时期，中国历史进入了一个大一统时代，这时，先秦诸子百家思想逐渐集合，儒学独尊地位最初确立，汉赋和史学成就突出。与此同时，长沙的汉代文化也达到了一个新的高度，屈原去世百年之后，长沙迎来了又一位文化匠人贾谊。千百年来，长沙遂以"屈贾之乡"而闻于世人。

贾谊（前 200 年—前 168 年），洛阳人，西汉初著名政治家、文学家。少年时，师从荀况弟子、著名大儒张苍。贾谊 18 岁即以能够"吟诵《诗经》、《尚书》并擅长作文"的才名而闻于郡中，被河南郡守吴公召为门下，并委之以辅佐重任。在贾谊的辅佐下，吴公治理河南郡成绩卓著，时评天下第一。汉文帝登基，听闻河南郡治理有方，擢升吴公为廷附（最高司法长官），吴公因而顺势举荐贾谊。汉文帝即征召贾谊为博士，时年贾谊 21 岁。出任博士期间，每逢汉帝出题让博士们讨论时，贾谊均应答如流，有精辟见解，获得同侪赞许。（"每诏令议下，诸老先生不能言，贾生尽为之对，人人各如其意所欲出。""诸律令所更定及列侯悉就国，其说皆自贾生发之。"）文帝非常欣赏，不到一年便升贾谊为太中大夫。贾谊初任太中大夫，便积极向文帝献策，撰写《论识贮疏》，提出抑商重农的政策；此外，贾谊励图革新政治，上《论定制度兴礼乐疏》提出"改正朔、易服色、法制度、定官名，兴礼乐"等建议；尔后，又提出遣送列侯离开京城到自己封地的主张。文帝对此更加赏识，遂拟提拔贾谊任公卿之职，并把这个意思交给大臣们讨论，不料却遇到重重阻力。阻力首先来自功臣显贵们，如绛侯周勃、颖阴侯灌婴、东阳侯张相如、御使大夫冯敬等。这些人均为先帝旧臣，他们位高权重、思想保守，又都是出生底层的"大老粗"，因而看不起资历浅、有文化且有革新思想的贾谊。另外，他们对贾谊的出众才华又心怀妒恨，亦因贾谊的主张直接触犯了他们的切身利益，于是纷纷向汉帝进言，指责贾谊"年少初学，专欲擅权，纷乱诸事"。汉文帝不想轻易得罪这些老臣，再加上另一位深受文帝宠幸但不学无术的佞臣邓通（贾谊后来在长沙时向文帝所上《谏铸钱疏》即针对邓通铸钱之事而提出的谴责意见，从中可见二人交恶的水火不相容关系）从中作梗，大肆诋毁，使得文帝逐渐疏远贾谊，不再采纳他的建议。文帝四年（前 176），贾谊被外放为长沙任太傅。贾谊因贬谪而离开长安，长途跋涉数千里。其时，交通不便，贾谊因而饱受旅途劳顿之苦，且长沙之于长安，实蛮夷卑湿之地，故令贾谊内心十分悲苦，入湘江时，写下著名的《吊屈原赋》，以抒发自己的悲愤之情，在长沙的第三年时，作《鹏鸟赋》，文中再次抒发忧愤不平的情绪，并以老庄的齐生死、等祸福的思想聊以自我解脱。谪居长沙四年后，文帝爱贾谊之才，复征召他入京，于未央宫接见贾谊，交谈甚洽，而至深夜，但所谈内容为神鬼之本原，而非治事理政之策。事后，文帝叹道："我很久没看到贾生了，自以为超过他了，今天看来，还比不上他啊。"这次回到长安，文帝并没有对贾谊委以执政重任，而是任命他为文帝的小儿子梁怀王刘揖的太傅。贾谊任梁怀王太傅期间，多次上疏陈述政事，如《治安策》等，但均未获采纳。汉文帝十一年（前169），贾谊32岁，随梁怀王入朝，不想出了意外事故，梁怀王坠马而死。或许，此事件与贾谊多少有点无责任之关联，以致贾谊感到自己身为太傅，没有尽到责任，于是深深自责，经常哭泣，心情十分忧郁。一年后，贾谊在忧郁中去世，年仅33岁。

贾谊的一生虽然短暂，但他却为中华文化宝库留下了一份珍贵的文化遗产。在政治上，他具有远见卓识，将儒家学说推到政治前台，为汉家王朝制定了仁与礼相结合的政治蓝图，主张割地定制，礼治天下，重农抑商，以农为本，儒法结合，瓦解匈奴，其主张对西汉王朝的长治久安起了重要作用。

在文学上，贾谊的贡献体现在两个方面：一个方面是政论文，主要是一些陈述政事的疏奏，为数不多，但成就巨大。在西汉政论散文的园地里，留下了文采斐然的《过秦论》、《治安策》、《论积贮疏》等，全面地阐述了他的深刻政治思想和高瞻远瞩的治国方略，鲜明地体现了汉初知识分子在大一统封建帝国创始时期积极用世的人生态度和昂扬向上的精神风貌。贾谊的政论文说理透辟，逻辑严密，感情充沛，气势非凡，标志着中国散文发展的一个新阶段，代表了汉初政论散文的最高成就，对后代影响很大。鲁迅曾评价说，其文"为西汉鸿文，沾溉后人，其泽甚远"。毛泽东说："《治安策》一文是西汉一代最好的政论文……全文切中当时事理，有一种颇好的气氛，值得一看。"另一个方面是赋体文。贾谊的代表作《吊屈原赋》是屈原去世后，最早提到屈原并纪念屈原的文章，成为后世了解屈原及其作品的重要参考文献之一。贾谊于湘江经过屈原殉志的地方，触景生情，作此赋凭吊屈原，同时抒发自己的哀伤和愤慨。在赋中，贾谊对屈原的遭遇表示了深切同情，并将自己的忧思愁绪与屈原融汇一起，以表达对世间贤人失意、小人得志这种不公正现象的不满。虽然在情感上贾谊与屈原有着深切的共鸣，但境遇上尚与屈原有不少差异，因此，赋中所体现的生死观及忧患观，尚没有屈原那么决绝而似乎稍微豁达和彻悟。

贾谊在另一名篇《鵩鸟赋》中，则将他的郁愤心情、忧患意识以及生死、祸福观念作了更为淋漓尽致的表达：在赋中的引言中，贾谊假托传说中的鵩鸟（古代传说中的动物分吉凶两种，如凤为吉祥之鸟，鵩鸟则为凶鸟，均非现实中的禽类）入贾谊屋，贾谊于是占卜查看主何凶数。所获谶言是"主人将去"。于是贾谊问鵩鸟"去"字的含义是否预示着不得长寿，即将死去。所谓"鸟之将死，其鸣也哀，人之将死，其言也善"，作者借引言的场景交代，给人以倾听遗言的感觉来增强赋文所述观念的说服力。然后，借鵩鸟的回答，依据道家的观念对生死祸福，以及事物的对立与变化等方面，作了貌似通达的评述，而字里行间，却其实隐喻了极度的哀伤，更是假辞赋之要，抒忧国之情。不幸的是，此赋真的就成了贾谊的命运"谶言"。不久他真的就离开长沙，且在 5 年以后英年早逝，客死他乡。贾谊也以其悲剧性的人物形象，而获得后人的深切同情和景仰。

赋是在楚辞基础上发展而成的一种文体，汉赋有两种：一种是直接模仿屈原《离骚》的骚体赋，一种是汉代新创的散体大赋。《吊屈原赋》、《鵩鸟赋》是汉初骚体赋的代表作，但形式趋于散文化，在赋史上，它上承骚绪，奠定了汉散体赋的基础，是汉散体赋的先声，这两篇赋都是在长沙创作的，所以长沙在汉赋形成过程中具有特别的意义。

司马迁作《史记·屈原贾生列传》，将两人列于一篇，后世遂以"屈贾"并称。贾谊在长沙居住了四年多，他的活动和著述对长沙及湖南的文化影响很大，历代长沙文人均以贾谊这位文化巨匠曾在自己的故乡生活过而自豪，许多诗人辞家以屈贾后人自命。贾谊故宅被誉为"湖湘文化源头"，是长沙作为"屈贾之乡"的标志性文化遗产，为湖南省文物保护单位，是中国最早的文人故居，在今长沙市天心区太平街。汉武帝时，故宅由皇帝敕命予以修缮，此后两千多年历经64次重修。明成化年间，长沙太守钱澍建贾太傅祠，祠前有一口井，相传为贾谊所凿，称太傅井，因杜甫诗句"长怀贾谊井依然"，故又称"长怀井"。历代许多文人曾来此凭吊，留下许多佳句，如"三年谪宦此栖迟，万古惟留楚客悲"（唐·刘长卿）。历代贾太傅祠有治安堂、潇湘别墅、大观楼、佩秋亭等建筑。今尚存祠屋一间，室内留有贾谊雕像一座，表现了长沙人民对这位伟大文学家的怀念和追忆。

三、杜甫晚年的长沙苦旅

杜甫（712—770），字子美，河南巩县（今河南巩义市）人，我国古代伟大的现实主义诗人。唐肃宗时拜左拾遗（758），曾为检校工部员外郎（764），故世称"杜工部"。杜甫一生创作颇丰，有《杜工部集》传世，录诗1500余首。他的诗内容多涉及社会动荡、政治黑暗、人民疾苦，以深广生动、血肉饱满的形象展现了当时社会生活的广阔画面，中唐时期重要历史事件在他的诗中都有反映，因而他的诗被后人称为"诗史"。杜甫诗歌是唐代思想艺术的集大成者，其艺术手法多样，工于诗律，讲究字句锤炼，达到了"语不惊人死不休"的境界，对后世人有着深远的影响，他本人也被后人尊为"诗圣"。

杜甫出生于一个"奉儒守官"并有文学传统的家庭，其祖父系初唐武则天时著名诗人杜审言。杜审言曾言，"吾文章得屈［原］① 宋［玉］作衙官，吾笔当得王羲之之北面"，自视颇高。杜甫七岁即始作诗文，九岁始习大字，十四五岁，"出游翰墨场，斯文崔［尚］、魏从，以我［指杜甫］似班［固］扬［雄］"。青少年时即"读书破万卷"、"群书万卷常暗诵"，以含蕴学识，饱蓄经纶，颇为世人所重。二十八岁以后，又"行万里路"，壮游晋吴越齐赵鲁等地，领略山川大地灵气。其间，与"诗仙"李白，边塞诗人高适等相识，交谊敦厚，并颇受李白赏识，他早年的诗因而亦富浪漫气息，如《望岳》："岱宗夫如何？齐鲁青未了。会当凌绝顶，一览众山小。"壮年入仕途，屡屡受挫，两次落第，官运蹉跎，十数年蹉跎光阴。此时期起，杜甫的诗风大为转变，以现实主义的手法，直接鞭挞政治黑暗，描述社会苦难，形成了沉郁抑挫的独特诗风。安史之乱后，唐王朝从鼎盛时期开始跌落。最初几年，各地军阀割据，战乱频仍。这时的杜甫已进入人生暮年，僻居成都，虽家境尚可，但因资助他的严武（时任成都尹充剑南节度使）因病暴毙，致使他生活失去依赖，且身体状况渐趋衰弱，多次罹病。776 年秋，左耳始聋。当其时，全国到处是战事，长沙则相对安宁。为僻战乱，于是动了东游荆湘，投靠他的一位远亲兼儿时好友韦之晋（时任湖南团练使）的念头。于是，他离开四川，以舟为家，经湖北去湖南。"五载客蜀都，一年居梓州，如何关塞阻，转作潇湘游。世事已黄花，残生随白鸥。安危大臣在，不必泪长流。"（《去蜀都》）他从四川经湖北到达湖南的大致行程如下：大历三年（768）正月，离夔州出三峡；三月，到达江陵；夏日，暂居江陵城郊

---

① "［ ］"内为作者添加字。

数月，生活颇不如意；秋来，移居公安县，留憩数月；岁末，768 年仲冬，杜甫抱着"图南未可料，变化有鲲鹏"（《泊岳阳城下》）的希望，携家小乘出川时所置舟具向岳州（今岳阳市）出发，开始了他的湘中苦旅生涯。大历四年（769）正月，杜甫进入湖南这片对他而言尚十分陌生的地域。一首《登岳阳楼》，反映了他当时的心情与窘境："昔闻洞庭水，今上岳阳楼，吴楚东南坼，乾坤日夜深。亲朋无一字，老病有孤舟。戎马关山北，凭轩涕泗流。"杜甫入湘，意在投奔韦之晋解决一家老小的生存危机。在岳州，拜访了刺史斐使君，受到热情款待，度过了入湘后的第一个春节。769 年 2 月中旬（阳历三月下旬），杜甫溯湘江南下，驾舟驰往长沙。途中一首《南征》，标明了他往长沙的时间，亦再次表达了他当时的心境："春岸桃花水，云帆枫树林。偷生长僻地，适远更沾襟。老病南征日，君恩北望心。百年歌自苦，未见有知音。"他乘舟入洞庭湖，经汨罗到湘阴，在黄陵山倚杖凭吊湘夫人祠，叹道："湖南清境地，万古一长嗟"（《祠南夕望》）；历经数日，"凄恻近长沙"（《入乔口》）。在新康江口（今望城区靖港镇）、铜官浦因北风猛烈，停舟 3 天，作《北风新康江口信宿方行》、《铜官浦守风》二诗。《铜官浦守风》诗中写道："水耕先浸车，春火更烧山"，给人们留下了千余年前潭州先民们勤劳耕作的场景。769 年农历二月下旬，抵达潭州（今湖南长沙）城区。清明节时，作《清明》一诗："著处繁花矜是日，长沙千人万人出。渡头翠柳艳明眉，争道朱蹄骄啮膝。"描绘了一幅古代长沙市民万人春游，少男少女沿途嬉戏、富家子弟招摇过市的生动情景。清明后，杜甫倚杖游览了岳麓、道林二寺，眼见安史之乱未曾波及长沙（"桃源人家易制度，橘州田土仍膏腴"），情绪暂时好转，觉得此地可居，"昔遭衰世皆晦迹，今幸东国养微躯"（《麓山道林二寺行》）。诗中的联句："寺门高开洞庭野，殿脚插入赤沙湖"至今仍泐刻在麓山寺观音阁前的檐柱上，成为描绘这座古刹的千古绝响。驻足数日后，"夜醉长沙酒，晓行湘水春"（《发潭州》），继续南行。经湘潭、株洲，抵达衡山，因中途颠簸劳顿，病情发作，"岁月不我与，蹉跎病于斯"，"飘飘桂水游，怅望苍梧暮"，"南为祝融客，勉强亲杖屦"（《咏怀二首》）。实在是无力登上祝融峰，只得第三次"望岳"（杜甫《望岳》诗共 3 首，分别为望东岳、西岳和南岳）。稍作休养后，赶往衡州城（今湖南衡阳）。不料此时韦之晋已奉调长沙任潭州刺史兼湖南观察使，韦之晋赴任时正好同杜甫于路途错过。在衡州，杜甫受到判官郭受的热情接待，遂作淹留："才微岁老尚虚名，卧病江湖春复生，药裹关心诗总废，花枝照眼句还成。只同燕石能星陨，自得隋珠觉夜明。乔口橘洲风浪促，系帆何惜片时程。"（《酬郭十五受判官》）后因畏热，转帆潭州。不幸的是，当杜甫返回长沙时，韦之晋竟然暴毙，只是灵柩尚未运走。此时的杜甫病体未愈，心力交瘁，又失去了政治上和生活上的最后依靠。但他已无力再四处漂泊，只得羁留长沙。在长沙，杜甫先是泊舟南湖港，以船为家。后为了调养病体，移佃江边民居，自称江阁，"客人庖厨薄，江楼枕席清"（《江阁卧病走笔》）。后人称此江阁为"杜甫江阁"，并演化为长沙湘江之著名八景之一。此期间，杜甫靠着重操卖药旧业及卖文鬻字为生，偶尔与南来北往官员们赋诗赠文获取些许馈赠，艰难地维持生计。"茅斋定王城郭门，药物楚老渔商市。""饥藉家家米，愁征处处杯。残杯与冷炙，到处潜辛悲。"（《呈苏涣侍御》）与此同时，他依然从事着一生所钟爱的诗歌创作，就这样度过了生命的最后岁月。

　　寒冬时节，他要忍受"疏布缠枯骨，奔走苦不暖"的痛苦。饥饿之时，他靠野菜煮粥果腹，"盘餐讵糁藜"（《水宿遣兴奉呈群会》）。即使是良辰佳节，偶尔改善一下伙食，也是酒劣菜次："佳辰强饮依犹寒，隐几萧条戴鹖冠。"（《小寒食舟中作》）他时或宿于舟中，时或憩于江阁，闲暇时四处走走，足迹遍及长沙城区及周边郊区。其间，还乘舟沿浏阳河溯流而上，到达浏阳双枫浦（今浏阳市老城区浦梓港）。在浏阳，留下了二首很能代表他当时心境的诗。《双枫浦》："辍棹青枫浦，双枫旧已摧。自惊衰谢力，不道栋梁材。浪足浮纱帽，皮须截锦苔。江边地有主，暂借上天回。"《归梦》："道路时通塞，江山日寂寥。偷生唯一老，伐叛已三朝。雨急青枫暮，云深黑水遥。梦归归未得，不用楚辞招。"前诗借遭摧毁的枫树，譬况诗人的遭遇；后诗哀叹屈原的遭遇并引以自况，内心颇为凄凉。

他常去的地方还有位于城西湘江东岸的长沙驿馆，"他日临江待，长沙旧驿楼"（《重送刘十弟判官》），借此获取外界信息，并希冀邂逅过往的旧日友朋，或能获得些接济。他蓬门冷落，交游日稀，与有一定身份的人应酬、面晤，以便获取生活的应急之需，亦不过寥寥十来次而已。他饱尝人间世态炎凉，连故园的燕子也似乎不愿意与他寒暄，更何况当时有一定权势的人："湖南为客动经春，燕子衔泥两度新。旧入故园尝识主，如今社日远看人。可怜处处巢居室，何异飘飘托此身。暂语船樯还起去，穿花贴水益沾巾。"（《燕子来舟中作》）

我国古代大多数诗人都善豪饮（"李白斗酒诗百篇"），杜甫亦嗜酒，在成都时，曾醉酒后跳到严武的床上，瞪着严武大呼大叫："严挺之（严武父）怎么竟有你这样的儿子！"（《新唐书·文艺上》："尝登武床，瞪呼曰：'挺之竟有此儿！'"）惹得严武对杜甫动了杀机。无奈此时囊中羞涩，只好戒酒："艰难苦恨繁霜鬓，潦倒新停浊酒杯。"（《登高》）杜甫性格亦如我国许多才华横溢的诗人一样狂放不羁。例如诗仙李白，醉卧长安街头，帝王召唤，竟然也不理不睬。诗仙如此，诗圣亦然。据《新唐书》载："［杜甫］放旷不自检，好论天下大事，高而不切。"居成都时，严武等资助他建草堂安居并举荐他任检校工部员外郎。但他上任不久就不去公堂点卯，而是经常闲居草堂优哉游哉。据《新唐书·文艺上》载：严武多次亲自到草堂拜访，杜甫却常常不打招呼，甚至衣冠不整。（"［严］武以世旧，待甫甚善，亲至其家，甫见之，或时不巾。"）杜甫曾评价自己的文学艺术造诣说：如果那位曾编汉文学第一部诗文总集《昭明文选》的梁武帝太子萧统再世的话，他将评定我的文学水平在汉武帝、魏文帝及谢灵运和谢庄之上。（"使昭明再生，吾当出刘曹二谢之上。"）于诗作文唯服膺李白、高适等数人而已，一般人难入杜甫法眼。但居长沙时的杜甫，已被生活沉重负担压垮，性情一变而为温和，与人诗文交流，也均以欣赏的态度和语言示人。当时，诗人苏涣亦居长沙湘江之畔，一次街头偶遇，得以相识。（苏涣系川人，杜甫居成都时，或许曾闻其名。）苏涣年轻时闯荡江湖为盗，川商颇为畏之，后考取进士，其时官为御史佐湖南幕。一日，苏涣至江阁拜访杜甫，将所写诗吟诵给杜甫听，杜甫称水平超过了汉代曹子建等人的"黄初体诗"。其用词造句，"方力素壮，辞句动人。涌思雷出，书箧几杖之外，殷殷留金石之声，老夫倾倒于苏至矣"，并赋诗作答。在尔后的诗文交流中，称自己已老朽无用，鼓励苏涣去努力践行"致君尧舜上"的儒家理想："此生已愧须人扶。致君尧舜付公等，早据要路思捐躯。"（《寄裴道州并呈苏涣侍御》）后苏涣果真参与一场政治、军事事件，而事败被诛。不过，杜甫在长沙结识的韦遇、苏涣等数人，虽对杜甫相当敬重，但对他的生活却没有多大的帮助，杜甫一家还是要常常忍饥挨饿："虚名但蒙寒温问，泛爱不救沟壑辱。""使我昼立烦儿孙，令我夜坐费灯烛。""齿落未是无心人，舌存耻作穷途哭。"（《附书与裴因示苏》）次年（770）暮春，杜甫遇见了同样流落长沙的著名音乐家李龟年，写下了脍炙人口的压卷绝句《江南逢李龟年》。遥想当年，他也曾出入豪门："岐王（玄宗弟）宅里寻常见，崔九（玄宗宠臣）堂前几度闻。"如今却再无资格叩击朱门，这与李龟年"当时天上清歌，如今沿街鼓板"（李龟年《长生殿·弹词》）的遭遇何其相似！二人同处"落花时节"，而杜甫的境遇则更加凄凉，相遇之时，唯相视唏嘘而已。时局动荡，亲友尽疏，生计无所依，老病久缠身。即便如此，杜甫在哀叹自己不幸的同时，更多的却是忧虑国家和民众的灾难。此时的他仍然钟情于对秀美山川的热爱，仍然没有放弃"致君尧舜上，再使风俗淳"的儒家理想，仍然致力于诗歌的创作。

770 年 4 月，湖南兵马使臧玠据潭州作乱。杜甫又一次携眷逃难，写下了"丧乱死多门，呜呼泪自霰"（《白马》）的沉痛诗句。乘船逃至衡州时，杜甫拜会了当时的衡州刺史阳济，希望他能出兵事平叛。其时杜甫的族舅崔玮任郴州刺史，来信相招，走投无路的杜甫决定前往投奔。船至耒阳（今湖南耒阳）遇江水大涨，停泊云田驿，5 天没有吃饭，幸得耒阳县令聂某派人送来牛肉白酒方才免于饿死。因阻水不能南行，遂回棹潭州。暮秋时节，杜甫离开潭州，决计北归。入冬，病倒在行往岳阳的舟中，遂转舟昌江，拟赴平江投靠裴隐，预感到人生苦旅即将完结，作绝笔诗《风疾舟中伏枕书怀三十六韵奉呈湖南亲友》，对"战血流依旧，军声动至今"的疮痍乾坤表示了最后的哀痛。公元 770 秋冬交接之际，杜甫猝然去世，一颗炳耀中国文学史整个星空的文学巨星就此陨落。杜甫死后，灵柩旅殡于平江小田村。43 年后，才由孙子杜嗣业归葬于偃师首阳山下。关于杜甫的临终状况，当代史学界、文学界有多种说法，但均无法考证。

杜甫七岁能诗，以诗为终身事业，长年笔耕不倦，其诗从内容和形式开拓了诗的表现领域。他的诗风以沉郁为主，笔涉社会动荡的方方面面，对后世影响深远。古典诗歌的各种体式，杜甫都能轻松驾驭并加以发展，是"新乐府诗体"的开创人，直接促成了中唐新乐府运动的发展。他的五言、七言古体长篇诗歌，亦诗亦史，是中国诗歌艺术高度的一个标识。在五言律诗和七言律诗方面，他创造性地积累了声律对仗以及炼字锤句等方面的完整经验，使这一体裁的诗歌达到了完全成熟的程度。

杜甫晚年的诗歌沉郁顿挫的风格更加炉火纯青，阅读杜甫晚年的诗，令人不禁心情沉痛愤懑，每每涕泗纵横。这些诗，有的记录了诗人在长沙的行迹，展现了诗人当时的窘境与矛盾心情；有的描述了湖南境内的山川美景；有的反映了当时长沙社会经济发展的状况；有的抒发了诗人强烈的爱国爱民的高尚情怀和始终如一报效朝廷、造福黎民的渴求。杜甫以饥寒交迫之身怀济世医民之志，处困窘之境而无避世之想，其高尚人格魅力泽被后世。在诗歌艺术上，集古典诗歌之大成并创造性地加以发展，其内容丰富、艺术技法高超，思想性和艺术性都达到了后人难以企及的境地，对后世产生深远影响，历代文人均从他那里汲取艺术营养。他的诗，以其爱国爱民的精神感召着千百年来的无数读者，其影响所及更是超越了文学艺术范畴，至今仍具有极其重要的教育意义。

杜甫在湖南到底创作了多少首诗？难以确切考证。《杜甫湘中诗集注》一书录诗 102 首，其中，有学人进一步考证出杜甫写于长沙的诗有 50 首。但其所录诗中，若干诗或格调不够高，或艺术手法不够精湛，疑系后人假托。另外，杜甫这一时期亲笔所作诗歌，亦可能或有散佚。因此，杜甫湘中诗百余首、长沙诗 50 首只能是一个大概数字。这些诗是杜甫留给今人的一笔宝贵的精神财富，更是长沙这座城市的永恒记忆。今天，长沙人民为纪念这位伟大的诗人，在长沙城区西湖桥江边新建"杜甫江阁"，遵其旧制，并刻杜诗及今人词赋于此，供人缅怀和凭吊，为人们提供了一个爱国主义教育及接受中国文化艺术熏陶的场所。

四、群星璀璨，本土人才展现辉煌

唐代以前，湖湘地区一直是中华文化与经济发展的边缘地区，是贬官流臣的发配之所，因而与长沙相关联的历史文化名人均为"流寓之人"。唐代以后，随着唐王朝经济重心的逐渐南移，湖南地区的社会经济有了长足发展，成为唐代南方一个新的经济区域。唐贞观年间，潭州人口约4万，到天宝年间达到20万人。这种经济地位的提升，不仅在经济层面上，也在文化层面上改变了"蛮荒"之地的状况，于是，湘楚文化向世人展示了它华美繁盛的面貌。这其中的贡献，不乏流寓长沙的文化名人的功绩，与此同时，长沙本土人才也开始展现各自的辉煌。

（一）"翰墨之冠"欧阳询与"狂僧"怀素

唐代是中国书法艺术的鼎盛时期，欧阳询、褚遂良、颜真卿、柳公权、赵孟頫、张旭、怀素……众多书法家形成后代书法艺术家几乎再难超越的高峰。其中，欧阳询和怀素便是其中的佼佼者，他们的书法艺术分别代表了书法中最中规中矩的楷书和最破规矩的"狂草"大相径庭的两端。

欧阳询（557—641），潭州临湘书堂山（今长沙市望城区书堂山街道）人，字信本。其父欧阳纥曾任陈朝广州刺史和左卫将军，欧阳询13岁那年（570），其父欧阳纥举兵反陈，兵败被杀，并株连全家，仅欧阳询因逃匿而幸免于难。2个月后，皇太后驾崩，大赦天下，欧阳询因此得免一死，遂被父亲生前好友江总收养。

欧阳询聪敏勤学，读书教行同尽，少年时就博览古今，精通《史记》、《汉书》，尤其笃好书法，几乎达到痴迷程度。据说有一次外出，偶见晋代书法家索靖石碑，竟然坐于碑前反复揣摩摹习，三天之后方始离去。欧阳修练习书法最初仿效王羲之，后独辟蹊径自成一家，尤其是他的正楷，骨气劲峭，法度严整，"创欧体，开颜柳先河"，被后世书法家奉为圭臬。唐代书法品评著作《书断》称："询八体尽能，笔力劲险，篆体尤精，飞白冠绝，峻于古人。"宋《宝和书谱》誉其正楷为"瀚墨之冠"。他的《皇甫诞碑》被称为"唐人楷书第一"。据史书记载，他的书法誉满天下，人们争着想得到他的尺牍文字，予以珍藏。其时的日本人，也争相求购他的作品，以为仿效。唐武德年间（618—624），高丽（今朝鲜）特地派使者来长安求取欧阳询的书法，唐高祖李渊因而感汉道："不意询之书名，远播夷狄。彼观其迹，固谓其形魁梧耶。"欧阳询身材伟岸，相貌丑陋，故其成名后有传说他为白猿所生，以神化、褒扬他天生即秉有异质异能。

隋炀帝大业元年（605），欧阳询任太常博士。入唐后，因与太祖李渊交好，得授侍中一职，大唐盛世时，累迁银青光禄大夫，给事中，太子率更令，弘文学士，封渤海县男，于80余岁高龄去世。

欧阳询的成就，以楷书为最，传世墨迹有《卜商贴》等，碑刻有《九成宫醴泉铭》、《皇甫诞碑》。欧阳询另撰写《传授诀》、《用笔论》、《八诀》、《三十六法》等书法理论之文，具体总结了书法用笔、结体、章法等书法形式技巧和美学要求，是我国书法理论的珍贵遗产。

欧阳询不仅工于书法，而且长于文史。他奉旨主辑的《艺文类聚》共100卷，将唐以前的1431种古籍分门别类加以摘录汇编，分为学时、治政、产业等10部727类。该书分类体例完备，是一部成功的巨著。清代学者评论它"于诸类书中体例最善"，"隋以前遗文秘籍，迄今十九不存，得此一书尚略资考证"。至今，它仍是古典文学研究者必备的工具书。

欧阳询之子欧阳通，也是唐代著名书法家。欧阳通少年时，母亲徐氏期望他继承父业，不惜以重金购回欧阳询手迹，令欧阳通旦夕摹习。后世称欧阳询、欧阳通父子为"大小欧阳"。

欧阳询故居书堂山下仍保存有欧阳父子读书习字的遗迹。明代书画家、文学家郑板桥有诗咏《书堂山》："麻潭长耸翠，石案永摊书。

双枫今夹道，松柏与连株。稻青泉水涌，笔洗有泉池。书堂称故址，太子号围圩。"如今人们在书堂山开辟"欧阳询纪念园"以资纪念。该山"欧阳询祖居"、"书堂古寺"等遗迹保存良好，"太子围圩"、"洗笔泉池"等书堂八景遗风尚存。

怀素（737—799），本姓钱，字藏真。十岁出家为僧，史称"释长沙"。他的"狂草"成就，是唐代书法高峰的另一方面的表现，与张旭并称为"草圣"。时人依据怀素与张旭两人的性格特征和行事方式，称之为"张颠素狂"或"颠张醉素"。在盛唐走向晚唐的时代，书法氛围崇尚法度，王羲之书法从初唐得到唐太宗赞誉起，时人便趋之若鹜。怀素是一个叛逆者，毫不在意当时的艺术潮流，而是更多地在"一笔书"领域中探索他的"不师古"、"不从法"而师法自然的艺术路径，并最终形成自己独特的风格，创造出狂草这一书法体裁，对后世产生了极为深远的影响。

他曾拜访唐代大书法家颜真卿。颜真卿问他："你学习草书，除师授外，还有自己的体悟吗？"怀素回答："有啊，我常看夏天云朵如一座座奇峰，就从中体悟书法。夏云因风而不时变化，故无一定的形状，这和书法技巧是相通的。即便是那些弯弯曲曲与自然融为一体的乡间小道，也能给我以启迪呢。"颜真卿听后感慨道："这真是闻所未闻的见解！怀素能这样体悟书法，难怪可以写出绝妙的草书来。"怀素的勤学苦练功夫是惊人的。家贫，买不起纸张，就找块木板圆盘，涂上白漆书写。后觉得木板光滑不易作墨，就在寺院附近荒地上种满芭蕉树。芭蕉长成后，摘下芭叶，铺在桌上临帖。老芭蕉叶摘光而新芭蕉叶又未长成之时，他就站在树前，在鲜树叶上直接书写，从夏至冬，无一日间断。怀素虽为僧人，但不拘寺院法规，曾一日九醉，时人呼之为醉僧。曾在寺内刷白长廊壁数十间，每因酒后小豁胸中之气，便提笔疾书于粉墙之上，其势如惊蛇走虺，骤而狂风，满壁纵横，酷似千军万马驰骋沙场。为此，时人又称怀素为"狂僧"。他甚至在衣服上、器具上都到处书写，自称为"饮酒以养性，草书以畅志"。他专心习字，秃笔成堆，遂埋笔于寺旁山下，自称为"笔冢"；冢旁小池，因常洗砚水而变成黑水，名曰"墨池"。

怀素生前，即因其卓越的书法造诣而享誉朝野，王公名流均爱结交这位狂僧醉僧。唐代任华有诗写道："狂僧前日动京华，朝骑王公大人马，暮宿王公大人家。谁不造素屏，谁不涂粉壁。粉壁摇晴光，素屏凝晓霜。待君挥洒兮不可弥忘。骏马迎来坐堂中，住盘盛酒竹叶香。十杯五杯不解意，百杯之后始颠狂。"

怀素的书法用笔圆劲有力，使转如环，奔放流畅，一气呵成。气势宏大，但结字简练，有"骤雨旋风，声势满堂"和"忽然绝叫三五声，满壁纵横千万字"的境界。笔迹质地倾向于瘦细，体现了禅修苦修的美学意味。怀素的晚年风格如《小草千字文》，则从骤雨旋风归于古雅平淡，书法笔力更加苍劲浑朴。

怀素还是一位诗人，与李白、杜甫等人都有交结。李白有诗《草书歌行》赞怀素"草书天下独步"。诗云："吾师醉后倚绳床，须臾扫尽数千张。飘风骤雨惊飒飒，落花飞雪何茫茫。起来向壁不停手，一行数字大如斗。怳怳如闻神鬼惊，时时只见龙蛇走。左盘右蹙如惊电，状如楚汉相攻战。"

怀素墨迹传世的有《自叙》、《苦笋》、《千字文》等。

怀素与欧阳询的存在，使长沙在中国的书法艺术史上书写了重要的一页。

（二）破天荒进士刘蜕与诗僧齐己

刘蜕，湖南第一位进士，唐代诗文作家，字复愚，自号文泉子。宣宗大中四年（850）进士。在唐代，三十岁考中"明经"科（明经，谓知晓诗、书、论语等儒家经典）不算什么，但五十岁中进士却仍是风光之事，"三十老明经，五十少进士"。著名诗人孟郊四十六岁中进士，于是作"春风得意马蹄疾，一日看尽长安花"诗句，从中可见一斑。而在此之前30年，荆南一代虽每年解送举人赴进士考试，均未有人及第录取。所以人们称刘蜕为"破天荒进士"。这也是"破天荒"词语典故的由来。为此，当时的荆南节度使特地给刘蜕一笔不菲的"破天荒钱"以资奖赏。刘蜕在答谢信中低调地说："三十年来，自是人废；一千里内，岂曰天荒。"（三十年来，无人考取，是人们的不思进取；而方圆一千里区域，尚不足以"天荒"赞之。）但刘蜕任官后，正直耿慨，不畏权贵，却从不低调。刘蜕曾任东川观察判官，流寓射洪时，尝将生平所为文，掘土埋于南山，刻石曰"文冢"。（古人以立言、立德、建业为人生三大功勋，作文以藏之名山，乃为"立言"之举。刘蜕建"文冢"，亦即"立言"之谓。）累迁至左拾遗，中书舍人。懿宗咸通四年（863）正月，南诏国攻陷安南交趾城，唐军退守岭南。懿宗对此事不闻不问，仍吃喝玩乐而无节制。刘蜕时任左拾遗，上书指责皇帝的行为不当，不被采纳。同年11月，懿宗拟任命宦官吴德应为馆驿使，大臣们不以为然，议论纷纷，认为不符合王朝所立下的制度规定。懿宗回答说："敕命已行，不可复改。"刘蜕又上疏说："自古明君从谏如流，岂有已行而既不改！且敕自陛下出之，自陛下改之，何为不可！"（自古以来，贤明的君子都如流水一般顺从正确的规劝之言。哪有已经施行的错误政令却坚持错令而不改正的道理。况且，命令是皇上您亲自下达的，再由您亲自改正它，这有什么不可以的呢？）直犯龙颜，语言十分尖锐，仍不获采纳。十月，懿宗任令狐滈为左拾遗。刘蜕了解到令狐滈系前宰相的儿子，曾有倚仗父势、卖官鬻爵劣迹，于是上书弹劾，斥责其"居家无子弟之法，布衣行卿相之权"（"在家庭生活之中，不遵守为人之子的规矩，在社会上，则以一个平民的身份行使大官僚的职权"）。令狐滈之父因而上书替儿子背书，于是，刘蜕被贬为华阴令。刘蜕这种疾恶如仇、刚正不阿的秉性行为，令人着实扼腕惊叹！

刘蜕酷爱文学，曾自称："饮食不忘于文，晦冥不忘于文，悲戚怨愤、疾病嬉游、群居行役，未尝不以文之为怀也。"他所作散文的内容多为嗟叹不遇的境遇和宣泄愤激的心情。《四库提要》称："蜕文原本扬雄……亦可谓独立者矣！"《新唐书·艺文志》著录《文泉子集》10 卷，已佚。刘蜕的诗也颇有成就。清代刘熙载《艺概》评论他："学楚辞尤有深致。《哀湘竹》、《下清江》、《招帝子》虽止三篇，颇得《九歌》遗意。"

刘蜕有故室，在今长沙市开福区通泰街。清人周达武在其地筑楼台池馆，仍号蜕园。

齐己（约 860—937），唐诗僧，本姓胡，名德生，潭州益阳（今长沙市宁乡县）人。生于大沩山同庆寺的一个佃农家庭，家境贫寒，6 岁多就和其他佃农家庭的孩子一起为寺庙放牛。他一边放牛一边学习，常用竹枝在牛背上写诗，而且诗句天成。同庆寺的僧大十分惊异，为了寺庙收揽人才，便劝齐己出家为僧，拜荆南宗教领袖仰山大师慧寂为师。出学后，先居同庆寺，后栖衡山东林寺。成年后，齐己自号"衡岳沙弥"出外云游。他登岳阳楼，望洞庭，过长安，遍览经南、华山及江南名胜。其间，曾作《早梅》一诗："万木冻欲折，孤根暖独回。前村深雪里，昨夜数枝开。风递幽香出，禽窥素艳来。明年犹应律，先发映春台。"齐己拿此诗向诗人郑谷请教，郑谷阅诗说："'数枝'非早，不如'一枝'更佳。"齐己听后，对郑谷肃然起敬。此后，人们便称郑谷为齐己的"一字之师"。云游期间，所作诗数量颇多，因亦颇有诗名。他颈上有瘤，人们便戏称其瘤为"诗囊"。时人评齐己的诗为"儒者禅"，清代纪昀誉齐己为"唐代第一僧"。《四库总目提要》卷一五一云："唐代缁流能诗者众。其有集传于今者，惟皎然、贯休及齐己，其绝句尤非他释子所及。"孙光宪《白莲集序》评价齐己的诗说："师气尚孤洁，词韵清润，平淡而意远，冷峭而旨深。"齐己游历天下后，即回到长沙居住。921 年，齐己应四川寺僧之约赴剑南，因战乱中途折回，路过湖北江陵，被荆南节度使高季兴挽留，安置在龙兴寺，任僧正。76 岁时，齐己圆寂于江陵。死后有《白莲集》传世。《白莲集》共收诗 809 首，数量仅次于白居易、杜甫、李白、元稹而居于唐代诗人第五位，由齐己的学生西文所编，以雕刻版刻印于 938 年（后晋天福三年），比我国最早的雕刻版唐代《金刚经》仅迟 70 年，是至今已知的湖南文人诗文集中最早的雕版书。

第三节　岳麓书院与湖湘学派的崛起

一、湘学渊源及湖湘学派的奠基

湘学是湖南地区的文化符号，是中华民族丰富多彩的区域性传统学术形态中的重要一支，亦是湖湘人士激情荡漾、勇于创新的精神源头。湘学经历了一个产生、演变、发展的漫长历史过程，并在此过程中形成了湘学传统，对后期湖湘历史文化乃至中华文化均产生了极其深远的影响。

何为湘学？此"湘"指湘人、湘地；此"学"指具有学理意义的知识体系与学术思想。故"湘学"即为湖南人或者产生于湖南地区的学术思想。但湖湘学派与湖湘文化不同，它作为一个独立的儒家学术派别，其发展有着特定的时空限制。从空间上说，湖湘学派的形成、发展以及主要的学术、教育活动皆是在湖南一带，尤主要在长沙地区。在时间上，则集中于儒学区域形态十分成熟的两宋时期。

湖南的文化源远流长，唐以前，流寓于湖南的士大夫打开了湖湘精神的源头，屈原、贾谊、柳宗元等文人借笔墨为湖湘人士开拓了一片高远的精神净土。遗憾的是，尽管这些流寓学者的思想观念和精神境界曾较强地影响了湖湘大地，但并未能于此形成以学术思想为基础的学派、学统。独立的湘学发端于北宋的周敦颐，直至南宋湖湘学派的崛起才真正成型和完备。

周敦颐（1017—1073），字茂叔，湖南道州（今道县）人，早年受教于家乡道州，后步入仕途，他所提出的无极、太极、阴阳、五行、动静、主静、至诚、无欲等理学基本概念，构成了理学范畴体系中的重要内容。他传道解惑，拥有程颐、程颢等一大批优秀弟子，不仅是宋明理学的开山祖师，还是湘学发展的强大推动者。后来，其再传弟子杨时将他的学问传回湖南，杨时的弟子胡宏及再传弟子张栻又将理学于长沙地区发扬光大，长沙遂成为湖南的理学圣地。

湖湘学派奠基于南宋绍兴年间（1131—1162），主要是胡安国、胡宏等胡氏家族的学人在湖南开拓的结果。南宋建炎四年（1130），胡安国、胡宏父子在烽火连天的战乱中由荆门移居湖南，并在此创办书院，潜心研究学术，授徒讲学。胡安国对于湖湘地域文化发展的贡献，主要体现在两方面：一方面，传播了二程的理学思想，在湖南形成了一股崇尚理学的风气。在此期间，胡安国完成其代表著作《春秋传》，奠定了湖湘学派理学思想的基本框架和理论体系，在湖南地区产生了相当大的影响。另一方面，胡安国在推动理学发展的过程中，培养了大批血脉相承的弟子，诸如张栻、虎居正、吴翌、孙蒙正、毛以谟、赵师孟、向语等人，使得一个学术主张一致的学者群体初具规模。这一时期，湖湘学派得以初步创立。胡安国过世之后，湖湘学派进入了第二个时期，以胡宏为核心的学术和教育活动在湖湘地区的进一步开展，他创立了"性本论"的理论体系，使湖湘学派具有了独特的理论特色，湖湘学派也得以正式确立。至此，湖湘学派开始以独立的区域学术形态活跃于学术界，成为具有严格意义上的学术研究群体和具备自我特色的学术流派。

二、岳麓书院与湖湘学派

宋代以后，湖南的教育逐步发展，书院教育尤为发达，仅南宋期间，湖南就有新建书院 26 所。各大理学学派皆以书院作为传播和研究学术的基地，这大大推动了湘学本土化的完成。其中，湖湘学派的崛起与岳麓书院的振兴密不可分。

具有"千年学府"之称的岳麓书院是历史文化名城长沙的一颗明珠，肩负着湖南学术薪火相传的重大历史使命，是湘楚人才的摇篮，对湖湘文化产生过巨大影响。它位于长沙市湘江西岸的岳麓山脚下。"纳于大麓，藏之名山"，南望湘江，端庄而典雅，是中国历史上闻名于世的四大书院之一，距今已有 1040 年的历史，尤其可贵的是，岳麓书院至今仍作为教育和科研基地，为国家输送大批优秀人才。1988年，岳麓书院建筑群被国务院批准为第三批全国重点文物保护单位。作为长沙市重点文物遗产，其历史文化十分悠久。据史料记载，岳麓书院始于唐末五代，创建于宋太祖开元九年（976），由潭州太守朱洞所建。大中祥符八年（1015），宋真宗亲自召见山长周式，对其兴学颇为嘉许，亲书"岳麓书院"匾额以赐之，书院之名始闻于天下，且有"潇湘洙泗"之誉。但在北宋大兴官学的运动中，岳麓书院也曾受到冲击。绍圣四年（1035），朝廷曾下令鼓铸，当时传达鼓铸的使者就提出了"废弃岳麓书院，讲其改为鼓铸场"的要求，好在因为湘阴尉朱辂以"乡校不可毁"的理由坚决反对，才使得岳麓书院得以保存下来。至乾道元年（1165），刘珙任湖南安抚使知潭州，书院才得以重新走上辉煌。刘珙是一个深受理学思想影响的官吏，一向以崇儒重道为己任。据历史记载，他曾对皇帝大讲："圣王之学所以明理正心，为万事之纲。"（《宋史·刘珙传》）因而在知潭州其间，"葺学校，访雅儒，思有以振起"，应湖湘士子们的要求，下令全面修复岳麓书院。未及一年，书院便得以复建而成，"为屋五十楹，大抵悉还旧观、肖阙里先圣像于殿中，列绘七十子，而加藏书于堂之北"。（《潭州重修岳麓书院记》）自此，岳麓书院便为湖湘学派的发展提供了一个活动基地。其实，胡宏早就有修复岳麓书院、利用它传播理学的愿望，他期望书院得以修复，自为岳麓山长，但无奈由于种种原因，他的愿望没能够实现。而这一理想最终在他的学生张栻那里实现了。张栻主教岳麓书院，并且成为了湖湘学派的学术领袖，将湖湘学派的发展推向了新的高度。

张栻画像

张栻（1133—1180），字敬夫，又字乐斋，号南轩，汉州锦竹人，是湖湘学派的主要传人和一代宗师，与朱熹、吕祖谦并称为"东南三贤"，在南宋湖湘学派的崛起中起到了至关重要的作用。其父亲为抗金名将张浚，于宋高宗、宋孝宗两朝供职，官至丞相。张栻自幼聪颖过人，跟随父亲侨居外地，并且深受儒家思想熏陶。绍兴二十年（1150），年仅十八岁的他便跟随父亲来到湖南。绍兴三十一年（1161）春，张浚被诏至湖南路任，于是张栻跟随父亲归至长沙。乾道初年，复建岳麓书院，张栻受湖南安抚使刘珙之请为之作记并主教岳麓书院。乾道六年（1170）被诏为吏部侍郎，第二年六月出任知袁州，但年底便辞去官职回到长沙，从此潜心研究学术。他充分利用书院教育的特殊优势和幽静的自然环境，将岳麓书院作为研究和传播理学的基地，致力于传播"湖湘之传"，会集四方学子，开展学术交流。据朱熹所说："故前帅枢密忠肃刘公特因旧基复创新馆，延请故左师侍讲张公先生往来其间，使四方来学之士得以传道授业解惑焉。"（《朱文公集·措置岳麓书院牒》）张栻主持岳麓书院以后，湘学学派得到了进一步的发展。于是，湖湘学派的中心便由南岳一带的碧泉书院、文定书堂转移到了长沙的岳麓书院以及城南书院，"南宋四大书院"之一的岳麓书院最早成为了全国理学重镇，这与张栻在书院的活动息息相关。

张栻一生都致力于书院教育与学术研究。在岳麓书院修复完成之后，张栻就亲自撰写了《潭州重建岳麓书院记》，并确立了岳麓书院的办学方针，他十分重视教育教化的作用，强调教育教化为政治治理的先务，提出书院办学当培养真正能"传道而济斯民"（《岳麓书院记》）的人才，不能唯科举是从。这正传承了胡宏"经邦致用"的教育宗旨。教学方法上，他则打破传统的教学方法，一是"传道授业解惑"，主讲理学学术思想，并且将讲学与学术研究相结合，力求推动学术的深入和创新。二是积极地与各大学派巨儒在书院开展会讲与学术交流，朱熹就曾两次至此与张栻切磋，吸引了大批的士子来学习。其制定的书院教学方针和政策，成为了岳麓书院的特色之处，为其能够名扬四方，迅速地成为理学重镇以及湖湘学派走向鼎盛创造了有利条件。此外，湖湘学派的崛起离不开张栻在主持岳麓时期的贡献，尤其体现在以下两方面：

第一，思想层面上，张栻扩充了湖湘学派理学思想体系，使湘学朝着正宗化道路发展。张栻在钻研理学的过程中，广泛地兼容各家的学术思想。他不仅大量吸收了北宋周、程、张等几大理学家的思想内涵，而且将自己的学术观点与胡宏等先师的结论结合起来，提出"太极即性"的本体论、纯粹至善的人性论等几大理论，完成了《太极图说》、《张子太极解义》、《伊川粹言》等大量学术著作，丰富了理学的内涵，扩大理学的内容框架。与此同时，他还积极地与同处于理学"乾淳之盛"时期的各派学术大家如朱熹、吕祖谦、陆子寿、陈傅良等人进行广泛的学术交往，不断吸收其他学派的思想精髓。因此，在张栻的学术思想中，理学范畴更加丰富，思想体系的构建也更加庞大，不断朝着扩展湖湘学派学术思想体系规模的方向发展，体现着南宋理学集大成的时代要求。此外，同其他理学大师一样，张栻也充分利用岳麓书院开展学术交流活动，他不仅利用书院潜心研究学术，撰写著作，还在书院开展学术交会讲。乾道三年（1167）他和朱熹会讲"《中庸》之义"，就是在岳麓书院、城南书院进行的。张栻还往往把书院教学和学术研究结合起来。他的几部十分重要的理学著作《论语解》、《孟子说》、《南轩书说》、《诚敬心法》皆是他在岳麓书院讲学期间编写的讲义或为学生所记录而成的。可见张栻构建湖湘学派的学术思想同他充分利用岳麓书院作为学术基地是密不可分的。

第二，群体规模上，张栻主持岳麓书院时期，岳麓书院发展成为一个更大的学者群体，从而拓展了湖湘学派的规模。岳麓书院在北宋时就曾受宋真宗的赐额授书而闻名天下，加之又有"近市而不喧"的环境优势，得以在乾道初年恢复讲学之后就吸引大量学者前来。《朱子文集·与曹晋叔书》一文中写道："岳麓学者渐多，其间亦有气质纯粹、志趣确实者，只是未知方向，往往骋空言而远实理。告语之责，敬夫不可辞也。"此书作于张栻主教岳麓书院的乾道三年，反映了张栻主教岳麓书院的盛况。朱熹的另一段话亦反映了张栻执教岳麓书院时人才涌进的局面，他说："潭州故有岳麓书院，公（刘珙）一新之，养士数十人，属张候栻时网游焉，与论《大学》次第，以开学者于公私利益之间，闻者风动。"（《朱子文集·观文殿学士刘公行状》）张栻主持岳麓书院的讲坛，且经常与理学大儒会讲于此，相互切磋，于是吸引了一批求道问学的士子，不仅湖湘士子纷纷求学于此，其他地区的学者也都慕名而来，"道林三百众，书院一千徒"、"方其盛也，学徒千余人"等正是对此生动的写照。讲学风气之盛使得岳麓书院的声望和影响日益扩大，一些学者竟"以不得卒业于湖湘为恨"（《宋元学案补遗·沧州诸儒学案补遗》）。这个群体学术思想趋于一致，包括了许多在政界和学界有相当影响力的人物，诸如吴猎、彭龟年、游九功、游九言、胡大时、张忠恕等人。这一学者群体的形成和出现，标志着湖湘学派规模的进一步扩展。

总之，南宋岳麓书院的振兴促进了湖湘学派的崛起，使长沙成为湖南理学的中心，而湖湘学派的发展同时带动了岳麓书院的建设。从乾道初年岳麓书院修复至张栻主教岳麓书院仅仅七年的时间里，岳麓书院很快成为湖湘学派进一步发展的主要学术基地，且发生了历史性的变化。正如朱汉民先生所说，它由一所传习传注经学的学校转变为一所传习理学的圣地，由一所单一教学方法的学校转变成为一所多样化教学的学校，由一所单纯教学的书院转变为一所教学和学术研究双功效的学校，由一所官学代替者转变为一个真正独立于官学之外的全国性学术基地。其规模也远远超过了胡宏当时主持的碧泉书院，被士大夫们尊称为"道学之宗"。岳麓书院为湖湘学派培养了大批人才，在学术历史上充满了光辉。这既促进了湖湘学派的深入发展，也推进了整个理学思潮的繁荣。湖湘学派对元明清乃至近代湖南地区的学术教育、学术思想、人才群体均产生了深远的历史影响，标志着湖湘文化的正式形成。

岳麓书院大门

三、推动湖湘学派走向鼎盛的"岳麓诸儒"

全祖望在补辑《宋元学案》时，就专门辑有《岳麓诸儒学案》，列述张栻主教岳麓书院时的门下弟子四十多人。故后世学者便借此之名，将张栻门下的岳麓学子统称为"岳麓诸儒"。这个群体将湖湘学派的学术风格继承并发展，包括了许多在南宋政界和学界有相当影响力的人物，尤其值得一提的是，"岳麓诸儒"改变了之前湖湘学派群体中以流寓学子为主体的状况，涌现出了一大批的湖湘土著学人，流寓和本土的同鸣共振，终于使湖湘学派走向了鼎盛。

岳麓诸儒中，诸如陈概、周奭、赵方、胡大时、彭龟年、吴猎、舒璘、游九言、游九功、张忠恕等人，皆为文武双全之辈。这里选举其中相对影响大的几位"巨儒"，就其对湖湘学派的继承发展情况进行基本的介绍。

胡大时

南轩门人胡大时，字季随，号盘古，福建崇安人，是湖湘学派奠基人胡宏的季子，史称盘古先生。他曾于碧泉书院从父亲学，是岳麓诸儒中仅有的"碧泉遗老"。胡宏病危时，将他托付给张栻，于是跟随张栻研习理学，是张栻门生中的首领，声望甚高。胡大时终生都未做官，潜心研习理学，曾多方求教，与南宋时的朱学、事功学、陆学等各学派都有接触，兼采众家之长。《岳麓诸儒学案》辑有《湖南问答》一文，即为胡大时为湖湘弟子解析各种不同的学术见解，反映了作为五大"岳麓巨子"之一的盘古先生在学术、教育上的一些特点。

首先，胡大时在执守湖湘之训的基础上，对人性论作了修正，使其趋向正宗化。《湖南问答》中记载了湖湘弟子就"感物而动"的问题请教胡大时，他说"寂然不动，万象森然已具，感而遂通则只是内感，不是外面将一个物来感于此"即"外感"因物，"内感"于心。因此，他在肯定"昧天性感而动者凡愚"理学观念的基础上，以"内感说"修正了胡宏人性论中的感性主义倾向。除此之外，他完全肯定了"人性即天理，故为善"的思想，在人性善恶的问题上修正了胡宏的性无善恶论。其次，就朱熹一派和陆九渊一派争论较激烈的"尊德性"和"道学问"的关系上，胡大时则继承并发扬了张栻的主张，认为二者并重，切不可偏于一方，体现出了折中倾向。

吴猎

吴猎（1130—1213），字德夫，号畏斋，潭州醴陵人。官至辅文阁直学士、四川安抚制置使兼知成都府。他是湖湘学派继张栻之后的代表人物，更是开禧北伐的历史功臣，在政治、经济、军事、理学等各方面都有所创建，可谓是岳麓诸儒中文武双全的杰出人物。当时的湖湘学者以其与胡大时为第一。其著作颇丰，有《畏斋文集》、奏议六十卷，另有《吴氏经解》等著作。

不尚空谈、经世致用历来是湖湘学派的学术传统，这一点在吴猎身上尤其显著。南宋乾道初年，吴猎入岳麓书院，从张栻受业，成为张栻的高足弟子。他常言，"圣贤教人，莫无先于求仁，自秦汉以来学者失其传"，即学必以"求仁"为先。求仁而后为经世所用。他曾数次上谏皇帝恪行孝道，并且在论兵治军上定言仁义为先。他说："大义不明，而委兵民于交病之地，在今日所患也。靖康之祸，天地之大变，而古今之所无。"而吴猎并非空谈仁义，反而十分重视具体的用兵之道。他强调在北伐过程中，要采取先内后外的政策，修城关，养人才，招勇士，明间谍，控军权，以使自身立于不败之地。故而吴猎能屡次挫败金人南下，平定四川叛乱，屡获功勋。

吴猎画像

全祖望在《岳麓诸儒学案·吴猎传》后评价他说："如先生（吴猎）者有得于宣公求仁之学而施之于经纶之大者，非区区迂儒章句之陋。而其好用善人，则宰相材也，惜乎宋不能大受之以极其施焉。"这一点在军事、政治上体现得淋漓尽致。他真正地将"求仁之学"与经邦济世统一起来，为湖湘学派经世致用的传统画上了浓墨重彩的一笔。

赵方

赵方，字彦直，潭州衡山人，南宋名臣、学者，师从张栻，承岳麓之学。淳熙八年（1181），赵方进士及第，调蒲圻尉，历官大宁监教授、青阳知县、随州知州等。宋金议和之时，诸郡弛备，唯独赵方招兵择将。累迁京湖制置使兼知襄阳府，力主抗金，数解枣阳之围。又败金驸马阿海于淮西。进太中大夫、权刑部尚书，累封长沙县南。其后得病归，仍致书宰相，论疆场大计。嘉定十四年（1221），以端明殿学士致仕，同年八月逝世，赠银青光禄大夫，累赠太师，谥号"忠肃"。《全宋诗》录有其诗十首。

他是帅边十年的湖湘子弟，"以战为守，合官、民、兵为一体，通制总司为一家……诸名将多在麾下，推诚擢任，能制其死力"。（《岳麓诸儒学案》）作为一位卓越的军事将领，在军事上，他曾战败完颜赛布的十万金兵，一胜枣阳，又坚守城池，杀敌三万，而后袭邓、唐二州，厉兵秣马，为中路西部战争的胜利做出了卓越贡献。这与其开明的军事思想密不可分。在抗金的问题上，其师张栻就曾有"修德立政，用贤养民，选将帅，练甲兵，通内修、外攘、进战、退守"的主张。而赵方则进一步发展了湖湘学派这一思想，提出"合官、民、兵为一体"的战略，在开禧北伐过程中，积极组织民兵农忙时耕种和秋后战争防御，达到了生产和战争两不误的效果。在政治上，赵方善理政务，济世治民，提出"催科不扰，是催科中抚字；刑罚无差，是刑罚中教化"的主张。其经世之才可见一斑。其作为在南宋政治的发展中起到了十分重要的作用。

彭龟年

彭龟年（1142—1206），字子寿，号止堂，清江人，是张栻的杰出弟子之一。他七岁时失去父亲，但生性聪颖，勤学苦读，求师问道。乾道初年跟随南轩先生学习，从此"义理愈明，开发后进"。南宋乾道五年（1169）登进士第，历官焕章阁待制、知江陵府，迁湖北安抚使，身后被赐谥号"忠肃"。所以全祖望在《岳麓诸儒学案》称之曰"忠肃彭止堂先生龟年"。彭龟年在南宋时期政治地位很高，他历仕孝宗、光宗、宁宗三朝，为官长达三十七年。他直言进谏、鲠古立朝，地位颇为尊贵，对当时的政治活动有很大影响。故《宋史》将其列为忠臣，强调其忠诚、气节和孝道。他在积极投身政治活动的同时，也认真研究理学，并利用其从政优势，扩大理学的影响。

彭龟年的学术思想继承了张栻之学，明义利之辨，重心性修养，发展湖湘学派的务实精神。全祖望在补辑《岳麓诸儒学案》时，就注意到彭龟年的学术思想具有"特立者"的一面。他的思想特点更多地体现在实践功夫论上，这与湖湘学派重实践是分不开的。他在《经解》说，"孚，实也，谓实有诸此而后可待诸彼也"，强调"实"是万事万物的根本，并强调"务实"要从三方面做起：一是将修养心性落在现实的经世活动之中；二是反对空谈，倡导言行一致，注重效果；三是对人欲和物利加以肯定，强调不要多欲即可。他自身在做官期间就发扬湖湘学统，力求实践，秉承"独善其身"又"达天下"的精神，这在今天仍然不失参考价值。

游九言

游九言（1142—1160），初名九思，字诚之，号默斋，建阳人，学者称默斋先生。早年于岳麓书院从张栻学，以祖荫入仕，曾举江西漕司进士第一名。后官历古田尉，江川绿事参军，沿海制司干官等。在任期间，他关心民间疾苦，在组织抗金上也多有建树。他著有语录诗文集《默斋集》，但原书已佚，后人辑为《默斋遗稿》二卷。南宋端平中，追赠直龙图阁，赐谥号"文靖"。理学家魏了翁评价他说："默斋气禀诚实，而早有立志，知所以自厚其躬矣。矧得一世大儒执经而受学焉。是惟无言，言则贯融精粗、造次理道，使假之年且见于用，其所盖不止此。"游久言获得这般称赞与从学张栻有很大关系。

《岳麓诸儒学案》中载："先生始学于宣公，宣公教以求放心，久之有得。"这里的"先生"即游九言，"宣公"就是张栻。游九言在学术思想上主要继承并发展了张栻的"心学"，使湖湘学派的心学倾向更加突出。张栻将"心"看作天地万物的主宰者，认为"性、太极、理"等是宇宙的本原，而游九言则在此基础上探索"天命"、"道"、"本体"，进一步把"心"看作为一种绝对精神的本原，这就使得张栻"心学"思想进一步凸显出来。此外，他还利用改造了周敦颐的《太极图说》，把"无极而太极"看成是主体的道德心理的"未发"和"已发"，并将精神本原的"太极"主体化，主张从主体"心"中寻求本体，这极大地反映了岳麓诸儒以人伦为本的心学倾向。

游九功

游九功（1163—1243），字勉之，又字禹成，号受斋，建阳人，是游九言之弟，南宋末著名理学家。他与其兄游九言一同求学于岳麓书院，从学张栻。游九功主要继承了张栻的理学思想，《宋元学案》称他和他的兄长同为张栻的"高第"，并与彭龟年、吴猎、胡大时并称为"岳麓巨子"。由于其著作大多散佚，因此学术思想难以窥见，但《建阳县志》对其记载："讲明理学、里居十五载，平生真体实践、一出于诚意、故及门之士皆心服。"其理学思想之深赢得了建阳士子经年传颂。

游九功作为道统出身的文人大儒，允文允武，无往不宜，故其在政治上的作为很大。游九功在抗金的问题上属于主战派，而且十分具有军事眼光。嘉定北伐期间，只有其镇守的荆州一路取得胜利，因立有战功官升兵部郎中，后还官历湖北转运判官兼知鄂州与刑部侍郎。面对妥协的投降派，他始终持以激烈的抨击，并屡次上书直谏。游九功一生为官清廉，多受褒称。去世后，获谥号为"庄简"。忧国忧民、匡济时艰的湖湘文化传统在他的身上得以彰显。

陈概

陈概，字平甫，四川普城人，南宋乾道年间的进士，他是蜀地最早从学张栻的学者之一。张栻主要在湖南岳麓书院讲学，他家乡的弟子闻讯纷纷前来学习，陈概便是其中的典范。全祖望在补辑的《二江诸儒学案》中对其记载曰："尝言于南轩，欲自汉、唐以来诸儒之嘉言懿行萃为一编，以明道统。"他跟随张栻学习理学，而后又将岳麓之学传入蜀地，这大大扩展了湖湘学术的影响。

陈概本人的著作没有流传下来，但其理学思想特色在《南轩文集》中可见一斑。《南轩文集》中记载了张栻和陈概对一些学术问题的问答，体现了陈概理学思想的主要特色。首先，他继承了湖湘学派在本体论上的一个突出特色，即对形而上和形而下不作严格的逻辑区分，并坚持认为宇宙本体就存在于生生不息的自然之中，将"仁"看作是"生生不息"的自然生命的动态过程，强调"仁"的本质是运动。其次，他以感性的生命活动本身为基础来说明天理，即将体用、本体与自然看成是不可割裂的统一整体。再次，他企图用人的道德之心来统一主体和客体，使形而上和形而下相统一，提出了"心无内外"的伦理观，这使得主体伦理观奠定在"以心为本"的哲学基础上。陈概的这些理学思想特色都是对湖湘学术的继承和发展。

周奭

周奭，字允升，号敛斋，湘乡人。南宋乾道年间（1165—1173）

乡荐。张栻主教岳麓书院期间，周奭跟从他学习。其间，张栻还作有《砚璞铭》，用来勉励他。《宋元学案》中有对其论学的记载。南轩先生问学生周奭说："天与太极何如?"先生曰："天可言配，太极不可言合。天，形体也；太极，性也。惟圣人能尽性，人极所以立。"这里周奭明确地区分了"天"与"太极"的区别，即天是一种形体，而太极则是一种"性"，只有具有极高自我道德修养的圣人才能达到"尽性"，人道成而天道立。他的回答得到了张栻的赞同。周奭在与张栻的论答中，现出了其理学思想与张栻学术思想的一致性，都延续了由人道而及天道的途径，坚持"太极即性"的本体论思想。他还曾著有《鬼神说》，张栻为之作了后序。

周奭后期归还家乡，与当地士子于所居之地传道讲学。因其居于涟水之阳，张栻便为之题曰：涟溪书室。周奭去世以后，学者们就在当地建祠祭拜他，可见其德之高，学问之大。后真德秀守潭州，就下令在当地建造了涟溪书院。近代曾为湖湘学派培养了曾国藩等优秀人才。

吴儆

张栻的杰出弟子吴儆（1125—1183），字益恭，原名备（因避讳改之），号竹洲，休宁人。与兄吴俯讲学授徒，合称"江东二吴"。宋高宗绍兴二十七年（1157）考取进士，调鄞县尉。后历任广南西路安抚使、主管台州重道观及知泰州等职。宋孝宗曾下旨提拔他为守邕管，但他以"事亲之日短，而事君之日长"为由推辞了，于是改为奉祠禄。张栻称他"忠义果断，缓急可仗"。淳熙十年（1183）去世，年五十九，谥号"文肃"，留有著作《竹洲文集》二十卷，附录一卷。吴儆是个才华十分出众的岳麓学子，在当时，很多著名的大家如朱熹、吕祖谦、陈傅良等与他有着密切的往来，并大加赞赏其才能。《岳麓诸儒学案》记载，吴儆在赡养父母期间，"余间与从游，穷经论史，考订德业，分斋肄业，如安定胡学之法以为教"。当时追随吴儆的学士有数十人，在学术界、教育界均有一定影响。

吴儆学术思想的主要特点在于指出并使用"学该体用"、"一贯本末"的学术宗旨，继承和发展了湖湘学派把义理和外王之学相结合的传统，十分鲜明地体现出湖湘学统中理学经世论的学派风格。另外，注重事功的经世论，继承和发扬了湖湘学派经世致用的传统。这一点在其著作《竹洲文集》中有所体现，这一文集中，充满着抗金的军国大计、整顿吏治之策和强国养民等思想，体现着吴儆卓越的政治才能和湖湘学派的优秀学统。

舒璘

舒璘（1136—1199），字元质，一字元宾，奉化广平人，曾建有广平书院，遂学者称其为广平先生。南宋乾道八年（1172）中进士，授四明郡学教授，未赴。后任江西转运使干办公事，继为徽州府教授，倡盛学风，丞相留正称其为"当今第一教官"。继任平阳县令，官终于宜州通判。卒于宁宗庆元五年（1199），淳祐中，特谥"文靖"。其著作有《苏文靖集》、《诗学发微》、《广平类稿》、《诗礼讲解》等。他少时得闻伊洛之学，青年时游太学，受业于张栻，后又从学于陆九渊。尤长于教学。

舒璘的学术思想、治学风格深受张栻一派影响，继承了湖湘学派践履务实的学风。首先，舒璘坚定心学的信念，在众多地方都强调"心"、"良心"的本体作用，但也不否认道德理义的外在客观性，这更多地体现了张栻之学的特点。其次，在修养方法上，持"平实"的道德修养功夫，他要求学者在日常的生活实践中磨炼自己的道德品质。此外，舒璘重视省会政治实践，其文集之中充满着对国计民生的关心，处处体现着湖湘学派经世致用的实学精神。由此可见，其受湖湘学派影响之深。

"岳麓诸儒"作为一个人才群体，其代表人物远多于此，他们共同构成了湖湘学派的人才基础，使湖湘学派成为了与朱熹的闽学、陆九渊的心学和吕祖谦的婺学鼎足而立的一大学派，将湖湘学派的学统发扬光大，为湖湘学派的鼎盛做出了巨大的贡献。

第四节　学术的相互激荡与湘学的传承

南宋中期是继春秋战国时期"百家争鸣"后，中国历史上又一个学术大交流的辉煌时期。在湖湘学派走向高峰的同时，朱熹的闽学，陆九渊的心学，吕祖谦的婺学，陈亮、叶适的事功之学等各学派也纷纷绽放出了异彩。在这样的历史时刻，湖湘学子秉持着不囿于己的精神和海纳百川的胸襟，批判地吸收各派所长。无论是在各学派的学术交流交锋时，还是在读书日用的践履之中，抑或在适应经国济世的时代要求之际，南宋至明清时期的湖湘学子由此形成了既坚守湖湘学统的经世传统基础，又能兼容并蓄、随时代变化而发展的特色。所以这一时期是湖湘文化和湖湘精神的传承和发展时期。

一、学术的相互激荡

自古以来，所谓学术之道，就是不同学派、学者之间交流、互动从而不断发展的过程。事实上，在胡安国奠定湖湘学派的治思基础之后，对于大多数湘学学者来说，他们学术体系的知识谱系和脉络往往没有世人所想的那样简单清晰，而是在湖湘本土的学术渊源之外，其承传的学术思想还包含了外来的因素。也就是说，大多数湖湘学子的学术思想往往是多源异构的，其中既可以发现其湘学学统的主要成分，亦可以找到其他学派和其他区域学统的痕迹。但是，这并不会导致湖湘地域性学术的发展走向变质乃至衰落，反而更能够促进湖湘学术的繁荣，同时进一步促进古代中国学术文化的发展。

自湖湘学派兴起而至鼎盛，随着学术地位日益显著，湖湘学派在理学方面的主要思想和创造也受到了诸多学者大儒和各大儒学学派的关注，从而揭开了湖湘学派与其他学派交流的序幕。正如侯外庐先生在《宋明理学史》中所概括的那样："著名的理学家人才辈出，而且出现了像朱熹、张栻、吕祖谦、陆九渊那样十分重要的理学家。理学的许多重要派别，也形成于此时，并得到了发展。理学家之间的讨论、辩难，理学家与事功派思想家之间的讨论、辩难，呈现鼎盛的局面。理学的范畴、命题逐步确定下来，其涵义走向深刻和精密。"可以说，正是湖湘学派、湖湘后学与各个学派之间的相互辩难，以及湘学主要思想与其他学派学术思想之间的相互沟通碰撞和相互批判继承，才有了湘学自身甚至是其他学派的不断发展和理学话语的纵深讨论。这些以长沙乃至整个湖湘地区为主舞台的学术交流与论战，反映出湖湘学派与其他学派的思想分歧，其起始点必须是湖湘学派的确在许多重要的理论问题上形成了自己独具特色的学术见解，因此从另一个侧面也反映出湖湘学派在思考宇宙自然、社会人伦方面的学术成就和思想特征。

那么学派和学术的相互交流是如何实现的呢？除了互通书信和著作论争等间接方式外，湖湘学派与各学派之间交流思想的重要平台就是书院的会讲活动，这也是一种更加直观的思想交流呈现方式。宋代的长沙，也即潭州，是湖湘学派讲学和兴办书院的重镇和中心地区，书院的会讲活动，就是始于八百多年前著名的岳麓书院朱张会讲。此后，陈傅良、真德秀等理学大师和湖湘后学曾先后讲学于此，培养出了以吴猎、赵方、彭龟年等人为代表的岳麓诸生，他们构成湖湘学派的主要学术力量，发扬创始人胡安国和胡宏等人的经世致用思想，力主抗金，青史留名。嘉靖年间，湛若水多次率弟子游历南岳，会讲于石鼓书院。阳明王门弟子季本、张元汴、邹元标、罗洪先和罗汝芳等人，也曾先后到岳麓书院讲学，有资料记载当时"四方从游者甚众"。显然，这些讲学活动对于湖湘理学经世精神的发展传承是具有积极意义的，因此无论是朱子等大儒还是王门后人，他们在书院和湘中其他地区的问学传道，都给湘学的批判成长提供了良好的学术环境。以下将主要从湖湘学派与朱子学派、象山学派以及浙东事功学派等几个主要学派的交流入手，逐步展开南宋及南宋以后学术相互激荡和学派之间相互辩难的、充满思辨色彩的历史画卷。

（一）湖湘学派与朱子学派

湖湘学派和朱子两个学派之间的交往，在早期主要是朱熹和张栻二人的交往。张栻与朱熹二人之间的交游与论学，可以称得上是南宋学术史上的盛事。其实在会讲之前，二人在书信中就论学不断，朱熹对于从张栻那里听闻的湖湘之学就表现出了浓厚的兴趣。乾道三年（1167）八月，朱熹偕同范伯崇、林择之等人，受南轩之邀赶赴千里之外的湖南长沙。朱熹一行于九月八日抵达长沙，二人会讲于岳麓书院，其间共处两个多月，游山玩水，赋诗作文，讲学论学，度过了愉快的游学之旅。因此朱熹在长沙的两个月，除了短暂的会讲活动，和张栻还讨论了其他诸多问题，但所讨论的问题在学界历来都无法达成一致。一般认为二人主要讨论了《中庸》中所谓"中和"的问题，但束景南先生的《朱子年谱长编》则指出"朱、张长沙之会乃是一次全面学问讲论，非只讨论中和说也"，束先生遍考朱、张二人文集，发现二人讨论的主题其实还有：主敬、"仁"说、《中庸》学、撰写《张浚行状》，以及各自对经学、史学著作等相关讨论。应该说二人讨论的问题很多，毕竟有两个多月的时间。但是其中最为核心的问题则还是关于"中和"的讨论。在这两月之内，最重要的还是宋乾道三年

（1167）的朱张会讲，其在南宋学术史上的影响可与朱陆"鹅湖之会"相媲美。当时湖湘学子纷纷前往，许多外地儒生也慕名而来，一时间岳麓书院出现"舆马众至，饮池水立竭"的现象。史书就记载下了这一空前盛况："乾道丁亥，（朱熹）如长沙访张南轩（张栻），讲学城南、岳麓，每语学者观《孟子》道性善及求放心两章，务收敛凝定，以致克己求仁之功。"遥想满院金桂飘香，二人坐在岳麓书院的讲堂之上，就"中和"、"太极"等问题进行公开探讨，众学生则坐在下面旁听的盛景，让人不得不生出感慨追慕之思，这就是后世岳麓书院学规中"疑误定要力争"的历史渊源。

对于此次学术交流的影响，黄宗羲评价说："湖南一派，在当时为最盛，然大端发露，无从容不迫气象。自南轩出，而与考亭相讲究，去短集长，其言语之过者裁之归于平正。"黄所言极为中肯，当时湖湘学子为学"辞意多急迫，少宽裕"，文字"全无涵养之轼"，而会讲之后，湖南人开始将"持敬涵养"的工夫反求诸己，摒弃以上所说之不足，努力学习别人之所长，湖南学风才得以渐渐"归于平正"，而"朱张会讲"所展开的"中和之辩"，也的确纠正了此前湖南的文风。从朱熹的角度来看，对于这次长沙之行，可以说是相当满意的，除了会讲和交流中湖湘学者帮助他思考了理学中重要的已发未发的问题，其他的收获也在其给多位友人的书信中被谈到。比如他在写给曹姓友人的信中说："熹此月八日抵长沙，今半月矣。荷敬夫爱予甚笃，相与讲明其所未闻，日有问学之益，至幸至幸。敬夫学问甚高，所见卓然，议论出人意表。近读其《语》说，不觉胸中洒然，诚可叹服。"可见其收获颇多。更为重要的是，"朱张会讲"树立了不同学派之间互相讨论、自由讲学、求同存异的典范，这样开放的治学方式，是值得推崇和借鉴的。两人的观点互相影响、互相渗透、互相融合，也影响了朱子后学和湖湘后学的学术观点。因此朱张会讲闻名遐迩，被学者引为美谈。

总的来看，朱熹与张栻二人所讨论的理学问题在基本方向上是较为接近的，但在心性论、道德修养论的一些细节问题上有所分歧，所以在接下来的十来年间，一直到张栻去世前，二人继续坚持以书信的形式论学。在这个过程之中，朱熹的收获如上所说应是多方面的，其中最重要的则是"中和"的问题。在与朱熹的论学之中，张栻收获也很大，特别是朱熹指出他前期具有"心学"的偏向。他在写给朱熹的信里这样说道："某迩来思虑，只觉向来所讲之偏，惕然内惧，不敢不勉。每得来书，益我厚矣。"正是有了各自这样旗鼓相当的同道中人，才促使朱张二人都在思想世界中前进了一大步。从另一个方面来看，朱熹及其闽学对湘学的发展产生了至关重要的影响，先后两次到岳麓书院，都是岳麓书院发展史上的佳话。

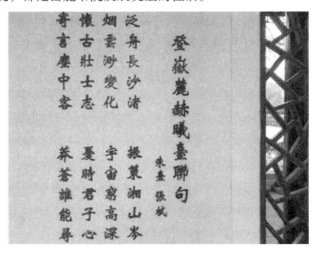

朱熹、张栻的诗文唱和

张栻去世之后，朱熹亲自撰写过两篇祭文，其中一篇《祭张敬夫殿撰文》中说："我昔求道，未获其友，蔽莫予开，吝莫予剖。益自从公，而观于大业之规模，察彼群言之纷纠，于是相与切磋以究之，而又相厉以死守也。"意思是说他与张栻生前的两次会讲，都使得双方更为深入地体察了"大业之规模"，学术得到了精进。在南宋乾道、淳熙年间的理学大盛之时，朱熹和当时代各家各派都有一些学术上的联系和交往，并各有褒贬，但他对湖湘学派和张栻却格外推崇，这显然是二人有着共同的思想基础，有着共同的学术志向，同为承继孔孟之圣学而努力。两人十多年来的会讲与书信，是非对错之间"缤纷往反"而趋"同归而一致"，使得湘学中的朱张传统成为其一大重要特色。南轩先生已殁，但朱子并没有终止与湖湘学派的交往。绍熙五年（1194），朱子拜命赴任知潭州，又多次与湖湘学派的学子们一同讲论，纠正了他们思想上的一些偏颇。朱子还与张南轩的弟子们有很深的交往，如萧佐、彭龟年等，这些人后来很多都成了朱子的弟子。就在同年十二月，朱子被罢经筵，当时身任吏部侍郎兼侍讲的彭龟年力言不可之后，还上疏指责皇帝"陛下逐朱熹太暴"，并因此触怒龙颜而被贬。

其实，朱子对湖湘学派的贡献绝不仅仅限于在学术论争中完善了湘学的理论体系，还在于湖湘学派之作为一个学派，是朱子首先予以认肯的，这也是朱子学派与湖湘学派关系如此密切的重要原因之一。虽然胡安国等人在理学上的创新和理论生发造就了事实意义上的湖湘学统，但是在朱子之前，并没有人提出过湖湘学派的说法，湖湘学统无明显的宗派概念；在朱子提出之后，"湖湘学派"才逐渐成为学术界习惯性的一个称谓。本来北宋二程的伊洛之学，传到南宋而形成两大系：一系由杨龟山到李延平、罗豫章，再到朱子，这是平常所说的闽学；一系经由谢上蔡与胡安国、胡宏父子，而成为湖湘之学。因此他对湖湘学派学者们的思想，尤其是胡宏的思想进行过深刻的研究，对胡安国、胡寅、张南轩等的思想也十分熟悉。同样也是由于朱子对湖湘学派思想的研究、讲说，从而进一步扩大了湖湘学派的影响。朱子在不同的场合多次提到"湖湘学派"的概念，比如在弟子为其所编的《朱子语类》中常常出现"因论湖湘学者崇尚《知言》"、"湖南一派"、"因说湖南学先体察"、"湖南'以身格物'"等字样,这些都是朱熹对湖湘学派进行命名的明确记载。在湖湘学派与朱子进行学术论争的过程中,凭借对各自思想学说的认识和了解,双方往往谁也说服不了谁,这也反映了朱子对湖湘学派的代表学者学说已有了极深的了解和体悟。

应当指出的是,朱子提出"湖湘学派"的概念,其实是为了与自己的思想相区别,因此当朱子提出"湖湘学派"的概念,即是表明其与湖湘学派在理论上走向了两个不同的方向。历史的吊诡之处在于,后世学人对于两派学说却与朱子本人想法截然不同,比如梁启超在对中国学术史进行研究后,是这样表达湖南学术的:"南宋学派,主要是朱陆两家……两派之外,还有两个人需要注意。一个是张南轩。……南轩生在湖南,湖湘学派与朱子学派,实在没有什么区别。"认为湖湘学派与朱子有着极深的渊源和相似的学术理念。不过后来的朱子学发展到一种极盛的状态,从一种与湖湘文化平等的地域文化,而成为凌驾于众多地域文化之上的官方思想体系,又因朱子后学对包括湖湘学派在内的其他学派持贬低态度,甚至认为湖湘之学乃杂合各家而不纯粹,后期的学术来往愈加稀少,湖湘学派与朱子学派才由此异路求道,不复当年会讲之盛了。

(二)湖湘学派与象山学派

在宋明理学史上,陆九渊及其象山学派居于非常重要的地位。宋代理学称盛,朱熹的闽学和陆九渊的象山心学是理学内部影响最大的两个学术派别,两者因思想的分歧引发的学术论战是理学史上的重大事件,一直是学者们关注的热点,但实际上象山心学与湖湘学派的学术论争和相互的回应也同样不可被忽视。作为南宋著名儒学流派的江西陆学,虽然与湖湘学派的直接交往较少,不像与朱子学派那样密切，但仍然存在较多间接的议论。就比如陆九渊本人接收过张栻的几名弟子，另张栻与其兄陆九龄还有一些学术通信，这些都是陆九渊与湖湘学派在各自的思想形成和发展过程中有会通的证据。在另一方面，就学术思想的联系以及相互之间的批判继承关系来说的话，两派肯定存在着密切的学术联系，无怪乎甚至有当代海外新儒家将湖湘学者胡宏与陆王心学归为观点接近的大学派。

湖湘学派的出现与创立，在时间上要早于陆王心学，因而他们所提出的那些与陆王学派相同的许多思想和观点，在哲学的逻辑上来说可称得上是陆王心学的先声了。而且一般说来，南宋理学各派的学术渊源，都与北宋的二程及其弟子有着或多或少的传承关系，做一个不太恰当的比喻就是：陆学和湘学的关系又正像是二程及其弟子学术主张之间的相互关系。当时的张南轩在南宋的学术界成名较早，陆九渊就经常对其门人论及张栻和湖湘学派："元晦似伊川（程颐），钦夫似明道（程颢）。伊川蔽固深，明道却通疏。" 就是说在陆九渊个人看来，当时朱熹的闽学与张栻的湖湘之学，都可以作为他的学术上的竞争对手，也就不得不时常与弟子有所感叹议论。从这些议论可以看出，陆九渊对张栻之学应当有较为深入的了解，湖湘学派对于二程而言，所取确实也较为偏向于明道先生，而陆九渊本人也同样偏向于明道先生。不过就算偏好一致，陆九渊也并不真正认同张栻以及湖湘学派的主要思想，他曾经批评说："有学者曾看南轩文字，继而从先生游，自谓有省。及作书陈所见，有一语云：'与太极同体。'先生复书云：'此语极似南轩。'" 也就是张栻是将哲学的本体归结为"太极"，提出"太极不可言合，太极，性也"；但陆九渊一直是以"心"为宇宙本体，在这一问题上两人就首先产生了重大分歧，这也是为何张栻与朱熹的关系比和陆象山要契合太多的原因。此外，在詹阜民舍张栻求仁之学而改学陆学"安坐瞑目"之法的时候，陆九渊对其大肆称赞，也可见其对湖湘之学并不认同。

陆九渊对湖湘学派的看法是如此，相对言之，张栻也对江西陆学有所批评，在与朱熹的通信之中指出陆学之弊病在于易流入空疏之学："近有澧州教授傅梦泉来相见，乃是陆子静上足，其人亦刚介有立，但所谈学多类扬眉瞬目之机。子静此病曾磨切之否？亦殊可惧。"又说："澧州教授傅梦泉者，资禀刚介，亦殊有志，但久从陆子静，守其说甚力。"傅梦泉是陆象山的弟子，虽然为人刚介，卓然而立，但是就为学方法而言，往往有"扬眉瞬目"之类。"扬眉瞬目"由来于古代禅师常借助一举手一投足、扬眉眨眼来教化弟子，因此这里是张栻用来指象山心学有禅学化的倾向，张栻由此而担心陆九渊也会像傅梦泉一样流于禅学之病。另外，在读书方面二人也多有分歧。张栻还批评陆九渊疏于读书，担心会有"躐等之失"，这与朱熹等人看法一致，其他学派多指责陆学不读书而专求诸心。事实上，陆九渊反对的是过分沉溺于章句训诂而不是不读书，他曾对别人说："人谓某不教人读书……何尝不读书来，只是比他人读得别些子。"按照陆九渊的说法，他认为自己并不是不主张读书，只是在读书方法方面与张栻或朱熹有所不同而已。关于湖湘学与江西陆学的关系，朱熹也曾看得明白："陆子静之学，只管说一个心……南轩初年说，却有些似他。如《岳麓书院记》，却只恁地说。如爱牛，如赤子入井，这个便是真心。若理会得这个心了，都无事。后来说却不如此。"在朱熹看来，张栻早年特别看重一个"心"字，在这一点上与陆学简直就像一个模子刻出来的，但张栻到了晚年却不特别看重"心"了。事实上湖湘学派对"心"以及察识工夫等的重视，早期确实与江西陆学有着诸多的会通之处，但在其发展的过程中逐渐居于次要地位而与陆学不同。

张栻生前并没有与陆学有直接的交涉，但在张栻去世之后，通过弟子胡大时，湖湘之学与陆学有了直接的交涉。就胡大时个人而言，除了请教于陈傅良之外，他还曾问学于朱熹和陆九渊，对于他的思想形成渊源，《宋元学案》认为他"又往来于朱子，问难不遗余力"，"最后师象山"，也就是说胡大时问学陈傅良也只是某一阶段而言，最后的学术归宿在于陆九渊的心学而非真正的湖湘学统。胡大时总结自己的一生为学而认为"于象山最称相得"。而且在政治上，胡大时还尽力维护陆九渊。陆九渊因为撰写《荆公祠记》高度肯定王安石的人品操守和政治理想而受到朱熹的讥讽，胡大时却对《荆公祠记》非常肯定，"独以为荆公复生，亦无以自解"，认为陆九渊在此文中的"心学政治观"代表了其晚年思想的成熟境界，就算王安石复生也无法对自己作出毫无争议的评价。应该说在胡大时那里，湖湘之学为他接受江西陆学提供了一个基础，在他的思维世界里面两者得到了很好的融合，这也正好反映了陆学在湖湘学派中的影响以及湖湘学派对陆学的反应和吸收。

（三）湖湘学派与浙东事功学派

比之吕祖谦的"东莱学"，几乎同时在浙东地区兴起的事功派要激进得多。浙东事功学派的思想可以远溯至旁承伊洛之学的永嘉诸老，随着南宋国势日益倾颓，在反思现实危机、寻求救亡之道的基础上，以陈亮、叶适为代表的一部分思想家不满足于理学空言性理天命的迂腐，试图把事功作为不违背天理却又能挽救国家于狂澜之中的另一标准，并以此来批评和改造理学，其经世之思、事功之业，与湖湘学派的经世传统正好契合。在两派相互交流的基础上，为湘学的经济之学注入更加鲜活的动力，这种经世思潮一直于元明清三朝延续不辍，到近代也培养了一批经世思想家和实干家，走在时代的前列乃至推动时代的发展，形成了近代湖湘的民族变革精神和踔厉敢死的气魄。

说起南宋浙学对于湘学的影响，不得不提其中一个关键人物——

陈傅良。陈傅良，字君举，号止斋，浙江瑞安人。历任泰州州学教授、福州府通判，升湖南提举茶盐公事、转运判官，湖南桂阳军知军，集英殿修撰等。他早年在永嘉学派的名儒薛季宣门下勤心学习，其学术重经世致用而反对空谈性理，后人将他们视为事功学派，而南宋时期的浙学，其主导也正是事功学派。其实陈傅良的学术，受到金华学派吕祖谦的影响，还曾受到以张栻为代表的湖湘学派的影响，而陈所精于《春秋》之学与湖湘学派初创时期胡安国以《春秋》发微不谋而合。陈傅良问学于张栻，接触到有湖湘特色的性理之学。在张栻与其交往中，陈傅良的行状中提到在乾道六年（1170）的时候，"还过都城，始识侍讲张公栻，著作吕公祖谦。数请间，扣以为学大指，互相发明。二公亦喜得友，恨见公之晚"。此时陈傅良仍尚未登第，但张栻、吕祖谦早已步入仕途，应是薛季宣多次与陈傅良提及二位先生，所以陈才会在经过临安之时前往拜见。这次三人会面的机会很难得，也可以说是南宋学术史上一大盛事。但需要注意的是，虽然陈傅良主动问学于张栻和吕祖谦，但他们三人还是亦师亦友的关系，并不能说陈傅良出于张、吕之中任何一人之门下。张栻去世之后，陈傅良又讲学于岳麓书院，由于湖湘学本身具有经世致用学风的特点，因此张栻的弟子大多问学于陈傅良，湖湘弟子受到永嘉事功之学的影响。

在这一阶段的湖湘之学发展过程中，陈傅良的讲学是影响湘学事功的一大因素。一个方面是陈傅良本身就学术水平颇高，在师从薛季宣的同时在其师的基础上又有所创新。全祖望这样评价陈傅良，认为永嘉诸子"皆在艮斋师友之间，其学从之出，而又各有不同。止斋最称醇恪，观其所得，似较艮斋更平实，占得地步也"。另一方面则是因为湖湘之学除了重视性理之学外，本身就包含着渊源已久的经世传统。在金兵入侵的动荡之世，阐发《春秋》之微言大义，湖湘学者

"爱君忧国"，而"南轩弟子，多留心经济之学"。因此陈傅良所传主张做事建功、开物成务、学以致用的浙学，能够与湖湘之学颇为合拍，引功利思想入湖湘经世传统，其实也是对湖湘之学有了一个很好的补充。淳熙十四年（1187）六月，陈傅良正式赴任湖南桂阳知军。任职期间政绩卓然，淳熙十六年（1189）升任湖南提举，迁湖南转运判官，绍熙元年（1190）十月改任浙西提刑才离开湖南。淳熙十五年（1188）湖南安抚使潘畤修岳麓书院，堂长吴猎等人请陈傅良为书院作记，后又撰有《潭州重修岳麓书院记》等诗文。他还与湖湘学子有广泛的交流，对湖湘学派的发展产生了重要的影响，这主要表现在向朝廷举荐湖湘学子，其中大多为张栻的弟子，比如同有报国之心和文武双全的吴猎与宋文仲；另一方面，讲学于岳麓书院，他的"言之必使可行，足以开物成务"被广大湖湘弟子接受，将浙学的思想传播于湖湘大地。当时张栻已经去世多年，岳麓书院的讲学之风有所废弛，陈傅良讲其事功之学，重振湖南经世之学风。之后湖湘学子多有师从他研习事功之学者，对于湖湘学派产生了重大的影响。对此，朱熹曾说过"今永嘉又自说一种学问，更没头没尾，又不及金溪。……君举到湘中一收，收尽南轩门人，胡季随亦从之"，这一说法虽太过绝对，但陈傅良在湘中学界的影响力不可小觑。以胡大时为代表的一批张栻在湖湘的弟子，受到陈傅良的极大影响，则是板上钉钉的事实。由此，湖湘学派重经世、重践履的学风，在南轩弟子中得到了进一步的保存和发展。

二、湘学的传承

南宋以后，湖湘文化经世致用学风得到进一步发展，明代主持岳麓书院的山长叶性、陈纶、熊宇、张凤山、吴道行、郭金台等人承袭湖湘学派的经世学风，进一步弘扬了理学经世的传统。明代中期尽管阳明心学大行于世，其后学颇多陷入空疏，但王学在湖南的传播却有着浓厚的经世济用的特点。王门后学张元汴等王门学者在湖南讲学，注重经世致用，反对空谈，倡导躬行实践，这都与正宗的王门心学空谈心性、束书不观、游谈无根的特性有较大的距离。这也开启了明末清初以至清末近代湖湘文化讲究实学的风气。

（一）王学与明代湘学的传承

王守仁，字伯安，浙江余姚人。因常讲学于越城附近的阳明洞被世人称为阳明先生，其学为阳明学。世传阳明先生谪为龙场驿丞时，道经长沙，曾到岳麓书院。关于这段历史，清赵宁《新修岳麓书院志》作了如下记载："正德间忤阉瑾，谪贵阳。道经长沙，泛湘沅，吊屈贾，寓岳麓，为朋徒斤斤讲良知之学。是时，朱张遗迹久湮，赖公过化，有志之士复多兴起焉。"从这条材料来看，王守仁曾寓居岳麓书院讲良知之学，而且效果显著，表明阳明先生结束"遗迹久湮"的过去，又即将开启志士兴起的新局。但邓洪波教授考证此非史实。即使这样，就算没有真正来书院讲学授业，我们又不得不说他实在有讲学岳麓之意，从其在长沙期间所作诸诗就可见一斑。比如《长沙答周生》称："岳麓何森森，遗址自南宋。江山足游息，贤迹尚堪踵。"字里行间，又无一不透显对朱张讲学之崇敬，连同《游岳麓书事》中所表露的对吴世忠规划遭忌的叹息，对佛道寺观遍寰宇的羞愧，对赵维藩遣人补残敝的欣慰之情，尤其是对赵太守"隐忍调停旋修举"颇具深意的肯定，等等，皆反映了长沙的岳麓书院这一天下讲学名区对王阳明有巨大的吸引力。因此，我们可以说，在寓居麓山脚下之时日，王阳明"虽良知之学未成，但其讲学之心已萌"。王阳明虽未至讲学，但其门人弟子多前往湘中尤其是岳麓书院传播王学精义，以下择要述之。

季本，字明德，号彭山，会稽人，正德十二年（1517）进士，少

年拜于王文辕门下，其后辙师于王阳明，属于浙中王门。嘉靖十七年
（1538）秋，季本任长沙知府，在此期间治学岳麓。季本讲学岳麓的
记载，可见万历年间的《书院兴废年表》："知府会稽季本嘉靖十七年
秋之任，率师生进谒孔子庙及朱张祠，因见破坏倾圮，叹曰：书院如
此，何厉风教？"嘉靖十八年（1539），又"出五十余金，委义民杨
秉贤、徐廷玉等二十余人分任其事，而修葺之。自大成殿下，至号舍
游憩之所，焕然一新……朔望进诸生于明伦堂，讲明经义，至已乃
罢，士习用变"。嘉靖十九年（1540），院中"中乡试士者十人"，可
见讲学效果不错。季本讲学力守王阳明正宗观念，在知行观上，也恪
守阳明"知行合一"之说，并把良知、良能和"知行合一"统一起
来。他提出："良知良能本一体也，先师曰，知良能是良知，能良知
是良能。此知行合一之本旨也。"这样的思想与湘学的行知观又在一
定程度上较为接近。季本对那种"学而以自然为宗"的龙溪之学深为
不满，而提出"贵主宰而恶自然"的学术宗旨，其所言，"自然者，
流行之势也。流行之势，属于气者也。势以渐而重，重则不可反矣。
惟理可以反之，故语自然者，必以理为主宰"。他从维护封建礼法的
要求出发提出"以理为主宰"。

罗洪先，字达夫，别号念庵，吉水人。嘉靖八年（1529）举进士
第一，授翰林院修撰。他"幼闻阳明讲学虔台，心即向慕，比《传习
录》出，读之至忘寝食"，事实上并没有能亲身投于阳明门下，但人
们都承认洪先之学可算得上王门正宗。有学者评论其学行说，"其私
淑而有得者，莫如念庵"，以致出现"天下学者，亦遂因先生之言，
而后得阳明之真"。所以罗洪先在讲学岳麓的日子里，以传正宗王门
思想为宗旨，而对"猖狂自恣"的王畿及其弟子表现出深深的不满。
在书院的讲堂之上，他反复申明阳明的良知要义说："良知二字，乃
阳明先生一生经验而后得之使发于心者，一与所知不应，即非其本旨

矣。当时迁就初学，令易入，不免指见在发用以为左券，至于自得，固未可以草草谬承。而因仍其说者，类借口实，使人猖狂自咨，则失之又远。"其批评疏狂的王门后学学风而受到黄宗羲的赞赏，黄氏在《明儒学案》卷十六说："姚江之学，惟江右为得其传。东廓、念庵、两峰、双江其选也。……是时越中流弊错出，挟师说以杜学者之口，而江右独能破之。阳明之道，赖以不坠。"此中"江右"即指罗洪先。罗洪先在书院的讲学传道和严谨的学术态度，为湘学不落于王学之空疏做出了努力。

罗汝芳，字惟德，号近溪，人称明德夫子，江西南城人。嘉靖三十二年（1553）进士，官至云南左参政，是王门泰州学派的代表人物。隆庆五年（1571）罗汝芳到岳麓书院讲学，其讲学岳麓的记录，其弟子一代名儒杨起元在为其先师所作墓志铭理就提到："辛未，（夫子）厝宁安人毕，乃周流天下，遍访同志，大会南丰，大会广昌，大会韶州，由郴、桂下衡阳，大会刘仁山书舍。是行也，游濂溪、月岩，谒永州舜陵，纵观九嶷，深入蛮洞。陟日观于上封，读禹碑于岳麓，酌贾谊井泉，挹汨罗庙貌，而衡湘幽胜，殆尽其概矣。"其在岳麓书院的讲学内容被记录下来，由门人曾凤仪以《岳麓书院会语》之名刊印于世，惜乎今已散佚，仅存目于《罗明德公书目》之中，其学蕴含着积极的救世意识与淑世情怀，以赤子之心诠释良知之说，最终又以孝悌为良知本体，使之在书院的讲学中表现出明显的泰州风格。

除王门对湖湘学派的发展提供思想助力，明代湘学自身也是一脉相续。如岳麓山长吴道行就是一个典型代表。吴道行（1560—1644），字见可，号嵝山，湖南善化人，为宋代大儒吴猎之后。出生于麓山之脚的朱张渡附近，幼年即对岳麓书院心怀倾慕，"方七岁，闻长老谈岳麓先贤讲学，便肃然倾听"。万历十年（1582），王门张元忭讲学岳麓书院，吴道行从游其门下，遂为书院生徒，不久为岳麓书院山长，至崇祯十五年（1642）仍讲习于此。这时候道行已经是明代岳麓书院的最后一位山长，他致力于用朱张之学来力纠王学空疏流弊，使岳麓书院与东林书院遥相呼应。东林学派传人无锡高世泰于崇祯十五年（1642）来岳麓讲学期间，吴道行与其成为至交好友，二人共同为恢复理学正宗、培养湖湘弟子而尽心竭力。崇祯十七年（1644）明朝覆亡，吴道行面对"国破山河也不复"的惨淡景象，毅然遁入岳麓，绝食而死，最终还是实现了其师张元忭所教诲的"爱国忠君仗至诚，休将一念坏平生。勿欺请绎宣尼训，留取丹心答圣明"的人生理想和自己坚持正学的坚贞报国之愿。先生一生问道于岳麓，而又传道于岳麓，真可谓是与岳麓生死相依，故赢得了时人"以岳麓为生死焉"的赞叹。

（二）明清湘学传承的原因和影响

湘学何以接续百年而不辍？一方面，"岳麓诸儒"继承了自胡安国至张栻所传授的湖湘学统，保持了湖湘学派的许多思想特色和学术风格，甚至在一些理学学术问题上有所创发，这样的学风一直延续于其后数百年。至南宋末年狭义上所指的湖湘学派不复存在之后，湖湘学者所创立的书院却作为湖湘学统的象征，延续办学七八百年之久，成为了湘学延续与传承的重要依托和平台。不仅著名的岳麓书院在宋元明清一直兴学不辍，成为湖湘文化的摇篮，其他如潭州的碧泉书院、城南书院等，也往往是延续办学。诚如时人所说："溯五峰（胡宏）之道脉，广汉（张栻）之流风，有不禁勃然而起者，此书院之所以废而复兴欤！"湖湘学派的学术思想和经世致用的学风特色等，往往通过书院办学而得以不断积淀，转变为一种相对稳定的区域学风，对明清以来湖南地区的一代代学者产生久远的历史影响，因而当时的士大夫们尊崇岳麓书院为"湖南道学之宗"，也将长沙视为湖南理学的中心。明清以来，湖南涌现出一大批书院教育下成长的著名学者、政治家，在中国历史上产生了较大的影响，他们正是接受了湖湘经世致用学风的熏陶，因而和南宋湖湘学派的学者们保留着许多相同的特征。这一切，正好反映了作为湖南思想文化传统的湖湘学派通过岳麓等书院的延续办学对后世产生影响，反映了湖湘学派在湖湘文化形成过程中的奠基作用。

另一方面，朱汉民先生认为是因为在湖湘学者群体中，大量存在着脉络清晰的师承关系或学术继承关系。诚然，南宋湖湘学派就是一个学者众多的庞大学者群体，他们之间均有学术师承或家学渊源的关系。但南宋以后，湘学作为一个地域性学术形态的概念，只是肯定湘学学者群体形成于一个共同的地域之中，但是他们之间大多并没有直接的师承关系，与之相反，甚至许多湘学学者直接师承其他地域的著名学者。由此而言，应该说博采众长又坚守自身传统的学风，才是湘学得以延续和传承的精神内核所在。

这一学风，在湖湘弟子中，不少人都将之奉为圭臬。比如彭龟年就深深理解了其先师的追求，所以他在《挽南轩先生》中讲到孔孟道统后马上说："伟然周与程，振手而一磨。源流虽未远，淆浊亦以随。公如一阳复，寒裂已可知。斯文续以传，岁晚非公谁？"他将"孔孟—周程—张栻"列为儒家的道统谱系，体现了湘学学者在儒学道脉中的担当意识。宋代湘学的学术正统意识影响了后世，并延续到清朝。明清时期在全国学术思潮发生了很大的变化，江南各地先后兴起心学、汉学思潮的背景下，只有湖南总是还在坚守两宋奠定的学统意识，坚持周程朱张为学术正统，并对心学的空疏，汉学的繁琐展开了批评。当全国的学术思潮、文化教育发生重大变化时，湖湘地区仍谨守朱张学脉，湘学可谓是"不传而传"了。

总而言之，湖湘学派作为一个理学学派，凭借其兼容并蓄的博大胸襟，在与其他学派切磋和交往中不断发展自身，形成了自己独具特色的思想体系；在求思求变的时代要求下采众家之所长，最终得以传承和更新，其笃实知行、经世致用的优良学风延续元明清而不辍，成为了湖湘文化和湖湘精神的重要组成部分。

第五节　湘学的集大成者王夫之

　　王夫之（1618—1692），湖南衡阳，字而农，号姜斋，又因为居住于湘西的石船山下，潜心著述与学问，曾被称为船山先生。他是中国明末清初时期"百科全书"式的先哲人物，是具有世界意义的伟大的思想家、哲学家和教育家。在明清之际的社会变革中，王夫之痛感文化衰败给社会造成的危害，以强烈的忧患意识和人文批判精神，对以儒学为代表的中国传统文化进行了全面清理和批判。其最大的贡献，就是结束了明末空疏而不切实际的学风，开创了一种将理学与经世相结合的新学风。而他的这种关心时弊、经世致用的风气是承湘学传统而来的，并且将湘学发展得更系统、更宏大。因此，可以毫不夸张地说，王夫之是湖湘文化的集大成者。

　　王夫之的成就，与潇湘大地深厚的学术渊源是分不开的。崇祯十一年（1638），王夫之从衡阳来到长沙，就读于久负盛名的岳麓书院，当时主教岳麓的山长是吴道行，他致力于弘扬朱张学统，力图纠正阳明心学末流空疏之弊，倡导经世致用之风。这种号召得到了维护理学正宗的东林学派传人高世泰的响应，他称赞吴道行"道以朱张为宗"，并于崇祯十五年（1642）来岳麓书院讲学，与吴道行成为至交好友。王夫之师从吴道行，在高世泰来岳麓书院讲学期间肄业，其思想自然是受到老师和东林学派的影响，在总体风格上与其老师是一致的，都主张经世致用，坚持从"事上谈理"，反对阳明学的空疏。因此，他的这种"实用"思想的倾向是在岳麓书院求学之时奠定的，并且贯彻其一生。另外，其师吴道行具有浓厚的民族情怀，在明王朝覆灭之后，遁归岳麓山中，不食而卒，以表"衡湘贤哲"的清白与忠贞。王夫之也受其师人格的感染，具有强烈的爱国情怀，明亡以后，他积极参加反清复明的运动，以求匡扶社稷，而且坚决不在清廷做官，以此表明自己的高洁和忠贞。据《南岳邝氏族谱》载王夫之撰《邝氏南乡墓志》："戊寅，夫之等肄业岳麓，与君（邝鹏升）定行社，聚首论文，相得甚欢。"行社的意思即是要躬行务实，反对坐而论道，空谈虚妄。次年十月，夫之同二位兄长三赴武昌应乡试落解归后，又与郭凤跹（字季陵）、管嗣裘（字冶仲）、文之勇（字小勇）初集匡社，所谓匡社即是匡扶社稷之团体。他在《匡社初集呈郭季林管冶仲文小勇》诗中写道："以南偕雅籥，意北任飞吟。"意思是要以声振大江南北的复社为楷模。王夫之连续两年结社说明其在青年时代关心社会时政、积极参与政治。总而言之，王夫之在岳麓书院求学期间，深受书院经世致用学风和爱国主义传统的影响，他对宋代湖湘学派大师胡宏、张栻的学术思想极为推崇，并在人性论、知行观及治学等思想上直接继承和发扬湖湘学派的学术宗旨。可以说岳麓书院的教育和熏陶，直接地铸就和影响了他以后的人格和思想。

一、王夫之对湖湘学派思想的继承和发展

主要体现在他对湖湘学派哲学思想、民族思想、人格思想的传承。

（一）王夫之哲学思想

在宋代理学中，有关宇宙的本源问题，程颐、程颢、朱熹等以"理"为宇宙的本体，陆九渊、王阳明学派以"心"为宇宙本体，而胡宏则提出以"性"为宇宙本体。他认为性即是道，在天为道，在人为性，道与气不可分离，性道表现为实在之诚。胡宏的性道合一、性

气合一，"以心著性"不同于朱熹理学和陆九渊心学，他认为天之诚即为人之性，将"性道"、"性命"合人，形成了以"性为体"的本体特色。夫之在本体论上，坚持批判朱熹理学和阳明心学，而主张学习周敦颐、张栻及湖湘学派中的一些思想。湖湘学派以道论性，以诚论性，王夫之继承了湖湘文化的这种思想倾向，对人性问题进行了深入的分析。夫之继承周敦颐和胡宏的思路，一方面以至善说明诚，以维护儒家传统的性善论；另一方面说明人之性是无所谓善恶的，善恶的产生都是受到后天环境的影响，所以人能够成圣成贤的依据在于人能够继承天之善德。但同时王夫之在继承湖湘文化"性"、"诚"的概念和思路之后，又有了更进一步的发展和完善，他认为人虽然能够继天之善，但是成性在人，性之发展是变化的，是"日生日成"的，需要依靠人的主观能动性。因此，王夫之本体论和人性论中的"以诚论性"的思路，是继承周敦颐、胡宏、张栻的湖湘思想而来。

王夫之画像

王夫之对"理欲"关系的论述也是承接湖湘学派的思想而来。其理欲观的突出特征，就是提出并论证了"理寓于欲中"、"理欲皆自然"的新学说，最终得出了"性即生理也"的自然人性论的结论。这是直接接续胡宏思想而来。针对朱熹强调"存天理，灭人欲"的理欲思想，胡宏提出了"天理人欲同体异用，同行异情"的观点。他认为，"天理""人欲"是不可分离的，是互相包含的，"天理"中自有"人欲"，"人欲"中自有"天理"。王夫之十分赞同胡宏对理欲关系的论述，他认为"理欲皆自然"，"理寓于欲中"，"人欲之各得，即天理之大同"，"随处见人欲，即随处见天理"。天理就在人欲当中，肯定人的正当需求，反对"薄人欲"，而主张要满足人的正当的需求和欲望。

在"道器"关系的论述上，胡宏认为"道"是客观事物的规律或法则，"道"寓于事物之中，二者是一种相互依存的关系，即道不离物，物不离道，胡宏思想中的这些内核为王夫之所继承。王夫之提出了"道不离器"、"道器相依"的观点，他认为充满天地之间的只能是具体的事物，"道"只能通过"器"表现出来，一般只能够通过个别表现出来，不存在抽象的存在，而且他还认为"道随器变"，坚持从实际出发，以此反对脱离实际的空疏之学。

王夫之在批判朱子"知先行后"和阳明"知行合一"的基础上，提出了"知行不可分离，知行相资为同"的独具特色的知行观。他认为在认识过程中，知虽指导行，但行才起主导、决定作用。这一重"行"的知行观显然是继承了以重践履而闻名于世的湖湘学派的观点。

（二）王夫之的民族思想

王夫之的民族思想主要是通过其父亲王朝聘受到湖湘学派胡安国的影响，而胡安国的民族思想集中体现在他的著作《春秋传》中。胡安国《春秋传》的思想主要表现为"尊王"、"攘夷"两个方面：一是强调尊王，从各方面说明"天下统一"的重要性，反对地方诸侯各自为政的分裂行为，而且还主张讨伐乱贼；二是强调攘夷，认为中国与夷狄的关系就好像是君子与小人的关系，只有内中国而外夷狄才能国泰民安。胡安国的"尊王攘夷"和"夷夏之别"，为胡宏、张栻及其弟子所接受，成了湖湘学派以及宋代以后湖湘学者的一个重要传统。如南宋德祐元年（1275），当时潭州州学、湘西书院和岳麓书院三个学校的学生在李芾的率领下，英勇奋战，抵抗元军，即是对胡安国所提倡的这一民族思想的切实践履。因此，从湖湘地区抗金、抗元行动便可知道湖湘文化中有着"尊王攘夷"、"夷夏之别"的思想，有着团结一致、奋勇抵抗外敌的志气和行径。王夫之也深受湖湘文化中民族思想的影响，在清兵初入湖南后，他满腔悲愤，举起了"反清复明"的战旗，与好友管嗣裘、夏汝弼等人在南岳方广寺组织过抗清的武装斗争。失败之后，他越五岭，赴肇庆，投奔南明永历政权继续参加抗清运动，后因弹劾大臣王化澄弄权乱国、残害忠良而身陷囹圄，险些丢掉了性命。在获救之后，他又投奔桂林瞿式耜，继续坚持抗清运动。同年十一月，桂林被清军攻占，他从此过上了隐居的生活。他拒绝清朝当局的"剃发令"，终身不剃发，并且始终将自己视为是明朝遗臣，拒绝与清廷合作，即使生活十分困难，也不接受清政府官员的经济接济。民间还曾流传一些关于王夫之坚持民族气节的故事，如他经常住在楼上，如果要出门，不管天晴下雨都要打伞和穿木屐，表示他头不顶清朝的天，足不踏清朝的地，以此表明自己的忠心和气节。王夫之的这种强烈的民族气节正是继承湖湘学派的民族思想而来。

（三）王夫之的人格精神

王夫之作为一个生于斯、长于斯、终老于斯的湖湘学人，他的精神气质更加具有湖湘地域文化的根基，上承屈原，下启曾国藩、郭嵩焘、毛泽东等近代湖湘士人。湖湘文化本就含有楚文化与中原文化相融合的基因，其表现出来的人格特质也呈现出两个方面：忠义的道德理性与刚直的气质血性。从忠义的道德理性来看，王夫之出身于深受儒家文化影响的诗书之家，他从小受到父亲及其叔父礼乐之教的熏陶，并在享誉"潇湘洙泗"、"荆蛮邹鲁"文化格局的岳麓书院学习，受到湖湘学派理学思想的熏陶，从而形成了"人以载道，道因人生"的儒家人文信仰与道德理性。显然，他的精神气质具有中原地区的"洙泗之风"、"邹鲁之学"，时时表现出关怀社会、心忧天下的人文志向，在其人格的践履上更是"为天地立心，为生民立命，为往圣继绝学，为万世开太平"。

　　但是王夫之正处明末变迁之际，宋明时期儒家所说的"圣贤气象"已经不适应当时国家兴亡、民族屡弱的社会现状，"内圣型"的圣贤人格难以在现实生活中挺立。王夫之对这种道德虚无之弊进行了反思和修正，同时也受到湖湘文化中重视践履特色的影响；于是，王夫之主张将"经天纬地、建功立业"的豪杰精神与圣贤气象融为一体，创立更加完善的理想人格。就像其墓志铭首句所言："抱刘越石之孤愤而命无从致。"他始终用这种豪杰精神鼓励自己，在王夫之看来，具有圣贤气象的人一定要身兼"身任天下"的豪杰精神。尤其是，他又是一位出生、成长于湖湘之地的楚蛮狂士，"潇湘"、"荆蛮"之地的乡风民习深刻地影响着他的性格气质的形成。从地域文化的角度看，王夫之的人格特质深受到湖湘地域的影响，湖湘人格特质即是表现为心忧天下、敢为人先、百折不挠。心忧天下即是体现一种强烈的爱国主义精神，敢为人先即是表现出一种责任感和使命感，百折不挠即是表现为坚强的意志。王夫之坚贞的民族气节，刚直的个性和血性意志即是南方蛮楚精神的体现，也是对湖湘文化中所内含的湖湘精神的传承。从他早年"施计救父"便可以看出他的血性和果敢。张献忠于所克州县署置官吏，并物色贤才，以资辅佐，他决定重用王夫之和其兄长王介之，但是王夫之与其兄长不从，张便抓了他们的父亲，王夫之施计"劈面刺腕"，用毒药敷在伤口处，然后叫人将他抬到张献忠驻扎的地方，伪装病重，谎称其兄已死，才侥幸救出其父。他的这种血性和果敢是和他具有高度的社会责任感和时代的使命感紧密相连的，他将个体的生命与国家、民族的安危和存亡牢牢地拴在一起，从青年时期与友人组织匡社，扶持大明的江山社稷，"莫拟津难问，谁言枉可寻"；到中年时积极参加抗击清廷的活动；再到晚年誓不剃发、不易服、不出仕直至最后"归隐山林"。王夫之这种刚烈的气节、坚定的志气在晚明遗老中是少见的。"六经责我开生面，七尺从天乞活埋"便道出了王夫之高尚的气节，他的人格、思想皆令儒家士人生无限的敬仰之情。王夫之人格精神中所体现出来的道德理性与气质血性，正是湖湘文化中的中原文化与南方蛮楚文化的融合。

二、王夫之对湘学学风和精神的继承和发展

（一）王夫之与"经世致用"的学风

王夫之对湖湘文化的继承不仅体现在对湖湘学派思想的继承和发展，还体现在对其思想特质和学风的继承和发展。经世致用是湖湘文化的一个重要特征，如屈原、贾谊被贬湖南后，仍非常重视时事问题的研究；胡安国通过注释《春秋》，宣传康济时艰、抗金复国的主张；胡宏反对空谈，提倡"实事自律"的为学之道，重视事功，以"唯自强不息，以成其仁"的抱负去治国平天下；湖湘学派的弟子"多留心经济之学"，讲求经世致用的学风。以上所举种种表现都表明湖湘文化是一种非常重视务实的学风，主张重视现实政治，总而言之即是要"实干"，不能空谈义理。王夫之继承了湖湘文化的这一优良传统，在明朝灭亡之后，他痛定思痛，经过反复的批评和反省，认为明朝灭亡主要是由王阳明空谈心性，轻视务实所导致的。他说："姚江王氏阳儒阴释、诬圣之邪说，其究也为刑戮之民，为阉贼之党，皆争附焉，

而以充其无善无恶，圆融理事之狂妄。"也就是说，王夫之认为王阳明思想表面看来是儒学思想，其实质是佛家思想，而佛家主张"无"，与"有"相对，那么自然就不会重视现实世界，因为佛家认为"一切皆虚妄"，现实世界只是短暂的幻影，不是真实的存在。正由于有感于王阳明学说之弊端产生的严重后果，因此，王夫之抛弃了明心见性的空谈，而专讲经世致用的实学，坚持"以气言理"、"以器言道"，不脱离实际空谈性理，将"经世致用"、"即事穷理"的实学思潮推上了一个新的高度。不仅在其思想上是如此，在治学上，王夫之认为治学的目的在于探求治理国家、管理天下的得失枢机，而不是空谈仁义道德、圣贤之道、性理之妙。在为学上他坚持"言天者征于人，言心者征于事，言古者征于今"，如果一个人的学问脱离了现实，那么便对经邦济世毫无用处。因此，他一生在为学上坚持实事求是，少谈或者不谈空虚之理，这突出体现在他对经典的研究上。他认为不管是经典研究还是史学研究，不能够仅仅只是局限在本身词义的理解、义理的发挥，还应该将义理和实际的社会现状相结合，以求符合社会的需求；所以他认为"治经"和"治史"皆是要明经世大略，识得兴替根源，以求功于现实社会，而不能离世而浮谈，背道而妄议。这是他对经世致用之学的更新和发展，开创了将性理之学与经世之风相结合的新学风，对湖湘文化的进一步发展产生了深远的影响。

（二）王夫之与爱国主义的优良传统

爱国主义是湖湘文化中的一个优良传统。湖湘文化中的爱国主义传统的最早的体现是屈原，接着就是贾谊，他们二人虽不是湖湘本土人士，但是他们的忠君爱国的气节和忧伤国事的精神深深地影响着湖湘人士，并进而成为了湖湘文化的典型表现。这种爱国主义的情怀总是在国家和民族面临危难之时发出耀眼的光芒，特别是在面临危难的南宋时期表现得特别突出，如胡安国著《春秋传》，强调"华夷之辨"不能失，"一失则为夷狄，再失则为禽兽，人类灭矣"。张栻则采取实际的行动，上表皇帝，呼吁要坚决抗金，"誓不言和，专务自强，虽折不挠"。更有很多的湖湘士人直接投身到抗金、抗元的第一线。如张栻就曾经跟随他的父亲、宋代著名抗金将领张浚挥师出征。其学生吴猎曾亲身参加开禧北伐，并多次建立功绩。由此可见，爱国主义传统也是湖湘文化中的典型体现。王夫之身上也集中体现了爱国主义精神，他非常重视民族利益，提出"不以一时之君臣，废古今夷夏之通义"的观点。也就是说，他认为当君臣之义与民族大义发生矛盾时，应该要以民族大义当头，所以，他很赞成历史上同入侵异族进行英勇斗争的行为，而对臣服于夷狄的行为不耻。在明亡之际，他积极参加抗清斗争，在经历过多次失败，最终在南明政权灭亡之后，过上了隐居的生活，潜心学问。而他治学的出发点和目的也即是要弘扬爱国主义的精神，在他潜心著述的书籍中，都是用来为现实的政治服务的，特别是其著作《读通鉴论》和《宋论》，基本上是借古喻今，来总结明亡的教训，抒发亡国之痛。他的爱国主义思想，有很多是别开生面的，尤其是在对历史事件、历史人物及其思想的评价上，他提出的许多观点总是有独具特色的一面，在理论上极具研究的价值。尤其是他提出了"扶长中夏"的口号，升华和拓展了湖湘文化中的爱国意识和爱国情怀，这种爱国思想已经不再是传统的忠君，而是把国家的利益和人民的安危置于最高地位，为了国家和民族利益，可以不计对君主的忠贞。

（三）王夫之与"兼收并蓄"、"主变"的湖湘精神

湖湘文化是一种具有开放性、包容性的文化，它的这种开放性可以总结为"兼收并蓄"，从湖湘文化的内涵就可以看出，湖湘文化是楚蛮文化和中原文化的结合，也是"性理"和"经世"的结合，它的形成和发展就是吸收和借鉴其他文化，从而形成了独具特色的湖湘文化的过程。回顾湖湘文化的传统，周敦颐继承孔孟之学，融合《周

易》思想，胡宏、张栻等人吸收理学各派的思想，并对其进行批判，提出了具有特色的心性之学。王夫之也继承了湖湘传统中的这种"兼收并蓄"的开放精神，他的思想博大精深，如此庞大的思想体系是通过吸收其他思想而完成的，如他的哲学本体论便是吸收张载气学一派的思想，构建"气本论"的宇宙观，以反佛老"虚无"的宇宙观。他本身对阳明心学一派的"无"的做派非常不满，但是其在考察朱熹理学思想之时，会借助阳明对朱熹的批判；同理，他在批判阳明之时，也会借助朱熹对阳明的批判；同时，他在论述其心性思想之时，极大地吸收湖湘文化中的心性思想，构建了独具特色的"性体"心性论。而且，王夫之本人也是一个非常崇尚中庸之道的人，他的这种中庸的态度在面对其他文化之时，对其他文化的评价不会出现主观色彩太过浓厚的偏激行为，而能够看到每种文化或者思想的优点和不足，从而能够有选择地吸收和借鉴。

王夫之还充分地吸收了湘学"主变"的精神。湖湘文化最突出的特点之一即是历代的湖湘传人都有一种主变的湖湘精神，周敦颐上接《周易》的主变哲学，下开湖湘文化的变易精神。胡宏、张栻等湖湘学派通过"道器"关系的论述主张一种"变革"的思想，这种"主变"的精神一直是湖湘文化的一个突出的特点。王夫之就承湖湘学风的这种"主变"的精神，发展出了趋时更新的进化发展观。他认为天地之间的一切都是处于永恒的变化发展当中，所谓"天地之化日新"，如果事物长久不更新发展，始终处于不变不动的状态，那么必然会导致腐败，所以"守其故物，而不能日新，虽其未消，亦槁而死"；也即是说，如果一个事物长久不变，不变化日新，那么虽然此物不会消失，但是其精神也是处于一种枯槁的状态。魏源、郭嵩焘、谭嗣同等杰出的社会改革家就都继承了他"道与时为推移，器于世为变通"的变革精神，而且对他推崇备至。王夫之的这种"兼收并蓄"的包容精神和"主变"的风气是承湖湘文化而来，但同时也是对其进行了升华和凝练，从他对湖湘学风中的精神的继承和弘扬来看，王夫之当之无愧地被称为是湖湘文化的集大成者。

三、王夫之对湖湘文化的发展

王夫之的思想、人格、精神都深受湖湘文化的影响，总体而言，他是承湖湘文化而来，在其思想呈现出"经世致用"的务实特征，在人格上呈现出"内圣外王"的特点，其精神上呈现出刚烈血性的典型湖湘特征。他虽然在长沙停留的时间比较短暂，但是在岳麓书院求学阶段所受到的思想震撼和心灵共鸣对他来说是影响最为深刻的，正是因为他受到湖湘文化的熏陶，才能够成就一代名儒。王夫之虽然深受湖湘文化的影响，但是这种作用总是相互的。王夫之作为湖湘文化的集大成者，也深深地影响着整个湖湘地区，尤其是对一个个有抱负的湖南人产生了巨大的影响，如理学名臣、两江总督陶澍，湘军群体中的曾国藩、左宗棠、彭玉麟、胡林翼、郭嵩焘等人，维新变法的代表人物谭嗣同，辛亥革命的领导者之一黄兴，尤其是中国共产党的创始人、新中国的缔造者毛泽东和湖南其他的革命同志。由毛泽东、何叔衡在湖南创办的第一个社团便叫"夫之学社"，至今被誉为"中共第一党校"。可以说，正是王夫之思想和人格精神的影响，激励着一代代湖湘学子与时俱进，成为主流文化的内核和引导者。

王夫之对新时代新气象的开启，首先在于他对后世湖湘学的影响。他强调"道者器之道"，"无其器则无其道"，将原道精神与经世致用的践履笃行结合起来，确立了明道济世、求仁履实、体用合一、不囿成见、兼容并包、与时偕行、通变求新的湘学传统，后世层出不穷的湘籍人杰无不对王夫之倾心仰慕，争相学习其思想学说以便利于己用，而且非常崇尚以他为代表的湘学学风，并且笃行之。从这些现象之中，便可以窥见王夫之思想的博大精深和其人格的独特魅力。近代湘学学子对王夫之充满了崇拜，如近世改革的先行者和推行者陶澍，从小就读于岳麓书院，曾多次去衡阳王夫之旧居，对王夫之十分崇敬，曾自称"后学"，为湘西草堂题下"衡岳仰止"匾额，并为夫之祠撰联："天下士非一乡之士，人伦师亦百世之师。"清代学者刘献廷也曾称颂王夫之，认为其学"无所不窥，于《六经》皆有说明。洞庭之南，天地元气，圣贤学脉，仅此一线"。湘军领袖曾国藩更是大赞王夫之，并在其《王夫之遗书》中作序，评王夫之为"独立之君子"。总而言之，王夫之的思想和人格对后世湖湘学子产生了重要的影响，下面便具体阐述王夫之对湖湘学子的影响。

（一）王夫之对曾国藩的影响

曾国藩（1811—1872），字伯涵，号涤生，湖南湘乡人。早年曾在衡阳唐氏家熟读经史，他成年后长期从学唐鉴，又与贺长龄有过密切交往，通过唐、贺等人受到王夫之思想的熏陶，通过曾国藩的日记能够很可靠地证明他受到王夫之的影响。他在研读过王夫之的哲学著作之后写下了心得体会："阅王而农所注张子《正蒙》，于尽性知命之旨，略有所会……若于性分当尽之事，百倍其功以赴之，而俟命之学，则以淡如泊如为宗，庶几其近道乎！"也就是说，曾国藩通过王夫之的哲学著作发展了"不问收获，但问耕耘"的军事实践思想；曾国藩通过研究王夫之的《读通鉴论》和《宋论》寻找经邦治国、用兵作战的方法，从而培养一支英勇的湘军；而且曾国藩还继承王夫之"设身于古今时势"的思想，主张从一切实际出发，寻找为人处世、治国用兵的良方。

（二）王夫之对谭嗣同的影响

谭嗣同（1865—1898），字复生，湖南浏阳人。作为中国近代维新变法流血献身的第一人，他激进的革新思想伟大献生精神鼓舞了千百万爱国志士。谭嗣同主要是通过其老师欧阳中鹄和刘人熙而受到王夫之的影响，欧阳中鹄自号"瓣姜"，以表对夫之的崇敬之情；刘人熙更是"可怜一卷夫之学，壮岁抄书到白头"。谭嗣同对王夫之思想的继承主要是从其著作中吸收了否定"一姓之私"的启蒙思想，反对君主专制，鞭挞三纲五常，向君主专制发起进攻，主张民主改革，实行民主政治。他继承王夫之的"理欲观"，证明人饮食、货财、男女等各种生存欲望的合理性，揭示了扼杀人类天性的封建礼教的残酷性，他主张"无人欲则无天理"，他的"理欲观"正是对夫之"天理即人欲"思想的发挥。谭嗣同在鼓吹政治改革的同时，也继承和发挥了王夫之"民主大义至高无上"的思想，宣传民族主义，呼吁保种救国，积极鼓吹种族革命，把斗争矛头直接对准满洲贵族的反动统治。而且还表示自己也要效法王夫之，为中华民族的复兴，英勇奋斗。另外，谭嗣同还吸收了王夫之"道随器变"的思想，坚持提"道"在"器"中，离"器"无"道"，"器"变"道"亦变的主张，以此种思想来论述了变法改制的合理性和必然性。此外，湖南维新的参加者唐才常"素服王夫之之学说"，皮锡瑞称夫之"负绝人之姿，为举世不为之学"。他们和时务学堂年轻的学生蔡锷、林圭一样，都深受夫之学说的感染熏陶，为变革奠定了思想基础。在辛亥革命中把王夫之民族主义阐述得淋漓尽致的人还属章士钊。他在《国民日报》上所撰写的《王夫之史说申义》一文中称"夫之之史学宏精议义，可以振起吾国之国魂者极多"。

（三）王夫之对杨昌济和毛泽东的影响

王夫之的思想对杨昌济及他的学生毛泽东和蔡和森都产生了重要的影响。1914 年夫之学社创立之后，刘人熙劝杨昌济加入了夫之学社，杨昌济不但自己经常去参加活动，而且还鼓励他的学生去听演讲。所以毛泽东、蔡和森、陈昌等杨昌济的学生们在青年时代即对王夫之学说颇感兴趣。杨昌济认为："博学、深思、力行三者不可偏废，博学、深思皆所以指导其力行也，而力行尤要。力行为目的，而博学、深思为方法。"杨昌济的此种观点是在夫之知行学说的基础上发挥而成。与之相同，蔡和森、毛泽东等人也都十分强调知行的辩证合一。蔡和森提出："吾人今兹之所急者；一方面要有适当之储养（知），一方面要有适当之教习（行）；得同时行之者，上也；一先一后者，次也；终于一才者下也。"也就是说，蔡和森认为要"知行并进"，他的这一思想是来自于王夫之的"知行并进，相资为用"。毛泽东也受到王夫之极大的熏陶，坚持"道器不相分离"，主张一切从实际出发，实事求是；在知行观方面，毛泽东提倡一面劳动一面读书的"工读主义"，并于1921年在夫之学社遗址，利用学社经费，办起了"自修大学"，切实加以力行。后来他又写了《实践论》，坚持行与知的辩证统一。

岳麓书院船山祠

由此可见，近代湖湘学子都深受王夫之的影响，正是这种影响深化了湖湘文化经世致用、重视践履、关心时弊、反对空疏的学风和特色。

第四章
惟楚有材　于斯为盛

　　湖南人杰地灵，自古为南国重镇。

　　古代湖南作为南蛮之地，文明开发晚，人口稀少，湖南人才罕见史传。据《古代湖南人才研究》一书综合多种人名辞典统计：古代湖南人才数仅占全国人才总数的 1.03%。唐宋时期，湖南还是中央王朝流放罪人之所，其地位和影响有限。真正走上核心舞台，引领社会转型和发展，地位和影响举世瞩目，则是在近现代。所谓崛起于乱世，雄起于危难之际。从清道光年间开始，湖南人才大增，据《近代湖南人才群体研究》一书综合多种人名辞典统计：1821—1919 年，湖南人才数占全国人才总数的 12.66%，跃居全国各省的第一名；而 1919—1949 年的新民主主义革命时期，据《现代湖南人才群体研究》一书综合多种人名辞典统计，湖南人才数更占全国人才总数的 15.57%，高居全国各省的第一名。因此，近代湖南被称为"中国人才大省"，或说是"中国人才首都"。

　　湖南近现代人才大增，井喷泉涌，主要有以下几个方面的原因。

　　第一，湖南近代在中国社会地位的提高，为湖南近代人才群体的产生和形成，提供了有利的客观环境。从政治上看，社会转型，时局动荡，政权更替，为湖南人才的崛起提供了时代背景和契机。从经济上看，东南沿海地区迅速发展，湖南是北方和东南沿海往来的必经之地，也是新旧两种政治潮流和经济势力互相争夺的中间地区，随着北方、东南地区和湖南的交流，必然促进湖南和全国的融合与进步。特别是湖南农业的发展，洞庭湖区的粮食开始走向全国，有所谓"湖广熟、天下足"之说。这些都表明湖南在中国的地位渐渐提高，湖南人才有了更多的机遇。

第二，湖南近代社会阶级斗争的激化，为湖南近代人才群的产生和成长提供了有利条件。清嘉庆道光年间，湖南阶级矛盾激化，起义不断，势如火山爆发。激烈的阶级战争，好比一座大熔炉、大学校，各阶级的杰出人才，就由它铸造、培养出来。恩格斯在谈到欧洲资产阶级革命时期英雄辈出时的情形说："这是一次人类从来没有经历过的最伟大、进步的变革，是一个需要巨人而且产生了巨人——在思维能力、热情和性格方面，在多才多艺和学识渊博方面的巨人的时代。"这时的人才，"几乎全部在时代运动中，在实际斗争中生活着和活动着，站在这一方面或那一方面进行斗争，一些人用舌和笔，一些人用剑，一些人则两者并用"。因此，湖南近代社会涌现了一批地主阶级的杰出人才，也造就了一批革命党人。

第三，湖湘文化的熏陶，为湖南近代人才群的形成和发展提供了充实的思想内涵和精神力量。提倡经世致用是湖湘学派的一个重要特点。湖湘文化讲究格物致知和实事求是的思维方法和行为准则，前后相续，一脉相通，从王船山的旁征博引、总其大成，到魏源的洋为中用，到曾国藩的笃实学风，到毛泽东的《实践论》和《关于正确处理人民内部矛盾的问题》，其"唯实"的思想风格是一贯的。王船山以激越的人文情怀和不屈不挠的实际斗争体验，上续诸子，提出了"格物致知"、"实事求是"的思想，在唯物的基础上复古了孔子的革新辩证精神。船山学说强调经世致用的精神，经魏源、曾国藩等人大力推崇，遂为当世显学，直接导致了清末洋务运动和"五四"运动，对立志救国，实现国家独立、民族富强的现代青年以巨大的影响。这种经世致用、面向社会现实的学风，必然造就湖南近代一大批经世致用之才。

第四，元末明初、明末清初两次大移民，改变了湖南人口的构成，对湖南人才的成长取了促进作用。大量移民进入湖南，不仅促进了湖南与各省政治、经济、文化的交流，促使外省先进事物在湖南的生根发展；而且外省移民与湖南土著民族交往联系、通婚联姻，相互吸收和发展各自民族的优点，移民文化锻造了湖南人吃苦耐劳和拼搏奋发的精神，锤炼了湖南人霸蛮（吃苦耐劳、革命、拼命）、血性（打落牙齿和血吞）、倔犟（不回头，世界三大倔强种群之一：德国的普鲁士人、英国的爱尔兰人、中国的湖南人）、刚直（独立："特别独立之根性"、不怕邪、不怕压、不怕辣、不怕死）的性格，必然导致湖南人口素质的提高和人才数量的增加。

第五，政治精英人物的扶植与荐举，为湖南近代人才群的形成和发展提供了最直接的条件。任何时代、任何地方，都会有一定数量的各类人才存在。但是，人才能否为社会所发现、所承认，能否对社会的发展发挥其作用，就是另一个问题了。平常所说的"怀才不遇"、"埋没人才"，就是说有的人才，因各种原因，未能为社会所认识、所了解，人才不能一展抱负，没有对社会发挥作用的机会。在历史上，特别在封建社会，"怀才不遇"的现象是普遍存在的。因此，人才的发现、人才群的形成，有待"伯乐"的作用。这种"伯乐"还必须是有权有势的人物，即要依靠政治上有权势的精英人物的举荐、培养、提拔。近代湖南的政治精英，如陶澍、曾国藩、左宗棠、胡林翼、谭嗣同、黄兴、宋教仁等人，都非常重视人才，积极培养人才，大力举荐人才。特别是无产阶级革命家毛泽东和刘少奇、蔡和森、李达、彭德怀、贺龙等人，更是团结、培养了一大批人才，为湖南人才的发展、为中国革命的胜利，做出了巨大的贡献。

近代湖南人才不仅人数大增，而且形成了人才群体。所谓"人才群体"，是指生活在同一个时期，具有基本相同的思想，有着大致相同的目的和行动；有的可能没有一个统一的组织，但在其核心人物的带领和影响下，彼此联系，相互支持，共同行动，对社会发挥了积极作用，并对后世产生了深远影响。从清道光时期到中华人民共和国成立的130年间，湖南先后产生了五个人才群体。

作为上层建筑的政治，它的演进变革，始终与经济、军事、文化等领域的变革相呼应的。正是因为湖南特色文化、湖南人特有性格与近代中国社会突出矛盾，风云际会，造就了近代湖南罕见的功业和影响。所谓"一部中国近现代史……半部由湖南人写就"，而在以政治革命为重点的社会转型时期，湖南人的贡献尤为巨大。

在这个体制转轨和社会急剧转型的"凤凰涅槃"时期，湖南人民放眼世界，勇立潮头，以其坚韧卓砺、爱国自强、求是进取、敢为天下先的独特秉性，书写了19世纪末20世纪初中国社会一幅幅浓墨重彩的历史画卷。戊戌维新运动，长沙独步一时，使这座"铁门之城"一跃而成全国"最富生气"之城。1904年7月，长沙开埠，新学澎湃，新的社会思潮涌动，新兴社会阶层不断崛起，民主革命热情高涨。"五四"新文化运动，湖南风气一新，成为社会舆论关注的焦点。新民主主义革命，更是湖南人唱主角，各类各层次人才蜂拥而出，成为引领和开拓新时代的先锋。

基于此一背景，中国近代以来湖南人才井喷而出，可以说，群英蔚起，人才辈出，前赴后继。特别是政治军事方面的人才雄居全国之冠，给中国近现代革命史抹上了浓墨重彩的一笔。

从睁眼看世界的第一人魏源，"无湘不成军"的曾国藩，誓死维护国家领土完整的左宗棠，主张学习西方政治文化军事科学的郭嵩焘、曾纪泽，为中国近代改革变法流血的谭嗣同，辛亥革命的首功之臣黄兴，护国将领蔡锷，到共和国的缔造者毛泽东、刘少奇，人民军队的缔造功臣彭德怀、贺龙、粟裕、许光达、萧劲光，再到改革开放的时代弄潮儿胡耀邦、朱镕基，还有中国第一好人雷锋，等等，无一不是对中国近现代的历史进程起着推动作用的人。湖南人的作用和湖南的影响开始彰显，海内瞩目，举世称奇。

单就辛亥革命期间而言，在湖南这块神奇的土地上产生了以黄兴为核心的民主革命家群体：辛亥首臣黄兴，政党政治第一人宋教仁，首义元勋蒋翊武、刘复基，首应武昌起义的英雄焦达峰、陈作新，运作本地革命的谭人凤、秦毓鎏、吴禄贞、刘揆一、刘道一，响应辛亥革命和捍卫民主革命成果的蔡锷（云南都督）、沈秉坤（广西都督）、孙道仁（福建都督）、黄钺（甘肃秦州都督）等，他们或在湖南本地发动宣传，或在外省组织策划，或筹款筹械，或身先士卒，在反清护国、缔造新中国的革命斗争洪流中，共同谱写了一曲响彻中华大地的英雄壮歌！

如前所述，19世纪末20世纪初，是中国社会急剧转型、体制转轨时期，是古老中国走出落后愚昧、走向世界、走上现代化新生的艰难阵痛阶段。在这历史发展的重要拐点，英雄的三湘儿女，挺身而出，自觉担负起救国救民的伟大使命，以爱国自强、敢为天下先的独特秉性和舍生取义、一往无前的精神，挺立潮头，成为挽救时艰和复兴民族的脊梁。

第一节　经世致用，革腐举新
——楚材之盛第一代

近代湖南人才大增，始于清道光时期。首先，道光朝湖南人才数量大增，位于全国各省前列。据1982年由南京大学历史系主编的《中国历代名人辞典》，共收录道光时期的历史名人210人（其出生年限为1770—1820年），其中湖南18人，占全国人才总数的8.57%。1981年吴海林、李延沛在黑龙江人民出版社出版的《中外历史人物生卒年表》共收道光时期历史人物502人，但只有342人注明了省籍，其中湖南31人，占全国的6.18%。1936年蔡冠洛在世界书局出版的《清代七百名人传》，收录道光朝名人56人，其中湖南5人，占全国名人的9.04%。可见，湖南人才在数量上完全摆脱了偏少的局面，而进入了全国各省的前几名。其次，湖南人才在质量上亦有很大提高，产生了一些能影响全国的杰出人才。清代道光之前五朝的160多年中，湖南人担任督抚大员的仅胡期恒、陈大受、方显、杨超曾4人。而道光朝的30年中，湖南有陶澍、赵慎珍、贺长龄、李星沅、杨健、常大淳、罗绕典等7人成为封疆大吏。此外，学术界公认，道光时期出现了一个近代地主阶级改革派，其代表人物有：陶澍、林则徐、魏源、龚自珍、贺长龄、包世臣、黄爵滋、汤鹏、张穆、吴挺、俞德渊、王凤生等。其中，湖南有4人，陶澍是这个改革派前期的领袖，林则徐、俞德渊、王凤生、贺长龄曾是陶澍部属，魏源、包世臣是陶澍幕僚。张之洞、张佩纶认为："道光以来人才，当以陶文毅（澍）为第一。其源约分三派：讲求吏事，考订掌故，得之在上者则贺耦耕（长龄），在下则魏默深（源）诸子，而曾文正（国藩）总其成；综核名实，坚卓不回，得之者林文忠（则徐）、蒋砺堂（攸铦）相国，而琦善窃其绪以自矜；以天下为己任，包罗万象，则胡（林翼）、曾（国藩）、左（宗棠）直凑单微。而陶（澍）实黄河之昆仑、大江之岷也。"著名史家孟森在《清史讲义》中说："嘉道以后，留心时事之士大夫，以湖南为最盛，政治学说亦倡导于湖南。所谓首倡《经世文编》之贺长龄，亦善化人，而陶澍以学问为实行，尤为当时湖南政治之巨擘。"他们所编辑的《皇朝经世文编》，风行海内，梁启超在《中国近三百年学术史》称"其论实支配百年来之人心"。可见，道光时期湖南人才在全国有着举足轻重的地位，并对全国产生了巨大的影响。

道光时期的湖南人才，主要是以陶澍、魏源、贺长龄等为代表的地主阶级改革派（经世派）人才，即"湘系经世派"人才群体。

陶澍（1779—1839），字子霖，号云汀，安化人。嘉庆七年（1802）进士，历任川东兵备道、山西按察使、安徽布政使、安徽巡抚，江苏巡抚，官至两江总督，兼理两淮盐政，是著名的政治家、改革家、诗人。陶澍是中国古代向近代转型过程中来自湖南影响全国的经世派重要人物，是"湘系经世派"的领袖人物，也是"中国近代地主阶级改革派"的核心人物和前期领袖。其经世思想的影响和地位主要体现在四个方面：第一，集经世实学和经世事功于一身，倡实学、行实政、求实效，成为当时经世派的领袖；第二，从水利、漕运、盐政入手改革，开发两江地区，裕国安民，通商除害，垂百年之利；第三，举新革腐，便民利商，是近代经济改革的先驱者；第四，惩治不法官吏与重用人才并举，成为整治吏治、注重人才的典范。

魏源（1794—1857），原名远达，字默深，隆回人。道光二十五年（1845）进士，曾任知县、知州，是中国近代杰出的思想家、改革家、诗人、学者，是近代中国睁眼看世界的第一人和洋务运动的先声。

魏源

贺长龄（1775—1848），字耦庚，号西涯，长沙人。嘉庆十三年（1808）进士，历任山西学政、南昌知府、按察使、布政使、贵州巡抚、云贵总督，勤政恤民，重教兴学、积极改革，其学问人品、吏治事功，堪称楷模。

此外，"湘系经世派"人才群体的主要成员有：汤鹏（1801—1844），字海秋，益阳人，道光三年（1823）进士，曾任御史；著名改革家、学者。

严如煜（公元1759—1826年），字炳文，号乐园，溆浦人，官至按察使；经世学者，对舆图、兵法、星卜、兵事等，深有研究。

严正基（1785—1863），严如煜之子，溆浦人，官至布政使；任内治河、决狱、捕盗、赈灾，均有佳绩。

贺熙龄（1788—1846），字光甫，号庶农，贺长龄之弟，长沙人，嘉庆十九年（1814）进士，经世官吏，曾任知府、学政、监察御史，后主讲长沙城南书院，创建湘水校经堂。

何凌汉（1772—1840），字云门，号仙槎，道州（今道县）人，嘉庆十年（1805）进士，第三名探花，曾任大理寺卿、都察院左都御史、兵部右侍郎、礼部左侍郎、工部尚书、吏部尚书、户部尚书。

何绍基（1799—1873），字子贞，号东洲，何凌汉之子，道县人，道光十六年（1836）进士，曾任编修、四川学政，后期在山东和湖南的书院任主讲；博览群书，深通经史，诗人，著名书法家。

唐仲冕（1753—1827），字云枳，号陶山居士，世称唐陶山。长沙人，乾隆五十八年（1795）进士，历任知县、知府、陕西布政使、护理巡抚，任内建书院，修水渠，多有善政。

唐鉴（1779—1861），字镜海，号翕泽，唐仲冕之子，长沙人，嘉庆十四年（1809）进士，后历任检讨、御史、府、道、臬、藩等官，擢太常寺卿，曾署两江总督；有"理学大师"之美誉，当时许多知名学者都曾问学于他，对曾国藩一生行事、修身、做学问都有深刻的影响。

黄冕（1795—1870），字服周，长沙人，历任知县、知府，两淮盐运使；曾协助陶澍在江苏办理海运、兴修水利、推行票盐，协助江苏巡抚陆建瀛治海运、革漕费，协助林则徐在新疆议兴屯田、整治水利，称为经世能吏。

彭浚（1769—1833），字映旗，号宝臣，衡山人，嘉庆十年（1805）进士、状元，历任内阁大学士、太仆寺少卿、顺天府丞兼学政；为严肃家风，曾亲书"勤、俭、忠、恕、忍、让、公、和"八字，镌刻成匾，悬于堂上，以为后嗣族裔必守之庭训。

聂铣敏（1775—1828），字晋光，号蓉峰，衡阳人，为陶澍的儿女亲家，嘉庆十年（1805）进士，曾任兵部主事、四川学政、绍兴知府；陶澍称其可佐天子"理万民、正百官，虽以治一郡者，治天下可也"；为政勤勉，重视人才，曾为四川墨池书院题联："知国家大事尚可为也，得天下英才而教育之。"

李星沅（1797—1851），字子湘，号石梧，湘阴（今属汨罗县）人，道光十二年（1832）进士，官至陕西、云南、江苏巡抚，陕甘、两江总督；曾为陶澍幕宾，时称湖南"以经济而兼文章"三君子之一。

石黻庭，又名石承藻，湘潭人，嘉庆十三年（1808）进士，探花，官至刑部掌任给事中、御史；为官清正廉操，雅远旷达，光明磊落，疾恶刚直。

邓显鹤（1777—1851），字湘皋，号子立，新化人，曾任训导；纂《资江耆旧集》和《沅湘耆旧集》，湖南后学尊他为"楚南文献第一人"，梁启超则称他为"湘学复兴之导师"。

欧阳厚均（1766—1846），字福田，号坦斋，安仁人，嘉庆四年（1799）进士，曾任御史，后为岳麓书院山长，长达 27 年。

黄德濂（1786—1849），字劭怀，号惺溪，安化人，嘉庆二十二年（1817）进士，历任御史、知府；长期在云南边境任职，多有业绩，被称为能员。

罗绕典（1793—1853），又作老典，字兰陔，号苏溪，安化人，道光九年进士（1829）进士，历任山西按察使、贵州布政使、湖北巡抚、云贵总督；任贵州时，力陈黔省鼓铸制钱"五难"，改革铅厂章程，清查库款，增加库储 30 万两，购备荒粮 5 万石，其经世才干为深为云贵总督林则徐所称赏。

胡达源（1778—1841），字清甫，号云阁，陶澍的儿女亲家，益阳人，嘉庆二十四年（1819）进士，官至詹事府少詹事；任内除恶霸、赈灾民，多有善政。

赵慎珍（？—1825），字文恪，常德人，嘉庆元年（1796）进士，官至广西巡抚、云贵总督；为官清廉，勤政恤民，有题署衙联："为政不在言多，须息息从省身克己而出；当官务持大体，思事事皆民生国计所关。"

杨健（1765—1843），字鳣堂，号刚亭，衡阳人，嘉庆元年（1796）进士，历官两淮盐运使、甘肃布政使、湖北巡抚；任湖北巡抚时，曾贷款修堤，既能蓄水灌溉又能防洪救灾，民称"杨公堤"。

丁善庆（1790—1869），字伊辅，号自庵，衡南人，道光三年（1823）进士，曾任学政；后为岳麓书院山长，在任期间，主持修复书院斋舍和圣庙、御书楼、文昌阁等房舍，编纂《续修岳麓书院志》，增添书籍，扩大庋藏，又注意培植务实学风，选拔人才。

常大淳（1792—1852），字兰陔、正夫，号南陔，衡阳人，道光三年（1823）进士，官至湖北巡抚；清末湖南四大藏书家之首，藏书四万种，碑刻千本，砚石数百，名冠湖南。

其他有：方坤，字冉亭，号耀能，岳阳人，经世学者，有《禹贡水道考异》等经世著作；丁周，字星舫，醴陵人，曾任知县，有《农桑杂俎》等经世著作；等等。

以上人才都是经世致用思想的信奉者、宣传者、力行者，他们或者在官场，掌握了一定的权势，能关注民生，推行兴利除弊的改革；或者官小权微，甚至是布衣文士，却以他们的笔墨文字为经世治政献计献策，呐喊助威。他们所从事的活动，有的就在湖南本省，有的则在湖南省外各地，其思想、事业和影响，也有些许区别。作为一个人才群体，组织上松散无序，却基本上有群体的意识、有群体的行动。

"湘系经世派"的突出贡献体现在两个方面：

第一，对内方面，高举经世致用的旗帜，著书立说，掀起了嘉道年间的经世致用思潮，积极地开展了兴利除弊的改革，并取得了巨大的成功。

"湘系经世派"的成员大多"少负经世志"，关心社会现实，主张"研经究史为致用之具"。他们纷纷发表言论，反对厚古薄今，空谈义理，逃避现实，摘章断句，把读经通典当作猎取功名利禄的手段。他们敢于面对现实，针砭时政，揭露黑暗，倡导改革，更兴吏治，除弊兴利。他们大声疾呼，倡言改革，勇于批判"天不变道亦不变"、"祖宗之法不可变"的陈旧保守观念，强调"天下无数百年不变之法，无穷极不变之法，无不易简而能变通之法，亦无易简而能变通之法"。他们同时著书立说，探讨国计民生大计。如：陶澍的《蜀輶日记》、《蜀道形势说》、《三峡记》、《海运全案》等；魏源的《筹漕篇》、《筹鹾篇》、《军储篇》、《元史新编》、《海国图志》等；严如煜的《洋防备览》、《苗防备览》、《三省边防备览》等；汤鹏的《浮丘子》、《明林》；罗绕典的《黔南世略》；丁周的《农商杂俎》；方坤的《禹贡水道考异》；等等。特别是他们首创《皇朝经世文篇》，收录清初至道光之前约二百年间的官方文书、文人著述中有关政事、文教、刑律、赋税、农事、盐漕、河工、兵防等方面的文章1300多篇，作者540多人，共计约300万字。是书影响深远，俞樾在《皇朝经世文篇新增续集序》中说：该书"数十年来几行海内，凡讲求经济者，无不奉此书为榘镬，几于家有此书"。《皇朝经世文篇》的编辑刊行，是中国经世学说历史上划时代的文献，标志着道光年间经世思潮的形成。

"湘系经世派"和全国经世派人士共同合作，在经世思想的指导下，积极开展兴利除弊的经济改革活动。

其一是在漕务方面，由河运改为海运。所谓漕运，是中国历代封建王朝将征自田赋的部分粮食运往京师或其他指定地点的运输方式。

这种粮食称漕粮，漕粮的运输称漕运，方式有河运、水陆递运和海运三种。清代建都北京，宫廷消费、百官俸禄、军饷支付和民食调剂，全都依赖漕粮，被称为清代"四大政之首"（其他三政为盐政、河工、兵防）。清承明制，漕粮河运。嘉道年间，水利失修，运河时时淤塞，漕运艰难。改革派人士纷纷提出漕粮海运，即东南各省漕粮通过海上运抵北方。道光初年，运河河道浅阻，漕运艰难，朝中大臣英和等和改革派人士主张漕粮海运。时陶澍任江苏巡抚，提出江苏的苏、淞、常、镇、太仓之漕改由海运，得道光批准。道光六年（1826），在陶澍的领导下，组织1500多只沙船，将160多万石漕粮分两次由上海经海上运抵天津。而且旅途安全，不损一船，米色莹洁，运费则大为节省。海运的成功，震动朝野，称"利国、利民、利官、利商，为东南拯弊第一策"。海运是"湘系经世派"人士共同努力的结果，陶澍是领导者、指挥者和总设计师；贺长龄作为江苏布政使，是海运具体工作的组织者和指挥员；魏源作为陶、贺的主要幕僚，为海运做了大量的理论探讨和舆论宣传工作，并参与了对海运的设计和组织，对海运的成功发挥了巨大作用；黄冕等湖南人才作为陶澍的下属，积极参与组织海运，献计献策，为海运的成功做了大量工作。海运也得到了近代地主阶级改革派的大力支持，林则徐为江苏按察使，曾与陶澍和当时的两江总督魏元煜多次商谈海运问题，积极支持陶澍，并参加了一些海运的筹备工作；包世臣是陶澍的主要幕僚之一，为海运做了大量的舆论宣传，并参与了对海运的设计和组织，对海运的成功发挥了巨大作用；俞德渊、王凤生作为陶澍的下属，积极参与海运的组织、指导、管理等具体工作。海运是"湘系经世派"和"近代中国地主阶级改革派"最主要，也是最重要的改革成果。

其二是在盐政方面，由纲盐改为票盐。食盐税课在中国古代封建王朝的财政收入中一直占有十分重要的地位，清王朝依然，道光时期的盐课每年约 750 万两，占整个国家财政收入的五分之一左右。自明万历年间开始，实行盐政纲法，固定盐商所领盐引，编为纲册，纲册无名者不得参与运销，这就是纲盐制。积久弊生，形成官商勾结，垄断盐政，官盐滞销，盐课无着。道光十一年（1831），道光命两江总督陶澍兼领两淮盐政，这时，两淮盐场历年亏欠税银已达 6300 万两，几乎将近国家两年的财政收入。陶澍接任后，即大力整顿两淮盐务，整饬吏治，裁减浮费，革除陋规，疏浚运道，禁止夹带，惩办私盐，严明制度。次年又在淮北废除纲盐制，取消纲商垄断，允许商人纳课领盐，实行票盐制。《清史稿》说："其立法在改道不改捆，盖淮北旧额未尝不轻，而由畅岸运至口岸，每引成本已达十余两，价不偿本，故官不敌私。今票盐不由杠坝淮所旧道，而改从王营减坝渡河入湖，且每包百斤，出场更不改捆，直抵口岸，除盐价钱粮外，止加运费一两，河湖船价一两，每引五两有奇，减于纲盐大半。"陶澍主持淮北票盐改革八年，收入盐课近五百万两，为清王朝的财政做出了巨大贡献。同样，票盐是"湘系经世派"人士共同努力的结果。陶澍是领导者、指挥者和总设计师；魏源作为陶澍的主要幕僚，为票盐做了大量的理论探讨和舆论宣传工作，并亲自参与了票盐活动；黄冕、贺长龄、汤鹏等湖南人才作为陶澍的下属和朋友，积极参与票盐改革，献计献策，为改革的成功做了大量工作。票盐也得到了近代地主阶级改革派的大力支持，林则徐为江苏巡抚，积极支持和协助陶澍倡行票盐，并为陶澍打探消息，共同商议对付反对派的措施；包世臣是陶澍的主要幕僚之一，为票盐做了大量的设计、组织和舆论宣传工作，是陶澍最重要的参谋；俞德渊、王凤生、姚莹作为陶澍的下属，积极参与票盐的组织、指导、管理等具体工作。故票盐也是"湘系经世派"和"近代中国地主阶级改革派"最主要，也是最重要的改革成果之一。

其三是兴修水利工程中的改革。"湘系经世派"参加治水活动的主要人物是陶澍、魏源、黄冕、贺长龄、唐鉴等人，地点主要在江苏。陶澍在两江任封疆大吏长达 19 年，非常重视水利事业，近代地主阶级改革派人士林则徐、包世臣、陈銮、李彦章、齐彦槐以及梁章钜等都参与了江苏治水活动。陶澍治水，在传统治水的基础上，有所改革和创新。他提出"相水之宜而不强以制之"的治水原则，即根据水的规律和特点治水，强调"疏"、"瀹"之法，必须疏通河道，宣其流，而不能阻梗水势；同时破旧创新，推行改革。如从实际出发，巧妙地利用地势、水势，实事求是，不泥成说，勇于创新，将浏河、白茆河挑成不通海的清水长河；又如打破陈规，"撤闸通海"，治理吴淞江。这些都是否定传统的治水方法，根据实际情况（地势、水势、利害对比）而提出的行之有效的改革方案。此外，唐鉴在京师时，曾考察畿辅水利，撰写了《畿辅水利备卷》，表达了他对清代北方特别是直隶地区兴修水利的改革方案。

其四是在货币方面，提出了"自铸银币"的改革主张。道光年间，随着西方国家的入侵，洋钱、鸦片纷纷流入国内，形成了严重的货币危机：一方面白银大量外流；另一方面则银贵钱贱。这样，抵制国外货币的侵略、保障本国货币的稳定，成为当时最大的财政经济问题。就在这种背景下，陶澍通过认真调查、考察，联合提出了以"自铸银币"为中心的改革主张；并对银币的铸造、格式、大小、形状、重量、价值、流通，以及与洋钱的比价等，都做了具体规定；对自铸银币和渐次取代洋钱的过程，也做了具体的分析和说明。魏源则在《军储篇》中提出"仿铸西洋之银钱"以利民用、抑番饼的改革主张。但是，陶澍、魏源改革货币的方案，都为道光皇帝所拒绝，未能实行。

此外，"湘系经世派"还将改革的精神和行动运用于社会的各个方面，全面开花。如在生产上，陶澍根据江苏气候、土壤等条件，改革农民的耕种习惯，引进双季稻的种植；在放赈救灾时，根据书院诸生积极向上的特点，改革官员差役放赈的陈例，组织诸生深入灾区放赈安民；在教育方面，提出了"立志、植品、宗经、亲友"的教育方针；对民间义仓亦加以改革，提出了丰备义仓方案；在海防问题上，陶澍曾发布《巡洋会哨章程》，开始注重海军的建设；在吏治方面，主张改革不合理的选官、任官制度，重视州县官员；在旌表忠孝节孝的问题上，创造了建立总祠的办法；在处理流民问题时，主张将保甲制移入棚户区，建立棚民保甲制度；等等。

"湘系经世派"所进行的改革，大都卓有成效，有的取得了举世瞩目的巨大成功。这些改革，有着特别重要的意义。当时，正是我国由封建社会开始向半殖民地半封建社会转变的关键时期。在这个时期中，产生了中国近代地主阶级改革派，这个改革派是中国历史上地主阶级的最后一个改革派集团。"湘系经世派"是这个改革派中最重要的成员，上述改革也是中国近代地主阶级改革派的最重要的改革成果，故"湘系经世派"的改革，实质上代表着中国近代地主阶级改革派的最后改革。它承前启后，在中国改革史上有着重要的地位。它是中国地主阶级改革的总结，又有新的特点、新的性质。中国历代地主阶级所推行的改革，无非是对封建生产关系进行修修补补，以暂时适应生产力的发展，主要是减轻对农民压迫和剥削的程度，改变其统治和剥削的方法。而"湘系经世派"的改革，已经不仅仅是对旧的生产关系进行修补，而是开始突破封建生产关系的藩篱，促进了新的具有资本主义生产关系萌芽性质的产生和成长。首先，上述改革实行重商、便商、用商、利商的政策，一方面扩大了商人的队伍，大批商人积极地从事商业经营，支持改革，并在商业活动中积累了财富，扩大了资本。因此，也使一些地主、官僚、士子等加入到商人的行列，或开始投入商业活动。另一方面，则提高了商人的地位，许多商人因成绩突出，得到政府奖赏，甚至有匾额、职衔、顶戴，有了政治地位，有的还有了官职，进入官场。这样，商人队伍的扩大，商人地位的提高，自然会扩大商品经济的领域，促进商品经济的发展，推动资本主义经济的发生。其次，上述改革能遵循价值规律和商品法则，按照经济规律办事，促进商品经济的不断发展和壮大。如在财政经济管理体制上，主张打破垄断，提倡以商代官，由商营取代官营。在经济领域内方便商人，提倡自由竞争，自由贸易。同时，为适应商品经济发展的要求，他们还主张建立银本位货币制度。再次，在上述改革活动中初步萌发了学习西方先进的思想，具有保护本国民族经济，抵制西方资本主义经济侵略的爱国主义精神。因此，"湘系经世派"的改革具有新的性质、新的特点，是进步的、爱国的，在中国改革历史上也有重要的地位和意义，改革的发起者和领导人陶澍，则被学界公认为中国近代经济改革的先驱。

第二，对外方面，"湘系经世派"高举爱国主义的旗帜，维护国家领土完整，反对西方侵略活动，主张严禁鸦片，提出"师夷长技以制夷"，将爱国主义思想发展到一个新的高度。

中国有源远流长的爱国主义传统。中华民族历经磨难，而始终保持着旺盛的生命力和凝聚力，中国在历史上经历过多次动荡和分裂，却始终保持统一和发展趋势。在世界古代文明中，中华文明是唯一能够延续至今并保持活力的文明体系。其中的原因是多方面的，而最基本的原因则是：中华民族具有一种"心系国家、情牵百姓"的浓厚的爱国主义思想情怀，成为维护民族团结、国家统一的强大精神支柱。所谓"爱国"，是在历史长期积淀中生长起来的、对自己祖国的最深厚的感情，是对生我、育我的土地山川、故园草木和祖国人民的真挚眷念；是对悠久历史和深厚文化传统的认同与自豪；是对国家、民族的命运与前途的高度责任感和奉献精神。"湘系经世派"人士在处理对外事物中，继承和发扬了这种爱国主义的优良传统。

其一，重视边防、海防，反对西方国家的侵略。道光年间，英、法、俄、德先后染指我国边境地区，特别在东南沿海，或派军队游弋示威，或走私鸦片，终致发动大规模的侵略战争。外患的严重，激起了全国人民关心边防、海防，维护国家领土主权完整的爱国热情。陶澍十分关心边防，典试四川时，沿途考察山川形势，分析攻守战备，时刻关心国家的安危。道光初期，张格尔在英国支持下发动新疆叛乱，陶澍十分关心。平叛胜利后，他吟诗祝贺："西师飞捷日，北阙喜开年。瀚海邮能速，冈火正然。窟穷收脱兔，尘远息鸣鸢。深入肤功藏，由来圣虑坚。"热情地歌颂保卫祖国统一、保卫国家领土主权完整的正义战争。陶澍在两江时，对海防极为关注。他为了建立一支强大的海军，维护沿海的防务安全，防止西方国家的入侵和间谍活动，特别是防止鸦片走私等非法活动，于道光十三年上《筹议巡洋会哨章程折子》，要求加强水师建设，"近可以缉捕盗贼，远可以威慑外夷"，即反对西方国家可能的侵略活动，表明了陶澍高度的警惕性和反对侵略的坚定立场。张格尔叛乱时，魏源在陶澍支持下，投笔从戎，决心远赴新疆从军，参加平叛战争。走到甘肃，新疆叛乱已经平定，但魏源的爱国壮举却永留史册。

其二，坚决反对鸦片进口，主张严禁鸦片。道光时期，鸦片已泛滥成灾，成了朝野共同关心的重大问题。禁烟运动是中华民族同西方殖民势力之间的激烈斗争，是关系到国家独立和民族存亡的大事。对禁烟的态度，是爱国者和投降派的试金石、分水岭。"湘系经世派"人士从国家和民族的前途，以及人民的身心健康出发，坚决反对鸦片。陶澍不仅一贯主张禁烟，而且是中国最早提出并采取了禁烟实际行动的朝廷大员。陶澍就任两江总督，正是鸦片走私猖狂之际，总督有防卫海防之责，道光十二年（1832），英船阿美士德号在东南沿海活动，陶澍立即派军队四面围困，并登船检查，"不准违例销货"。随后，陶澍将英船强行押送驱逐出境。道光十三年（1833），陶澍上《会奏查议银昂钱贱除弊便民事宜折子》，强调"鸦片烟由洋进口，潜易内地纹银。此尤大弊之源，较之以洋钱易纹银，其害愈烈。盖洋钱虽有折耗，尚不至成色全亏，而鸦片以土易银，直可谓之谋财害命"；并在两江地区严禁鸦片，禁止鸦片入口，严禁鸦片走私，严禁贩运鸦片，严禁吸食鸦片；并曾在两江收缴鸦片销毁，被视为林则徐广州销烟的先声。道光十八年（1838），道光将黄爵滋关于严禁鸦片的奏折发给各督抚讨论，陶澍坚决支持黄爵滋严禁鸦片的意见，并提出《严禁鸦片章程》八条：劝戒烟瘾，宜刊方、施药并举；烟具、烟土，宜分别毁、缴也；查办鸦片，宜分任各教官选同公正绅者，广为劝导；查办鸦片，宜责成保长，不必邻右互结；审办烟案，宜确审速办，以免反覆；查办烟案，必须本官亲自督拿，如有假冒巡查，即应从严究治；兴贩鸦片，宜加重罪名；纹银出洋，应分别加重严办。陶澍的禁烟奏折有一个鲜明的特点，就是面对广大的鸦片吸食者，从宣传教育、立法严办、严惩贩运、销毁烟具、审办烟案、严密监督、严禁冤案、禁银出洋等各个方面，都作出了周密的规定；其目的是为了戒烟，为了救人，而不是简单的惩罚。自鸦片流入中国，清政府制定了成十上百的禁烟条例，其内容都是如何处罚吸食者、走私者、贩运者，如何禁止走私、贩运、吸食，如何杖责、罚款、充军等。所以说，在林林总总的禁烟文件上，陶澍这样完全立足于挽救吸食者，立足于治病救人，宣传鸦片之害，教以戒烟之法，使其改过自新，重新做人，可说是独具慧眼！确实，只要吸食者真正戒烟，鸦片因无人吸食而自然无人贩运、无人走私、无人开店，这才是真正从源头上消灭了鸦片的危害！贺长龄是坚定的禁烟派，并在贵州严惩吸食者、贩卖者、熬制者，严禁私开烟馆和种植罂粟花；并亲自下乡巡查，拔除烟苗。鸦片战争发生后，贺长龄从贵州派兵28000多人，星夜驰赴广州，参加抗英战争。黄冕亦主张禁烟，鸦片战争发生后，曾跟随两江总督裕谦赴浙江，参加抗英战争。魏源也是坚定的禁烟派，他在《江南吟》诗中说："阿芙蓉，阿芙蓉，产海西，来海东。不知何国香风过，醉我士女如醇醲。夜不见月与星兮，昼不见白日，自成长夜逍遥国。长夜国，莫愁湖，销金锅里乾坤无。溷六合，迷九有，上朱邸，下黔首，彼昏自痼何足言，藩决膏殚付谁守。语君勿咎阿芙蓉，有形无形瘾则同。边臣之瘾曰养瘫，枢臣之瘾曰中庸，儒臣鹦鹉巧学舌，库臣阳虎能窃弓。中朝但断大官瘾，阿芙蓉烟可立尽。"魏源以辛辣的笔墨、明白的语言为吸食鸦片的官员群僚绘画了生动的形象，强调鸦片对人的精神上、肉体上的严重损害，严重影响了清朝的统治。鸦片战争发生后，魏源奔赴浙江宁波抗英前线，审问英俘，了解敌情；旋加入两江总督裕谦幕府，参加抗英战争。鸦片战争失败，林则徐被革职，魏源写下了悲愤的诗句："城上旌旗城下盟，怒潮已做落潮声。""从来御寇须门外，谁溃藩篱错六州。"他深感必须全面更法改革，变法图强图存，从此睁眼看世界，了解世界，开辟了爱国主义的新路。

其三，"师夷长技以制夷"，中国爱国主义思想发展到一个新的阶段。鸦片战争之前，"湘系经世派"人士开始比较客观地评价西方国家某些先进事物，开始萌发了可以学习西方长处的思想。如在货币问题上，魏源在《军储篇》、《圣武记》中曾将中国银块与西方银元作了比较，提出"仿铸西洋之银钱兼行古时之玉币、贝币"，"官铸银钱以利民用，仿番制以抑番饼"的建议。陶澍亦强调，"银钱贵在流通"，洋钱是计量货币，价格清楚，便于流通，故主张"欲抑洋钱，莫于官局先铸银钱"，实质上就是"仿洋钱而为之也"，即学习西方国家银元的先进形式，来代替称量的银块。他们长期在两江地区，较多地接触商业活动参与对外贸易，也较多地接触西方银元，易于发现银元在商业贸易活动中的优越性，易于形成"仿洋钱而为之"的思想。鸦片战争之后，魏源的思想更大踏步地前进，在《海国图志》一书中，比较全面地介绍了西方国家的历史、地理、现状、器物，以及其先进的科学技术，响亮地提出了向西方学习的"师夷长技以制夷"的口号。它包括两方面的内容，即"师夷"和"制夷"。师夷是手段，制夷是目的。师夷是为了制夷，是取得反侵略战争胜利的手段；制夷是结果，是师夷所要达到的目的。具体来说，师夷制夷思想的内涵就是：一要强调师夷的必要性，是为了反对外国侵略战争的需要，"善师四夷者，能制四夷，不善师四夷者，外夷制之"。二要师夷，先要"悉夷"，这是师夷的前提。为此，先要了解西方国家的实情，要学习西方国家的语言文字，要翻译西书。三要明确师夷的具体内容，如学习西方先进的科学技术，借用风力、火力、水力等自然力量，制造器械，为我所用；学习先进的战舰、火器、枪炮等新式武器，以及养兵、练兵之法；聘请西方技师，创办军事工业，生产新式武器；官办民办结合，兴办工矿企业；允许商人开矿建厂，发展民族工业；在禁止鸦片的前提下，发展对外贸易；实行对外开放，与各国平等相处；等等。师夷制夷思想的提出，表明魏源能与时俱进，也反映了其热爱祖国、愿祖国繁荣富强的强烈愿望。

爱国主义是一个历史范畴，各个历史时代的爱国主义既一脉相承，又不断发展，具有新的更加丰富的内容。中国古代的爱国主义，主要表现为抗击异族或外国的压迫和入侵，保护家园，捍卫祖国；反对腐朽黑暗的统治，伸张正义，寻求生存；解除或减轻人民的苦难，发展生产，提高人民生活水平；在物质文明和精神文明方面做出巨大贡献，造福人民，推动社会的发展和进步。但是，中国古代爱国主义在思想上最显著的特色，又是和忠君思想紧紧地联系在一起。有君才有国，爱国先保君，忠君思想是中国古代爱国主义思想的一个核心。中国近代爱国主义是在古代爱国主义的基础上发展起来的。近代爱国主义的产生，首先是国内条件发生了巨大变化，中国漫长的封建社会，到明清之际终于发生了一些变化，新的社会政治经济因素、即资本主义萌芽了。到清道光年间，一方面封建统治日趋腐败，农民的反抗斗争此起彼伏；另一方面则资本主义萌芽经济日趋发展和壮大，对社会政治经济和文化思想发生着越来越大的影响，在社会生活中的作用也更加深刻和广泛。由此，促进了新的社会思潮的产生，兴利除弊，推行改革，以图民富国强；破旧立新，主张革命，以图推翻封建王朝；争取民主，发展经济，以图发展资本主义。这些，成为近代爱国主义的主要内容。近代爱国主义思想的产生，还由于国际形势发生了巨大变化。西方国家于十九世纪前后，先后演变为资本主义国家，英、美、德、法、俄、日本等更发展为极富侵略性的帝国主义强国。中国作为几千年的文明古国，一直是世界大国、强国，周边各国也一直臣服于中国，却由于保守落后，不求进取，成为西方帝国主义国家侵略、掠夺的主要对象。清王朝却仍然处于闭关自守的封建社会，无论是政治、经济和军事势力，都比西方列强落后一大截。特别自从1840年鸦片战争以后，中国一步一步地变成了一个半殖民地半封建社会，西方各国纷纷入侵中国。天朝上国的颜面已经被资本主义国家的坚船利炮剥落得荡然无存，帝国主义和中华民族的矛盾开始成为中国社会的主要矛盾，中华民族处于危亡的艰难境地。中国人民发扬爱国主义的优良传统，为了祖国的独立和尊严开展了英勇的反抗斗争。面对国内外的形势，中国人民进行了不屈不挠的斗争，把自古以来的爱国主义精神，推进到一个新的阶段。加强边防、加强海防、保护国家；反对侵略、反对掠夺、反对鸦片；师夷长技以制夷，学习西方先进的科学技术……就是摆在中国人民面前最迫切的任务，成为近代爱国主义的另一个主要内容。道光年间的"湘系经世派"和"中国近代地主阶级改革派"，都是这种爱国主义思想感情最早时期的杰出代表。

第二节　振衰起微，洋务中兴
——楚材之盛第二代

这一时期的湖南人才都集中在湘军中，湘军兴起的直接原因，是封建地主阶级镇压太平军的需要。而产生湘军的社会土壤，却要复杂得多。首先，清军主力八旗、绿营，已经腐朽衰败，失去了战斗力。与太平军作战，未有胜绩，已非太平军对手，清廷必须依靠新的军事力量。其次，湖南社会政治经济、阶级斗争复杂，矛盾尖锐，促进了湘军的产生。再次，在湖湘文化，特别是道光以来经世致用思想影响下，湖南知识分子纷纷致力于治国平天下的学问，以图匡时救弊，建立功业。故太平军进入湖南后，他们都希望一展所学，走向仕途，实现其理想。这个知识分子群，成了湘军的统帅和骨干。

湘军的历史，可以分为三个时期。第一时期：湘军创建时期，从咸丰二年到咸丰四年（1852—1854）正月。湖南地主阶级办团练的历史，始于乾隆末年。太平军兴，江忠源在新宁招募楚勇，成为太平军进入湖南的第一个最凶顽的敌人。咸丰二年十一月，清廷任命曾国藩帮同办理湖南团练。曾国藩上任后，对湖南各县团练进行改造，以湘乡团练为基础，招募新宁等地团练共三千人，下设左、中、右三个营，分别由罗泽南、王鑫、邹寿昌任营官，开始训练。次年八月，移师衡阳。又打造船只，建立水师。同时，开始参与镇压湖南各地农民起义军，并曾派兵赴江西作战。到咸丰四年初，湘军已有 17000 人，其中有陆军 15 营，水军 10 营。第二时期：湘军发展时期。从咸丰四年到同治三年（1854—1864），共达十年时间，是湘军与太平军战斗的十年，也是湘军不断发展的十年，大致可分为两湖作战、江西作战、安徽作战、夺取天京四个阶段：同治三年（1864）六月，天京失守，太平天国失败。这时湘军的发展已达顶峰，总兵力在 30 万人以上，曾国藩所部主力约 12 万人。第三时期：湘军衰落时期。天京陷落后，湘军面临两方面的压力：一是清廷不信任，开始冷落和打击湘军；二是湘军内部骄、暮二气增长，会党渗入，军纪败坏，矛盾发展。曾国藩深知"狡兔死、走狗烹，飞鸟尽、良弓藏"的古训，决定立即裁撤湘军。到同治五年（1866），曾国藩所部 12 万湘军，仅剩9000 人。其他各部湘军亦陆续裁撤、遣散，仅有少数编入正规军。至此，作为独立编制的湘军，宣告结束，成为历史。值得一提的是，老湘军几千人跟随左宗棠到西北，参加了收复新疆的战争，并发挥了重要的作用，从而为湘军的历史添加了最光彩的一笔。

曾国藩是湘军的统帅，文治武功为世人称赞。毛泽东曾说："吾于近人，独服曾文正公。"湘军内部派系复杂，大致可分五个派系：一是曾国藩系统，实力最大，分为陆师、水师两个部分。二是胡林翼系统，以其黔勇几百人起家，后罗泽南援鄂，归胡林翼指挥，以湖北为基地，李续宾兄弟是其主要将领，势力仅次于曾国藩所部。三是左宗棠系统，成军较晚，主要将领有蒋益澧、刘典、杨昌濬、刘锦棠等，活动于浙江、福建，远及西北。留守湖南的王鑫所部老湘军，亦受左宗棠节制。四是江忠源建立的楚勇，以新宁为基地，其后由刘长佑、刘坤一统率，主要活动于湖南及贵州、四川等省。五是长期留守湖南的田兴恕、席宝田所部，接受湖南巡抚节制。上述五支湘军，相互支持相互依存，又有矛盾和斗争；但在镇压农民起义和维护湘军总体利益方面，是一致的。

曾国藩

　　湘军人才群体活动于清朝咸丰、同治年间和光绪初年，以曾国藩、左宗棠、胡林翼、郭嵩焘为其杰出代表。

　　曾国藩（1811—1872），初名子城，字伯涵，号涤生，湘乡（现属双峰县）人。道光十八年（1838）进士，入翰林院，为军机大臣穆彰阿门生。累迁内阁学士，礼部侍郎，署兵、工、刑、吏部侍郎，官至两江总督、直隶总督、武英殿大学士，封一等毅勇侯，谥号"文正"。中国近代著名的政治家、战略家、理学家、文学家，湘军的创立者和统帅，与胡林翼并称"曾胡"，与李鸿章、左宗棠、张之洞并称"晚清四大名臣"。

　　左宗棠（1812—1885），字季高，一字朴存，号湘上农人，署名今亮，湘阴人。湘军统帅，历任浙江巡抚、闽浙总督、陕甘总督、两江总督、总理衙门大臣、东阁大学士。一生亲历了平定太平天国运动、洋务运动、平定陕甘回变、收复新疆等重要中国历史事件。胡林翼称左氏"横览九州，更无才出其右者"；潘祖荫说"天下不可一日无湖南，湖南不可一日无左宗棠"；梁启超评论左宗棠是"五百年以来的第一伟人"。

左宗棠

胡林翼（1812—1861），字贶生，号润芝，湘军统帅，益阳人。道光十六年（1836）进士，历任贵州安顺、镇远、黎平知府、贵东道员、四川按察使、湖北按察使、布政使、湖北巡抚，与曾国藩、李鸿章、左宗棠并称为"中兴四大名臣"，人称"湘军之灵魂"。王闿运说，"中兴之业，实基自胡"；曾国藩也称，"润芝之才胜我十倍"，"林翼坚持之力，调和诸将之功，综核之才，皆臣所不逮，而尤服其进德之猛"。

郭嵩焘（1818—1891），字伯琛，号筠仙、云仙、筠轩，别号玉池山农、玉池老人，湘阴人。湘军创建者之一，中国首位驻外使节。道光二十七年（1847）进士，历任苏松粮储道、两淮盐运使、广东巡抚、驻英公使兼驻法使臣，郭嵩焘是中国十九世纪末维新派的先声，力主开眼看世界，他是超越时代的先行者，是杰出的爱国人士。

　　湘军人才群体的骨干人物依照地域主要有：

　　湘乡人：曾国荃（1824—1890），字沅浦，曾国藩弟弟，湘军主要将领之一。因攻打太平军有功赏"伟勇巴图鲁"名号和一品顶戴，历任陕西、山西巡抚，署礼部尚书，两江总督兼通商事务大臣，加太子太保衔。曾国荃不拘小节，豪放血性，杀人如麻，爱财如命，挥金如土，敢作敢为。曾国藩为其赠联："千秋邈矣独留我，百战归来再读书。"杨昌浚（1826—1897），字石泉，号镜涵，湘军主要将领之一。官至浙江巡抚、陕甘总督、闽浙总督。战功一般，却是筹饷抓钱的能手。其诗"大将筹边尚未还，湖湘弟子满天山。新栽杨柳三千里，引得春风度玉关"，脍炙人口，在诗史有着重要地位。刘岳昭（1824—1883），字荩臣，湘军主要将领之一。历任云南按察使、布政使、云南巡抚、云贵总督。刘蓉（1816—1873），字孟容，号霞仙，湘军重要将领，官至陕西巡抚，学者，是桐城派古文家。刘锦棠（1844—1894），字毅斋，湘军主要将领，随左宗棠收复新疆，任新疆第一任巡抚。蒋益澧（1833—1875），字芗泉，湘军主要将领，历任浙江布政使、广东巡抚。李续宾（1818—1858），字如九、克惠，号迪庵，湘军主要将领，授浙江布政使，赏巡抚衔，三河坝之战败亡。胡林翼说："三河败溃之后，元气尽丧，四年纠合之精锐，覆于一旦，而且敢战之才，明达足智之士，亦凋丧殆尽。"李续宜（1822—1863），字克让，号希庵，李续宾之弟，湘军主要将领，转战江西、湖北、安徽，官至安徽巡抚。曾国藩尝论其昆弟为人："续宾好盖覆人过，续宜则嫉恶稍严。续宾战必身先，骁果缜密，续宜则规画大计，不校一战之利，及其成功一也。"罗泽南（1807—1856），字仲岳，号罗山，湘军创始人之一。罗泽南是理学家，一面反复研读性理之学，一面究心水利、边防、河患等书，对天文、舆地、律历、兵法及盐、河、漕诸务，无不探其原委。他又是文学家，其诗是湖湘诗派的重要代表，其文是桐城派的典范之作。王鑫（1825—1857），字璞山，湘军名将，英勇善战，人称"王老虎"，官至按察使。他治军极严，曾言："人生一息尚存，即当以天下万世为念。"因劳累过度而早逝，所部悉归左宗棠统率。刘松山（1833—1870），字寿卿，湘军名将，累立战功，官至提督。

新宁人：江忠源（1812—1854），字岷樵，重经世之学，最早创办团练。《新宁县志》称："江忠源善抚士卒，与同甘共蓼，其用兵也尤若有神，每临阵横槊马上，察山川形势，举鞭示部，将于某所诱敌，某所设伏，往往以偏师出奇制胜。"江忠义（1835—1864），字味根，湘军重要将领，官至贵州巡抚、广西提督。江忠浚（1815—1874），字达川，湘军将领，官至布政使。刘长佑（1818—1887），字子默，号荫渠（一作印渠），湘军重要将领、历任广西布政使、广西巡抚、云贵总督、直隶总督。刘坤一（1830—1902），字岘庄，著名的政治家，湘军主要将领。历任江西巡抚、两江总督、两广总督、南洋通商大臣、帮办海军事务。曾国藩、左宗棠等去世后，他和张之洞成为后期洋务运动的主导者，并在其后的甲午战争、百日维新、义和团乱、清末新政等晚清历史事件上均发挥着重要的作用。

其他各县的湘军人才：彭玉麟（1816—1890），字雪琴，号退省庵主人，衡阳人，湘军水师创建者，中国近代海军奠基人。官至长江水师提督、两江总督、南洋通商大臣、兵部尚书，封一等轻车都尉，是清朝著名的政治家、军事家、书画家，人称"雪帅"，与曾国藩、左宗棠并称"大清三杰"，与曾国藩、左宗棠、胡林翼并称"中兴四大名臣"。彭玉麟多才多艺，诗书画俱佳，人称"千古一人，绘画堪比郑板桥，打仗不输周公瑾，诗词不亚苏东坡，爱国不逊范希文，用情高山流水"。杨岳斌（1822—1890），原名载福，字厚庵，长沙人，湘军水师统帅，官至福建水师提督、陕甘总督。劳崇光，字辛阶，长沙人，湘军重要将领，道光十二年（1832）进士，贺长龄之婿，历任广西布政使、广东巡抚，署两广总督，授云贵总督。李兴锐（1827—1904），字晋初，号勉林，浏阳人，曾国藩幕僚，后任江西巡抚、广东巡抚、两江总督。刘典（1820—1879），字伯敬，一字克庵，宁乡人，湘军重要将领，曾任甘肃按察使、陕西巡抚。左宗棠收复新疆，刘典以西征军副主帅的身份率部开赴新疆，参加平定阿古柏叛乱，立下了不朽功勋。魏光焘（1837—1916），隆回人，湘军重要将领，曾任新疆布政使、新疆巡抚、云贵总督、陕甘总督、两江总督、南洋大臣、总理各国事务大臣。田兴恕（1836—1877），字忠善，凤凰人。湘军将领，任贵州提督，兼署巡抚。因不满传教士在贵州的非法活动，制造青岩、开州教案，对传教活动进行封查，被清政府流放新疆，后被左宗棠启用，多立战功，才得返回凤凰家乡。唐训方（1809—1876），字义渠，常宁人，湘军名将。历任知府、按察使、布政使、安徽巡抚。李元度（1821—1887），字次青，又字笏庭，曾国藩幕僚，因开罪曾国藩而去职，后官至布政使。李元度是学者，有《国朝先正事略》等著作。陈士杰（1825—1892），字隽承，桂阳人，曾国藩幕僚，官至浙江巡抚，转山东巡抚。周开锡（1808—1872）原名开锁，字绥珊，号受山，益阳人，为左宗棠筹办军饷，历任护理福建巡抚、福建船政局提调，左宗棠南路诸军总统，兼理民政。李桓（1827—1891），字叔虎，号黻堂，一号辅堂，湘阴（今为汨罗）人，李星沅之子，历任江西按察使、督粮道、布政使、巡抚，大力办理省城防务，并为镇压太平军筹措粮饷，政绩颇著。席宝田（1829—1889），字研芗，东安人，湘军将领，官至布政使。王德榜（1837—1893），字朗青，江华人，湘军将领，官至提督、布政使。

　　湘军人才群是近代湖南人才发展的一个高峰，据蔡冠洛的《清代七百名人传》一书开列咸丰、同治、光绪 3 朝的名人共 142 人，其中湘籍的 40 人，占 28.2%。据罗尔纲《湘军兵制》，列湘军主要将领、幕僚 182 人，但注有省籍的仅 157 人，其中湖南 131 人，占总数的 83.4%。萧一山的《清代通史》开列中兴人物 121 人，其中湖南籍的 87 人，占 59.6%。而湘军人才中，又以湘乡县的人才最多，罗尔纲《湘军兵制》中列湖南湘军将领 131，其中湘乡 54 人，占总数的 41.2%。《近代湖南人才群体研究》列举了这个时期湖南人才的简历共 115 人，分布于 37 个县，其中湘乡有 26 人，占总数的 22.6%。上面我们所列湘军名将 33 人，其中有湘乡 11 人，占总数的 1/3。可见，湘军人才的一个显著特点，就是它的地域性。张集馨《道咸宦海见闻录》中说："自曾国藩统师后，概用楚勇，遍用楚人。"曾国藩认为："同县之人，易于合心。"曾国荃不仅用湘乡人，而且尽用屋门口十余里之人。故湘军士兵大多以同一地方组成营、队，到外省作战也要招募本省新勇补充兵员。这样，湖南人纷纷加入湘军，形成"无湘不成军"之势。

因此，湘军人才群体的一个非常明显的特色，是其地域性。湘军人才群体的又一个非常明显的特色，是有一个公认的领袖和领袖集团。湘军以曾国藩为领袖，曾国藩、左宗棠、胡林翼、江忠源、彭玉麟、杨岳斌等人则组成为一个相对稳定的领袖集团。第三个明显特色是有一个相当严密的组织形式，都集合于湘军之中，有严格的军事纪律，过严密的军事生活。第四个明显特色，是湘军人才大都出身知识分子家庭，而且许多人学有专长，但是有功名（指举人、进士者）却不多。据罗尔纲《湘军兵志》统计，湘军将领 182 人，出身书生的 104 人，占总数的 57.1%，高级将领出身书生的所占比例更高。第五个明显特色，是湘军的发展迅速，人数众多，势力强大，并产生了一批掌握实权、位至封疆的政府大员。据统计，湘军中升至总督的有 11 人、巡抚有 13 人，而任总兵、提督、按察使、布政使的则有 143 人。

第六个明显特色，是湘军人才群的影响巨大。梁启超在《中国地理大势论》中说："湘军之声誉，东至东海，南逾岭南，西辟回部，西南震苗疆，至今尚炙手可热，三湘民族之大有影响于全国。"湘军使得湖南人才发展到一个新的高峰，从此湖湘弟子满天下，同时也表明国家不可一日无湖南！

当然，上述这些特色都是显而易见的、比较表面的现象；我们要进一步探讨的，是"湘军人才群体"的本质特点。

第一，湘军人才群体是一个军事集团。

咸丰元年（1851），太平天国起义爆发，所向披靡，仅短短的三年时间，就占领了东南半壁河山，定都南京，建立太平天国政权。全国朝野上下，一片震惊。就在这种背景下，曾国藩等人毫不犹豫地站在封建地主阶级的立场上，由文化人转向军事家，接受朝廷任命，兴办团练，建立湘军。咸丰三年（1853）夏，曾国藩与江忠源、罗泽南等策划练乡勇一万人的计划；次年二月，水陆两军各十营共一万人练成。从此中国近代历史上最凶悍、最顽强的地主武装——湘军，正式建成。湘军于咸丰二年（1852）开始组建，到同治三年（1864）改编遣散，作为独立编制的军队，在历史舞台上只活动了 13 个年头。湘军在这 13 年中，产生了大批足以左右中国政治、经济、文化的人才群；其后，这个人才群凭借其在湘军中的赫赫战功，依仗他们始终掌握着的以老湘军为基础的军队，仍然活动在中国政治舞台上，并继续左右和影响着中国的局势。可见，军队是"湘军人才群体"的基础；因此，我们说"湘军人才群体"，首先是一个军事集团。

湘军人才群的产生，全部是靠镇压太平天国起家的，都是镇压太平天国的刽子手。曾国藩在《讨粤匪檄》中，非常明确地说明了湘军的宗旨。首先，《讨粤匪檄》竭力维护封建等级秩序，大肆攻击太平天国。其次，坚持封建土地所有制，反对太平天国"有田同耕"的平等思想。再次，宣扬封建伦理道德和迷信思想，反对拜上帝教。又次，大力提倡封建宗派、地方观念，企图孤立太平天国。总之，《讨粤匪檄》是封建卫道者的宣言书，是镇压太平天国的宣战书，是地主阶级的总动员令，是"湘军人才群体"的共同行动纲领。

湘军人才几乎全部是军事型人才。湘军人才群中虽有不少政治家、文学家、诗人、学者，以及科技人才；但全部是军事人才。他们或者是统兵的将帅，或者是指挥作战的将军，或者是出谋划策、制定战略战术和作战计划的参谋，或者是策划后勤、调拨军需的能手。他们都在军队中生活过，都参加了战争，都在战争中经受了考验，都有军功，都是在战争中成长起来的。湘军在镇压太平天国的过程中，产生了一大批杰出的将领，并形成了比较系统的军事理论。他们又以军功换取权力，在湘军人才群中产生了一批有实权的封疆大吏。清制，"总督"为一省或数省的地方最高长官，综理军民要政，并兼任兵部尚书，手握军权；"巡抚"为省级地方长官，总揽一省军事、吏治、刑狱，又称抚军，亦握有军权。湘军中湖南人位至提督、总兵、参、副将等直接指挥军队的，更不胜枚举。以湘乡县为例，据《同治湘乡县志》：同治十三年（1874），湘乡县以武勋而授官职及官阶见于志者，文职自总督以下者356人；武职提督以下者7533人。其中提督180人，总兵404人，副将569人，参将564人，游击939人，都司1138人，守备1538人，千总1200人，把总1001人。可以说，由于湘军的出现，清王朝赖以起家的八旗、绿营威风不再，汉人武装已占据了优势；清代封建军事制度也发生了巨大变化。这些都是"湘军人才群体"出现的结果，所以说"湘军人才群体"首先是一个军事集团。

第二，湘军人才群体是一个政治集团。

军事是完成政治任务的工具，军队是执行政治任务的武器。作为军事集团的湘军人才群，有着非常明确的政治目的。道咸年间，随着清王朝内外危机的加剧，地主阶级中一部分有识之士，他们或者是中下层官僚，虽未掌握政府的实权，却对朝廷内部的腐败深有体会；他们或者是正在追求功名的士子，虽不在仕途，却对当时社会的危机深有认识；他们或者已在设馆授徒、自谋生计，虽无意功名，却关心国事，满腹经纶，深怀治国安民之策。总之，他们都能面对现实，寻求解救危机之道。当太平天国直接威胁清王朝的封建统治时，他们纷纷拿起武器，组建团练，投入军队，和太平军作拼死之斗。他们的目的，就在于挽救摇摇欲坠的封建统治，恢复封建秩序，捍卫封建伦理道德。湘军人才群就是其中最突出的代表。

湘军人才群的成员是封建的卫道士。曾国藩等人虽然都出身地主家庭，但与一般的地主不同，大多来自有浓厚文化素养之家。即所谓"诗书世家"、"书香门第"。曾国藩的祖父，是湘乡县比较富裕的大地主，承继祖业，广有田地，且武断地方，"见者惮慑"。曾国藩的父亲一生读书、教书，曾任湘乡团练总头目，是地方上有权有势的绅士。在家长的严格督促下，曾国藩自幼发愤读书，也熟知了封建礼教纲常等一套儒家伦理道德，并成为其立身处世的基本准则。胡林翼自称"家世力田，耕读相承"，有田数百亩，雇工奴仆数十人。其父胡达源通过科举进入官场，官至少詹事，是一个官僚地主家庭。梅英杰《胡林翼年谱》说：胡林翼二十岁时，曾出面时组织赈灾，表示"秀才便当以天下为己任，此一腔恻隐之心，越读书越忍不住"，立志"以安民利物为志"。罗泽南家一直重视读书，家贫，典衣当物也要奋力读书，决心"明大义、识纲常、不坠先人清德耳"。王鑫亦出身地主家庭，祖父入县学，父亲称"积学"之士。王鑫自幼立志："唯使天大皆被吾泽，则所愿也。"李续宾兄弟出身书香门第，其家"榜征辟共五人，贡成均二人，诸生五十余人"。李续宾兄弟自幼随名师读书，学问日进，同时关心现实，亲眼目睹当前的危机形势，"惟深忧天下将乱，益研经兵事，恒以巨幅纸绘图，累数百"。刘长佑从六岁开始学习"四书"、"五经"等儒家经典，后进入岳麓书院学习 11年，深受经世实学的影响。太平军兴，即同江忠源等创建楚勇，与太平军为敌。左宗棠虽然家道衰落，但"累世以耕读为生"，曾祖父为县学生员，祖父为国子监生，父亲为县学廪生。张佩纶在《左宗棠传》中说：左宗棠"不愿蹈当时一般读书人的覆辙，白首功名，无补家国，而想力求经世致用的学问，待时自效"，平时以"今亮"自许，心怀经邦济世之志。他们从小受到封建教育的培养熏陶，尽心报君国是他们的最高志趣理想，三纲五常等封建伦理是他们遵循和捍卫的道德规范。胡林翼在给蔡用锡的信中说："未尝一息敢忘君国艰难。"他认为："吾辈作官，如仆之看家，若视主人之家如秦、越之处，则不忠莫大焉。""吾辈司牧，如大户之派人庀家政。今使家宰不顾主人之田庐、市廛，徇人情而任其捕匿，主人必曰：'此不忠之人也。'"这些出自肺腑的话，充分体现了湘军人才对封建君国的忠诚，也表达了其共同的政治观念。曾国藩等人镇压太平军，除了尽忠于君外，还在于捍卫封建礼教。他在给友人的信中表白："逆匪崇天主之教，弃孔氏之经；但知有天，无所谓君也；但知有天，无所谓父也；蔑中国之人伦，从夷狄之谬妄。"可见，忠君国、卫礼教、维护封建制度、巩固封建统治，是湘军人才群体共同的政治理想、政治目的。

地主阶级要实现自己的政治理想，其关键的手段在于如何统治广大人民群众。封建社会中，地主和农民的对立贯彻始终。地主对农民的剥削、压迫，对农民反抗、起义的坚决镇压，是最基本的，不会改变的。同时，地主阶级中的多数人也懂得人民群众的重要，主张给广大人民能生存下去的基本条件。这就是中国封建社会的"民本"思想，也就是地主阶级对待人民群众的两面政策。湘军人才一般比较开明，懂得"水可载舟，亦可覆舟"的道理，主张给人民最基本的生存条件。在这方面，他们接受了中国古代、特别是湘系经世派关于"民为邦本"的"民本"思想。一方面，比较关心人民生活，主张实行养民、保民政策；一方面，主张清明吏治，揭露官吏的腐败无能，反对官吏对老百姓的无穷欺压。

湘军人才认识到当时官场弊端严重，主张整饬吏治。胡林翼强调"国家之败，皆由官邪"，并以湖北省为例，因"吏治之不修"，官吏一心为私，不问国计民生，虚报浮夸，"以丰为歉"，或"以歉为丰"，巧立各种名目，"无一非病国病民，饱丁胥之欲壑而肥官吏之私，实堪发指"。郭嵩焘指出："天下之患，在吏治不修，纪纲废弛，民气郁塞，盗贼横行。"曾国藩对一些作威作福的官吏，作了比较深刻的揭露和鞭笞，其《里胥》一诗，有意模仿杜甫《三吏》、《三别》，是非常典型之作。他还揭露因吏治腐败，水利不修，形成全国性灾难："去年河北哀鸿熬，千里剥地境无毛。霆性瘝圭百不应，妻儿食夫遁逃。""荒村有骨饲狐貉，沃土无人辟嵩莱。筋力登危生理窄，斗粟谁旨易婴孩。三里诛求五里税，关市或逢虎与豺。谬领大藩二千里，疮痍不救胡为哉。"这些诗句，都是当时社会的真实反映。湘军人才都非常重视吏治，主张清明廉洁，强调官吏的表率作用。曾国藩提出，为官要做到"廉"、"谦"、"劳"三字，要"不怕死、不要钱"。左宗棠非常重视自身的表率作用，他说："察吏莫先于自察，必将各属大小政务，逐一尽于心，然后能举以验属员之尽心可否。"他在《学治要言》中提出：做官要"爱民"、"清廉"、"勤于政事"、"慎于用人"、"熟悉法律"。并强调整饬吏治，对下属要勤于考察；要"恤吏"，了解和解决下属的困难；严惩贪劣，裁汰庸吏；荐举提拔贤才；端正士习，培育良好官风。胡林翼为官，处处以陶澍、林则徐为榜样，严格要求，被称为封建官场的能员。

针对当时人民生活困难的实况，曾国藩等人倡导民本思想，提出了养民、保民的主张。左宗棠说："保民之道，必以养民为先。六府之修，以水利为亟。江淮之间，地广而土沃，若能兴修沟渠，培厚加广，挑淤浚浅，一如陇上、新疆治法，则水有所归，旱潦有备。垦荒成熟外，加以桑棉之利，则民可自赡。"中国以农立国，农业在很大程度上靠天吃饭，兴修水利是农业丰收的关键。加上垦荒，发展桑棉，确是农业发展之道。胡林翼提出了"休养生息、宽猛兼施"的方针，认为"富国之道，总须先从利民著议，乃有根本，乃有归宿。欺民者，诈也。自愚而之愚人，智者不为也。剥民，自剥其身也。如割肉以充饥，腹未饱而身已残，仁者不为也"。他主张整顿财政，禁止贪污，轻徭薄赋，赈灾救贫，减轻人民负担，促进生产发展。道光十一年（1831），沅湘大水，益阳饥民塞途，年仅20岁的胡林翼挺身而出救灾，请官府按灾区编户口，劝富民出钱粟以赈，终于使灾民渡过难关，社会安定。当然，湘军人才提倡民本思想的目的，是为了笼络人心，巩固皇权和封建统治，安定三纲五常的封建秩序，保卫地主阶级的利益，可见湘军人才提倡民本思想只是一种手段，是实现其政治目的一种手段。因此，从根本上说"湘军人才群体"是一个政治集团。

第三，湘军人才群体是一个文化集团。

湘军人才群不仅是一个军事团和政治集团，而且是一个文化集团。一方面，湘军人才大多出身于知识分子，在湘军中宣扬封建文化，强化封建意识。另一方面，从湘军的产生来看，湘军是近代湖湘文化，特别是明习世务、经世致用思想作用于当时社会现实的产物；而湘军人才，则大多为理学经世派人物。

湘军人才大多出身于知识分子，我们对湘军营官以上将领、主要幕僚参赞以及湘军成员中官至知府、道员，副将、总兵的湖南人作了一个统计，共有 147 人，其中读书人为 108 人，约占 74.2%；出身行伍的 12 人、兵勇 21 人，另有出身于小贩、佣工、铁匠、拳师等 6 人，共 39 人，占 25.8%。显然，这 39 人中，也肯定有些是有一定文化的。同时，湘军营官以上的统兵将领共 133 人，其中有 36 人不明其出身，在明确出身的 97 人中，书生出身者达 76 人，约占 78.3%，其中有进士 3 人，举人 7 人，其他为孝廉、拔贡、附贡、秀才、诸生、附生、廪生、增生、县学生、监生、文生、文童等；武途出身的 39 人，约占 21.7%，即兵勇、行伍等。表中湘军的幕府人员共 29 人，全部出身于知识分子，内有进士 1 人，举人 2 人。另据罗尔纲《湘军兵制》统计，湘军营官以上统兵将领和重要幕僚共 182 人，"在出身方面，只有 3 人待考，其可考的 179 人中，书生出身的为 104 人，即占可考人数的 58%；其武途出身的 75 人，即占可考人数的 42%"。可见，湘军将领中知识分子出身的占了较大的优势。进一步分析，就会发现湘军高级领中，出身书生的更多。曾国藩和三个统帅全部出身书生，分别为进士和举人。12 个统领，即独当一面的大将，只有杨岳斌和刘松山二人出身武途，其他 10 人都来自知识分子，占总数的83.33%。30 个分统，即分当一路的将领，有 10 人未注明出身；明确出身的 20 人中，出身书生的 13 人，占 65%；出身武途的只有 7 人，占 35%。可见，在湘军人才中，出身书生的担任重大职务、独当一面；而武途出身的，则多担任偏裨的任务。

湘军人才群不仅大多出身于知识分子，而且在他们所领导的湘军中，大力宣传封建文化，灌输封建意识。曾国藩在《讨粤匪檄》等文书中，强调要维护封建的"君君、臣臣、父父、子子"等封建人伦关系，维护两千多年的孔教儒学的统治。湘军和太平军不仅是军事之战、政治之战，而且是文化之战。曾国藩给郭嵩焘的信中说："今以天主教横行中原，而儒者或漠然，不以关虑，斯亦廉耻道丧，公等有所不得而辞也。"他要求郭氏入幕:"以为国家之公义不以为兵家讨伐之常,而以为孔门千古之变。"曾国藩选择湘军将领,强调以忠义之气为主;在湘军中,则不断向将领士兵灌输忠义思想。朱德棠在《续湘军志》中说:罗泽南"日登将台,与官兵讲宋五子之学,或作布帛菽粟之谈",王鑫"以训练为急,所部壮丁习刀矛火器。暇则训以《孝经》、"四子书"(即"四书"——《大学》、《中庸》、《论语》、《孟子》,因分别出自早期儒家的四位代表性人物曾参、子思、孔子、孟子之手,故称为"四子书",也称为"四子",简称"四书"。)转相传诵,营门夜扃,书声琅琅出壕外,不知者疑为村塾也"。曾国藩等还以宿命论、迷信、升官、发财等观念,作为训勇的重要内容,竭力使广大湘军士兵甘愿充当地主阶级的炮灰。可见,湘军军营是一个宣讲封建文化的场所。

湘军人才群在道光年间湘系经世派影响下,纷纷转向经世之学,成为理学经世派。曾国藩是理学经世派的代表人物,早年即研习理学,到京师后,师从唐鉴,学习《朱子全书》,以主敬、静坐、早起、读书不二、读史、谨言、养气保身、日知所亡、月无亡所能、作字、夜不出门等十二条为课程,按照理学的要求,严格地进行身心修养,成为颇有名气的理学家。同时,曾国藩又在唐鉴、魏源等人影响下,不尚空谈,始终关注社会现实问题,把理与经世之学有机地结合起来,明确地把经济作为一门独立的学科,与义理、考据、词章并列。他曾对官制、财用、漕务、盐政、钱法、冠礼、婚礼、丧礼、祭礼、兵制、兵法、刑律、舆地、河渠等有关国计民生的大政,仔细考察,提出方略。他还涉猎天文、历法、农学、数学、地理等专门学问。强调不说大话,不求空名,讲求实效,因时变通。他创建湘军,针对八旗、绿营的弊病,"别树一帜、改弦更张",但求其精,不求其多,但求有济,不求速效。这是经世思想在建军中的具体运用。他任两江总督时，实行减漕、减赋政策，裁撤浮额财赋，取消士绅免税特权，又改革盐政，恢复和完善陶澍所创的票盐，并"劝农课桑，修文兴教，振穷戢暴，奖廉去贪，不数年间，民气大苏，而官场浮滑之习，亦为之一变"。胡林翼也是由理学转而兼治经世致用之学，成为著名的理学经世派。沈卓然在《重编胡林翼全集序》中说：胡林翼"于政治、文章、经济、军事，固无所不学，无所不致其用也"。在政治上，胡林翼主张用儒家学说、纲常伦理作为治国安民的手段，重视吏治，认为"政贵安民"，强调重用人才，认为得人者昌，失人者亡。在经济上，胡林翼非常重视财政，主张采取坚决措施，严禁钱、漕、盐课、厘金、税赋等征收中官吏贪污肥私；整顿财政，广辟财源，轻徭薄赋，而又增加财政收入。在军事上，胡林翼从实际出发，指出八旗、绿营"承平日久"，已"不可恃"，主张另辟新路，招募勇丁，组建新军。左宗棠将理学和经世之学有机地结合起来，一直希望用自己的学问治国济民，解涣社会中的实际问题。道光十三年（1833），他向贺熙龄表示："睹时务之艰棘，莫于荒政及盐、河、漕诸务，将求其书与其掌故，讲明而切究之，求副国家养士之意，与吾夫子平生期许之殷。"并从此着力研究经世致用之学，终于干出了一翻经天纬地的事业。罗泽南是湖南理学经世派的重要人物，朱孔彰在《中兴名臣事略》说，"罗泽南讲濂、洛、关、闽之绪，诸口焦思，大畅厥旨"，又"通世务，于州城、地势、百家述作，靡不研讨"，对天文、舆地、律历、兵法，及盐、河、漕诸务，无不探其原委。刘蓉亦崇尚理学，他在《书陈懿叔赠言后》中指出："自汉唐以来，学者辈起，然道裂言庞，述而明者萃寡。程、朱出而六经语孟之旨，灿如日星，苟有目者，皆得见焉。非其心体而躬诣之，乌能昭晰若是。"他将理学抬高到排斥其他学派的高度；同时，又重视实践，重视农业，同情农民。此外，江忠源、郭嵩焘、王鑫、李续宾、李续宜、刘长佑、彭玉麟、李元度、唐训方等人，都是学者，并信奉理学经世，又都是湘军的创始人和重要将领。正如王定安在《湘军记》所说："湘军创立之始，由二三儒生被服论道，以忠诚为天下倡。生徒子弟，日观月摩，渐而化之。于是，耕氓市井，皆知重廉耻，急王事，以畏难苟活为羞，克敌战死为荣。是岂有所劫而为之耶？贤人君子倡率于上，风气之所趋，不责而自赴也。"他们把封建文化的忠义之道，把湖湘文化的经世之学，带到湘军之中，并以此带动和培育了大批人才。所以说，"湘军人才群体"又是一个文化集团。

"湘军人才群体"对清王朝的突出事功主要体现在三个方面：

第一，镇压太平天国运动，挽救了清王朝的覆灭。

太平天国运动是清朝咸丰元年到同治三年（1851—1864）之间，由洪秀全、杨秀清、萧朝贵、冯云山、韦昌辉、石达开组成的领导集团从广西金田村率先发起的反对清朝封建统治和外国资本主义侵略的农民起义战争，是 19 世纪中叶中国的一场大规模反清运动。1864 年，太平天国首都天京陷落，标志着运动失败。"湘军人才群体"镇压太平天国的罪行，是其无法洗脱的历史污点；从这个角度来说，曾国藩等人是镇压农民运动的刽子手，将永远被钉在历史的耻辱柱上。但是，对于这一历史现象，我们要历史地、客观地具体分析。列宁说："农奴制社会中的阶级划分，是绝大多数人——农奴制农民完全依附于极少数人——占有土地的地主。"地主和农民是封建社会两个对立的阶级，其矛盾是封建社会的主要矛盾，贯穿于封建社会的始终。胡林翼说："盗贼充斥之时，非比叛国叛藩可以栖隐。非我杀贼，即贼杀我。其叉手结舌坐听贼之践踏乎，立起图功。事尚可为。"所谓"叛国叛藩"，是说属国造反，权臣篡位，尚有地方可供"栖隐"；而农民起义则是你死我活的生死之战，不能调和。故地主阶级反对农民、镇压农民起义，是封建社会铁定的客观规律。即使是中国古代的民族英雄岳飞，中国近代的爱国主义典范林则徐，都同样是农民起义的坚定镇压者。任何杰出人物，都有其历史的、阶级的局限性，都不能脱离其时代，他的思想、行动、语言、装束都会反映时代的特色；也不可能离开阶级的束缚，他的所作所为，都是为了自己阶级的利益。

太平天国得到了广大群众的热情拥护，形成一个波澜壮阔的群众革命运动。太平军所到之处，沉重地打击了封建势力，严重地破坏了封建秩序，清王朝也从此一蹶不振。同时，太平军敢于反抗外国侵略者，鼓舞了中国人民反帝斗争的勇气，这些，都是太平军的巨大历史功绩，应该归功于以农民为主的广大劳动群众。但是，对太平天国起义运动也应进行具体分析。首先，太平天国的领导核心，基本上是在野的地主阶级。其中韦昌辉、石达开是"富甲一方"的大地主；洪秀全、冯云山则出身于小地主家庭；杨秀清、萧朝贵则分别由工人、农民转变为保镖一类的人物。后期进入领导核心的洪仁玕、陈玉成亦出身于地主，李秀成则出身于较贫困的农民家庭。其次，太平天国领导核心在永安封王、建都天京时，迅速腐化变质，等级森严，追求享受，妻妾成群，结党营私，争权夺利，背离广大农民群众。再次，太平天国所发布的一些有进步意义的文件，如《天朝田亩制度》、《资政新编》，只是表面文章，从来没有实行过。更次，太平天国完全否定中国传统文化，而盲目地引进基督教，实行神权统治。总之，太平天国的性质，不是一个农民政权，仍然是一个封建政权，或者说封建神权相结合的政权。这样的政权和清政权一样落后、反动、腐朽，甚至有过之而无不及。太平天国并不能使中国走上富强和独立之路，也不能给中国人民、给广大的农民群众带来任何好处。

第二，继承和发展经世改革事业，开启洋务运动。

湘军人才群和湘系经世派人才群有着密切的关系，他们或者是师生，或者是亲友。如胡林翼是陶澍的女婿，左宗棠和陶澍是儿女亲家，曾国藩师从唐鉴，郭嵩焘则以魏源为师。曾国藩等人的成才，离不开湘系经世派的培养、关怀和扶植。湘军著名人物曾国藩、左宗棠、胡林翼、郭嵩焘、罗泽南、刘蓉、李元度等人，都是岳麓书院学生，并师从欧阳厚均。张之洞、张佩纶认为曾国藩、左宗棠、胡林翼是以陶澍为"源"的三派人才中的一派，即以天下为己任，能面对现实，经邦治国的人才。萧一山在《清代通史》非常明确地指出："曾国藩、左宗棠、胡林翼皆标榜经世，受陶澍，贺长龄之熏陶者也。"湘系经世派的经世改革取得了震惊朝野的成功，湘军人才群继承了陶澍等人改革主张，并在更广阔的领域发展了其改革事业。在军事方面，曾国藩创建湘军，提出了"别树一帜，改弦更张"的改革纲领，从兵制、兵源、任将、军饷、武器、军种等各方面进行了全面系统的改革，有力地冲击了封建军制，开中国军事近代化之先河。左宗棠为了收复新疆，在军粮、军饷、军运，以及军队建设、兵种配备、作战形式、战略策略多方面进行了许多改革。胡林翼办团练、建黔勇、汰绿营的建军过程中，一直坚持改革，并在和太平军作战中，提出了"以水道为纲"，"力争上游、节节东下"的战略决策。湘军人才还在经济领域开展了比较全面的改革。胡林翼发展了陶澍的"用商"思想，利用商人之力贩运食盐，实行官运三、商运七的政策；并大力推行财政改革：禁贪污、革浮费、设捐纳、增盐课、抽厘金、铸钱币等措施，每年增加财政收入几百万两。左宗棠在陕甘大力实施改革，蔡冠洛在《清代七百名人传》中称赞左宗棠，"设赈局，召流亡，垦荒地，给牛、种，兵屯、民屯交错其中，且战且种"，又改革茶务，"招商领票"，"以票代引"，为西北经济的恢复和发展做出了巨大贡献。

特别是曾国藩、左宗棠、郭嵩焘等发起的洋务运动，把改革事业推向了高潮，促进了中国资本主义经济的萌芽和发展。曾国藩是洋务运动积极的倡导者，热情的实践者，可以说是洋务运动的领袖，是中国历史上真正"睁眼看世界"并积极实践的第一人。1861年攻克安庆后，曾国藩开办了安庆内军械所，这是中国真正意义上的第一家军工厂，制造了中国第一艘轮船。接着，他联合李鸿章，建立的江南制造总局，成为了当时国内最大的兵工厂，上海也成为中国第一家大型多功能近代工业基地。他建立了第一所兵工学堂，肇始中国近代高等教育。他建立了中国第一个翻译馆，聘请洋人主持译务，翻译西方科学技术书籍，为启迪和培养中国近代科技人才奠定了基础，尤其对近代思想界产生了巨大的影响。他派出中国第一批留学生，为国家培养了大批栋梁之材，其中民国第一任总理唐绍仪、中国"铁路之父"詹天佑、清末外交部尚书（部长）梁敦彦、清华大学第一任校长唐国安等，就是其中的佼佼者。因此，曾国藩享有"洋务运动之父"的美誉。

左宗棠是中国洋务运动的发起人之一，他认为西方的科学技术、器械制造，日新月异，制作精妙，主张"学其长，以为我用"，从而达到自强克敌的目的。左宗棠先后在福建、甘肃等地创办了马尾船政局、兰州织呢局等近代工业。左宗棠的洋务活动，从时间上说，晚于曾国藩，从规模上看，小于李鸿章；但是，却有自己的鲜明特色。其一，从仿造轮船入手，具有超过西方的积极进取精神。左宗棠认为："中国人才本胜外国，惟专心道德文章，不复以艺事为重，故有时独行其绌。数年之后，彼之所长，皆我之长也。"他强调只要充分发扬中国人的聪明才智，就一定可以超过西方国家。其二，反对西方控制，坚持独立自主。左宗棠办洋务，无论是建铁路、架电线、开矿山，都坚持自己做主，不许外国势力染指。马尾船政局成立之初，主事全为中国人，只有少量西洋技工。制造的第一艘轮船，从船长到水手，全是中国人。到同治十三年（1874），船厂洋人全部辞退。特别可贵的是，左宗棠认识到独立自主的关键在于有自己的人才，故在船厂附设船政学校，培养科技人员和海军骨干。海军名将邓世昌、刘步蟾、萨镇冰、程璧光、林永升等，以及严复、詹天佑等人，都是船政学校的学生。其三，重视民用工业和民办工业。左宗棠任陕甘总督时，在兰州建立了兰州织呢局，这是中国官办近代民用工业的开始，也是西北地区民族工业的起源。左宗棠强调"商办"优于"官办"，鼓励商人办工业，官府只收税而不加干涉。其四，在对外交涉中，坚持原则，反对妥协。在办理洋务活动中，他主张凡有关国家主权的大事，绝不可妥协，其他问题则可采取灵活的策略。

洋务运动中，郭嵩焘虽较少创办洋务活动的业绩，却是洋务运动中激进的思想家。他不仅主张学习西方国家先进的武器和科学技术，而且热情地介绍了西方国家的政治、经济制度及民主思想。他不仅是最早萌发洋务思想的先行者之一，而且是亲自到西方考察的第一人。同治初年，郭嵩焘任广东巡抚，在和西方人士的接触中认识到：西方国家"有本有末"，"本"是政治、经济制度，"末"是船炮、机器、商业；强调欲图自强，必须"本末兼修"，不能只学西方之"末"。光绪初年，郭嵩焘出使英、法等国，对西方各国的政治、经济、军事、文化各方面都进行了较深入的了解和考察；参观了工厂、银行、邮电局、报馆、学校、博物馆、图书馆，及许多大型企业；观察了天文、地质、光学、声学、生物学等方面的成就；阅读了许多西方哲学、社会科学书籍；参观了军队、监狱、议院、市政厅，并在议会旁听辩论，了解民主政治程序。郭嵩焘认识到：学习西方，必须全面学习其长处，不仅要学习先进的科学技术，而且要学习其民主政治制度。这些见解，显然要高过曾、李、左等人，是洋务运动中最进步、最深刻的思想火花。

第三，武力收复新疆，彰显了守卫疆土的爱国主义精神。

湘军人才群的最大功绩，是捍卫祖国领土主权，以武力收复新疆。同治年间，阿古柏与新疆民族败类勾结，入侵新疆南部，建立反动政权，占领乌鲁木齐，在俄、英两国的庇护下，公然形成独立王国。俄国则打着代中国"收复新疆"的幌子，武装占领伊犁，新疆面临被外国侵略者瓜分的严重危险。新疆危机之际，日本又乘机侵略台湾。朝廷内部则发生"塞防"与"海防"之争，李鸿章等人主张停兵节饷，专事海防。左宗棠坚决反对放弃新疆，明确指出"东则海防，西则塞防，二者并重"，强调"若新疆不固，则蒙部不安，匪特陕、甘、山西各边时虞侵轶，防不胜防，即直北关山，亦将无安眠之日"。光绪元年（1875）三月，清廷诏命左宗棠为督办新疆军务大臣，全权指挥收复新疆大业。次年三月，左宗棠从兰州进军肃州（酒泉），率领湘军六七万人，整编为100个营，建立征西大本营。左宗棠在大军出发时，令军中抬着一口大棺材，"舁榇出关"，表示不收回新疆决不生还的决心，以鼓舞士气。他制定"先北后南、缓进速战"的作战方针，即在北路，首先打下乌鲁木齐，再收复除伊犁以外的新疆北部；从而鼓舞了全军士气，使阿古柏匪帮处于被劫挨打的局面。然后，挥师南下，直捣阿古柏老巢喀什噶尔等城，歼灭阿古柏主力，阿古柏兵败自杀，其内部矛盾重重，更发生内讧，阿古柏匪帮大势已去。最后，直捣阿古柏老巢、全部收复南疆。为了保留阿古柏残部，英国乃出面"调停"。左宗棠顶住压力，寸步不让，使英国的阴谋破产，并命刘锦棠率西征军各部分兵两路，长驱直入，征战两千里，到1877年年底，先后收复南疆八城。次年，左宗棠着手从俄国收回伊犁，拟定三路出兵武力收复伊犁的方案，有力地支持和配合曾纪泽在俄国的谈判，促使新疆全部回到了祖国的怀抱。战争的同时，左宗棠在物资上做了充分准备，解决"兵、饷、粮、运"四大难题，在进军新疆的三年时间中，真正作战时间仅四个月，其他时间则在准备、运送物资、部署兵力、选择战机。收复新疆的胜利，沉重打击了英、俄两个殖民大国的阴谋，遏制了他们掠夺我国西北边疆的野心；捍卫了祖国领土的完整，显示了中华民族抵抗外侮的决心和力量；也促进了新疆地区经济、文化的发展。胜利收复新疆，是以左宗棠为代表的湘军人才群对祖国、对人民所做出的最伟大、最辉煌的贡献！

湘军人才群继承了中国爱国主义思想的优秀传统，并在湘系经世派的基础上将中国古代爱国主义发展为中国近代爱国主义思想。湘系经世派的爱国主义思想，正处于中国古代爱国主义向中国近代爱国主义的转变阶段，是中国近代爱国主义思想的萌芽。而湘军人才群则把这种"萌芽"，升华为"青枝绿叶"。左宗棠主张学习西方长处，积极探求祖国自强之路；坚决反对西方侵略，收复新疆；郭嵩焘积极宣传西方政治经济制度、民主思想、科学技术，开始提出改革封建政治制度的主张。这些都是中国近代爱国主义思想的重大内容。

郭嵩焘的一个突出贡献，是继魏源之后，进一步介绍了西方国家的情况，特别将西方政治和中国文明作了比较，提出西方的民主政治制度有不少优点：一是西方政治公开，国家大事由议会讨论决定，政府官员必须得到人民拥护。二是以法治国，优于中国的人治。三是重视民权，一切顺从民意；中国则重视君权，一切以皇帝的意志为转移。四是行政以便民为目的，强调治民是为了便民，便民即是利国，民便则致富，民富则国强。以上说明，郭嵩焘实际上肯定了西方民主制度，批评了封建政治体制，为中国自强探索了一条新路。郭嵩焘主张从实际出发，从中外形势、力量对比的实际出发处理对外关系，强调以理服人的原则以和为主的方针。他在光绪二年的一个奏稿中，用"理、势、情"三字，概括了其处理对外关系的三原则。所谓"理"，是处理对外关系的基本态度，就是讲道理、讲原则、讲平等，按条例、按规则办事，反对盲目自傲、愚蠢蛮干。所谓"情"，是处理对外关系的出发点，就是从实际出发，认真考察洋情，了解世界，主张建立专门机构，培养洋务人才；学习西方国家语言文字，翻译西方书籍；派遣大臣出国考察，了解各国实情。所谓"势"，是处理对外关系的策略方针，就是承认夷强我弱的现实，坚持以和为主的外交方针。郭嵩焘"理、情、势"三原则，是从实际出发的，在当时情况下，有利于国家，有利于民族，是爱国主义思想的具体体现。

综上所述，湘军这个人才群体虽然是在镇压太平天国农民起义的基础上兴起的，对清代封建王朝有再造之功；但是，湘军人才群的一些主要人物对内倡导经世致用，主张兴利除弊的改革，又是洋务运动的倡导者与实践者，他们兴办近代企业，为资本主义经济的产生与发展，为中国社会的进步做出了贡献。对外，以左宗棠为代表的湘军人物以武力收复新疆，堪称民族英雄；郭嵩焘则提出要学习西方的政治制度，是当时思想学术界的先驱。他们的思想、他们的行动表明，中国近代爱国主义思想已经形成。

第三节　维新改良，救亡图存
——楚材之盛第三代

光绪年间，民族危机日益加深，统治阶级内部矛盾日益加剧，广大人民生活日益痛苦，在地主阶级洋务派要求学习西方以抵御侵略的思想基础上发展起来的早期维新思想，更加迅速发展起来，形成一股新的社会思潮，即资产阶级维新派从救亡图存的爱国要求和资产阶级的利益出发，以西方资产阶级的进化论和民主政治为武器，对中国封建专制制度进行了尖锐的抨击，主张维新变法，走西方资本主义道路，以实现民族的独立和国家的富强。在这一思想的基础上，全国发生了一场群众性的政治运动，即维新变法运动。在湖南，则形成了以谭嗣同、唐才常、熊希龄为代表的资产阶级改良派，他们是全国维新运动的左翼激进派。在他们的带动下，湖南产生了近代第三个人才群体，即维新人才群体。这个人才群体多是年青的知识分子，没有显赫的政治地位和社会名气，却是全国维新运动中最先进、最有战斗力的一翼。梁启超在《戊戌政变记》中说："湖南民气骤开，各县州府私立学校纷纷并起，小学会尤盛，人人皆能言政治之公理，以爱国相砥砺，以救亡为己任，其英俊沈毅之才，遍地皆是，其人皆在二三十岁之间，无科第、无官阶、声名未显著者。"这个人才群体和之前的两个人才群体一样，不仅对湖南社会的发展有着巨大的作用，而且对全国发生了深刻的影响。他们的不同点，则在于其阶级属性和阶级立场的区别。如果说近代湖南前两个人才群体的主体是地主阶级中的杰出人物，那么，维新运动前后的湖南人才群体的阶级背景则复杂得多，就其主体来说，已不是地主阶级的政治代表，而主要是代表了新兴的阶级，代表了一些地主、官僚、手工业主、商人等阶层向新兴的资产阶级转化的这部分人的利益。在政治上，他们被称为资产阶级的改良派（或改革派）。

"湖南维新派人才群体"以谭嗣同、唐才常、熊希龄为代表。谭嗣同（1865—1898），字复生，号壮飞，浏阳人，曾任军机章京。谭嗣同是中国近代著名政治家、思想家，他所著的《仁学》是维新派的理论基础，是中国近代思想史的重要著作。谭嗣同是中国维新派最激进、最有成就的人物之一，维新运动失败后，他英勇赴义，在狱壁留下绝命诗："望门投止思张俭，忍死须臾待杜根。我自横刀向天笑，去留肝胆两昆仑！"梁启超称谭嗣同为"中国为国流血第一士"。唐才常（1867—1900），字伯平，号佛尘，汉族，浏阳人，是中国近代史上著名的政治活动家，与谭嗣同并称为"浏阳二杰"。戊戌政变后，在上海组织自立会，建立自立军，领导自立军起义，失败后英勇就义。他领导的自立军起义既是改良的尾声，又是革命的起点。熊希龄（1870—1937），字秉三，别号双清居士，凤凰人。维新运动时，与谭嗣同等创办时务学堂，任总理；又参与创设南学会，创办《湘报》，设立不缠足会和延年会，积极推动变法维新；又积极推行新政，建议设立枪厂、成立宝善成制造公司、开办湖南内河航行、争取商办铁路等。光绪二十年（1894）进士，曾任编修，辛亥革命后曾任民国财政部长、内阁总理。熊希龄是著名的政治家、教育家、社会活动家、实业家、慈善家，也是一位杰出的爱国主义者。他晚年致力于慈善和教育事业，1920 年创办著名的香山慈幼院。

湖南维新人才群体基本上由三部分人组成。

一是以谭嗣同、唐才常为代表的知识分子，他们是维新人才群体的中坚团干队伍。主要人物有：欧阳中鹄（1849—1911），字节吾，号瓣姜，谭嗣同、唐才常的老师，浏阳人。曾协助谭嗣同赈济浏阳灾荒、建立算术社。同治十二年（1873）举人，曾任内阁中书、广西思恩知府、平乐知府、广西提法使。刘善涵（1867—1920），字淞芙，亦作松芙，浏阳人。曾参与创办算学馆、《湘学新报》、"不缠足会"等维新事业。谭嗣同就义，他有悼诗说："山中莫奉更时诏，海上难逃裂地盟。空见素丝悲墨翟，更无净土葬田横。"皮锡瑞（1850—1908），字鹿门，一字麓云，著名学者，举人出身，长沙人。曾任"南学会"会长，主讲学术，长达三个月，讲演十二次，所言皆贯穿汉、宋，融合中西；宣扬保种保教纵论变法图强。皮氏博览群书，创通大义，今文经学造诣很深，是晚清经学大家。毕永年（1869—1902），字松甫、松琥，长沙人。曾参与维新变法，暗中结交会党，曾参加自力会，力促唐才常与孙中山联合，未果，乃灰心远遁，后病故。涂启先（1834—1900），字舜臣，学者称"大围先生"，为谭嗣同、唐才常的老师，浏阳人。维新时期支持谭嗣同兴办浏阳算学社，并主持县立小学堂。易鼐，字伟舆，亦作味腴，后改名易燹，生卒年不详，湘潭人。易鼐是湖南维新运动中的激进派，参加了南学会，不缠足会，是不缠足会董事，积极支持《湘报》、《湘学报》的活动。吴獬（1841—1918），字凤笙，临湘人。曾为左宗棠幕僚，光绪己丑科（1889）进士，曾任广西荔浦知县、湖南沅州府学使。后为岳麓书院等书院讲学，勇于创新，不守一家之说，敢于评论名家作品，努力推进民主进步思想，但没有参与维新时期的实际活动。

二是时务学堂等校的青年学生，他们是维新人才群体中最有生气的先锋队伍，和谭嗣同、唐才常等知识分子骨干构成了维新人才的群体的左翼。他们思想活跃，斗志坚定，大多数人由维新变法转向革命。这两部分人通过时务学堂《湘报》、《湘学报》、南学会、自立军等形式组织在一起，共同斗争，是湖南维新运动的主力。青年学生的代表人物是：林圭（1875—1900），亦名锡圭，字述唐，号悟庵，湘阴人。1898 年进入时务学堂学习，积极投入维新运动，参加不缠足会，并在家乡湖阴创办了不缠足分会和广益会等维新团体，以变法救国相号召。戊戌政变后，参加自立军运动。在上海组织自立军总部，任中军统领，旋英勇牺牲，年仅 26 岁。秦力山（1877—1906），原名秦鼎彝，号遁公，又号巩黄，长沙人。秦力山是时务学堂学生，积极参加南学会的活动。戊戌政变后，他与唐才常等策划自立军起义，任自立军统领，领导安徽大通领导起义，失败后亡命日本东京，转向革命。樊锥（1872—1905），字春徐，又字一鼐，邵阳人。城南书院学生，南学会邵阳分会会长，湖南不缠足会董事，参与创办实业。积极宣传维新变法，自署楹联："顶天立地三间屋，绝后空前一个人。"变法失败后，曾参与自立军起义，后转向革命。沈荩（1872—1903），原名志诚，字愚溪，笔名潇湘愚太郎，长沙人。岳麓书院学生，积极参加维新运动，"以救国为己任，慨然有澄清天下之志"。戊戌政变后，沈荩与唐才常同赴日本，商讨起义。1900 年春返回上海，组织"正气会"，沈荩负责交通和组织联络，后改名"自立会"，发行"富有票"，建立"自立军"，沈荩任自立军右军统领，失败后逃往上海，力图暗杀慈西太后，因叛徒告密而被捕牺牲。何来保（？—1900），字颂九，自号铁笛，常德人。维新变法时就学于长沙湘水校经学堂，积极投入维新运动，参加不缠足会和延年会，并是《湘报》六撰述人之一。戊戌政变后，何来保潜回常德，与赵中振建立诗社，定名"寒社"，唐才常、蔡钟浩、蔡钟沅、汪镕亦参加诗社活动，有"寒社七子"之称。自立军建立后，何来保欣然响应，于常德建立自立军，积极策划起义，后被捕牺牲。蔡钟浩（1877—1900），字树珊，常德人。1898 年考入长沙时务学堂，积极参加维新活动，在长沙建立"自立党"，故有人说"湘人倡言自立者，实以君为始"。戊戌政变后，蔡钟浩参加组建自立军的活动，和何来保等负责常德地区，后事泄牺牲。李炳寰（1876—1900），字虎村，亦作虎生，慈利人。1898 年考入长沙时务学堂，积极参加维新运动。戊戌政变后，参加唐才常领导的自立军，委为中军文案，办理自立军汉口总机关文牍事物。因汉口总机关被识破，李炳寰等人同时遇害，年仅 24 岁。田邦璇（1879—1900），字伯玑，又字均一，慈利人。1898 年，与弟田邦玙同时进入时务学堂，接受维新思想，参加维新运动。旋参加自立军，任后军统领，来往于湘、鄂、皖之间，负责安庆一路起义事务。后英勇就义，年仅 23 岁。唐才中（1875—1900），字次尘，唐才常之弟，浏阳人。时务学堂成立后，唐才常与其弟唐才质进入读书，并积极参加维新变法运动。戊戌政变后，唐才中任自立军右军参谋兼掌军需。起义失败后，在回浏阳途中被清兵抓捕，在狱中留诗："丈夫重义气，生死何足奇，同志皆抛散，骨肉长别离。保民心未遂，救国志岂移？身死魂不散，天地为我遗。"

　　三是以熊希龄为首的开明士绅，他们或者有功名，或者比较富有，是湖南创办资本主义民族工商事业的骨干，但在政治上比较复杂，在维新运动高潮时，特别是戊戌政变后，这部分人发生了分化，政治热情减退，有的转而和顽固派勾结一起镇压维新人士。主要人物有：邹代钧（1854—1908），字甄伯，又字沅帆，新化人，出身舆地学世家。维新运动初起，邹代钧建议开办矿务，任其湖南矿务总局提调，参与发起时务学堂、《湘报》、南学会、不缠足会等湖南新政，实为湖南维新派的中坚人物。朱昌琳（1822—1912），字雨田，晚年自号养颐老人，长沙人。家世习儒，但屡试不第，乃弃文就商，有经济头脑，眼光敏锐，行动果决，一跃成为长沙首富。因救灾有功，授道员，加按察使衔。维新变法时期，朱昌琳支持新政参与创办湖南在矿务局，又开设医院，多行善举。廖树蘅（1839—1923），字荪畡，宁乡人。陈宝箴任湖南巡抚，设湖南矿务局，委廖树蘅为常宁水口山铅锌矿总办，被称为“湖南矿业先驱”。蒋德钧（1852—1937），字少穆，湘乡人。应陈宝箴之邀参与新政，曾参与筹建“鄂湖善后轮船公司”，参与时务学堂创办，为《湘报》董事，并任《湘报》督办，任阜湘矿务总公司绅董。梁焕奎（1868—1929），字星甫，号璧垣，湘潭人。维新运动期间，在新化、益阳设立矿场，开采锑矿，组织久通公司，用西法提炼；并创办实业学堂，培养人才，又在长沙南门外设炼锑厂，建立华昌公司。张通典（1859—1915），字伯纯，湘乡人。积极参加变法运动，与谭嗣同等一道创办《湘报》，建立南学会，成立保卫局、不缠足会。戊戌政变时，潜居湖北，随后在上海，与容闳、严复、章太炎等发起召开中国国会。自立军起义失败后，张通典一方面竭力庇护党人，一方面从事文教事业。辛亥革命时，张通典加入同盟会。王先谦（1842—1917），字益吾，号葵园，长沙人。是清末著名的学者，同治四年（1865）进士，官至江苏学政。维新运动初起，王先谦参与开设宝善成机器制造公司，成为湖南近代工业的开路先锋，并从事维新运动。戊戌政变后，王先谦与维新人士为敌，参与杀害，搜捕自立会人士。黄自元（1836—1916），字敬舆，号澹叟，安化人。同治七年（1868）进士，为榜眼，历任监察御史，宁夏知府。维新运动初期，参与发起建立宝善成机器制造公司。黄自元又是有成就的书法家，被同治赐以"字圣"名号。戴展诚（1867—1935），常德市人，光绪二十一年（1895）进士，曾参与康有为等人发起的"公车上书"，后任学部右参议。回湖南后，襄赞新政，倡办新学，培养了一批人才。

湖南维新人才群体的形成和他们的变法维新活动，一方面是受到湖湘文化、湘系经世派和湘军人才群的影响；另一方面则得到了当时全国维新人士的影响和支持。

道光、咸丰、同治年间的两个湖南人才群体，近代湖湘文化及其经世致用思潮，是湖南维新人才群体形成的历史渊源与文化渊源，并为其提供了光辉的榜样和丰富的精神资源。王船山可谓湖湘文化的集大成者，他的爱国主义精神和思想学问，影响和抚育了一代又一代的湖湘子弟；特别是经过邓显鹤和曾国藩兄弟两次刻印船山遗书，更加传播广泛，影响深远。欧阳中鹄自号"瓣姜"，是因为王船山号"姜斋"，乃取"瓣香姜斋"之意，表示对王的仰慕。欧氏的学生谭嗣同更表示"万物昭苏天地曙，要凭南岳一声雷"。王船山的爱国主义、民族主义思想，成为湖南维新子弟的精神武器。湘系经世派以经世致用为特征的湖南学风，可说影响了整个近代的湖南。它的主要特点，就是强调"学以致用"，强调学习的目的，是齐家、济民、治国、平天下。到同治、光绪年间，封建王朝面临崩溃和被西方列强瓜分的双重危机，更使湖南人才继承和进一步发扬经世致用的学风，举起维新变法的旗帜以寻求中国富强之路。魏源的"师夷长技以制夷"，吹响了学习西方的号角。曾国藩、左宗棠将师夷思想付诸行动，发起了洋务运动，在中国建立了第一批工业企业。郭嵩焘通过到西方国家实地考察，开始突破了"中体西用"的观念，主张学习西方的政治制度。谭嗣同等人继承和发展了自魏源、郭嵩焘以来的向西方学习的思想，不再是单纯地学习西方自然科学，而是有了更深刻的内涵，即主张学习西方的民主政治制度，要从政治体制上考虑强国救国的问题，从而把向西方学习的思想提高了一个层次，即由以"坚船利炮"、"自强求富"为目标的经济近代化（器物层面）提高到以"三权分立"、"民主宪政"为目标的政治近代化（制度层面）。这是一个了不起的进步，是中国整个近代化进程的有序推进。总之，在湖湘文化的熏陶下，湖湘人才一代又一代所体现的强烈的爱国主义精神，求新求变的改革精神，脚踏实地、实事求是的工作态度，融汇百川、经世致用的学风，坚忍顽强、百折不挠、实干苦干的工作作风，对维新运动前后湖南人才产生了极大的影响。他们集聚在一起，继承和发扬上述优良传统，形成近代湖南第三个人才群体，为维新变法运动贡献了全部力量。

　　湖南维新人才群体的形成，和全国维新运动有着密切的关系。全国维新运动的出现，许多知名维新派人物在湖南的活动和与湖南人才的交往，为湖南人才维新思想的发生、发展起了积极的作用。光绪二十二年（1896），谭嗣同在北京结识梁启超，梁系统地介绍了康有为关于今文经学的学术思想和变法维新理论体系。谭嗣同十分钦佩，自称康门私淑弟子。此外，唐才常、林圭、樊锥、熊希龄、易霖、毕永年等人都仰慕康、梁，并有交往。梁启超是维新派最重要的思想家、理论家、宣传家。光绪二十三年（1897），梁启超任聘为时务学堂中文总教习，大力宣传维新变法思想，对湖南人才的成长起了巨大的作用。梁启超还积极支持和参与办《湘学报》、《湘报》、南学会的活动，提出湖南变法应注重"开民智、开绅智、开官智"。宋恕与谭嗣同相识于武昌格致书院，成为知交。他们博通经史，在政治上思想一致，意趣相同，主张开议院，办学会，设报馆，发扬政治民主，实行维新变法，提倡妇女解放，反对缠足，反对陈规陋习。汪康年认为中国"非变法不足以图存"。维新派在上海创办中国公学，讨论维新变法大计，并参加上海强学会，创办《时务报》，以唐才常任《时务报》撰述。时务学堂的老师李维格、韩文举、叶觉迈、欧矩甲等都是维新派人士，在课堂上宣传变法维新的主张，规定学生在课外要阅读新的报刊，并要随时写札记。他们还通过批改作业宣传维新变法，宣传西方资产阶级的民主政治。上述人物，都是维新派新人，康有为、梁启超更是全国维新运动公认的领袖，他们与谭嗣同、唐才常等湖南人物的交往，他们在湖南的活动，都促进了湖南维新人才群体的形成。

　　光绪中后期，官僚中也出现了一批有见识的支持变法的大臣和地方官员。湖南地方主要官员采取了支持维新变法的立场，无论是浏阳算术社、时务学堂、南学会的建立，还是《湘学报》、《湘报》的创办，以及湖南近代工业的兴起，都得到了省政府的大力支持，如经济上的资助，有的还由省府官员亲自挂帅。在新旧两派的激烈斗争中，省府也多站在支持维新派的立场。谭嗣同指出："自陈抚部覃敷新政，辅之以黄按察，敦大成裕，日起有功，而簪绂之中济济然一新矣。自江学政首倡新学，继之以徐学政，简要宏通，举归实践，而襟佩之中喁喁然一新矣。""陈抚部"即湖南巡抚陈宝箴，"黄按察"即湖南按察使黄遵宪，"江学政"为湖南学政江标，以及后任学政徐仁铸。正是由于这些湖南主要领导人的决策，为湖南维新派提供了一个相当宽松、利于进取的社会环境。这是湖南维新运动在全国最富生气的一个重要原因，也是湖南维新人才群体形成的重要条件。上述陈、江、黄、徐等湖南省府官员，思想进步，性格开明，为谭嗣同、唐才常、熊希龄等人的维新变法活动提供了方便，形成了地方大吏和维新人士的联合，不仅促进了湖南维新运动的高潮，而且为广大湖南青年学习新的思想、开展维新运动提供了有利条件，促进了湖南人才的成才、成长和集结。

湖南维新派人才群体的突出贡献，主要表现在以下几个方面：

首先，利用舆论，全面地鼓吹改革变法的维新思想理论，使湖南成为全国最富朝气的一省。

湖南维新人士多为青年知识分子，或刚从学校走向社会，或正在学校学习，与旧的生产关系、封建官场较少联系，与普通群众却有较多接触；较少保守思想，而多政治热情与进取精神；受封建思想影响较少，而接受了不少新的科学技术知识和西方新学。因而他们能以一种毫无畏惧的全新姿态投入维新变法运动。谭嗣同在甲午战败后明确指出："国与教与种将偕亡矣，唯变法可以救之，而卒坚持不变。岂不以方将愚民，变法则民智；方将贫民，变法则民富；方将弱民，变法则民强；方将死民，变法则民生：方将私其智其富其强其生于一己，而以愚贫弱死归诸民，变法则与己争智、争富、争强、争生。"只有通过变法，国家才能强大，人民才能生存。为此，他们设计了实行变法的蓝图。

政治上废除君主专制，实行君主立宪；立国会，开议院，三权分立，即抑君权、兴民权，建立君民共主的政权，实行资本主义的政治民主制度。他们认为议院、国会是资本主义国家民主制度根本，他们建立的南学会实质就是一个有实际权力的地方性议会，正如谭嗣同在《壮飞楼治事十篇》中说的：南学会"无议院之名而有议院之实"，"省设总学会，督抚学政身入会以为之倡；府厅州县设分学会，其地方官学校官身入会以为之倡"；"凡会悉以其地之绅士领之，分学会各举其绅士入总学会，总学会校其贤智才辩之品第以为之差"。"官欲举某事、兴某学，先与议会议之，议定而后行。议不合，择其说多者从之。民欲兴某事，兴某学，先上于分学会，分学会上总学会，总学会可则行之。"南学会不仅被当成地方议会，而且是作为政治改革、维新变法的基地，是实现其资产阶级政治制度的出发点、立足点。

经济上反对封建剥削，废除厘金；倡兴实业，振兴商业贸易，为资本主义经济的发展扫清道路。一是大力发展民族工业，将工业的发展和民富国强联系起来，在工业发展中，又强调发展自己的机器制造业和修筑铁路。二是发展商业，发展国际间的贸易通商，重视商人，提高商人的地位。三是开始筹划资本主义性质的金融业，吸收商人资本，设立银行，统一币制，反对西方金融掠夺。四是实行有利于资本主义经济发展的政策，取消厘金，废除苛捐杂税，鼓励民间开矿办厂，推行保护民族经济的政策。

文化上提出了"冲决网罗"的激进口号，对封建伦理纲常进行了猛烈的抨击和批判，主张发展新的文化教育。废科举、办学堂、报刊、学会，启民智、育人才。他们认为：教育是救国、建国、强国的根本途径，强调只有通过教育，才能启民智能，使国家富强。谭嗣同指出："天下大计，经纬万端，机牙百启，欲讲富国以刷国耻，则莫要于储才。欲崇道义以正人心，则莫先于立学。"通过教育来变旧法、正人心、启民智、育人才，是湖南维新人士的共同思想。同时，强调学习西方新学。唐才常特别重视学习中西历史，认为只有认真学习历史，才能了解其国政治之得失，以史为鉴。谭嗣同主张重实学、兴科技，认为西方国家的兴盛，和"格致、制造、舆地、行海"等实用之学的发达极有关系。此外，他们要求通过教育，移风易俗，树立新风。

其次，积极开创湖南维新事业。

政治方面：维新时期，湖南大改过去闭塞、守旧、保守之风；而是风气大开，士气高昂，维新事业层出不穷，不断出现。

一是建立南学会。1897 年元月，谭嗣同、唐才常等人建立"南学会"，在全省选择有影响的绅士 10 人为总会长，再由此 10 人吸收会员，并规定每州县须有会员 3～10 人。会员分为三种：一种为议事会友，职责是议定会中章程，处理会中重要事务，由谭嗣同、唐才常、熊希龄等人担任；二为讲论会友，以学识渊博、擅长言辞的人担任，由皮锡瑞主讲学术，黄遵宪主讲政教，谭嗣同主讲天文，邹代钧主讲舆地；三为通讯会友，即各府县之会员。南学会是一个爱国性质的新型学会，具有地方议会的性质，可以参政、议政、订法律、选官吏、课财用、举人才，合群力变法。梁启超在《戊戌政变记》中说："国存而学亦足以强种，国亡而学亦足以保教，有学斯有会，会大而天下之权力归焉，复何为而不成乎？"他认为南学会是卫国、强种、保教的重要保障。

二是成立不缠足会。1898 年 4 月，湖南不缠足会成立，由谭嗣同、黄遵宪、徐仁铸、唐才常、熊希龄、樊锥、易鼐等任董事。他们认为缠足不仅是一种传统的陈规随俗，是对妇女身体的严重摧残，要求各州县严禁妇女缠足。

三是成立延年会。1898 年 4 月，延年会由熊希龄发起建立，谭嗣同、唐才常亦积极参与建立延年会，以破除旧的风俗习俗，增强国民体质，珍惜生命，珍惜时间为宗旨。

四是设立课吏馆。于 1898 年初设立的课吏馆，开设学校、农工、工程、刑名、缉捕、交涉等六门课程，采取自修和馆长问答的两种形式进行学习。

五是建立保卫局。1898 年二月，黄遵宪提议设立保卫局，以代替旧的保甲团防局。保卫局的宗旨是"去民害、卫民生、检非为、索罪犯"，保护"官绅士商种种利益"，类似资本主义国家的警察制度。

此外在维新人士和南学会的推动下，湖南各地出现了带政治性的各种学会，如长沙有不缠足会、延年会、公法学会、学战会、法律学会、积益学会；浏阳有兴算学会、群萌学会；衡州有任学会；郴州有兴学会；常德有明达学会；邵阳和岳阳则建立了南学会分会。据剑桥《中国晚清史》统计：当时全国共有各类学会 76 个，湖南以 16 个名列第一，占了总数的 21%。这些学会，对推动湖南群众的觉醒和维新运动的高涨，对改革落后野蛮的社会风俗，建立文明新风，都发挥了不同程度的积极作用。

经济方面：维新变法时期，湖南近代工矿企业迅速兴起，"兴矿务、铸银元、设机器、建学堂、竖电线、造电灯、行轮船、开河道、制火柴、凡此数端、以开利源、以塞漏卮、以益民主、以裨国势。善于变法，而不为法所变"。湖南近代工业中，最有成就是矿业。陈宝箴在湖南发展工业的第一个措施，就是成立"湖南矿务总局"，制定《湖南矿务简明章程》，将湖南矿业公司分为官办、官商合办、官督商办、商民自办四种体制。在矿务总局的领导下，设有 19 个分局，3 个公司。常宁水口山铅锌矿以廖树蘅为总办，创造了比较先进的"明窿法"开采。麻阳、安化、临湘、邵阳、湘乡、桃源、衡山、临武、慈利等地都有小规模的公司开采铅锌矿。锑矿以新化锡矿山和益阳板溪最著名，沅陵、邵阳、安化、辰溪、泸溪、芷江亦有锑矿的开采。此外，平江黄金洞开采金矿，宁乡、湘潭采煤，桂阳、常德、永顺、桑植采铜，澧州、辰州采硝、磺，以及全省各地都有一些小规模的矿业公司。此外，湖南的交通运输工业、机器制造工业、邮电事业以及轻工业都有一定程度的发展。在上述近代工矿企业中，湖南第一代民族资产阶级和无产阶级产生了，成为湖南维新运动的阶级基础。但是，湖南近代工矿企业从产生之日起，就受到帝国主义、封建主义的双重压迫而阻力重重，得不到正常发展。由此产生的湖南第一代民族资本家，大都积极地支持维新变法。

文化方面：一是创办算术社。1895 年，谭嗣同提出"废经课"、"兴算学"主张，在欧阳中鹄等人的支持下，于浏阳建立了算学馆，开始有 16 人参加，聘请新化人晏孝儒讲授算学。算学社的建立，揭开了湖南维新运动的序幕，首开湖南维新变法的新风。梁启超在《谭嗣同传》中指出："首在浏阳设一学会，集同志讲求磨励，实为湖南全省新学之起点。"二是时务学堂。1897 年初，熊希龄、蒋德钧、唐才常、谭嗣同、王先谦等人筹议在长沙设立时务学堂，得到陈宝箴的支持，任命熊希龄为时务学堂提调，主持行政，聘请梁启超、李维格分任中、西文总教习。时务学堂的教育内容由四书八股改为"以政学为主义，以艺学为附庸"，要求学习"西人声、光、化、电、格、算之述作，农、矿、工、商、吏、律"等课程；并要介绍西方资产阶级政治学说，公开提倡"兴民权"、"开议会"；要求学生关心国家大事，天下兴亡，要掌握切实学问，树立治国、平天下的宏伟志向，成为国家栋梁之才。时务学堂成为宣传维新变法思想的一个重要阵地，学校培养的人才成为维新变化的骨干力量，时务学堂也成为教育与政治相结合，学校参与政治运动的典型。时务学堂推动了湖南维新运动的开展，是湖南维新运动进入高潮的主要标志。时务学堂为湖南甚至全国维新运动培养了一批骨干人才，他们不仅具备良好的中、西方文化学术基础，而且思想解放，以天下为己任，成为维新运动、自立军起义、辛亥革命中的骨干力量和中坚人物。同时，时务学堂促进了湖南各地新式学校的建立和书院的改革，后来毛泽东主编的《湘江评论》曾说："湖南之有学校，应推原戊戌春季的时务学堂。"三是创办《湘学报》。1897 年 4 月，由湖南学政江标发起，唐才常、蔡钟浚等编辑，创办了《湘学报》（创刊时名《湘学新报》）。《湘学报》是以"开明智、育人才"为目的的综合性刊物，设有史学、时务、掌故、舆地、算学、商学、交涉七个栏目，同时刊载一些时事新闻和科技消息，积极宣传和倡导维新变法运动。四是创办《湘报》。1898 年 3月，《湘报》由熊希龄等人集资创办，属民办性质，但得到陈宝箴的支持和津贴。唐才常为主编，八位董事是：熊希龄、唐才常、谭嗣同、邹代钧、梁启超、蒋德钧、王铭忠、李维格，主要撰稿人有梁启超、谭嗣同、樊锥、唐才常、易鼐、戴德诚、杨昌济等人。可说集中了当时湖南的维新精英。每日出报纸一大张，可容 9000 字左右，发行量达 6000 份，为当时报纸销售量最多的。《湘报》是维新运动中最有影响的报纸，它以"开风气，拓见闻"为宗旨，其言论比《湘学报》更加深刻、激烈，开辟有论说、奏疏、电旨、公牍、新政、时事、杂事、商务等栏目。《湘报》内容丰富，言论深刻，往往能击中反动派要害，因而受到统治者的层层压制和守旧顽固派的疯狂攻击。但《湘报》对湖南维新运动所起的巨大作用，在广大民众中所形成的深刻影响，是任何力量也取消不了的。此外，湖南还有《大同报》、《湖南公忠报》、《经济报》、《经济萃报》、《博文报》、《俚语报》、《辑报》等出版发行，表明在维新变法运动期间，以报刊为中心的新闻事业已经在湖南迅速崛起。

再次，建立自立会，发动自立军起义。

戊戌政变后，唐才常决心组织起义，推翻清政权。光绪二十五年（1899）夏，唐才常与梁启超、林圭、秦力山等人相会于日本东京，决定在长江沿岸各省联合会党，举行武装起义，以夺取武汉为基地，实行武力反清。稍后，唐才常在上海组织正气会，旋改名自立会，以唤起群众。自立会以湖南时务学堂学员为骨干，会员也多为青年知识分子、学生、留日学生、大江南北会党以及各地的维新志士。次年，唐才常两次邀请国内名流、维新志士在上海召开"国会"（又称中国议会），选举容闳为会长，严复为副会长，唐才常为总干事，林圭、沈荩等为干事。唐才常宣布会议的宗旨是：保全中国自主之权，不承认满洲政府统治中国之权，请光绪皇帝复位。稍后，唐才常以时务学堂学生为骨干，联合武备学堂学生、各地维新志士、各地会党、部分军队士兵，组成自立军。唐才常为总司令，下设七军：以汉口为中军，由林圭、傅慈祥、李炳寰统领，扼武汉以控制各路；安徽大通为前军，由秦力山、吴禄贞为统领；安庆为后军，由田邦璇统领；常德为左军，由陈犹龙、唐才中统领，与武汉相呼应；湖北新堤为右军，以沈荩、龚超、朱茂之统领，图入长安定鼎中原；另置总会亲军和先锋军。自立军的建立，标志着唐才常等湖南维新人士开始由改良道路转向为武装反清的革命道路。

是年七月，唐才常赶至武汉，认为起义时机已经成熟，定于七月十五日，武昌、汉口、汉阳以及各地自立军同时起义，近者接应武汉三镇，远者遥为声援，一举而定天下。这时，康有为所募集的起义款项却迟迟不来，引起了自立军内部混乱，起义不得不延期。但长江沿岸为清军封锁，信使难通，安徽大通的秦力山未能接到延期起义的通知，于十五日如期起义，进攻清军水师，击沉炮艇、小火轮各一艘，随后以大炮轰击督销局、货厘局。十七日，清军大队援兵赶至，自立军却孤立无援，兵少势弱，激战七昼夜，起义失败，秦力山逃亡日本。二十八日，张之洞派兵围搜英租界李维德堂及宝顺里自立军机关部与轮船码头等处，先后逮捕了唐才常、林圭、李炳寰、田邦璇、王天曙、傅慈祥等20多人，当晚被杀害于武昌滋阳湖。此外，自立军右军统领沈荩闻武汉失事，率所部在新堤仓促起事，崇阳、监利、临湘、沅州等地响应。均因汉口失败在先，人心涣散，敌人力量过大，很快失败。此外，汪容准备在长沙定王台起义，杨概在衡阳、何来保在常德率自立军响应，均为湖南巡抚俞廉三所镇压，何来保、唐才中、蔡钟浩、方成祥等百余人被捕被杀。至此，自立军起义全部失败，数百人（一说千余人）惨遭杀害。

自立军起义虽然失败了，却标志着湖南维新派人士改良派向革命派的转化。湖南维新派人士多是维新变法运动中的左派，戊戌变法后，他们和资产阶级革命派有了一定的接触和联系，自立军中有兴中会的成员参加。唐才常曾和孙中山多次会面，非常赞赏孙中山的革命主张。而康有为的军费不能到位，则是自立军起义失败的重要原因。唐才常、林圭等人英勇牺牲，秦力生、沈荩、陈犹龙等大批湖南维新派人士则对康有为、梁启超的保皇派极度失望，纷纷与改良派分道扬镳，加入同盟会，走向革命。

第四节　破旧立新，创立民国
——楚材之盛第四代

湖南的资产阶级最早来自三个方面：一是一些有功名、有官位的中下层官员和官府结合成为一些路矿企业的经办人和主持人，随着企业的发展，商办色彩愈来愈浓厚，他们凭借掌管企业权力的机遇，转化为资产阶级。这类资产阶级本身没有向企业投入雄厚的资本，而是依靠官府投入的官股和官府任命的职务，而实现其转化的。如谭延闿、龙璋、黄忠浩等就是通过官位、权位而向资本家转化的。二是一批有声望、有经济实力的地主、绅士，通过创办或投资近代工矿企业，转化为资产阶级。如梁焕奎、朱昌琳、廖树蘅等及其后人就是其中的典型代表。三是许多中小地主、工场主、作坊老板在近代工矿企业发展的浪潮中，纷纷投资建厂，兴办了许多中小企业；或者投资于铁路公司、矿业公司，从而转化为资产阶级。这些人资本不多，企业规模不大，多为湖南资产阶级的下层。湖南资产阶级的形成，为新一代资产阶级知识分子的产生提供了阶级基础和物质基础；而帝国主义的侵略和满清王朝的倒行逆施，则是新一代资产阶级知识分子成长的催化剂。知识分子对革命有着重要作用，他们有很强的革命性，或多或少地有了资本主义的科学知识，富于政治感觉，在革命中往往起着先锋和桥梁的作用。辛亥革命时期这种革命的知识分子群就是当时湖南人才群体的主体。

另外，湖湘文化经由明末清初王夫之的承接发展和广为传播，形成其独特的文化特色，如强烈的爱国主义和民族主义精神，求新求变的改革勇气和前仆后继的革命思想，重视实践的经世致用学风，卓励敢死、霸蛮苦干、勇为天下先的品德。就在这种文化的熏陶下，湖南近代产生了一个接一个的人才群体，出现了一代又一代的有名人物，诸如陶澍、贺长龄、魏源、汤鹏、曾国藩、左宗棠、胡林翼、郭嵩焘、谭嗣同、唐才常、熊希龄等。他们又进一步将湖湘文化发扬光大，使之如日中天，迎来了辛亥革命时期湖南人才熠熠生辉的时代。杨毓麟在《新湖南》一书中说："道咸之间，举世以谈洋务为耻，而魏默深首治之。湘阴郭嵩焘远袭船山，近接魏氏，其谈海外政艺时措之宜，能发人所未见，冒不韪而勿惜。至于直接船山之精神者，尤莫如谭嗣同，无所依傍，浩然独往，不知宇宙之圻埒，何论世法，其爱同胞而惎仇虐，时时逆发于脑筋而不能自已。是何也？曰独立之根性使然也。故吾湖南人之奴性，虽经十一朝之栽培浸灌，宜若可以根深而固蒂矣，然至于今日，几乎迸裂爆散，有冲决网罗之势。庚子之役，唐、林、李、蔡之属，诛锄酷裂，萌芽殆尽矣，而今岁乃复有贺金声一事……夫以雄城巨镇，拥旄仗节者之所不能为，而唐、林、李、蔡以徒手为之；唐、林、李、蔡殒身灰骨曾不几日，而贺金声复以徒手而继之。"杨毓麟认为，贺金声起义是唐才常自立军起义的继续和发展；而自立军起义又是在王夫之、魏源、郭嵩焘、谭嗣同等人思想影响下的必然结果。维新派人才和自立军起义对辛亥革命时期湖南人才群的形成发生了直接的影响。蔡锷曾是时务学堂的学生，戊戌政变后又加入了唐才常的自立会，并参与自立军武汉起义。黄兴在两湖书院时师从邹代钧，是唐才常的前后同学，亦曾参加自立军起义。黄兴留学日本时，曾和樊锥等湖南留学生创设"湖南编译社"，发行《游学译编》，宣传民主革命和民族独立。而湖南许多维新志士、自立军起义的参加者，如秦力山、沈荩、樊锥、陈犹龙、龚春台、杨毓麟、蔡锷、李云彪、姜守旦、刘敬安等人，都和辛亥革命时的革命派密切合作，共同发动反清革命。斯大林说："运动有两种形式，即进化的形式和革命的形式。当进步分子自发地继续进行自己的日常工作，使旧制度发生一些小变化，量的变化的时候，运动就是进化的。当这些进步分子联合起来，抱着一个共同思想向敌人的营垒冲去，以期根本消灭旧制度，使生活发生质的变化，即建立新制度的时候，运动就是革命的。进化为革命做准备，为革命打下基础；而革命则完成进化，促进进化的进一步发展。"斯大林的这个论述，用来说明辛亥革命与维新运动的继承与发展的关系，是非常恰当的。变法的失败，教育了改良派，使他们在改良主义的美梦中清醒；随之而起的自立军起义，就成为资产阶级改良派由改良走上革命道路的一个重要标志。他们开始认识到，清政府不能治理中国，从而把挽救危亡和推翻清朝的统治结合在一起。因此，辛亥革命时期的革命派都把自立军起义看作整个革命历史进程的第一个环节。可见，"湘系经世派人才"、"湖南维新派人才"、"湖南资产阶级人才"三个人才群体，环环相扣，薪火相传，都是在湖湘文化哺育下成长起来的。

辛亥革命时期的"湖南资产阶级人才群体"可以分为两个部分，即资产阶级革命派和资产阶级立宪派。两派有许多共同点：反对封建专制，主张资产阶级民主、自由、平等，发展资本主义经济，谋求建立资产阶级专政的国家机器。因此他们能够联合，进行反对封建的共同斗争。但是，他们在具体利益上又存在差异、存在矛盾：在政治主张上，有主张君主立宪和坚持民主共和的不同；在取得政权的道路上，有改良与革命的不同；在与封建势力的关系上，有深浅的不同等。立宪派和革命派同属资产阶级，其政治大方向是相同的。他们的分歧，主要在于用何种手段来实现资产阶级专政。

　　湖南资产阶级革命派人才以黄兴、宋教仁、蔡锷、陈天华为代表。黄兴（1874—1916），字克强，号廑午，长沙人，华兴会的创始人和领导人，是中国同盟会创始人和领导者之一，也是辛亥革命时期多次武装起义的发动者和领导者，是湖南资产阶级公认的领袖。中华民国建立后，黄兴任陆军总长。宋教仁（1882—1913），字遁初，号渔父，桃源人。是辛亥革命时期杰出的革命家、理论家、宣传家，是华兴会、同盟会的创始人和领导人之一。中华民国成立后，任法制局局长、农林总长，筹建国民党，任代理理事长。蔡锷（1882—1916），原名艮寅，字松坡，邵阳人。是辛亥革命时期杰出的革命家、军事家，曾参加自立军起义，武昌起义后领导了云南反清革命，任云南都督，随后率领护国军讨伐袁世凯，任云南都督。陈天华（1875—1905），字星台，号思黄，新化人，是辛亥革命时期杰出的革命家、宣传家，所著《猛回头》、《警世钟》、《狮子吼》，是民主革命的教科书。

　　湖南资产阶级革命派的主要人物有：

　　蒋翊武（1884—1913），原名保襄，亦作保湘，字伯夔，澧县人。杰出的民主革命活动家，武汉文学社社长，辛亥革命武昌起义总司令，孙中山誉为中华民国"开国元勋"。

　　焦达峰（1886—1911），字鞠荪，浏阳人。1906年参加萍浏醴起义，不久加入同盟会，任调查部长，专事联络会党。1907年组织共进会，先后在武汉、长沙设立共进会机关部，开展革命活动武昌起义爆发后，发动湖南起义，任湖南都督。

陈作新（1885—1911），字振民，浏阳人。同盟会成员，任湖南副都督。

李燮和（1873—1927），字柱中，号铁仙，安化（现属涟源）人。光复会元老，近代资产阶级革命家，加入华兴会，创建黄汉会，参与了华兴会的一系列反清活动，曾任上海光复军总司令，后功成身退。

刘揆一（1878—1950），字霖生，衡山人。参与创建华兴会、同盟会，参与组织反清武装起义，曾任同盟会代理总理。

刘道一（1884—1906），衡山人。华兴会、同盟会成员，1906年秋，参与领导萍浏醴起义，被捕牺牲，年仅22岁。他是同盟会成员中为革命流血的第一个烈士。

马福益（1865—1905），原名福一，一名干，湘潭人。湖南哥老会首领，1904年，率哥老会为主力参加黄兴领导的长沙起义，后准备发动洪江起义，中途被捕，就义于长沙。

龚春台（？—1912），原名谢再兴，又名张章年，号月楼，浏阳人。农民出身，同盟会工人领袖、会党首领。曾参加自立军起义，又参加华兴会领导的长沙起义，参与领导萍浏醴起义，任"中华国民军南军革命先锋队"都督。

谭人凤（1860—1920），字石屏，号符善，新化县人。辛亥革命时期的资产阶级民主革命家，同盟会成员，多次参与领导反清武装起义，在武昌首义中为策反黎元洪起了重要作用，曾任长江巡阅使。

唐群英（1871—1937），湘潭人。妇女运动领袖、民主革命家、教育家、辛亥革命功臣、中国同盟会第一个女会员，被誉为"创立民国的巾帼英雄"。

杨卓霖（1876—1907），又名恢、字公仆，醴陵人。同盟会成员，在上海办《竞业旬报》，联络各省党人策应萍浏醴起义，失败后谋刺两江总督端方，事泄被捕，英勇就义。

杨毓麟（1872—1911），字笃生，号叔壬，长沙人。曾参加拒俄义勇队，参与创立华兴会，同盟会成员，在上海组织爱国协会，任会长。所著《新湖南》一书，是辛亥革命准备时期最具鼓动力的著作之一。后闻黄花岗起义失败，投海自尽，以身殉国。

刘复基（1884—1911），字尧徵，常德人。华兴会、同盟会成员，加入湖北新军，发动武昌起义，任总司令部参议。

宁调元（1883—1913），字仙霞，号太一，醴陵人。诗人，华兴会、同盟会成员，创办杂志，鼓吹反清革命，参加武汉讨袁起义，后被捕遇害。

禹之谟（1866—1907），字稽亭，湘乡人。近代资产阶级革命家、实业家。先后加入华兴会、同盟会，任湖南商会会长、同盟会湖南分会会长。

姚宏业（1881—1906），字剑生，益阳人，同盟会成员，首倡保护路矿主权，在上海与秋瑾、于右任创办中国公学，开民间自办新学之先河。

章士钊（1881—1973），字行严，笔名黄中黄等，长沙人。辛亥革命时期著名的革命家、宣传家，曾任上海《苏报》主笔，宣传革命，广东军政府秘书长，南北议和南方代表。

胡瑛（1884—1932），字宗琬，号经武，桃源人。兴中会，同盟会成员，武昌临时政府外交部长，南京临时政府山东都督，后为筹安会六君子之一。

覃振（1884—1947），原名道让，字理鸣，桃源人。辛亥革命先驱，曾任同盟会评议员、武昌首义湘桂联军督战官、大元帅府参议、湖南巡阅使等职。

石陶钧（1880—1948），后改名石醉六，邵阳人。曾参加自立军，是辛亥革命的元勋，曾任护国军参谋长。又是诗人、哲学家。

程潜（1882—1968），字颂云，醴陵人。同盟会成员，参加武昌首义。

杨王鹏（1887—1916），湘乡人。在武昌新军中组织军队同盟会，后为群治学社，在新军中发展革命力量。武昌起义后，参与光复长沙之役，加入中华革命党，在湖南组织护国军讨袁，被汤芗铭捕杀。

湖南资产阶级立宪派人才群以谭延闿、杨度为代表。谭延闿（1880—1930），字组庵，号无畏、切斋，茶陵人，与陈三立、谭嗣同并称"湖湘三公子"，与陈三立、徐仁铸、陶菊存并称"维新四公子"，民国时期著名政治家、书法家。谭延闿曾任两广督军，三次出任湖南督军、省长兼湘军总司令、南京国民政府主席、行政院院长。谭延闿三次主湘，基本上维持了焦达峰、陈作新政权的原状，反对袁世凯、张勋复辟帝制，坚持共和；在湖南推行资产阶级的民主政治，实行资产阶级的立法、司法、行政三权分立；倡言"湘人治湘"、"省自治"，借以抵制北洋军阀，巩固自己在湖南的统治；经济上振兴实业，发展资本主义经济，并实施财政改革；兴办教育，大力恢复、整顿和兴办各级各类学校，培养人才。而且，他在主持湘政期间，和湖南革命派也有较好的关系，基本上是合作的。因此，谭延闿三次督湘，不失为其个人历史上第一个光辉的时期。

杨度（1875—1932），原名承瓒，字皙子，别号虎公，湘潭人。杨度是一个极有个性、极富激情、极为复杂的人物。辛亥革命前，他的一曲《湖南少年歌》曾响彻云霄，激发了无数青年志士的爱国主义情怀。但又反对革命，坚持君主立宪制。辛亥革命后，投向袁世凯，为"筹安会"六君子之首。袁世凯下台，又皈依佛门，寻求解脱。大革命时期他又协助孙中山北伐，投向国民革命；进而走向共产主义，成为一名共产党员。杨度又是杰出的学者，对经学、史学、政治学、文学、教育学、佛学都有很深的研究，并有很多著作，他工诗文，善书法，是中国近代具有学人才质的政治活动家。

湖南资产阶级革命派的主要人物有：

龙璋（1854—1918），字砚仙，号甓勤斋主人，晚号潜叟，攸县人。是左宗棠的外孙女婿，谭嗣同亲家。光绪年间举人，曾任知县、候补道。辛亥革命期间结识黄兴等革命志士，资助革命捐款达 20 多万银元，曾参与领导辛亥革命、二次革命、护国战争。辛亥革命后，曾任湖南民政长、西路巡按使、国民党湖南支部评议长、代省长。

范源濂（1875—1927），字静生，湘阴人。时务学堂学生，辛亥革命后，曾任教育部次长、中华书局总编辑部部长、北洋政府教育总长、北京师范大学校长等职。

陈炳焕（1860—1920），字树藩，湘阴人。湖南谘议局议员，副议长，曾与同谭延闿等人发起建立宪友会湖南支部。湖南光复后，任财政司长、国税厅长、矿务总局局长。

黄忠浩（1859—1911），字泽生，黔阳人。宣统年间，任四川提督，旋回湘投入立宪运动，与谭延闿等成立宪友会湖南支部，并支持罗杰等人建立辛亥俱乐部湖南支部。曾任湖南中路巡防营统领，镇守长沙。武昌起义爆发，黄忠浩态度不明，观望等待，暗执两瑞，后为革命军战士所杀死。

刘人熙（1844—1919），字艮生，号蔚庐，浏阳人。光绪三年（1877）进士，授工部主事。湖南光复后任都督府民政司长，大总统府政治咨议，船山学社社长，湖南督军兼省长，总统顾问。

陈文玮（1855—1935），字佩蘅，又作佩珩，长沙人。商人，1905 年率先创建湖南省总商会，组建湖南电灯股份有限公司。湖南光复后，任财政司长，国民党湖南支部评议员。

聂云台（1880—1953），字共杰，曾国藩的外孙，衡山人。著名企业家，曾任上海总商会会长。

左学谦（1876—1951），字益斋，长沙人。1902 年入湖南公立法政学堂。1909 年充任湖南谘议局议员。1911 年参与发起"湘路协赞会"，任干事。辛亥俱乐部湖南支部成立后任候补常委，组织长沙自治公所及图强社等团体。同盟会成员，参与光复长沙的斗争，任湖南参议员议员、湖南民政司次长，后任湖南商会会长历 30 年。

冯锡仁（1845—1911），字伯育，号莘垞，沅陵人。光绪三年（1877）进士，授兵部给事中，任湖南筹办咨议局副议长，中央咨政院议员。

欧阳振声（1881—1931），字笃初，号骏民，宁远人。1906 年加入同盟会，参与建立同盟会中部总会，奔波于长江沿岸各省筹建革命组织。武昌起义后，参与云、赣、浙、沪、皖、苏等省市起义活动，分别建立军政府。民国建立后，被选为临时参议院议员，兼任《临时约法》起草委员。袁世凯死后，任农商次长，湖南省议会议长。

辛亥革命时期湖南的资产阶级人才群，虽然分为革命派和立宪派两个部分（其中革命派占多数）。但是，两派的关系比较好，虽时有斗争，但主要倾向是联合，是相互支持。黄兴和谭延闿原是明德学堂的同事，黄兴从事革命活动，曾得到谭延闿的支持和救助。1912 年黄兴回湖南，谭延闿组织了空前的欢迎仪式。1916 年，湖南驱汤胜利，黄兴推荐谭延闿为湖南省长兼都督。黄兴和杨度是知交好友，杨度曾有联悼黄兴："公谊不妨私，平日政见分驰，肝胆至今推挚友。"黄兴和龙璋是忘年之交，黄兴为组织革命团体筹款，得到龙璋的大力支持。黄兴在上海被捕，龙璋奔走营救。陈作新和龙璋的关系很好，陈作新接受革命教育，参加新军，运动新军革命，都曾得到龙璋的帮助。陈作新被推举为副都督，立宪派黄瑛曾为之出力。此外，长沙太平街的贾太傅祠，既是革命派重要机关"湖南体育会"所在地，又是立宪派重要机关"辛亥俱乐部湖南支部"和"铁路协赞会"的办公地点。这一事实清楚地表明，革命派和立宪派共处一室办公，相依相助。当然，湖南革命派和立宪派除了互相支持、联合的一面外，还有相互矛盾斗争的一面。湖南独立前，这种有联合的现象非常明显。1911 年 2 日，谭人凤、焦达峰、陈作新与立宪派人士龙璋、易宗羲等商议，共议响应广州起义。7 月，焦达峰、陈作新拟订湖南三路起义计划，亦有易宗羲等立宪党人参加。武昌起义后，革命派和立宪派曾多次会商支援武昌革命，并准备在湘起义。10 月 22 日，焦达峰、陈作新领导起义，有立宪派人士参加夺取军械局和抚署的军事行动。总之，湖南的资产阶级革命派和立宪派在基本合作的情况下，为推翻封建清王朝、终结千年帝制，为建立中华民国、实现民主共和政治，都做出了努力。

湖南的资产阶级人才群的贡献主要体现在以下几个方面：

第一，大造舆论，大力宣扬资产阶级民主革命思想，宋教仁和陈天华是其中的杰出代表。

历史上任何一次伟大事变的发生，都离不开思想舆论、严密的组织和大规模的运动三个要素。

资产阶级民主革命思想是 20 世纪在中国出现的一种崭新的社会思潮，是资产阶级反对封建势力、建立民主共和国的理论武器。民主革命思想是极为广泛的，它包含了共和政体、民主思想、平等自由、法制观念等一切与封建专制对立的资产阶级思想。中国资产阶级民主革命思想的杰出代表是孙中山，但是中国民主革命思想最活跃、最激进、最有影响的人才群体，却在湖南。就革命思想的宣传与发动方面而言，辛亥革命前夕，湖南人就大肆倡导和宣传革命排满、暴力革命、民主共和思想，使得排满革命、民主共和思想深入人心。他们以坚定的行动和激烈的语音，把中国民主革命思潮和革命斗争推向了一个又一个高潮。其间，各种由湖南人创办的反清革命书刊蜂拥而出，极大地推动了全国性的反满革命思潮的高涨。

湖南资产阶级民主革命思潮的兴起，广大的青年学生和知识分子、特别是留日学生起了重要作用。二十世纪初，留日学生宋教仁、杨毓麟、陈犹龙、秦力山、黄兴、杨度、宁调元、陈家鼎、仇式臣等先后创办《国民报》、《大陆》、《游学译编》、《仰光新报》、《洞庭波》、《神州日报》等报纸杂志，以"唤起国民精神"为宗旨，大唱革命排满，批判保皇邪说。其中宋教仁在东京创办《二十世纪之支那》，内容分论说、学经、政治、历史、军事、实业等栏目，宣传爱国主义，鼓吹革命，最为出色。是年11月，改组为《民报》，是同盟会机关刊，主张颠覆清政府，建立共和政体。《民报》的创立，革命思想的宣传鼓动进入了一个新阶段，更加深入湖南和全国。同时，革命党人撰写通俗著作，在广大群众中宣传革命思想。其中著名的有《新湖南》和陈天华的《猛回头》、《警世钟》、《狮子吼》等。《新湖南》为杨毓麟的代表作，是辛亥革命时期最早宣传反帝反封民主革命思想的著作。文章以大量的具体事实，说明湖南社会经济贫困，而贫困的原因，则是帝国主义侵略造成的恶果；强调帝国主义的侵略，是利用中国封建势力，即地主、官僚、买办作支柱的；故"排满与排外"必须相结合。《猛回头》采用弹词体裁，揭露帝国主义对中国的侵略和清朝统治者的野蛮、腐败，指出中国已面临亡国灭种的危险。《警世钟》则毅然敲响警钟，促使国人觉醒，前赴后继，百折不回，赶走帝国主义，推翻清朝统治。《狮子吼》针对西方称中国为"睡狮"，另召人民作狮吼，"扫三百年狼穴，扬九万里狮旗"。随着革命书刊的发行，湖南出现了许多新的书局、出版社、印刷所，大量印刷、出版宣传民主革命的书刊。据候补道沈祖燕1907年向清政府的报告："近年来，革命党人倡为逆说，编辑成书，甲辰之岁，湘中亦遍行流布。偶于友人处见之，大为骇异，询所自来，则以书肆购售及有人分送对。因微服诣书市查阅，见罗列满市者，触手即是。"宣传革命的著作，多是湖南人写，在湖南广为传播。清廷视为洪水猛兽，惶恐不安、严厉查禁，但屡禁不止，甚至愈禁愈传。

从谭嗣同、唐才常提出"国与教与种将偕亡矣，唯变法可以救之"，到黄兴、宋教仁提出"革命是救人世之圣药"，既是从改良到革命的飞跃，也是辛亥革命前后湖南人才群和维新运动前后湖南人才群相比较，在思想上、行动上的显著变化和巨大进步。他们亲眼目睹了帝国主义对中国的侵略和清政府的腐朽堕落，毅然决然地走上了革命道路。黄兴从小即立志革命，武昌起义前夕更提出了革命的具体方案："以武昌为中枢，湘、粤为后劲，宁、皖、陕、蜀亦同时响应以牵制之，大事不难一举而定也。"宋教仁在桃源漳江书院读书时，即慷慨陈词："中国苦满政久矣。有英雄起，雄踞武昌，东扼九江，下江南，北出武胜关，断黄河铁桥，西通蜀，南则取粮于湘，系鄂督之头于肘，然后可以得志于天下。"陈天华认为只有通过暴力革命，才能取得民族的解放、社会的进步、国家的繁荣。他说："革命者，救人世之圣药也。终古无革命，则终古从长夜矣。彼暴君、污吏，不敢以犬马土芥视其民，而时懔覆舟之惧者，正缘有革命者以持其后也。不然者，彼无所恐怖，其淫威宁有涯耶？"强调革命是救世圣药。只有通过革命，才能消灭暴君、污吏，才能保证人民的生命财产安全和自由民主的权利。他认为革命是推动社会发展和进步的动力，提出"终古无革命，则终古从长夜"的观点，和马克思所说的"革命是历史的火车头"的著名思想，有异曲同工之妙，都深刻地提示了革命在社会历史的发展中所起的巨大作用。只有用革命的手段，用暴力，才能推翻清廷反动统治者，实现和平与幸福。

湖南资产阶级人才群在宣传反清革命思想时，强调同时反对帝国主义。一方面他们指出，清朝封建政局已经和帝国主义勾结在一起，甘心出卖国家的领土和主权，帝国主义国家则扶植反动的朝廷，做其掠夺中国资源的工具。另一方面，他们深感民族危机日趋深化，亡国灭种迫在眉睫，更亲身体验到帝国主义侵略的严重性。《游学译编》的文章说："今日之狂风怒潮，天地异色，举世界之学术家、政治家、兵事家、工艺家、商业家所日思而夜梦者，皆蒸蒸于支那一片土，已早以压我民族，使不能复见天日，而况后之险象无宏，且将百倍于今日耶。"陈天华在《警世钟》中更描绘了一幅触目惊心的瓜分图："俄罗斯，自北方，包我三面；英吉利，假通商，毒计中藏；法兰西，占广州，窥伺黔桂；德意志，胶州领，虎视东方；新日本，取台湾，再图福建；美利坚，也想要，割土分疆。这中国，哪一点，我还有份；这朝廷，原是个，名存实亡。"他们纷纷指出，帝国主义国家的"瓜分之祸"，不仅要中国亡国，而且"还要灭种"。反清革命，必须反帝；反对帝国主义，必须革命排满。可见，反帝和反封结合，是中国资产阶级民主革命的基本内容和主要特色，也是中国近代爱国主义思想和中国古代爱国主义思想相区别的根本标志。

相较江浙、广东等地的革命思想而言，湖南的革命思想更激进，充分凸显了暴力革命的色彩。在长沙的带领下，"杀身以易民权，流血以购自由"等革命排满和激进暴力革命的思想口号迅速传遍全国。

其二，组织革命团体，建设资产阶级性质的政党，黄兴和宋教仁是其中的杰出代表。

1903 年 11 月，黄兴邀请刘揆一、陈天华、秦毓鎏、章士钊、翁巩、周震鳞、陈亦度、柳聘农、苏玄瑛、胡瑛、张继、柳继忠等 12 人集会，成立华兴会。次年公选黄兴为会长，宋教仁、刘揆一为副会长，以"驱除鞑虏，复兴中华"为宗旨。华兴会是一个具有反封反帝要求和渴望建立民主共和国的资产阶级政党性质的革命团体。它成立后，一方面立即开展革命活动，筹划武装起义；另一方面，则发动群众建立组织系统，会员以军界、学界、会党三者为主。但华兴会骨干，多在学界，为此建立"同仇会"，专门联络各地会党，以黄兴为会长，称大将，刘揆一掌管陆军事物，称中将，马福益掌管会党事物，称少将。华兴会以湖南为中心，发展至湖北、浙江、福建、安徽、广东、四川、江西、直隶、贵州、江苏以及日本、南洋各地，是一个组织严密、会员庞大、有广泛群众基础的革命团体。华兴会成立后，骨干力量大多到了日本，在留学生中鼓吹革命，广泛联络，形成了以华兴会为核心的革命群体。1905 年 7 月，孙中山来到日本东京，先后会见黄兴、宋教仁、陈天华等人，又联合光复会的章太炎等人，建立同盟会，以孙中山为总理，湖南黄兴、宋教仁、陈天华、刘揆一、谭人凤、张继等均担任同盟会的领导职务。同盟会由三个革命团体组成，孙中山又长期离开总部，因此，同盟会的团结是一个大问题，特别是孙中山的领导地位并不稳固。为此，黄兴对同盟会的内部团结做了大量工作，接连平息两次倒孙风潮，捍卫了同盟会的团结，维护了孙中山的领袖地位。同盟会总部长期设在国外，对国内形势变化鞭长难及，1911 年，宋教仁、谭人凤等人在上海建立同盟会中部总会，决定在武昌首先起义，从而将革命的重心转移到武昌和内地各省。武昌起义爆发后，湖南首应，各省纷纷响应，从而形成了辛亥革命的高潮，终于迎来了中华民国的建立。

中华民国成立后，全国出现了一场争权夺利的斗争，纷纷拉拢势力，重组政党、政团，一时间全国出现了三四十个党派团体。宋教仁认为政党是国家政治的主体，为了反对袁世凯的独裁专制，实现资产阶级政党内阁的理想，于 1912 年以同盟会为核心，联合统一共和党、国民共进会、国民公党、共和实进会、全国联合会，成立国民党，选举孙中山为理事长，孙中山委宋教仁代理理事长，主持国民党工作。

自此，宋教仁更以实现资产阶级的政党内阁为己任，战斗在中国政治舞台上。历来对宋教仁改组同盟会为国民党责难颇多，其实，同盟会的改组和淘汰以及国民党的建立，是历史发展的必然。同盟会本来是一个松散的反清政治联盟，成员十分复杂，思想极不统一，曾多次发生分裂现象。辛亥革命后，其矛盾更加尖锐、复杂，组织上亦处于分崩瓦解的境地。新建国民党的宗旨是"巩固共和，实行平民政治"。党纲是"保持政治统一；发展地方自治；励行种族同化气；采用民生政策；维持国际和平"，其最终目的则是要在中国建设一个真正的资产阶级的"共和立宪国"。当时袁世凯取得了合法的统治权力，坚持独裁专制。因此，斗争的焦点是实行责任内阁制以分袁之权，最后取而代之；还是拥护袁世凯，最后形成袁的个人独裁。这场斗争关系到中国的前途和命运，因而理所当然地集中了全国人民的注意力。多数的政党、政团都投靠了袁世凯，而国民党成立后，却旗帜鲜明地提出了政党政治、责任内阁等政治主张，公然与袁分庭抗礼，要使总统处于不负责的无权地位，可说击中了袁世凯的痛处。因此，国民党是袁世凯最大的政治对手，是反对袁世凯的专制独裁统治的一面战斗旗帜。国民党成立后，宋教仁立即南下，在长江流域各省积极地进行了选举宣传活动。在国会选举中，国民党终于取得多数支持，得到了胜利。事实证明，宋教仁建立国民党，功在民国，名垂千秋。

其三，发动武装起义，推翻清朝封建统治，黄兴和蔡锷是其中的杰出代表。

要推翻清政府的统治，就必须有革命的武装，必须用革命的武力打败清政府的反革命武力，武装斗争是革命最重要最根本的手段，而黄兴则是武装斗争的领导者，几乎直接主持了辛亥革命以前同盟会发动的所有起义。华兴会成立之初，黄兴筹备在长沙举行武装起义。起义虽因事泄而失败，但影响却很深远，彭楚珩称其为"中国内地革命之先声"。1900 年 8 月，浏阳人唐才常、林圭、沈荩、秦力山等以两湖和安徽为基地，发动自立军起义，标志着戊戌维新运动改良主义道络的基本结束，成为以后同盟会领导大规模武装起义的先声。1904 年 11 月，以黄兴为主帅，刘揆一、马福益分任正副总指挥，联络会党发动的长沙起义，声震惊两湖，波及国内外，正如孙中山所说，"其事虽不成，人多壮之"。1906 年初，黄兴和革命党人刘道一、谭人凤、周震鳞、洪春岩、宁调元、蔡绍南、彭邦栋、覃振等策划萍浏醴起义，是湖南人民排满革命之预演，也是同盟会成立后发动的第一次大规模武装斗争。这次起义，不仅声势浩大，而且第一次举起了"中华民国"的旗帜，因而震惊了长江沿岸各省。这次起义是同盟会成立后发动的第一次武装斗争，对以后全国革命形势的发展，产生了强烈的影响。1907 年 1 月，黄兴赴香港组织起义，因当局突然戒严而未果。2 月，宋教仁、白逾桓等赴辽东策动武装起义，因白逾桓被捕而未果。4 月，黄兴运动肇庆郭人漳部起义，因郭部移防钦州而未果。9 月，黄兴策划钦廉防城起义，曾占领防城，直逼钦州。12 月，黄兴领导镇南关起义，占领三要塞，黄兴亲自上前线作战。1908 年 3 月，黄兴发动了钦廉上思起义，率 200 多人转战于钦州、廉州、上思，对抗清军 2 万，坚持战斗一月有余。孙中山说："黄克强的威名，是以钦廉之役起的。"1910 年 2 月，黄兴领导广州新军起义。1911 年，黄兴领导了震惊全国的广州黄花岗起义。武昌起义爆发后，黄兴被推为总司令，进驻汉阳，领导了长达 24 天的汉阳保卫战，并曾反攻汉口，保卫了武昌，迎来了清朝反动统治的灭亡，结束了长达两千年的封建帝制，为中华民国的建立奠定了基础。

蔡锷和黄兴不同，基本上没有参加全国各地的反清武装起义，而是在武昌起义的前夕才抵达云南。这时正值全国革命浪潮风起云涌，为了迎接革命高潮的到来，蔡锷沉着冷静，积极进行云南起义的准备工作。1911 年 10 月 30 日，蔡锷、唐继尧等发动云南起义，建立大中华国云南都督府，推举蔡锷为都督。云南是全国第六个独立的省，独立后即派军入川，故全国震动，促进了全国革命高潮，10 天中，上海等 8 省市宣告独立。同时，蔡锷大力对云南进行治理和整顿，蒋百里在《蔡公行状略》中说："辛亥之役，匕不皇惊，而定大业。时天下纷纷，或苦兵，或苦匪，或苦饷，而滇中晏然。陈师以出，援黔、援川、援藏，军用不竭，而都督之俸月六十元也。公治滇，英、法人尤由敬畏之。"蔡锷领导的云南起义，对辛亥革命的胜利产生了巨大的影响。1915 年袁世凯宣布接受帝制，蔡锷立即宣布云南独立，成立云南护国军和护国军政府。1916 年元月，蔡锷率军入川，讨伐袁世凯。他豪情满怀地表示："蜀道崎岖也可行，人心艰险最难平。挥刀杀贼男儿事，指日观兵白帝城。"3 月，袁世凯被迫取消帝制，护国战争胜利结束。之后，蔡锷完全病倒，真正将自己的毕生精力和宝贵生命献给了新生的共和国。

其四，建立中华民国，力图实施资产阶级的民主政治，宋教仁和黄兴是其中的杰出代表。

辛亥革命首义之省是湖北，武昌起义的总司令却是湖南人蒋翊武，武汉保卫战的总司令亦是湖南人黄兴。武昌起义之后，全国各省纷纷响应，湖北是首义之省，湖南则是首应之省，而且立即派出了第一支支援武汉保卫战的革命军队。湖南邵阳人蔡锷领导了云南起义，湖南安化人李燮和发动上海南京地区的起义，五任总司令，先后任上海、吴淞都督。湖南宁乡人黄铖领导了陕西光复，并任陕西都督。据统计，全国各省 27 个都督，有 7 个是湖南人，占总数的 25.9%。武汉保卫战之后，黄兴回到上海，各独立省份的代表以及各种政治势力，亦云集上海，商讨建立新的革命政权。是时，孙中山却尚未回国，各派意见纷纭。黄兴、宋教仁等在各方势力之间折冲樽俎，做了大量工作，既努力克服革命内部的宗派、急躁情绪，又竭力抵制立宪派的挑拨、妥协圈套。孙中山回国后，商讨建立南京成立临时政府时，黄兴、宋教仁等湖南革命人士坚决支持孙中山任临时大总统，从而巩固了革命派的团结、提高了孙中山的威望。黄兴任临时政府陆军总长，参谋总长，宋教仁任法制局局长。湖南革命党人为中华民国的建立、新的革命政权的产生、民主共和制度的建设、社会秩序的安定、革命队伍的团结，做出了卓越的贡献。

由于特定的历史条件，辛亥革命的胜利果实落入袁世凯之手。孙中山让位，专注于铁路建设。在这种情况下，如何保护民主共和的成果，建设一个新的中国，是湖南资产阶级人才面临的根本任务。为此，黄兴就提出了"政党治国、实业建国、教育兴国"三位一体的政治主张。他们认为，清帝退位，中华民国成立，即民族主义已经实现。今后的任务就是实现民生主义和民权主义。实业建国，教育兴国，就是实现民生主义的纲领；而政党政治、责任内阁，则是实现民权主义的纲领。显然，这些主张存在着明显的弱点。从思想理论上说，以实业建国、教育兴国为纲领的民生主义，是一种主观空想的社会主义，"是中国民主主义者的主观社会主义思想和纲领"。至于政党政治所体现的民权主义，也只是反映了资产阶级的意志，并没有代表占全国人民最大多数的工农群众的意愿。从实践活动来看，上述主张都建立在相信袁世凯政权基础之上，要依靠袁政权来发展教育，振兴实业。政党政治，责任内阁虽有限制袁世凯独裁的主观目的，但在根本上还是要依靠袁世凯允许政党公平竞争。正因为相信袁世凯，孙中山交出了政权，自处于被领导地位；黄兴卸掉了军权，失去了与袁世凯抗衡的势力。

宋教仁则提出了议会政治、责任内阁的政治主张。他说："世界上的民主国家，政治的权威是集中于国会的。在国会里头，占得大多数议席的党，才是有政治权威的党，所以我们此时要致力于选举运动。我们要停止一切运动，来专注于选举运动。"议会政治、责任内阁是资产阶级的政治纲领，列宁说："资产阶级的共和制，议会和普选制，所有这一切，从世界发展来看，是一种巨大的进步。"当时，坚持民主共和还是复辟封建专制，拥袁还是反袁，就是资产阶级和地主、军阀、帝国主义斗争的焦点，也是资产阶级革命派和改良派、妥协派的分野。宋教仁锋芒毕露，积极活动，在 1913 年年初的选举中，参众两院共 870 个议席，国民党得到 392 席，占总议席的 45% 以上，成为第一大党。袁世凯的御用工具共和、统一、民主三党只得 223 席，仅占议席的 25.6%。选举的胜利，使得宋教仁成为全国公认的内阁总理的人选。因此，宋教仁成为袁世凯的主要对手，袁世凯拉拢不成，转而暗杀。宋教仁成为为中国宪法流血的第一人。

第五节 翻天覆地，创建新中国
——楚材之盛第五代

从"五四"运动到中华人民共和国成立的 30 年中，湖南人才辈出，群星璀璨，蔚为壮观。在这个人数众多的湖南人才群中，一个显著的特色，就是产生了大批无产阶级的人才。湖南无产阶级人才不仅在数量上和质量上都占了极大的优势，而且影响深远，形成了近代湖南的第五个人才群体。据《现代湖南人才群体研究》一书综合多家人名字典统计，新民主主义革命时期的湖南人才在全国人才中所占的比例，达到了 15.57%，高居全国第一位。而且在这 30 年中，湖南形成了一个无产阶级人才群体。在这个人才群体中，不仅产生了一批中国革命和中国人民的领袖人物，而且涌现了一大批杰出的有影响、有成就的理论家、政治家、军事家、经济学家和学者，他们在赶走帝国主义、推翻蒋家王朝、建立新中国的长期革命斗争中建立的丰功伟绩，可说是前无古人，将永远在人们心目中刻碑立传、勒石树像！

湖南无产阶级人才群体的出现，则是湖南历史发展的必然产物。

一方面是湖南无产阶级的产生和壮大。19 世纪末和 20 世纪初，近代工矿企业在湖南兴起，产生了湖南第一代产业工人，总人数在 6000 人左右。到"五四"运动前后，湖南工人约有 40 万人，其中，产业工人在 22 万人左右，手工业工人在 10 万人以上，其他行业工人也有 10 万之众。湖南的工人阶级除了无产阶级共同的属性外，还有其独特之处：一是湖南工人阶级产生的年代约落后于全国半个世纪。二是湖南工人阶级与湖南民族资产阶级同步产生。三是湖南工人阶级劳动状况和劳动条件在全国是极差的。四是湖南工人的平均工资在全国是最低的。五是湖南工人队伍极不稳定，失业严重。六是湖南工人人数少，但特别集中。七是湖南工人来源复杂思想混乱。八是湖南工人中手工业工人的队伍庞大。九是湖南工人反帝意识强烈。十是湖南工人组织较好。上述湖南工人的特点，也使湖南工人阶级的战斗力比较强，特别是湖南工人阶级早期斗争中，就涌现了一批杰出的工人领袖和中坚骨干，如毛泽东、刘少奇、李立三、郭亮、任树德、夏曦、陈子博、李六如、罗学瓒、谢怀德、毛泽民等，他们后来大都成为杰出的无产阶级革命家。当时，湖南的工会组织和工人运动在全国都是比较突出的。

另一方面，马克思列宁主义在湖南的传播。五四时期，湖南先进的知识分子积极地寻找革命的真理，终于促成了马克思列宁主义在湖南的广泛传播。马列主义在湖南的传播，大致有四个途径：一是在湖南学习和宣传马克思列宁主义。最早提及马克思主义的某些观点和论述的是赵必振、宋教仁、江亢虎、黄兴、杨毓麟、禹之谟等人。十月革命后，湖南《大公报》多次介绍十月革命和俄国情况，1918 年李六如将《资本论》第一卷从日本带回湖南。毛泽东、易礼容、彭璜、易培基、姜济寰、赵运文、何叔衡、方维夏、姜济寰、易培基等开始在湖南开书店、建社团，宣传马克思主义。其中，新民学会成为在湖南传播马克思主义的重要阵地。二是到国外（主要是法国）勤工俭学，学习马克思列宁主义。"五四"运动后，蔡和森、肖子升、徐特立、向警予、李维汉、何长工、蔡畅、李富春、张昆弟、罗学瓒、李立三、李林、贺果、欧阳泽、张增益、肖子璋、陈绍休等先后到法国勤工俭学。蔡和森则是其中的典范，在法国夜以继日地"猛看猛译"，不到半年时间，阅读和翻译了马列著作及有关共产主义的小册子约一百种，并通过写信、写文章等方式，将马克思主义理论介绍到湖南来。三是到列宁主义的故乡——苏联求学，直接学习马克思主义。十月革命后，湖南俄罗斯研究会为学习十月革命的经验，积极组织进步青年到俄罗斯勤工俭学。刘少奇、任弼时、罗亦农、萧劲光、任作民、彭述之、吴芳、卜士奇、萧三、何叔衡、林伯渠、左权等人，先后来到莫斯科东方大学或中山大学，系统地学习马列主义理论，同时，他们还以各种方式，向湖南人民传播马克思列宁主义，介绍苏联人民革命胜利后的生活。四是到北京、上海、广州等地学习马克思列宁主义。北京李大钊、上海陈独秀是中国宣传和研究马克思列宁主义的领头人，有"南陈北李"之称。"五四"时期，湖南青年邓中夏、何孟雄、罗章龙、缪伯英、陈为人等是北京共产主义小组的成员，李达、林伯渠、李中等则是上海共产主义小组的成员，他们以各种方式向湖南宣传马克思列宁主义。广州是革命的大本营，黄埔军校吸引了大批湖南青年，陈赓、宋时轮、陶铸、黄公略、许光达、蒋先云等都是黄埔军校学生。广州农民运动讲习所是另一个中心，王首道、毛泽民、蔡协民等均是农讲所的学员。

湖南工人运动和马克思主义的结合，必然为湖南无产阶级培养一批杰出的人才；而湖湘文化的熏陶和近代湖南人才的影响，则是湖南无产阶级人才兴盛、湖南无产阶级人才群体形成的催化剂。毛泽东曾说："曾、左吾之先民，黄、蔡邦之模范。"他强调曾国藩、左宗棠、黄兴、蔡锷等对湖南人才辈出的影响。在在近代湖南人才中，杨昌济对无产阶级人才的影响是最直接的。杨昌济早期致力于经世之学，是毛泽东、蔡和森、陈昌、何叔衡、张昆弟、向警予、罗学瓒、陈书农等人的授业恩师。毛泽东等人的成长，离不开杨昌济的培养与教育。无产阶级人才的思想、性格均打上了湖湘文化的烙印。离开了湖湘文化来谈湖南无产阶级人才，正如离开了肥沃的土壤来赞美盛开的鲜花。恩格斯在论述社会主义从空想到科学的发展时指出："就其理论形式来说，它起初表现为十八世纪法国伟大启蒙学者所提出的各种原则的进一步的，似乎更深刻的发展。和任何新的学说一样，它必须首先从已有的思想材料出发，虽然它的根深藏在物质的经济的事实中。"湖南无产阶级革命家思想理论体系的形成，同样必须"从已有的思想材料出发"，即一方面是马克思列宁主义在中国的广泛传播，另一方面则是中国传统文化的影响，其中，湖湘文化和近代湖南人才的影响更为直接和明显。1957 年，毛泽东在长沙宴请湖南老朋友，曹典球曾在席上赋诗："船山星火长时明，莽莽乾坤事远征。百代侯王归粪土，万方穷白庆新生。东风正压西风倒，好事常由坏事成。幸接谦光如宿愿，只惭无以答升平。"诗中明确表明，湖湘文化是湖南无产阶级革命家的思想渊源之一。

湖南无产阶级人才群体体的代表人物是毛泽东、蔡和森、刘少奇、任弼时、彭德怀、贺龙，他们为培养湖南无产阶级人才发挥了巨大作用。这种作用，主要体现在思想、组织、实践三个方面，即：在思想上宣传、灌输马克思主义；在组织上培训干部，团结人才；在行动上深入实际，带领群众参加革命实践斗争。"五四"时期，毛泽东、蔡和森积极参加和组织了驱汤运动、驱张运动、湖南自治运动、留法勤工俭学运动，建立新民学会等实际斗争，并在斗争中发现和团结了一批人才。党成立初期，毛泽东以极大的精力发展党团组织，从事工人运动、农民运动，培养了大批工农干部。大革命失败后，毛泽东领导了秋收起义，并将起义队伍带上井冈山，开辟了农村包围城市的革命道路。此外，蔡和森主持党中央机关刊《向导》杂志，参加党中央的领导工作。刘少奇深入工厂企业，领导了安源大罢工、五卅反帝爱国风暴。彭德怀领导了平江起义，创建了湘鄂赣革命根据地。贺龙参与领导了"八一"南昌起义，稍后，贺龙又领导了桑植起义，与任弼时等创建了湘鄂西革命根据地。上述三块革命根据地的建立过程中，一大批政治、军事人才涌现出来。正因为毛泽东等领导人物重视实践，才能在革命斗争的风浪中，发现、培养、锻炼一大批无产阶级的忠诚战士。总之，湖南无产阶级人才群体既是毛泽东等人培养、带动起来的，又团结在毛泽东等人的周围。

具体来说，湖南无产阶级人才群体的形成，可以分为下述三个阶段：

一是"五四"运动和党成立时期，毛泽东、蔡和森是湖南无产阶级人才群体的核心。湖南无产阶级人才的主要人物有：

李达（1890—1966），字永锡，零陵人。著名的马克思主义理论家，中国共产党最早的党员，中国共产党"一大"代表，当选中共中央局委员。

何叔衡（1876—1935），字启璇，号瞻岵，宁乡人，新民学会会员，中国共产党"一大"代表，曾任中共湘区委员会委员。

萧三（1896—1983），原名萧子暲，长沙人，新民学会会员，赴法勤工俭学，参加少年共产党、法国共产党。

张昆弟（1894—1932），号芝圃，桃江人，新民学会会员，赴法勤工俭学，发起组织工学世界社，曾参加夺取里昂大学斗争。

罗章龙（1896—1995），原名罗璈阶，浏阳人。新民学会会员，曾任中共中央秘书、宣传部长、政治局委员。

李维汉（1896—1984），又名罗迈，长沙人，新民学会会员，赴法勤工俭学，组织旅欧中国少年共产党，曾任中共湘区委员会书记、中央政治局委员。

罗学瓒（1893—1930），湘潭人。新民学会会员，赴法勤工俭学，回国后从事工农群众运动。

陈子博（1892—1924），湘乡人。新民学会会员，参加驱张运动，发起创办文化书社，是湖南团组织负责人。

向警予（1895—1928），原名向俊贤，溆浦人，蔡和森的妻子。新民学会会员，赴法勤工俭学，曾任中共中央委员、中央妇女部长。

蔡畅（1900—1990），原名蔡咸熙，蔡和森之妹，李富春之妻，湘乡人。新民学会会员，留法勤工俭学，是中国妇女解放运动领导人之一。

李富春（1900—1975），长沙人。赴法国勤工俭学，参与建立勤工俭学励进会（工学世界社），1925 年在广州主持《革命》半月刊，后任中共中央政治局委员。

李立三（1899—1967），醴陵人，新民学会会员，赴法留学，建立少年共产党，参加争夺里昂大学的斗争，是中国工人运动的领袖，曾任中共中央政治局秘书长、宣传部长。

邓中夏（1894—1933），字仲澥，又名邓康，宜章人。北京共产主义小组成员，少年中国学会会员，曾任中华全国总工会宣传部长、中共中央政治局候补委员。

彭璜（1896—1921）字殷柏，又称荫柏，湘乡人。新民学会会员，湖南学生联合会会长，创办《湘江评论》，发起成立文化书社、湖南俄罗斯研究会、共产主义小组。

李卓然（1899—1989），原名李俊杰，湘乡人。1920年初他赴法勤工俭学，加入旅欧中国少年共产党，回国后长期从事军队工作，是军队的重要领导人。

李中，湘乡人，是毛泽东、蔡和森在省立一师的同学，是中国共产党最早的一名工人党员。

夏明翰（1900—1928），字桂根，衡阳人。"五四"时期主编《湖南学生联合会周刊》，参加驱张运动，组织工农运动，任全国农协秘书长，中共湖南省委组织部长，参与制订秋收起义计划。其被捕后有绝命诗："砍头不要紧，只要主义真。杀了夏明翰，还有后来人。"

何孟雄（1898—1931），原名定礼，字国正，号孟雄，炎陵人。早年参加驱汤运动、"五四"运动，加入北京共产主义小组，是著名的工人运动领袖。

颜昌颐（1909—1929），字爕甫，又名国宾，安乡人。1919年赴法勤工俭学，参与建立工学世界社，1922年加入中国共产党，参加上海三次武装起义、南昌起义、海丰起义。

柳直荀（1898—1932），长沙人。1919年发起组织湖南学生联合会，加入社会主义青年团。曾任湖南省农民协会秘书长、代理委员长。马日事变后，与郭亮组织十万农军围攻长沙。

夏曦（1901—1936），字蔓伯，又作蔓白，化名劳侠，益阳人。新民学会会员，湖南学联和青年团负责人，加入俄罗斯研究会，后同贺龙一起领导湘鄂西苏区。

李六如（1887—1973），平江人。同盟会成员，共产党员，1922年到安源作工运工作，后进入中央苏区工作。

郭亮（1901—1928），长沙人。新民学会会员，马克思主义研究会成员，共产党员。1922年开始从事工人运动，任湖南省工团联合会总干事、省工会委员长。

林蔚，湘潭人。赴法勤工俭学，加入工学世界社，曾任中共湘区秘书长兼军委书记，马日事变后代理省委书记，曾参与组织十万农军围长沙。

贺民范（1866—1950），邵阳人。参与组织俄罗斯研究会，长沙共产主义小组，创办文化书社、自修大学，任自修大学校长。

李启汉（1898—1927），江华人。1920年参加上海共产主义小组，是中国共产党早期工人运动的最早开拓者。

陈公培（1901—1968），长沙人。1920年夏参加上海共产主义小组，而后去法国勤工俭学，先后参加北伐战争、南昌起义。

易礼容（1898—1997），字润生，号韵珊，湘乡人。新民学会会员，参加创办文化书社、俄罗斯研究会、共产主义小组，曾任中共湖南支部委员，参与领导长沙泥木工人大罢工。

二是第一次国内革命战争时期，毛泽东、蔡和森、刘少奇是湖南无产阶级人才的核心。其主要人物有：

萧劲光（1893—1989），长沙人。曾到莫斯科东方大学学习，回国后到安源从事工人运动，开国十大将之一。

罗亦农（1902—1928），湘潭人。曾在莫斯科东方大学学习，介绍刘少奇转为共产党员。回国后，从事工人运动，是上海工人三次武装起义的领导人之一，"八七"会议当选为政治局委员。

林伯渠（1886—1960），原名林祖涵，字邃园，临澧人。早期同盟会成员，1921年加入共产党，1924年任国民党农民部长。

徐特立（1877—1968），又名徐立华，原名懋恂，字师陶，中国革命家和教育家，长沙人。毛泽东在第一师范最敬佩的两位老师之一，并视他为"终身之师"，1919年，以43岁的高龄同蔡和森等人赴法勤工俭学。大革命时期加入中国共产党，在湖南从事农民运动，曾任中央根据地教育部长。

谢觉哉（1884—1971），字焕南，宁乡人。新民学会会员，1925年加入中国共产党，从事农民运动。

任作民（1899—1942），湘阴人。"五四"时期在莫斯科东方大学学习，加入共产党。1925年回国，曾任中共中央秘书。

彭公达（1903—1928），字振尧，号镇远，湘潭人。1924年加入共产党。1926年，任国民党中央农民部农民运动委员会秘书，"八七"会议选为政治局候补委员，任湖南省委书记。

陈为人（1899—1937），江华人。赴莫斯科东方大学学习，1921年加入中国共产党。1924年，协助蔡和森编辑《向导》周报。

毛泽民（1896—1943），毛泽东的弟弟。1922年加入中国共产党，曾在安源从事工人运动，后长期从事经济工作。

毛泽覃（1905—1935），毛泽东的弟弟，1923年加入中国共产党。1927年随朱德派毛泽覃赴井冈山，成为红军将领。

毛泽建（1905—1929），湘潭人，毛泽东之堂妹。1923年加入中国共产党，大革命时从事农民运动，1928年组织南岳暴动，开展游击战争。

毛福轩（1897—1933），号恩梅，湘潭人。1923年加入共产党党。在韶山开展农民运动，任中共韶山支部书记，参加秋收起义。

杨开慧（1901—1930），字云锦，号霞，长沙人。毛泽东夫人，1921年加入中国共产党。

方维夏（1880—1936），平江人。参加俄罗斯研究会，文化书社，1924年加入中国共产党。著名教育家。

伍中豪（1905—1931），衡阳人。1923年参加中国共产党，1927年参加秋收起义，任红十二军军长。

张子意（1904—1981），曾用名刘平，醴陵人。1925年加入中国共产党，1927 年，跟随毛泽东参加秋收起义，红军将领。

张启龙（1900—1987），曾名张复生、佐平，浏阳人。1926 年参加中国共产党，参加秋收起义，红军将领。

曾士峨（1904—1931），字迪勋，号广泽，益阳人。1926 年加入中国共产党，参加秋收起义，上井冈山，任红军师长。

蒋先云（1902—1927），字湘耘，别名巫山，新田人。1921 年加入中国共产党，1924 年进入黄埔军校，被誉为"黄埔三杰"之一。

帅孟奇（1897—1998），益阳人。1926 年加入中国共产党，在莫斯科东方劳动者共产主义大学学习，长期从事地下工作。

王首道（1906—1996），原名王芳林，浏阳人。1925 年进入广州第六届农民运动讲习所，次年加入中国共产党，红军将领。

蔡申熙（1906—1932），醴陵人。1924 年进入黄埔军校，加入中国共产党，先后参加南昌起义、广州起义，曾任红四方面军副总指挥。

曾中生（1900—1935），原名曾钟圣，资兴人。1925 年进入黄埔军校，加入中国共产党，曾任红四方面军参谋长。

朱良才（1900—1989），汝城人。1927 年 10 月加入中国共产党，次年参加湘南起义，开国上将。

宋任穷（1909—2005），原名宋韵琴，浏阳人。1926 年加入中国共产党，参加秋收起义，红军将领。

三是大革命晚期和土地革命初期，毛泽东、蔡和森、刘少奇、任弼时、彭德怀、贺龙是湖南无产阶级人才的核心。其主要人物有：

罗荣桓（1902—1963），原名慎镇，字雅怀，衡山人。1927 年加入中国共产党，参加秋收起义，跟随毛泽东上井冈山，开国元帅。

粟裕（1907—1984），幼名继业，学名多珍，字裕，以字行，侗族，会同人。参加南昌起义，开国大将。

陈赓（1903—1961），原名陈庶康，湘乡人。黄埔军校第一期毕业生，开国大将。

许光达（1908—1969），原名许德华，长沙人。黄埔军校炮兵科毕业，开国大将。

陶铸（1908—1969），号剑寒，祁阳人。黄埔军校毕业，参加南昌起义和广州起义，四野政治部主任。

黄克诚（1902—1986），永兴人，参加北伐战争、湘南起义、年关暴动，开国大将。

谭政（1906—1988），原名谭世铭，号举安，湘乡人。1927 年加入国民革命军，参加秋收起义，开国大将。

段德昌（1904—1933），字裕后，号魂，南县人。五卅期间参加反帝斗争，1928 年领导年关暴动，和贺龙等创建湘鄂西根据地，著名军事家。

黄公略（1898—1931），湘乡人。曾在黄埔军校高级班学习，协助彭德怀发动平江起义，参与开创湘鄂赣革命根据地。

王尔琢（1903—1928），又名蕴璞，石门人。黄埔军校第一期毕业，1927 年参加南昌起义，随朱德到湖南，发动湘南起义任红四军参谋长兼主力二十八团团长。

张子清（1902—1930），名涛，别号寿山，益阳人。1925 年加入中国共产党，参加秋收起义、先后任团长、军参谋长。

何长工（1900—1987），原名何坤，华容人。1919 年赴法勤工俭学。1927 年参加秋收起义和创建井冈山根据地，任宁冈县委书记，是朱、毛井冈山会师的联系人。

萧克（1907—2008），原名武毅，字子敬，嘉禾人。1927 年加入中国共产党，参加了"八一"南昌起义，红二方面军副总指挥。

滕代远（1904—1974），麻阳人，1927 年加入中国共产党，在湖南从事农运工作。1928 年参与领导平江起义，任红五军党代表。

王震（1908—1993），浏阳人。1927 年加入中国共产党，是湘赣苏区的创始人之一。

卢冬生（1908—1945），湘潭人，1926 年参加国民革命军，参加南昌起义，曾任红军师长。

甘泗淇（1903—1964），原名姜凤威，别名姜炳坤，宁乡人。1926 年加入中国共产党，1931 年到湘赣苏区工作，开国上将。

杨得志（1911—1994），株洲人。1928 年参加湘南起义，曾率红一团为长征开路先锋，开国上将。

左权（1905—1942），醴陵人。1925 年加入中国共产党，曾任红一军团参谋长、八路军副总参谋长，军事家。

蔡会文（1908—1936），攸县人。1926 年加入中国共产党，1927 年参加秋收起义，任红三军政委。李聚奎，安化人，1928 年参加平江起义，加入中国共产党。从任红四方面军任军参谋长，开国上将。

彭绍辉（1906—1978），湘潭人，1926 年参加湖南农民运动，1928 年参加平江起义，任红二方面军第六军团参谋长，开国上将。

谭震林（1906—1983），攸县人，1926 年加入中国共产党，红军将领，建国后为中共政治局委员、国务院副总理。

贺锦斋（1901—1928），桑植人，1919 年起，跟随贺龙从军，1927 年参加南昌起义，任师长。1928 年 1 月加入中国共产党，4 月，与贺龙等发动桑植起义。随后跟贺龙在湘鄂西开展游击战争，建立革命根据地。

廖汉生（1911—1996），土家族，桑植人，贺龙姐姐贺英之子，1926 年参加湘南农民运动，1929 年在桑植县农协和县苏维埃工作，1933 年，由贺龙介绍加入中国共产党，之后一直在贺龙领导下从事军事工作。

胡耀邦（1915—1989），字国光，浏阳人。参加秋收起义，1933 年转为中共党员，红军将领，建国后任中国共青团书记，中共中央政治局委员、中央总书记。

综上所述，我们可以得到下述结论：湖南无产阶级人才群体的形成，分为三个阶段；湖南无产阶级人才群体是在毛泽东等领袖人物的培育、影响下形成的；他们都团结在毛泽东等人的周围；无产阶级人才在激烈的阶级斗争和战争中成长起来的；湖南无产阶级人才是一代接一代、一批接一批不断形成和成长，保障无产阶级革命事业不断兴旺发达。

新民主主义革命时期的湖南无产阶级人才群体，可说是人才辈出，群星璀璨，各领风骚，蔚为壮观。他们为国为民，可歌可泣，完成了许多惊天动地的大事，建立了永垂千秋的伟业。王闿运在《湘军志》中对近代湖南湘军人才群体的功业给予了充分的肯定和高度的评价："湘军则南至交趾，北及承德，东循潮、汀，乃渡海开台湾，西极天山、玉门、大理、永昌，遂度乌孙，水属长江五千里，击柝闻于海。自书契以来，湖南兵威之盛未有过此者。"确实，湘军人才之盛、功业之隆，可谓前无古人！但是，如果以湘军人才群的巨大功业及历史贡献，同湖南无产阶级人才群相比，却是微不足道的了。曾有人要斯大林将列宁和彼得大帝作一比较，斯大林认为列宁是茫茫大海，彼得大帝不过是沧海一粟。湘军集团成功地镇压了领导集团已经变质的太平天国农民军；湖南无产阶级人才群却为赶跑日本侵略者、打败蒋介石反动派建立了不朽功勋。湘军集团为行将就木的清王朝注入了强心剂，使其能暂时苟延残喘于世；湖南无产阶级人才群却为摧毁压在中国人民头上的三座大山、建立一个新中国而流芳百世。湘军人才群举起经世致用的旗帜，进一步发扬了湖湘文化的优秀传统；湖南无产阶级人才群却将马克思列宁主义和中国国情相结合，为创建毛泽东思想而付出了辛勤的、创造性的劳动。湘军人才群苦干、实干的精神和人格力量，激励着湖南人民不畏艰难险阻，永远向前；湖南无产阶级人才群为了中国的独立和富强，为了人民的解放和民主，抛头颅、洒热血，奋斗不息、战斗不止，永远是中国人民怀念和学习的光辉榜样！确实，湖南无产阶级人才群所建立的丰功伟绩和巨大的历史贡献，从时间上说，是前无古人，后鲜来者；从空间上讲，是震动世界，功在全球！

湖南无产阶级人才群的历史贡献，具体表现在以下几个方面：

首先，对创建和丰富毛泽东思想的贡献。

毛泽东思想是以毛泽东为主要代表的中国共产党人把马克思列宁主义的普遍原理同中国革命和建设的具体实践结合起来而形成的科学指导思想。毛泽东就是这个理论体系的代表者，毛泽东思想主要是毛泽东创建的，因此，它用"毛泽东"来命名。恩格斯在谈到马克思主义时曾经指出："我和马克思共同工作四十年，在这以前和这期间，我在一定程度上独立参加了这一理论的创立，特别是对这一理论的阐发。但是，极大部分基本指导思想（特别是在经济和历史领域内），尤其是对这些指导思想的最后的明确表述，都是属于马克思的。""马克思比我们一切人都站得高些，看得远些，观察得多些和快些。马克思是天才，我们至多是能手。没有马克思，我们的理论远不会是现在这个样子。所以这个理论用他的名字来命名是公正的。"同样的道理，毛泽东对毛泽东思想的贡献最多、最大，和同时代的无产阶级革命家相比，毛泽东比任何人都站得高、看得远、观察得深、分析得透。毛泽东思想的基本原理及其活的灵魂，都是毛泽东首先提出来的，而且表述最为准确，因此，"这个理论用他的名字来命名是公正的"。毛泽东个人才华突出，他具备丰富的历史知识、社会知识以及指导革命斗争的经验，善于应用马克思列宁主义的立场、观点、方法，对社会、历史、革命的客观形势及其发展作出精确的科学分析；他具有惊人的能力、非凡的智慧、坚定的毅力、渊博的学识、丰富的经历、深刻的思维力、准确的分析力、正确的思维方法、刻苦的钻研精神；而且对无产阶级革命事业、人民的事业具有无限忠心，信任群众、依靠群众，善于充分发挥群众的智慧和力量。因此，毛泽东能够将马克思主义的普遍原理运用于中国，使马克思主义中国化；能够完整地、准确地总经中国人民革命的经验，使其上升为理论；能够将马克思主义和中国革命有机地结合，创造毛泽东思想。

毛泽东思想是中国共产党集体智慧的结晶，湖南无产阶级人才对毛泽东思想的产生和形成也做出了许多贡献。李达是党早期最杰出的理论家、哲学家之一。他为马克思列宁主义在中国的传播及其与中国革命实践相结合，为毛泽东思想的形成，做出了杰出贡献；蔡和森关于中国革命的规律和新民主主义的理论；刘少奇关于新民主主义革命的理论、党的建设和共产党员修养的理论、白区工作的理论、夺取革命胜利和建立政权的理论；邓中夏关于无产阶级领导权和工人运动的理论；罗亦农关于工农运动的理论；任弼时关于新民主主义革命的理论；彭德怀、贺龙关于人民军队、人民战争的思想和军事斗争的理论；粟裕、萧劲光、段德昌、曾中生、左权等关于人民战争战略战术的理论；罗荣桓、黄克诚、谭政关于军队政治工作的理论；李维汉关于统一战线和民族问题的理论；向警予、蔡畅关于妇女工作的理论；林伯渠关于政权建设的理论；徐特立、成仿吾关于教育工作的理论；等等。以上都是毛泽东思想的重要内容，都对毛泽东思想的形成做出了积极的贡献。

毛泽东思想作为全党、全国的指导思想，经过了长期而艰苦的奋斗，是和各种"左"的、右的机会主义作坚决斗争的结果。在这些斗争中，湖南无产阶级人才始终站在斗争的最前线，刘少奇则是其中最突出的代表。一方面，刘少奇一直坚决反对党内"左"、右倾机会主义，坚决拥护将马克思列宁主义和中国实际相结合的思想。另一方面刘少奇始终支持拥护以毛泽东为代表的正确路线，并在党的第七次全国代表大会上代表党中央作《关于修改党的章程》的报告第一次给毛泽东思想以科学的定义，明确提出毛泽东思想是中国共产党的指导思想，是党一切工作的指针。

其次，对创立和建设中国共产党的贡献。

人们在谈到中国共产党的创始人时，首先想到的是"南陈北李"，确实，陈独秀是中国第一个组建共产主义小组的人；李大钊是中国第一个介绍马克思列宁主义的人，他们功不可没。但是，陈独秀不是一个彻底的马克思主义者，李大钊则过早牺牲了。湖南人李达是建党时期马克思主义理论水平最高的人；毛泽东是提出唯物史观是吾党哲学的根据的第一人；蔡和森是中国系统传播列宁建党学说的第一人；他们都为中国共产党的创建做出了杰出贡献。此外，湖南对创建中国共产党所作的贡献还表现在：中国最早的党员 58 人，其中湖南 19 人，占总数的 32.76%；中国共产党第一次全国代表大会的代表共 13 人，其中湖南 4 人，占总数的 30.77%；党成立时期的三届中央委员会委员 18 人，湖南 6 人，占总数的 33.33%；党成立时期的总书记和中央各部部长有 8 人，其中湖南有 5 人，占总数 62.5%；中国共产党的第一名女党员缪伯英、党中央第一个女中央委员和第一任女部长向警予，都是湖南人。可见，湖南人才对创建中国共产党，居功至伟。

第一次国内革命战争失败后，党的工作重心转向农村，主要在农民中发展党员，如何在农村根据地建党，湖南无产阶级人才亦做出了巨大的贡献，提出了一系列建党、整党、党内斗争、党员修养等的原则、方针。如首先在思想上建党的原则；整党的内容是"反对主观主义以整顿学风，反对宗派主义以整顿党风，反对党八股以整顿文风"；党内斗争的方针是"惩前毖后、治病救人"，即"团结—批评—团结"的公式；强调民主集中制是党的思想建设和组织建设的基本原则；共产党人要加强自我修养，随时准备坚持真理，又随时准备修正错误；党的三大作风，即理论和实践相结合的作风、和人民群众紧密地联系在一起的作风以及自我批评的作风；等等。

1935 年的遵义会议，是中国共产党历史发展的一大关键，出席会议的 20 人中，湖南有 5 人，占 25%；毛泽东被选为政治局常委，开始确立其在党中央的领导地位。1943 年中央政治局会议，选举毛泽东为中央政治局主席，中央书记处由毛泽东、刘少奇、任弼时三人组成，成为中国共产党中央的核心。1945 年中国共产党第七次代表大会是一次胜利的大会、团结的大会，可以说是整个新民主主义革命时期一次总结性质的会议。大会选举产生的党中央领导，标志着中国共产党第一代领导核心的形成。由 13 人组成的政治局，湖南有毛泽东、刘少奇、任弼时、林伯渠、彭德怀等 5 人，占 38.46%；5 人组成的中共中央书记处，湖南有毛泽东、刘少奇、任弼时等 3 人，占 60%；大会选举中央委员 44 人，湖南有 13 人，占 29.55%；选举候补中央委员 33 人，湖南有 10 人，占 30.30%。上述党中央的领导成员的情况，从一个方面说明了湖南无产阶级革命家对中国共产党的建设和发展，有着巨大的贡献。

再次，对建立和发展人民军队的贡献。

湖南无产阶级人才对中国人民军队的创建和发展，亦做出了巨大的贡献。一般认为中国人民军队的创建者是：毛泽东、周恩来、朱德、彭德怀、林彪、刘伯承、贺龙、陈毅、罗荣桓、徐向前、聂荣臻、叶剑英、叶挺等 13 人，其中湖南 4 人，占总数的 30.72%。

中国人民军队的发展，经过了三个阶段：一是第二次国内革命战争时期，是中国人民军队的创建阶段，称之为中国工农红军。当时的湖南，是全国发生武装起义最多的省份之一，也是建立农村革命根据地最多、开展武装斗争最好的省份之一；同时，是全国红军将领最多的一省。红军三大主力中，第一方面军的总政委是毛泽东，副总指挥是彭德怀，副政治委员是滕代远；第二方面军的总指挥是贺龙，政委是任弼时，副总指挥萧克，参谋长李达，政治部主任甘泗淇；第四方面军的副总指挥蔡申熙，参谋长曾中生。二是抗日战争时期，是中国人民军队的艰苦发展阶段，当时称之为八路军、新四军。当时的中共中央革命军事委员会共 11 人，湖南有毛泽东、彭德怀、任弼时、贺龙等 4 人，占 36.36%。萧劲光、滕代远先后任军委参谋长，任弼时、谭政为总政治部正副主任。在八路军总指挥部，彭德怀为副总指挥兼前方总指挥，左权为副参谋长，滕代远为前方总部参谋长，任弼时、谭政为总政治部正副主任。其中，115 师政委罗荣桓、参谋长周昆；120 师师长贺龙、副师长萧克、政治部主任甘泗淇；129 师参谋长李达、政治部主任宋任穷；八路军后方留守处司令兼政委萧劲光。新四军支队长（师）以上将领有粟裕、袁国平、朱克清、傅秋涛、谭震林、黄克诚、张震等。三是第三次国内革命战争时期，是中国人民军队胜利发展时期，称之为中国人民解放军。当时中共中央军事委员会、中国人民革命军事委员会由毛泽东任主席，四个副主席中，有刘少奇、彭德怀，并由彭德怀兼总参谋长，刘少奇兼总政治部主任，杨立三为总后勤部部长，中国人民解放军总部由彭德怀任副总司令。下设四个野战军，共有野战军正副司令、政委、参谋长、政治部主任 24 人，其中湖南籍 14 人，占 58.33%。共有 18 个兵团，有兵团司令、政委 34 人，其中湖南籍 18 人，占 52.94%。

中华人民共和国成立后中国人民解放军授衔，10 位元帅中湖南有彭德怀、贺龙、罗荣桓 3 人，占总数的 30%；10 位大将中，湖南有粟裕、黄克诚、陈赓、谭政、萧劲光、许光达，占总数的 60%；55 位上将中，湖南有 19 位，占总数的 34.5%；175 位中将中，湖南有 45 人，占总数的 25.7%；792 位少将中，湖南 129 位，占总数的 16.3%。以上总计 1042 人被授衔，湖南有 202 人，占总数的 19.4%。接着，1989 年和 1991 年，中共中央军委两次确定了 36 位"军事家"，湖南 11 人，占总数的 30.6%。授衔和确定为军事家，是对他们在新民主主义革命时期在军队建设和武装斗争中所做的巨大贡献的肯定，上述数字表明，湖南无产阶级人才所做的贡献是最大、最多、最突出的。

更次，对建立中华人民共和国的贡献。

　　1949 年 10 月 1 日，中华人民共和国成立。新中国的成立，标志着近代中国反对帝国主义、反对封建主义、反对官僚资本主义的新民主主义革命的胜利。新中国的成立，开辟了中国历史的新纪元，是 100 多年来中国历史的一个具有伟大意义的里程碑，也是中华五千年历史中一个伟大的里程碑。从此，中国结束了鸦片战争以来的半殖民地半封建社会，结束了两千多年的封建专制制度，结束了一百多年来被侵略被奴役的屈辱历史，结束了国家四分五裂、征战不已和人民生活贫困、生灵涂炭的局面。从此，中国真正成为了独立自主的国家，中国人民站起来了，成为国家的主人，一个独立、统一、人民当家做主的新中国屹立于世界东方。同时，新中国的成立，壮大了世界和平、民主和社会主义的力量，鼓舞了世界被压迫民族和被压迫人民争取解放的斗争。

　　中华人民共和国的建立，湖南无产阶级人才群做出了巨大的贡献。毛泽东当选为中华人民共和国中央人民政府主席，刘少奇当选为副主席，林伯渠为秘书长。中央人民政府 65 名委员中，湖南 11 人，占总数的 16.9%。中央人民政府政务院（即国务院）的 22 名部长中，湖南人有：国防部长彭德怀、内务部长谢觉哉、食品工业部长杨立山、劳动部长李立三、铁道部长滕代远，还有民族事务委员会主任李维汉。许多湖南无产阶级人才成为新中国各个部门、各个省市的领导人，他们为建设一个繁荣富强的新中国，踏上了新的战斗历程！

　　湖南无产阶级人才在新民主主义革命中所表现的崇高品德，永远是中国人民学习的楷模。1947 年 1 月，中共中央在《祝徐特立同志七十大寿的信》中说："你的道路，代表了中国革命知识分子的最优秀传统。你是热爱光明的，你为了求光明，百折不挠，在五十岁上加入了中国共产党。你对于民族和人民的事业抱有无限忠诚，在敌人面前，你坚持着不妥协不动摇的大无畏精神，使懦夫为之低头，反动派为之失色。你是密切联系群众的，你的知识是和工农相结合、生产相结合的，你把群众当作先生，群众把你当作朋友。你对自己是学而不厌，你对别人是诲人不倦，这个品质使你成为中国杰出的革命教育家。你痛恨官僚主义和铺张浪费，你的朴素勤奋七十年如一日，这个品质使你成为全党自我牺牲和艰苦奋斗作风的模范。你的这一切优良品质是全党同志和全国人民的骄傲，把你的这一切优良品质发扬光大是全党同志和全国人民的革命任务。"徐特立是湖南无产阶级人才群中的一员，上述对徐特立的评价和褒扬，也是对湖南无产阶级人才群的肯定。在新民主主义革命的 30 年中，千千万万的湖南无产阶级革命家为了人民的解放，为了国家的独立，抛头颅、洒热血，或埋头苦干，或冲锋陷阵，不愧为共产党员的楷模、工人阶级的杰出代表、中国人民的优秀儿女！他们永远活在人民的心中。

榜样的力量是无穷的，湖南无产阶级人才群的优秀思想品德主要体现在以下九个方面：

一是强烈的爱国主义精神。青年毛泽东如饥似渴地寻找救国救民的新思想、新思潮，他曾信仰过中国传统文化中的宋明理学、辩证的"变易"思维、"圣贤创世说"、康有为的《大同书》、梁启超的"新民说"，以及西方的空想社会主义、杜威的"实用主义"、达尔文的"进化论"、康德的"二元论"、无政府主义等。这些思想都对毛泽东早年发生过影响，曾先后为毛泽东吸收、批判、改造、扬弃。毛泽东信仰这些思想，是因为相信这些思想可以救中国；抛弃这些思想，是因为经过研究或实践发现这些思想并不能真正救中国。可见，毛泽东早年思想的主线，就是强烈的爱国主义思想。19 岁的李立三曾为一个著名的老和尚赏识，想收他为徒。李立三吟诗婉谢："漫道桃源多逸趣，应知故国有流亡。"一片爱国、报国之心，李立三坚决拒绝了桃源隐士的生活，决心拿起武器，以挽救国家的危亡。

　　二是坚定的信念和崇高的理想。坚定的信念是人生的基石，湖南无产阶级人才为了争取国家的独立、民族的解放，把民富国强、振兴中华、实现共产主义作为自己毕生奋斗的崇高理想和坚定信念。他们通过不同的途径，找到了马克思列宁主义，并以执着的追求，使自己迅速成为马克思主义者。湖南无产阶级人才对理想信念矢志不渝，在险恶艰难的环境中，在狂风恶浪的搏斗中，在革命遭受挫折、反革命白色恐怖的高潮下，更加显明。在"四一二政变"的腥风血雨中，年过半百、名满全国的著名教育家徐特立主动申请加入中国共产党；手握军权，前程似锦的国民军将领贺龙、彭德怀，果断地发动武装起义，向反国民党反动派打响了第一枪。

　　三是坚持原则的实事求是精神。湖南的无产阶级革人才为了党和人民的利益，勇于坚持原则，维护真理，从实际出发，实事求是，说实话、办实事。毛泽东是坚持原则、实事求是的典范，秋收起义失败后，他从敌我形势出发，决定向井冈山进军，开辟了农村包围城市、武装夺取政权的革命新道路。抗日战争初期，毛泽东从中日双方的四个基本特点出发，批判了速胜论和亡国论，指出抗日战争是持久战，最后胜利属于中国。湖南无产阶级人才的实事求是精神，还体现在从实际出发，提出并坚持正确的意见，不怕打击和压力。在洪湖根据地，段德昌主张坚持斗争，"左"倾机会主义者却主张放弃洪湖根据地，并免去段德昌军长职务。段德昌忍辱负重，深入洪湖，发动群众，建立了一支新的红军，反而会主义者诬为"改组派"，加以逮捕关押。段德昌多次严正申明："共产党员砍脑壳也要讲真话！"最终为坚持实事求是原则而献出了自己的生命。

　　四是全心全意为人民服务。湖南无产阶级人才把全心全意为人民服务，当作为自己行动的宗旨，任何时候都维护和坚持人民群众的根本利益，都关心人民群众的生活疾苦。任何时候都把人民的利益放在第一位，为了人民的利益，甘愿牺牲个人利益，甚至宝贵的生命。为人民服务，首先要了解人民，关心人民的生活，关心人民的疾苦，毛泽东说，要时刻注意群众生活，从土地、劳动问题，到柴米油盐问题，都要关心。湖南无产阶级人才事事时时想着人民，任弼时被称为"党和人民的骆驼"，一生为人民忠心耿耿，为人民利益鞠躬尽瘁，终身勤勤恳恳，埋头苦干，只知有党和人民的利益，从不计较什么名誉地位，总是三十年如一日，为党为人民贡献一切。

五是踏实苦干和勇敢坚毅。在谈到湖南人的性格、湖南人的精神时，往往以"霸蛮"二字概括之，这种霸蛮的精神，就是倔强、刚直、踏实、质朴、勇敢、坚毅、豪侠、坦白、强悍、无畏。湖南无产阶级人才也继承并发展了这种性格和精神，蔡和森在法国留学，手不释卷、夜以继日学习法文、钻研马列的苦学实干精神；李立三、蔡和森、李维汉、罗学瓒、张昆弟、向警予等为争取读书的权利，一举占领里昂大学的大无畏精神；20岁的贺龙邀集21个贫苦青年农民，带了三把菜刀，夺取盐关起义造反的豪侠精神；彭德怀率领疲惫不堪、缺少武器的红军，给装备精良、养精蓄锐而又机动灵活的马家骑兵以迎头痛击的一往无前的精神，毛泽东称之为"谁敢横刀立马？唯我彭大将军！"毛泽东飞赴重庆，在龙潭虎穴中和蒋介石进行和平谈判，柳亚子称之为"弥天大勇"。

六是不计名利和无私奉献。湖南无产阶级人才的一个显著特点，是不计个人名利、关心他人、助人为乐的无私奉献的精神品德。徐特立被称为"革命第一，工作第一，他人第一"。高风亮节的粟裕，曾坚辞司令员职务和元帅军衔，而推荐张鼎丞和陈毅。共产党人陶承支持、掩护丈夫进行革命活动，丈夫病逝后，她又将两个儿子交给了革命事业。儿子先后牺牲后，她自己奔赴延安，继续坚持革命工作，被称为"革命母亲"。何长工为革命南征北战，其妻儿及亲属30多人惨遭国民党反动派杀害。高文华为了筹措革命经费，两次卖掉自己的儿子。毛泽东为革命牺牲了六位亲人，可说是"满门忠烈"。他们为了党和人民的事业，甘愿舍小家为大家，舍亲人为人民，是无私奉献精神的集中表现。曾中生被张国焘加上"托陈取消派"等罪名，被逮捕关押，严刑拷打，曾中生以惊人的毅力完成了《与"剿赤军"作战要诀》这部长达三万字的军事著作，将自己的聪明才智和军事经验奉献给中国人民。这种无私无畏的精神，永垂青史！

　　七是艰苦朴素、廉洁自律。把共产主义的理想和艰苦朴素、廉洁节约的品德结合在一起，是湖南无产阶级人才群的显著特点之一。毛泽东、刘少奇、蔡和森、任弼时、彭德怀、胡耀邦等湘籍无产阶级革命家为我们树立了艰苦奋斗、清廉乐贫的光辉榜样。李立三领导安源罢工时，资本家派代表游说：不搞罢工，保证高官厚禄；要离开安源，则送盘缠，数目由你说。李立三坚决拒诱，不求名利，只谋工人幸福。徐特立任中学校长时，总是步行，雨天则撑把雨伞，人称"徐二叫化"。长征时，组织上为徐特立配了一匹好马，可是他总是让给体弱和犯病的同志骑，自己扶根手杖，慢慢地往前走。一到宿营地，徐特立总是不休息，主动打水、烧火、做饭、洗衣服，还要检查和布置工作。衣服破了自己补，鞋子坏了自己制，没有吃的东西就啃树皮草根，没有房子住宿就睡在露天地上、甚至雪地上。徐特立逝世后，中共中央的悼词说：徐特立"为人和蔼可亲，平易近人，勤俭节约，艰苦朴素；他有着毫不利己、专门利人，廉洁奉公，助人为乐，从不计较个人得失，全心全意为人民服务的革命精神和共产主义道德。他是全党自我牺牲的模范，艰苦奋斗和遵守纪律的模范"，为中国人民树立了一个光辉的榜样。

　　八是活到老、学习到老的忘我学习精神。忘我的学习精神，是湖南无产阶级人才群的一个显著特色。毛泽东是忘我学习典范，他在长沙时，曾有一段时间离开学校自学，"每天步行三里路到浏阳门外定王台的湖南省立图书馆自学"，"他的学习十分勤奋，像牛进菜园一样，不停歇地埋头读了大量中外书籍"。他每天第一个进馆，最后一个离馆，中午则在门口买两个烧饼充饥，边吃边看。在一师，"他每天总是在天色微明时就起身，晚上熄灯后还借外面一点微弱的灯光苦读，从不肯浪费半点时间，而且持之以恒。从先秦诸子到明清时代思想家的著作，从二十四史到司马光的《资治通鉴》，从《昭明文选》到《韩昌黎全集》，从顾祖禹的《读史方舆纪要》到地方志书，他都认真地研读"。毛泽东还强调读"无字之书"，学生时代曾到农村实地考察调查，非常重视对社会实际情况的了解和认识。

九是英勇顽强、视死如归的牺牲精神。湖南无产阶级人才对共产主义事业有着坚定的信念，他们继承和发扬了中国历史上富贵不能淫、威武不能屈的优良传统，无论是在血火飞扬的战场上，还是在鬼哭狼嚎的牢狱中，都毅然决然地和敌人进行着最坚决、最勇敢的斗争，大义凛然、视死如归、慷慨悲歌。蔡和森、向警予、何叔衡、夏明翰、左权、黄公略、胡少海、郭亮、何孟雄、杨开慧、邓中夏、罗学瓒、毛泽民、李天柱、贺锦斋、张子清、李灿、蒋先云、彭公达、王尔琢、罗亦农、潘心源、伍中豪、王如痴、毛泽覃、蔡申熙、徐洪、袁国平、孙开楚、蔡会文、寻淮州、张钝清、陈觉、李白……都是湖南无产阶级革命先烈中的杰出代表。年轻有为的红军将领贺锦斋，文武全才，曾以诗明志："层层铁网逼周围，夜集深山雪满衣。为党为民何惧死，宝刀应向贼头挥。"蔡和森在香港被捕后，敌人以各种酷刑将其打得血肉模糊，遍体鳞伤，又拉到监狱的墙边站着，将他的手脚拉开，用铁钉把他钉在墙上。他巍然挺立，威武不屈。凶狠的敌人毫无人性，用刺刀一点一点地将他的肉割下来，最后一刀戳进了他的胸膛。蔡和森就这样壮烈牺牲在敌人的屠刀之下，充分表现了一个共产党员的钢铁意志和坚贞的革命气节。他们在生死面前所表现出来的献身理想而视死如归的崇高信念和牺牲精神，足以泣鬼神、动天地，永垂青史！

综上所述，自清道光以来至中华人民共和国建立的130年间，湖南接连出现了五个人才群体，其人数之多、威望之隆、功业之盛、影响之大，可说古今中外都是空前的。最后，我们借陈独秀在《欢迎湖南人底精神》中所说的话作为总结："湖南人的精神是什么？'若道中华国果亡，除是湖南人尽死'。湖南人这种奋斗精神，却不是杨度说大话，确实可以拿历史证明的。二百几十年前的王船山先生，是何等艰苦奋斗的学者！几十年前的曾国藩、罗泽南等一班人，是何等'扎硬寨'、'打死战'的书生！黄克强历尽艰难带一旅湖南兵，在汉阳抵挡清军大队人马；蔡松坡带着病亲领子弹不足的两千云南兵，和十万袁军打死战。他们是何等坚忍不拔的军人！"陈独秀把湖南人的这种勇武刚毅精神，比喻为历代先贤用生命造成的通达胜利的"桥"，他说："Olive Schreiner 夫人的小说有几句话：'你见过蝗虫，它们怎样渡河么？第一个走下水边，被水冲去了，于是第二个又来，于是第三个，于是第四个；到后来，它们的尸骸堆积起来，成了一座桥，其余的便过去了。'那过去一人不是我们的真生命，那座桥才是我们的真生命，永远的生命！因为过去的人连脚迹也不曾留下，只有这桥留下了永远纪念价值。"陈独秀在新民主主义革命时期预言："不能说王船山、曾国藩、罗泽南、黄克强、蔡松坡，已经是完全死去的人，因为他们桥的生命都还存在。我们欢迎湖南人底精神，是欢迎他们的奋斗精神，欢迎他们奋斗造桥的精神，欢迎他们造的桥比王船山、曾国藩、罗泽南、黄克强、蔡松坡所造的还要雄大精美得多。"陈独秀的预言在1949年实现了，湖南无产阶级人才群所造的"桥"，不仅比前辈所造的桥"要雄大精美得多"，而且是更加扎实、美丽、幸福的"桥"。

参考文献

1. 陶用舒：《古代湖南人才研究》，岳麓书社 2015 年版。

2. 陶用舒：《近代湖南人才群体研究》，岳麓书社 2000 年版。

3. 陶用舒：《现代湖南人才群体研究》，湖南人民出版社 2004 年版。

4. 中共中央马克思恩格斯列宁斯大林著作编译局编：《马克思恩格斯选集》，人民出版社 2012 年版。

5. 南京大学历史系主编：《中国历代名人辞典》，江西人民出版社 1982 年版。

6. 张佩纶：《簋斋日记》，凤凰出版社 2015 年版。

7. 陈蒲清：《陶澍传》，岳麓书社 2011 年版。

8. 薛其林：《陶澍的经世思想与实践》，湖南大学出版社 2012 年版。

9. 魏源：《魏源集》，中华书局 1983 年版。

10. 陈蒲清主编：《陶澍全集（第六册）》，岳麓书社 2010 年版。

11. 梅英杰等编：《湘军人物年谱》，岳麓书社 1987 年版。

12. 胡林翼：《胡林翼集》，岳麓书社 1999 年版。

13. 曾国藩：《曾国藩全集》，岳麓书社 1995 年版。

14. 郭嵩焘：《郭嵩焘全集》，岳麓书社 2012 年版。

15. 左宗棠：《左宗棠全集》，岳麓书社 1996 年版。

16. 谭嗣同：《谭嗣同全集》，中华书局 1998 年版。

17. 江标：《湘学报》，湖南师范大学出版社 2010 年版。

18. 薛其林主编：《辛亥革命与长沙》（5 卷本丛书），湖南教育出版社 2011 年版。

19. 宋教仁：《宋教仁集》，中华书局 1981 年版。

20. 陈天华：《陈天华集》，湖南人民出版社 1985 年版。

21. 中共中央文献研究室、中共湖南省委《毛泽东早期文稿》编辑组编：《湖湘文库——毛泽东早期文稿（1912.6—1920.11）》，湖南人民出版社 2008 年版。

22. 中共中央文献研究室：《毛泽东传》，中央文献出版社 2013 年版。

23. 住房和城乡建设部城乡规划司、中国城市规划设计研究院：《全国城镇体系规划（2006—2020 年)》，商务印书馆 2010 年版。

24. 王凯、徐辉：《建设国家中心城市的意义和布局思考》，《城市规划学刊》2012 年第 3 期。

25. 尹稚、卢庆强、欧阳鹏：《基于国家战略视野的国家中心城市建设》，《北京规划建设》2017 年第 1 期。

26. 侯良编著：《尘封的文明——神秘的马王堆汉墓》，湖南人民出版社 2006 年版。

27. 周世荣：《马王堆汉墓探秘》，岳麓书社 2005 年版。

28. 王习加主编：《长沙史话》，社会科学文献出版社 2014 年版。

29. 郭仁成：《楚国经济史新论》，湖南教育出版社 1990 年版。

30. 长沙窑课题组：《长沙窑》，紫禁城出版社 1996 年版。

31. 陈先枢、黄启昌：《长沙经贸史记》，湖南文艺出版社 1996

年版。

32. 陈先枢、汤青峰：《湖南茶文化》，中南大学出版社 2009 年版。

33. 彭平一、陈先枢等：《长沙通史》，湖南教育出版社 2013 年版。

34. 任之、娄吾村：《朱汉民与岳麓书院》，《文献与人物》2017 年第 3 期。

35. 萧涤非选注：《杜甫诗选》，人民文学出版社 1985 年版。

36. 萧涤非主编：《杜甫全集校注》，人民文学出版社 2014 年版。

37. 袁慧光：《杜甫湘中诗集注》，岳麓书社 2010 年版。

38. 罗宏、许顺富：《湖南人底精神》，新星出版社 2017 年版。

39. 郑焱：《湘域文化之都》，湖南文艺出版社 1996 年版。

后 记

　　《中心城市视角下的长沙历史文化》是长沙市地方志办公室组织部分地方史志专家编写的一部专题性研究性著述。开展这样一项工作，是新时代长沙市地方志工作围绕中心、服务大局的重要举措之一。

　　近年来，全国地方志事业蓬勃发展，形成了以地方志书、地方综合年鉴、地方史编纂为基础，志、鉴、馆、网、库、用、会、刊、研、史"十业并举"的新态势。2017年10月，我受命赴中国地方志指导小组办公室挂职，上任月余以来，对新时代全国地方志工作的勃兴有了切身感受。相较之下，长沙市的地方志工作还存在较大差距。特别是在从"一本书主义"向"十业并举"转变、从"一项工作"向"一项事业"转变、从"行政推动"向"依法治志"转变上，我们的工作任务还十分艰巨。

　　但这几年我们在力所能及的范围内仍做了一些工作。我们规划全市地方志事业，根据《地方志工作条例》和国务院办公厅印发的《全国地方志事业发展规划纲要（2015—2020)》，出台了《长沙市地方志事业发展规划纲要（2016—2020)》，并开展了全市地方志工作督查。我们狠抓修志编鉴质量。《长沙市志（1988—2012)》分五卷实行分卷主编总纂负责制，严把分志稿验收质量关。从2013年开始，我们开展了地方志资料年报工作，为下一轮修志打下坚实基础。这项工作为全省首创，并走在全国前列。《长沙年鉴》在全国编纂出版质量评选中连获佳绩，其"2016 卷"在中国地方志指导小组办公室和中国版权协会年鉴工委的评选中双双获得特等奖。我们开展开发园区修志工作。全市 13 个省级以上开发园区志丛书编纂即将完成，开全国之先河。我们组织开展特色志编纂。全市各区（县、市）乡镇简志编纂工作已进入终审验收，《岳麓山风景名胜志》、《沩山风景名胜志》正在编纂之中。我们尝试开展地方史工作。组织地方史专家编纂出版史志成果。继 2014 年编辑出版《长沙史话》后，又力推"长沙文库"丛书编纂出版工作，嘉靖《长沙府志》、同治《浏阳县志》已经付梓。我们推动馆网库建设。长沙方志馆建设我们已推多年，虽然目前仍被搁置，但已露出曙光。县（市、区）方志馆与档案馆合一的"浏阳模式"受到中国地方志指导小组秘书长，中国地方志指导小组办公室党组书记、主任冀祥德的高度肯定。我们升级了长沙方志网，征集和购买了一些史志书籍。我们开展会刊研究工作。由市地方志办公室、市地方志学会、市历史学会联合主办了《长沙史志》期刊，开展了志鉴史研究。《长沙史话》、《中心城市视角下的长沙历史文化》的编纂出版就是部分史志研究人员和地方志工作者通力合作的结果。

行百里者半九十。地方志工作没有最好，只有更好。特别是我们的工作还有很多软肋，任重而道远。我们将发扬方志人的"仙人掌"精神，以功成不必在我的姿态，做好新时代地方志工作。

《中心城市视角下的长沙历史文化》不仅是一本书，更是一个课题，一个大课题。由于时间紧，研究工作难免有不全面、不深入之处，加上许多观点都带有研究者个人色彩，不当之处敬需见谅。唯愿此书能抛砖引玉，使大家进一步关注这一课题，共同为推进长沙强化中心城市地位，推进长沙历史文化名城建设献计献策。

王习加

2017 年 11 月 21 日